W0267589

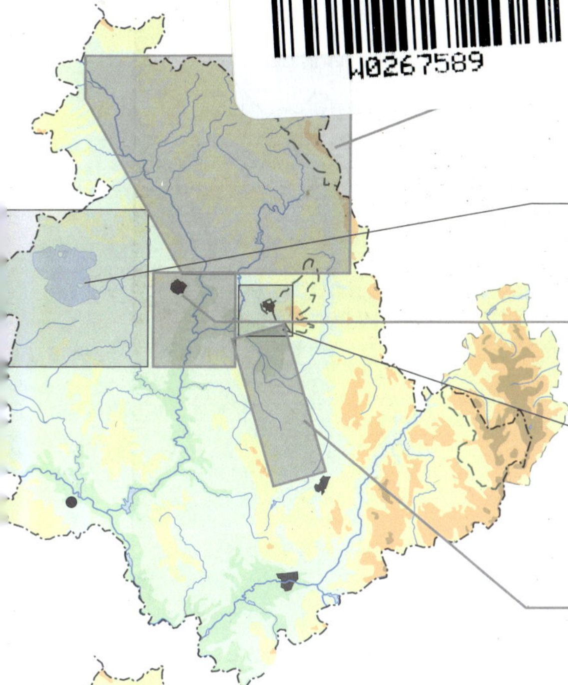
Nordumbrien
Lago Trasimeno
Perugia
Assisi
Zwischen Assisi und Spoleto

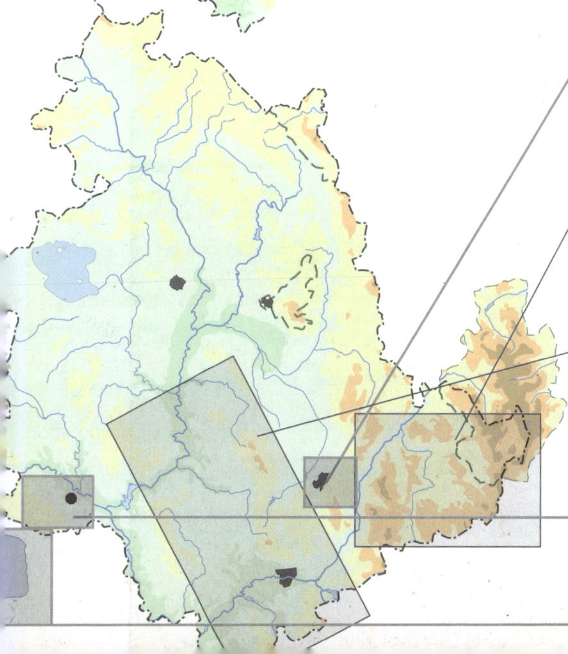
Spoleto
Das Valnerina
Südumbrien
Orvieto
Lago di Bolsena

Text und Recherche: Marcus X. Schmid
Fotos: Giorgio J. Wolfensberger
Lektorat: Horst Christoph
Layout: Dirk Thomsen
Karten: Susanne Handtmann, Hana Budka
Coverkarten: Carlos Borrell
Covergestaltung: Karl Serwotka
Titel: Auf dem Piano Grande (oben)
Basilica di S. Francesco in Assisi (unten)

Marcus X. Schmid lebt als Autor und Übersetzer in der französischsprachigen Schweiz. Im Michael Müller Verlag sind von ihm die Titel Korsika und Südwestfrankreich erschienen.

Giorgio J. Wolfensberger lebt seit 1972 als freischaffender Fotograf in Città della Pieve, Umbrien. Er ist Herausgeber verschiedener Fotobücher; zahlreiche Einzel- und Gruppenausstellungen.

Dank für Hilfe und Tipps:
Stefan Bader, Susanne Bienert, Hans Diedrich, Ina Diedrich, Bernd Gasser, Rudolf Gebhardt, Claus Grimm, Esther Hagenmaier, Gerhard Helmreich, Roland Kauf, Herbert Kößler, Stefan Kutter, Alvise Mascarin, Marion Meier, Ralf Meistes, Conni Oblinger, Ingrid Rottenkolber, Dietmar Stengel, Grazia Wendling

... besonderer Dank an:
Margarete Berg für den Beitrag zum Valnerina-Bähnchen
Horst Christoph für den Beitrag zur Schlacht am Trasimenischen See
Thomas Schmid für den Beitrag zu La Scarzuola

Die in diesem Reisebuch enthaltenen Informationen wurden vom Autor nach bestem Wissen erstellt und von ihm und dem Verlag mit größtmöglicher Sorgfalt überprüft. Dennoch sind, wie wir im Sinne des Produkthaftungsrechts betonen müssen, inhaltliche Fehler nicht mit letzter Gewissheit auszuschließen. Daher erfolgen die Angaben ohne jegliche Verpflichtung oder Garantie des Autors bzw. des Verlags. Beide übernehmen keinerlei Verantwortung bzw. Haftung für mögliche Unstimmigkeiten. Wir bitten um Verständnis und sind jederzeit für Anregungen und Verbesserungsvorschläge dankbar.

ISBN 3-89953-158-2

© Copyright Michael Müller Verlag, Erlangen, 2004. Alle Rechte vorbehalten. Alle Angaben ohne Gewähr. Druck: arti grafiche Saturnia, Trento, Italien

Aktuelle Infos unter www.michael-mueller-verlag.de

2. aktualisierte und erweiterte Auflage 2004

UMBRIEN

Marcus X. Schmid

INHALT

Kartenverzeichnis

Zeichenerklärung für die Karten und Pläne

- Autobahn
- Hauptverkehrsstraße
- Nebenstraße
- Wanderweg
- Bebaute Fläche
- Grünanlage
- Gewässerfläche
- Flughafen/-platz
- Berggipfel
- Höhle
- Campingplatz
- Turm
- antike Sehenswürdigkeit
- Kloster
- Kirche
- Bushaltestelle
- Information
- Post
- Museum
- Tempel
- Parkplatz
- allg. Sehenswürdigkeit

Feriendomizil mit Fernblick

Umbrien – das grüne Herz Italiens

Italien hat ein Herz, dieses Herz ist grün und liegt zwischen Florenz und Rom, zwischen der tyrrhenischen Mittelmeerküste und der adriatischen.

Dunkelgrün sind die heiligen Wälder über Spoleto und die bewaldeten Abhänge des Valnerina, hellgrün sind die Hügel um Perugia, die Olivenhaine und Weinberge. Mitten durch das *Cuore Verde*, wie die Italiener Umbrien nennen, fließt als Hauptader der Tiber, nicht mehr ganz so klar wie in seinem Oberlauf in der Toscana und noch nicht so trüb wie in der Metropole Rom. Im Nordwesten zeigt das grüne Herz einen blauen Fleck, der sich bei einem karthagisch-römischen Gemetzel 217 v. Chr. leicht rot färbte: Es ist der Trasimenische See. Er ersetzt den Umbriern – zusammen mit dem Bolsena-See im nahen Latium – das Meer. Südlich der Poebene ist Umbrien die einzige italienische Region ohne Meeresküste.

Umbrien als Reiseziel

Als Reiseziel ist Umbrien längst nicht so bekannt wie die nördlich angrenzende Toscana, die mit Florenz eine kunsthistorische Schatztruhe besitzt, mit Pisas berühmtem Turm Japaner und Amerikaner wie ein Magnet anzieht und mit der zugebauten Versilia-Küste den Massentourismus versorgt. Umbrien

Madonna del Belverdere bei Città di Castello

gibt sich bescheidener, internationales Flair zeigt sich allenfalls in der Hauptstadt Perugia mit ihrer Ausländeruniversität und in Assisi, wo Pilgerscharen aus aller katholischen Welt auf den Spuren des heiligen Franziskus wandeln.

Die Entdeckung Umbriens als Reiseziel hängt stark mit der Entwicklung des Tourismus in der Toscana zusammen. Zum einen haben viele Italienurlauber die Toscana schon einmal bereist und wollen etwas tiefer in den Süden vorstoßen, zum anderen ist vielen die Toscana zu teuer geworden. Letzteres gilt auch für Nordeuropäer, die ihre Rente in etwas wärmeren Gefilden durchbringen wollen oder einfach nur einen eigenen Ferienwohnsitz suchen. Fanden sich noch Anfang der 1970er Jahre verfallene Häuschen in der Toscana zu halbwegs vernünftigen Preisen, schnellten die Preise bereits in den 80er Jahren hoch. Die Toscana-Fraktion, wie einst rechte SPD-Politiker ihre lebensfrohen, linken Genossen bezeichneten, die bei einer Flasche Chianti an ihrem Zweitwohnsitz in der Toscana über das Zeitgeschehen nachdachten, ist längst Geschichte. Deutsche Neusiedler beginnen sich in Umbrien umzuschauen.

Reiseziele in Umbrien

Die *queen of the hill towns*, wie ein englischer Reiseschriftsteller Anfang des 20. Jahrhunderts **Perugia** titulierte, ist vielleicht nicht die schönste, sicher aber die lebendigste Stadt Umbriens; Touristen und Studenten der nahen Aus--länderuniversität flanieren auf dem hellen Corso Vanucci, an dessen oberem Ende die viel besuchte Fontana Maggiore steht, ein Meisterwerk der mittelalterlichen Brunnenarchitektur. Von der umbrischen Hauptstadt kaum 20 km entfernt klebt an den Abhängen des Monte Subasio **Assisi**, die Stadt des heiligen Franziskus. Weiter südlich thronen auf den Hügeln die weniger

bekannten mittelalterlichen Städte **Spello** und **Trevi**, letztere mit einem hochkarätigen kleinen Museum für zeitgenössische Kunst. Die Hill-Town-Tour schließt man in **Spoleto** ab, von wo aus ein mächtiger Aquädukt direkt in das satte Grün der heiligen Wälder von Monteluco führt.

An den Gestaden des **Trasimenischen Sees** ist gut aufgehoben, wer mit Kindern unterwegs ist, campen und baden will. Auch eine Seefahrt kann lustig sein: Die Isola Maggiore ist unbedingt einen Besuch wert.

Etwas einsamer liegt in der benachbarten Region Latium der **Bolsena-See**, ebenfalls eine gute Adresse für den Camping- und Badeurlaub. Das Städtchen Bolsena gefällt auf Anhieb. Als Ausflugsziel in der näheren Umgebung bietet sich die "Geisterstadt" Cività di Bagniorégio an. Ebenfalls von Bolsena aus einfach zu erreichen ist **Orvieto**, das in traumhafter Lage auf einem Tuffhügel steht und allein schon seiner Domfassade wegen den Besuch lohnt; doch gibt es in Orvieto noch einiges mehr zu sehen.

Wanderer und Kletterer schließlich kommen im Apennin, der Umbriens Ostgrenze bildet, auf ihre Kosten: entweder im Naturpark des **Monte Cucco** oder im **Sibillinischen Gebirge**, das noch immer nicht ganz hexenfrei sein soll. Ebenfalls zum Wandern eignet sich das **Valnerina**, ein wildes und romantisches Tal, das zur Industriestadt Terni führt. Von hier aus ist es ein Katzensprung zur spektakulären **Cascata delle Marmore**, einem im 3. Jahrhundert v. Chr. von römischer Hand geschaffenen Wasserfall.

Buon viaggio!

Anreise

Die große Mehrheit der Umbrienurlauber reist mit dem eigenen Fahrzeug an. Die Mobilitätsvorteile geben den Ausschlag, den möglichen Anreisestress nimmt man in Kauf. Aus Süddeutschland, Österreich und aus der Schweiz schafft man die Strecke an einem Tag, aus Norddeutschland ist unterwegs eine Übernachtung notwendig.

Die Anreise mit der **Bahn** bleibt aber durchaus eine überlegenswerte Alternative, zumal für den, der ein Fahrrad mit im Gepäck führt. Für die Anfahrt aus Norddeutschland – vor allem mit Kindern – sind zudem auch die **Autozüge** in Betracht zu ziehen: Auskunft über die Huckepack-Variante gibt jeder größere Bahnhof in Deutschland.
Seltener ist die Anreise mit dem **Flugzeug**. Wer sich dafür entschließt, klappert am besten die Reisebüros ab und holt Angebote für Flüge nach Rom oder Florenz ein.

Mit dem eigenen Fahrzeug

Um in das Land zu gelangen, wo die Zitronen blühn, muss man erst einmal die Alpen überqueren. In der Regel geschieht das am Brenner oder am Gotthard, letzterer lässt sich per Tunnel auch unterqueren.

Weitere Möglichkeiten, von der Alpennord- zur Alpensüdseite zu gelangen sind in der Schweiz der *Grand Saint-Bernard* (Pass oder gebührenpflichtiger Tunnel), der *Simplon-Pass*, der *San Bernardino* (Pass oder Tunnel) und der *Maloja-Pass*, aus Österreich die *Tauern-Autobahn* oder die Bergstrecke über den *Semmering*.

Richtungs-weisend

Papiere/Versicherung: Nationaler *Führerschein* und *Fahrzeugschein* sind unabdingbar. Nicht mehr obligatorisch ist die *grüne Versicherungskarte*, allerdings wird sie bei Routinekontrollen gelegentlich doch noch verlangt. Außerdem ist sie nützlich bei der Regelung von Schadensfällen.

Sehr empfehlenswert ist der Abschluss eines *Auslandschutzbriefs*, den alle Automobilclubs und Versicherer anbieten. Erstattet werden die Versandkosten von Ersatzteilen, der Heimtransport von Fahrzeug und Personen, im Notfall Automiete, unvorhergesehene Übernachtungskosten, Verschrottung, Überführung und einiges mehr. Über die genauen Bedingungen informieren die Versicherer.

Wenn Sie mit einem teuren Schlitten unterwegs sind, raten wir Ihnen zu einer *vorübergehenden Vollkaskoversicherung*, da die Deckungssummen italienischer Haftpflichtversicherer lächerlich niedrig sind. Bei Diebstahl springt die Vollkasko ebenfalls ein.

Ob man die Alpen am Gotthard, am Brenner oder am Tauern überquert: Spätestens in Bologna treffen sich alle, die nach Umbrien weiterfahren wollen. Von hier aus gibt es hauptsächlich zwei Möglichkeiten, ins grüne Herz Italiens vorzustoßen:

Autostrada del Sole. Von Bologna führt die A 1 in vielen Kurven über den Apennin. Als gälte es, möglichst schnell in Florenz zu sein, donnern die Lastwagen über insgesamt 36 Viadukte und durch 46 Tunnels. Konzentration und starke Nerven vorausgesetzt, erreicht man die Hauptstadt der Toscana in einer guten Stunde. Umbrienfahrer lassen Florenz links liegen und fahren weiter auf der A 1 in Richtung Rom. Nach 85 km, bei der Ausfahrt "Val di Chiana", zweigt die Schnellstraße nach Perugia ab. Auf ihr erreicht man nach 20 km Umbrien an der Nordwestecke des Trasimenischen Sees.

Cesena-Straße. Von Bologna aus wählt man die Adria-Autobahn A 14 in Richtung Ancona. Nach ca. 70 km zweigt in Cesena die autobahnähnliche, gebührenfreie Schnellstraße nach Perugia ab. Die umbrische Grenze erreicht man nach weiteren ca. 70 km im oberen Tibertal bei Città di Castello.

Hinweise für Autofahrer

Italien

Pannenhilfe: ✆ 116

Notruf/Unfallrettung: ✆ 113

ADAC: Deutschsprachiger Notrufdienst in Milano, ✆ 02/661591

Autobahngebühren: Man zahlt für die gefahrenen Autobahnkilometer. Kontrollstellen gibt's an jeder Auf- bzw. Ausfahrt und im Umkreis von Großstädten gelegentlich auch auf der Autobahn selbst. Derzeit gilt für Pkw ein Richtwert von ca. 5 Cent/Kilometer.

Höchstgeschwindigkeit: Auf Autobahnen 130 km/h (Fahrzeuge unter 1100 ccm: 110 km/h), auf Landstraßen 90 km/h.

Promillegrenze: 0,8 Promille

Licht: Auf Autobahnen sowie auf Schnellstraßen mit zwei Spuren pro Richtung ist auch tagsüber Abblendlicht vorgeschrieben.

Schweiz

Pannenhilfe: Der Straßenhilfsdienst des schweizerischen Automobilclubs ist landesweit unter ✆ 140 zu erreichen.

Polizeinotruf: ✆ 117

Unfallrettung: ✆ 144

Straßenzustand: Unter ✆ 163 erfährt man, ob die Pässe geschlossen, nur mit Winterreifen befahrbar oder gar Schneeketten erforderlich sind.

Autobahngebühren: Pauschal wird der Preis von Fr. 40/27 € für die Vignette erhoben. Diese ist bei Automobilclubs, an Grenzübergängen sowie an jedem schweizerischen Postamt erhältlich und berechtigt während des laufenden Kalenderjahrs zur Benutzung sämtlicher Autobahnen des Landes. Die Vignette ist gut sichtbar an der Windschutzscheibe anzubringen. Wer sich ohne Vignette auf der Autobahn erwischen lässt, zahlt ein Strafgeld von Fr. 100/ca. 70 € plus den Aufkleber.

Alpentunnels: Sie sind grundsätzlich gebührenfrei. Eine Ausnahme bildet der binationale Tunnel durch den Grand Saint-Bernard ins Aosta-Tal, der von einer Privatgesellschaft verwaltet wird.

Höchstgeschwindigkeit: Auf Autobahnen liegt die Grenze bei 120 km/h, auf Überlandstraßen bei 80 km/h. Die Geldstrafen für Raser sind sehr hoch.

Promillegrenze: 0,8 Promille, eine Senkung des Limits auf 0,5 Promille ist derzeit in Diskussion.

Österreich

Pannenhilfe: ✆ 120 (ÖAMTC-Pannenhilfe)

Polizeinotruf: ✆ 133

Unfallrettung: ✆ 144

Autobahngebühren: Sämtliche Autobahnen und Schnellstraßen sind vignettenpflichtig. Im Unterschied zur Schweiz wurde in Österreich ein differenziertes System eingeführt. Pkw-Fahrer haben die Wahl zwischen der Jahresvignette für 72,60 € (Motorräder 29 €), einer 2-Monats-Vignette für 21,80 € (Motorräder 10,90 €) oder einer 10-Tagesvignette für 7,60 € (Motorräder: 4,30 €). Die Vignette ist gut sichtbar an der Windschutzscheibe anzubringen. Wer sich ohne Vignette erwischen lässt, zahlt 120 € Strafgeld. Erhältlich ist der Aufkleber u. a. in österreichischen Postämtern, bei Tankstellen in Grenznähe, an der Grenze – oder zuhause beim Automobilclub.

Quittung aufbewahren! Beim Kauf einer Jahreskarte werden die weiterhin bestehenden Brennerpass-Gebühren bis zum Betrag von 39,97 € angerechnet. Vielleicht schlägt der österreichische Amtsschimmel dereinst eine praktikablere Lösung vor.

Höchstgeschwindigkeit: Auf Autobahnen liegt die Grenze bei 130 km/h, auf Überlandstraßen bei 100 km/h.

Promillegrenze: 0,5 Promille

Mit dem Elektrobähnchen auf den Tuffhügel von Orvieto

Mit der Bahn

Die umweltverträgliche Art des Reisens erfordert vor allem gutes Sitzfleisch. Von Berlin bis zu den Gestaden des Trasimenischen Sees dauert die Reise um die 20 Stunden. Der Schlaf- oder Liegewagen bietet sich in diesem Fall an.

Vorab: In Italien ist das Bahnfahren wesentlich billiger als nördlich der Alpen. Eine gute Planung – v. a. für die Anreise aus dem Norden Deutschlands – sollte deshalb die Sondertarife der Deutschen Bahn berücksichtigen. Für Umbrienfahrer kommen folgende Angebote in Betracht: die *RAILPLUS-Karte* (BahnCard mit Europaerweiterung), *Sparpreis*, *Supersparpreis* und *BahnCard*. In Verbindung mit der BahnCard lohnt es sich, die Angebote PLAN&SPAR EUROPA zu studieren. Die aktuellen Konditionen sind an jedem größeren deutschen Bahnhof zu erfahren.

Hat man einmal das ideale Ticket ermittelt und erstanden, kann einem nur noch ein Streik der italienischen Eisenbahner einen Strich durch die Rechnung machen. Das passiert alle Jahre mehrmals, mit Vorliebe zu Beginn oder am Ende der Urlaubssaison, wenn die internationale Medienaufmerksamkeit und empörte Beschwerden hängen gebliebener Touristen für zusätzlichen Druck auf die Behörden sorgen.

Hauptanreiserouten für Bahnfahrer

Gotthard-Linie: *Basel – Luzern – Gotthard – Tunnel – Chiasso – Milano.* Die wohl berühmteste Alpenstrecke ist die billigste und schnellste Verbindung für Anreisende aus der Schweiz, aus Süd-, West- und Zentraldeutschland.

Nach *Luzern* führt die Bahnlinie erst an der Postkartenlandschaft des *Vierwaldstättersees* entlang, danach beginnt die Bergstrecke: Tunnels und Viadukte lösen sich ab. Bei *Wassen* zieht die Bahn eine raffinierte Doppelkehrschleife, dreimal sieht man die Kirche des Dorfes, jedes Mal aus einer anderen Perspektive. Es folgt der 15 km lange *Gotthard-Tunnel,* dessen Durchbohrung von 1872 bis 1880 dauerte und insgesamt 177 Todesopfer fordert. Auf der Alpensüdseite fährt man dann durch den italienischsprachigen Teil der Schweiz am *Luganersee* vorbei zum Grenzort *Chiasso* und von dort nach *Milano.*

Brenner-Linie: *München – Kufstein Innsbruck – Brenner – Bozen – Verona – Bologna.* Diese Verbindung bietet sich für den gesamten Osten und Nordosten Deutschlands an.

Die Strecke am Sill entlang, mit Tunnels und Stützmauern, ist überaus reizvoll, hinter Innsbruck bei Patsch am Fuß des Patscherkofels genießt man einen traumhaften Blick ins *Stubaital.* Die Grenzstation *Brennero* in 1374 m Höhe kommt kurz nach dem kleinen, dunkelgrünen Brennersee; der Name stammt übrigens von einem Bauern namens Prenner ab, der oben auf dem Pass seinen Hof hatte. Auf der italienischen Seite geht's weiter mit einer schönen Fahrt durchs Südtiroler *Eisacktal,* dann hinunter in Richtung Po-Ebene.

Semmering-Linie: *Wien – Villach – Tarvisio – Udine – Venedig.* Die erste große Gebirgsbahn Europas bietet sich für Wiener bzw. Österreicher aus dem Osten des Landes an. Bei der Auffahrt am *Semmering* (986 m) geht es durch 15 Tunnels und über ebenso viele Viadukte, später folgt eine prächtige Fahrt am *Wörther See* entlang und durch die saftig-grünen Almen Kärntens.

In der Hauptreisezeit sind die Züge auf allen alpenüberquerenden Linien brechend voll. Rechtzeitig **Platzkarte** sichern (frühestens drei Monate, spätestens kurz vor Abfahrt)! Von großen Bahnhöfen in Deutschland, Österreich und der Schweiz ist auch eine Platzreservierung für inneritalienische Züge möglich. Auf den meisten Strecken gibt es **Schlaf-** und **Liegewagen**.

Mit dem Fahrrad in der Bahn

Die Mitnahme eines Fahrrads nach Italien ist mit einer *internationalen Fahrradkarte* möglich. Diese kostet 10 € (inkl. Reservierung eines Stellplatzes). Die Karte für die Rückfahrt muss in Italien gelöst werden, sie kann aber bereits in Deutschland (max. 3 Monate vor dem Abreisetag) reserviert werden. In Italien nehmen nur die sog. *Treno-&-Bici-Züge* Fahrräder mit, sie sind in italienischen Kursbüchern und auf den aushängenden Fahrplänen mit einem Fahrradsymbol gekennzeichnet; dort darf man das Rad selbst ein- und ausladen. Am Brenner bzw. ab Chiasso starten einige dieser Züge. Der Transport innerhalb Italiens kostet unabhängig von der Entfernung 3,50 € (im IC, EC, EN ca. 5 €), die gelöste Karte ist 24 Stunden gültig.

In den meisten IC- und EC-Zügen dürfen Fahrräder nur in *Radtaschen* mitgenommen werden! Diese dürfen die Ausmaße 80 x 110 x 40 cm nicht überschreiten. Da nicht jeder Schaffner die Bestimmungen kennt, empfiehlt sich die Mitnahme der einschlägigen Transportbestimmungen der Staatsbahnen (erhältlich bei der FS-Niederlassung in München, Bahnhofplatz 2, 80335 München, ✆ 089/591597, 📠 553406).

Informationen über den Fahrradtransport mit der Bahn bekommt man in jeder deutschen Großstadt bei den Geschäftsstellen des **Allgemeinen Deutschen Fahrradclubs (ADFC)**. Hauptstelle: Hollerallee 23, 28209 Bremen, ✆ 0421/346290.

Unterwegs in Umbrien

Mit dem eigenen Fahrzeug

Bei Rot flitzt man noch schnell über die Kreuzung, Geschwindigkeitsbegrenzungen ignoriert man großzügig, an Stoppschildern fädelt man sich keck in den Verkehr auf der Vorfahrtstraße ein, auf Autobahnen klebt man an der Stoßstange des Vordermanns und lässt nervös die Lichthupe aufblinken, derweil man mit der Freundin telefoniert. Nicht jeder Italiener entspricht dem Klischee des reaktionsschnellen mediterranen Autofahrers, doch viele versuchen ihm gerecht zu werden. In der europäischen Unfallstatistik nimmt Italien den Platz 1 ein.

Defensives Fahren ist die sicherste Strategie gegen den offensiven Verkehr. Besondere Aufmerksamkeit schenke man den Motorrad- und Mopedfahrern. Diese lassen sich von keinem Stau abschrecken und überholen im eleganten Slalom die nur zäh vorankommende Autokolonne. Beim Rechtsabbiegen gilt also doppelte Vorsicht.

Mit Bahn und Bus

Züge: Die *Ferrovie dello Stato* (abgekürzt *FS*), wie die staatlichen Eisenbahnen sich nennen, sind auch in Umbrien präsent. Mit Ausnahme der Städte im gebirgigen Osten (z. B. Gubbio, Norcia) haben alle größeren Orte ihren Bahnhof. Da die meisten umbrischen Städte auf Hügel gebaut sind, liegt der Bahnhof in der Regel außerhalb, unten im Tal. Stets sorgt aber ein guter Busservice für die schnelle Verbindung zwischen Bahnhof und Stadt.

Von Perugia aus führen die Schienen nach Terόntola (Strecke Milano–Rom, mit gelegentlichem Halt in Orvieto), nach Terni (über Todi oder Foligno) und ins obere Tibertal bis nach Sansepolcro, das bereits in der Toscana liegt.

Die Zugdichte ist relativ hoch, und die Preise sind günstig. Wichtig zum Verständnis der Fahrpläne sind die Bezeichnungen der Züge: *Locale (L)* sind lokale Bummler, die an jeder Station halten, *Regionale (R)* lassen ab und zu eine Station aus, sind aber nicht viel schneller. Etwas flotter kommen der *Diretto (D)* und der *Interregionale (IR)* voran, aber auch sie halten häufig. Eindeutig schnell ist dagegen der *Espresso (E)*, übertroffen nur noch von den mit teuren Zuschlägen arbeitenden *Intercity*-Zügen *(IC)* und *Eurocity*-Zügen *(EC)*.

Häufige Hinweisschilder

accendere i fari	Licht einschalten
attenzione uscita veicoli	Achtung Ausfahrt
divieto di accesso	Zugang verboten
ingresso	Einfahrt
lavori in corso	Bauarbeiten
parcheggio	Parkplatz
rallentare	Geschwindigkeit herabsetzen
senso unico	Einbahnstraße
strada senza uscita	Sackgasse
tutti direzionialle	alle Richtungen
uscita	Ausfahrt
zona a traffico limitato	Bereich mit eingeschränktem Verkehr
zona disco	Parken mit Parkscheibe
zona pedonale	Fußgängerzone
zona rimorchio	Abschleppzone

Und damit Sie nicht ganz blöd auf dem Bahnsteig stehen und mutterseelenallein auf einen Zug warten, der nicht kommt: Wenn auf dem Fahrplan *feriali* steht, verkehren die Züge nur werktags, wenn *festivi* notiert ist, nur an Sonn- und Feiertagen.

Die **Mitnahme von Fahrrädern** ist in den meisten Zügen möglich (weiteres dazu siehe *Anreise mit der Bahn*).

Busse: Ein dichtes Netz von Busrouten zahlreicher privater Gesellschaften ergänzt das Schienennetz. Auch kleinste Orte werden angefahren, wenn auch nur ein- bis zweimal am Tag, dem Rhythmus der Schul- bzw. Arbeitszeiten folgend. Entsprechend ist der Verkehr am Sonntag in schwach besiedelten Regionen stark eingeschränkt. Die Busterminals liegen in der Regel in der Nähe des Bahnhofs.

Da die Überlandbusse größtenteils in privater Regie verkehren, gibt es keinen brauchbaren Fahrplan. In größeren Orten geben die Info-Büros Auskunft, in kleineren ist Durchfragen angesagt.

Hat man die Wahl zwischen Bahn und Bus, reist man in der Regel schneller mit der Bahn, sofern es sich nicht gerade um einen *Locale*-Zug handelt.

Unterkunft

Bei den italienischen Fremdenverkehrsämtern (siehe Wissenswertes von A bis Z, Information) ist sind drei jährliche aktualisierte Verzeichnisse erhältlich: Umbria/Hotels, Umbria/Agritourismus und Umbria/Campingplätze und andere Übernachtungsmöglichkeiten, jeweils mit Adressen, Telefon- und Faxnummern, E-Mail-Adressen, Preisangaben, Öffnungszeiten und Hinweisen zur Ausstattung. Die Informationsbüros in umbrischen Städten halten zusätzlich lokale Unterkunftsverzeichnisse bereit, die in der Regel auch private Zimmervermittler (affitacamere) aufführen.

Hotels: Die italienischen Hotels sind von den Tourismusbehörden der Provinz in fünf Kategorien unterteilt (1–5 Sterne). Wir haben bei unseren Hotelbeschreibungen die offizielle Klassifizierung angegeben; diese richtet sich in der Regel nach dem gebotenen Komfort (Swimmingpool, Minibar, Fernsehen, Restaurant etc.), sagt aber oft wenig aus, über die Lage des Hotels, über den Zustand der Zimmer – und gar nichts über die Freundlichkeit des Personals.

***** **Hotel der Luxusklasse**. Davon gibt's in ganz Umbrien nur zwei, eines in der Hauptstadt Perugia, das andere im Weinstädtchen Torgiano. Klimaanlage und Barservice auf dem Zimmer sind rund um die Uhr obligatorisch.

**** **First-Class-Hotel**. Ebenfalls für sehr gehobene Ansprüche.

*** **Obere Mittelklasse**. Saubere Ausstattung, Zimmer mit Bad. Innerhalb dieser Kategorie sind deutliche Qualitätsunterschiede festzustellen.

** **Untere Mittelklasse**. Spürbare Qualitätsunterschiede innerhalb dieser Kategorie. Oft gibt es Zimmer mit und welche ohne Bad. Fernsehapparat obligatorisch (die Qualität des Flimmerkastens ist nicht vorgeschrieben, über die des Programms schweigen wir). Manchmal herrscht eine sehr persönliche Atmosphäre, manchmal fehlt diese gänzlich.

* **Einfaches Hotel**. Meist eine Herberge in sehr abgelegener Gegend oder eine Billigabsteige in größeren Städten. In der Regel Zimmer mit und Zimmer ohne Duschen, in beiden Fällen bescheiden.

Preise und Öffnungsperioden

Die in diesem Buch angegebenen Preise beziehen sich in der Regel auf ein Doppelzimmer (DZ) mit Bad, ohne Frühstück. Wenn kein Bad vorhanden ist, wird dies ausdrücklich vermerkt; in diesen Fällen steht stets zumindest eine Etagendusche zur Verfügung. Wenn das Frühstück inbegriffen ist, wird dies ebenfalls ausdrücklich vermerkt. Die angegebene Preisspanne berücksichtigt den Unterschied zwischen Neben- und Hauptsaison, gelegentlich auch die Lage des Zimmers (Seeblick oder Straßenseite). Sind keine Öffnungsperioden angegeben, ist davon auszugehen, dass das Hotel ganzjährig geöffnet ist.
Alle Preisangaben beruhen auf Recherchen von 2003.

Agriturismo: Die Übersetzung "Urlaub auf dem Bauernhof" ist mit Vorsicht zu genießen. Oft handelt es sich einfach um ein Landgehöft mit Appartements. Aber es gibt auch noch den richtigen Agriturismo mit Landwirtschaft, Kühen und Schafen, Oliven und Weinanbau. Nicht selten sind es ausgewanderte Deutsche oder Schweizer, die dem Begriff am nächsten kommen und sich selbstverständlich dem ökologischen Anbau verpflichten. In der Regel wird das Abendessen auf dem Hof eingenommen und mindestens eine Woche gebucht. Im August ist die Nachfrage groß, eine rechtzeitige Reservierung also sinnvoll.

Camping: Auch die Campingplätze werden wie die Hotels von den Tourismusbehörden klassifiziert (1–4 Sterne). Wir geben in unserem Buch die offizielle Klassifizierung an, sie ist jedoch mit Vorsicht zu genießen. Ausschlaggebend für die Sterne ist vor allem der Komfort; Atmosphäre und landschaftliche Lage fallen kaum ins Gewicht. Auch die Öffnungsperiode haben wir notiert, stellen diese Angaben aber unter Vorbehalt: Im März warten die Campingbesitzer bei der Eröffnung der Saison oft die erste Schönwetterperiode ab, im Oktober wird bei schlechtem Wetter die Saison oft vorzeitig beendet.

Oma und Opa schliefen hier (Bauernmuseum in Città di Castello)

Essen und Trinken

Man kann einfach in eine Pizzeria gehen, eine Pizza bestellen, ein Viertel Rotwein dazu, essen, trinken und zahlen.

Man kann aber auch ein Restaurant aufsuchen, sich die Karte reichen lassen, sich bei einem *aperitivo* der Vorfreude hingeben, dabei schon einmal *bruschette* (leicht angebackene Brotscheiben mit Olivenöl, Olivenpaste, Tomaten etc.) und einen leichten Wein bestellen und erst dann mit der eigentlichen Schlemmerei beginnen. Zwar gehören laut Karte schon die Bruschette zu den *anti-pasti* (Vorspeisen), doch das Angebot an Vorspeisen ist zu groß, als dass man es dabei belassen möchte.
Nach dem kulinarischen Auftakt lässt man als *primo* (erster Gang) eine *zuppa* (Suppe) oder *pasta* (Teigwaren) kommen. Letztere gibt es in Italien in vielen Varianten *(spaghetti, tagliatelle, strangozzi, panzerotti, pici ...)* und zudem in verschiedener Zubereitung *(al sugo, al ragù, ai funghi ...)* – das all diese Feinheiten über einen Kamm scherende deutsche Wort "Nudeln" ist ein Affront gegenüber der raffinierten italienischen Pastakultur.
Als *secondo* (zweiter Gang) steht in der Regel in Umbrien Fleisch (Schwein, Kalb, Rind, Wildschwein, Lamm ...) auf dem Programm, aus dem Trasimenischen See kommt der *coregone* (Felchen) auf die Speisekarte. Ein kleiner *insalata* (Salat) und *contorni* (Beilagen) müssen extra bestellt werden, damit der Hauptgang ein bisschen Gesellschaft hat.
Mit *frutta* (Obst) oder *formaggio* (Käse) wird dann das Mahl abgerundet. Zum *caffè* hinterher passt hervorragend eine *grappa* oder ein *vinsanto* (leichter Branntwein), in letzteren werden mit Vorliebe *cantucci* genannte Biskuits getunkt: bekömmlich!

Zwischen der schnellen Pizza und der ausgedehnten Schlemmerei gibt es eine Menge Möglichkeiten, sich im Restaurant zu verköstigen. An Orten mit viel Tourismus wird oft ein preiswertes *menù a prezzo fisso* (Festpreismenü) angeboten, gelegentlich mit einem Viertel Liter Wein inklusive.

Was an Essen und Trinken möglich ist, hängt vom ausgewählten Lokal ab, und deren gibt es vom teuren Ristorante bis zur einfachen Straßenbar, die Sandwiches serviert, viele:

Ristorante: Speiselokal, in das man seine Freunde oder Geschäftspartner ausführt.

Trattoria: Ihrem Ursprung nach einfacher, bodenständiger Familienbetrieb mit regionaler Küche. Inzwischen nennen sich aber auch viele Ristoranti Trattoria, um ein wenig Volksnähe vorzuspiegeln. Über die Preise sagt die Bezeichnung Trattoria nichts aus, man halte sich an die ausgehängte Speisekarte.

Osteria: Traditionell ein bescheidenes, populäres Speiselokal, in dem zu billigen Preisen Hausmannskost serviert wird. Doch ist die Osteria im Aussterben begriffen, und hinter mancher "Osteria" verbirgt sich heute ein Luxuslokal, das mit diesem Etikett Kundenfang betreibt.

Pizzeria: Die sichere Variante, preisgünstig zu essen. Hier trifft sich auch die Dorfjugend, die im teureren Ristorante allenfalls im Familienverband auftaucht.

Enoteca: Weinlokal mit meist großem Angebot an regionalen und überregionalen Weinen, die edlere Enoteca serviert auch Gerichte, die einfachere beschränkt sich auf Snacks, Degustationsangebot und Verkauf von Wein.

Rosticceria/Tavola calda: Billige Garküche mit den ganzen Tag über warm gehaltenen Speisen und oft auf den Drehgrill gespießten Hähnchen, dazu gibt´s meist ein großes Salatangebot.

Regionale Spezialitäten: Der *tartufo nero* und der *tartufo biancho*, die schwarze und die weiße Trüffel, sind vor allem im Norden und im Osten Umbriens, an den bewaldeten Abhängen des Apennin, bekannt. Vom Spätherbst bis Dezember schmecken die Trüffeln am besten – sie finden Eingang in Pasta, Salate und Fleischsaucen. Doch der köstliche Pilz ist auch kostbar, und oft folgt dem getrüffelten Essen eine gesalzene Rechnung.

Die besten Würste Italiens kommen aus Norcia

Frische, hausgemachte *pasta* serviert jedes umbrische Restaurant, das etwas auf sich hält, Bezeichnungen dafür gibt es so viele wie Formen. In **Città della Pieve** findet man *pici*, kürzer, dicker und unregelmäßiger als Spaghetti (auf deutschsprachigen Speisekarten oft unzutreffend mit "Spätzle" übersetzt). Die Stadt streitet sich mit dem benachbarten toscanischen Chiusi um die Vaterschaft.

Norcia ist nicht nur für seine Würste berühmt, sondern auch für seine *lenticchie*, die kleinen Linsen aus der Hochebene von Castelluccio. Die Hausmannskost kombiniert sie mit *salsiccie* (Bratwürstchen).

Literatur: **Anna-Maria Picchi**, Umbrien, Herzhafte und raffinierte Rezepte aus Italiens Zauberküche, Hamburg, 1988. Leider längst vergriffen, aber antiquarisch noch aufzutreiben. Die Autorin stammt aus Norcia und ist bei ihrer Mutter und ihrer Großmutter in die praktische Lehre gegangen. Hier erfährt der Leser, wie das Schweinswürstchen in die Waldschnepfe oder ins Perlhuhn kommt *(becacce alla norcina)*, wie ein Peruginer Abt aus dem 18. Jahrhundert einen Wachtelgratin *(crostata di quaglie)* zubereitete, und natürlich fehlt auch der Klassiker aus Norcia nicht: *lenticchie con salsicce*.

In **Assisi** – die friedlichen Tauben des heiligen Franz lassen grüßen – kommt die *palombaccia alla ghiotta* auf den Tisch: eine am Spieß gebratene, mit einer Schinkenscheibe bedeckte Wildtaube.

Porchetta

Ob das gegrillte Spanferkel eine Spezialität Perugias oder ganz Umbriens ist, sei dahingestellt. Auch die Marken reklamieren die Vaterschaft für sich, und vielleicht noch andere Regionen Italiens. In Umbrien jedenfalls gehört die Porchetta auf jedes Dorffest und auf jeden größeren Markt.

Im besten Fall wird das Ferkel hauptsächlich mit Eicheln ernährt und bei einem Gewicht von 40–50 kg Gewicht geschlachtet. Die Innereien werden klein geschnitten und in den Bauch gestopft. Dann wird das Ferkel auf einen fünf Zentimeter dicken Holzstecken gepfählt und bei 200° C fünf Stunden lang gegrillt. Rosmarin, Thymian und andere Kräuter würzen die Sauce, die aus dem abtropfenden Fett entsteht. Darin lassen sich übrigens vorzüglich die vorher abgetrennten Füße, Schwanz und Ohren kochen.

Serviert wird die Porchetta auf dem Markt als Broteinlage, wobei neben dem zarten Fleisch auch die krachend-knusprige Haut (gelegentlich noch mit den Borsten des Viehs daran) einen besonderen Geschmack verspricht – an kleinen Knöchelchen soll man sich nicht stören, was zählt, ist der Geschmack. Sollte schließlich das Schild am Stand verraten, dass Franco aus Montegiove Ihnen die Porchetta anbietet, so zögern Sie nicht: Der Mann ist ein Meister seines Fachs und in ganz Umbrien bekannt.

Im **Lago Trasimeno** schwimmt der schmackhafte *coregone* (Felchen); auch Aale tummeln sich im Süßwasser, mit Tomaten zubereitet geben sie einen *tegamaccio* (Fischeintopf) ab, den das einzige Restaurant auf der Isola Maggiore hervorragend zubereitet.

Alles über den Wein – Terracotta-Objekt im weltbekannten Weinmuseum der Lungarotti in Torignano

Auch die *dolci* (süße Nachspeisen) kennen zahlreiche lokale Traditionen, die an Ostern und Weihnachten besonders gepflegt werden.

Vegetarisch: Fleischlose Restaurants wird man in Umbrien nicht finden. In manchen Fällen steht nach den Rubriken *Carne* und *Pesce* ein vegetarisches Gericht auf der Karte. Wer auf Fleischloses Wert legt und nicht schon wieder eine Pizzeria aufsuchen will, kann auch einfach die Karte beiseite legen und der Bedienung seinen Wunsch nach Salaten und Gemüse erklären. Letzteres kommt in der Regel frisch und in gedünsteter Form auf den Tisch.

Weine: Der strohgelbe *Orvieto* wird auch in deutschen Pizzerias serviert, er ist Umbriens großer Exportwein. Vor Ort findet man ihn meistens *secco* (trocken), seltener *abboccato* (süffig), *amabile* (mild) oder *dolce* (süß). In einem begrenzten Anbaugebiet darf sich der Tropfen *Orvieto Classico* nennen.
Im Ausland zunehmend bekannter sind auch die Spitzenweine aus *Torgiano* (rot, rosé, weiß) und *Montefalco* (rot, weiß), zwei kleine Anbaugebiete, die sich mit dem Etikett DOCG *(Denominazione di Origine Controllata Garantita)* schmücken dürfen. Mehr darüber siehe im Reiseteil unter den beiden Ortschaften.

Weitere regionale Weine sind: *Colli Altotiberini* (oberes Tibertal), *Colli del Trasimeno, Colli Perugini* (südlich von Perugia, rechtsseitig des Tiber), *Colli Martani* (südlich von Perugia, linksseitig des Tiber), *Assisi, Colli Amerini* (Hügel um Amélia) und *Lago di Corbara.*

Ein gutes Restaurant hält zumindest die regionalen Tropfen als Flaschenweine bereit. In der Regel ist aber auch auf den offenen Tafelwein Verlass, den man literweise *(un litro)*, halbliterweise *(mezzo litro)*, viertelliterweise *(un quarto)* oder glasweise *(un bicchiere)* bestellt.

Umbrische Weine werden meist nur in kleinen Mengen und in alter handwerklicher Tradition hergestellt

Wissenswertes von A bis Z

Adresse

In italienischen Adressen tauchen gelegentlich *Fraz.* und *Loc.*, seltener *Voc.* als Kürzel auf. *Frazione* ist ein Ortsteil, der außerhalb des Stadtkerns liegt, bei einer *Località* handelt es sich um ein Haus oder eine Ansammlung von Häusern in einem bestimmten Gebiet, das so bezeichnet wird – und ein *Vocabolo* ist hierarchisch der Località untergeordnet.

Apsis

Im Kirchenbau meist halbrunder Abschluss des Hauptschiffs hinter dem Chor, in der Regel nach Osten ausgerichtet und von einer Halbkuppel überwölbt. Die *Nebenapsiden* schließen die Seitenschiffe ab.

Ärztliche Versorgung

Europäer haben die Möglichkeit, sich vor der Abreise bei ihrer Krankenkasse einen Anspruchsschein für ärztliche Behandlung in EU-Ländern zu besorgen. In Deutschland trägt das Formular die Bezeichnung E 111, in Österreich SE 100-07. Im Krankheitsfall liest man am besten erst das beigegebene, detaillierte Merkheft, bevor man sich in den Dschungel der italienischen Gesundheitsbürokratie begibt. Mit viel Ausdauer schafft man es schließlich, sich kostenfrei behandeln zu lassen bzw. die Kostenregelung der italienischen und der eigenen Krankenkasse zu überlassen.

Wer gut bei Kasse ist, wählt den weniger umständlichen Weg: direkt zum Arzt gehen, die Behandlung bar zahlen, sich eine Quittung *(ricevuta fiscale)* ausstellen lassen, auf der Diagnose, Art und Kosten der Behandlung vermerkt sind, sich die Ausgaben zu Hause zurückerstatten lassen. Schweizerischen Staatsangehörigen bleibt nur dieses direkte Verfahren.

Zu überlegen ist der Abschluss einer zusätzlichen **privaten Auslandskrankenversicherung**, wie sie die meisten Krankenversicherer und manche Automobilclubs anbieten (ca. 60 Cent pro Tag). Diese deckt außer den Arzneimittelkosten auch einen aus medizinischen Gründen notwendigen Rücktransport nach Hause ab.

Die **Apotheke** *(farmacia)* kann in harmlosen Fällen den Arzt ersetzen. Viele Medikamente sind rezeptfrei erhältlich, darunter auch einige Antibiotika. Nachts und an Wochenenden ist die *farmacia di turno* geöffnet; an jeder Apotheke ist angeschlagen, welche den Notdienst versieht.

Basilika

Das *archon basileus* war in der Antike das Dienstgebäude des obersten Richters (*basilikos* = königlich). Der Name wurde später auf den frühchristlichen Kirchenbau übertragen, der sich vom Bautypus her dem antiken Vorbild anlehnte: meist ein dominierendes Hauptschiff mit einem Satteldach, flankiert von zwei schmaleren Seitenschiffen mit deutlich niedrigeren Pultdächern.

Centro storico

Der Begriff, den man auf Hinweisschildern am Stadtrand und auch im vorliegenden Buch antrifft, heißt übersetzt *historisches Zentrum*. Gemeint ist damit durchwegs der mittelalterliche Kern einer Stadt. Damit Autofahrer nicht soviel lesen müssen, wird auf den Straßenschildern meist ein Piktogramm verwendet: ein Punkt und darum herum zwei konzentrische Kreise.

Chor

Im Kirchenbau der erhöhte Teil der Kirche vor dem Halbrund der Apsis. Der Name leitet sich vom liturgischen Gesangschor ab, der von hier aus den Gottesdienst mitgestaltete. Der meist abgetrennte Chor war früher der geistlichen und weltlichen Prominenz vorbehalten. Diese nahm auf dem *Chorgestühl* Platz, das in den Kathedralen oft mit schmucken Holzschnitzereien oder Intarsien versehen wurde. Seit dem 14. Jahrhundert steht in der Regel auch der Altar im Chor.

Diebstahl

Es gibt ihn in Umbrien wie anderswo auch, die allgemeinsten Vorsichtsmaßnahmen sollten beachtet werden. Es besteht z. B. kein Grund, die Fotoausrüstung und den Familienschmuck auf dem Rücksitz auszubreiten, das luxuriöse Autoradio ist nachts im städtischen Gebiet gefährdet.

Sind die Papiere weg, ist der Gang zur Polizei notwendig. Man lässt sich dort eine Verlustbescheinigung ausstellen. Ersatz für Autopapiere, Führerschein und Personalausweis gibt es nur in der Heimat. Bei Verlust des Passes erhält man von der Botschaft kurzfristig ein zeitlich begrenzt gültiges Ersatzpapier

Die Anbetung der Könige – Perugino-Fresko in Città della Pieve

(2 Fotos mitbringen). Kopien der Ausweispapiere sind nützlich und helfen der Polizei bei der Identitätsüberprüfung.

Sollten Ihnen nicht nur die Autopapiere, sondern gleich das ganze Auto abhanden gekommen sein, so brauchen Sie für die Verlustanzeige eine *carta bollata*, ein Formular, das in jedem Tabakladen erhältlich ist. Die Polizei muss darauf den Verlust Ihres Wagens bestätigen. Aber überlegen Sie vorher, ob Sie nicht einfach wegen Falschparkens abgeschleppt wurden; in diesem Fall wenden Sie sich ohne Formular an die Polizei *(Vigili Urbani)*.

Diplomatische Vertretungen

- *Italienische Botschaften*

In Deutschland: Dessauer Str. 28–19, 10963 Berlin. ✆ 030/254400, 📠 030/25440100. Konsulate in allen größeren Städten des Landes.

In Österreich: Metternichgasse 13, 1030 Wien. ✆ 01/7125121, 📠 01/7139719, e-mail: ambitalviepress@via.at. Konsulate in allen größeren Städten des Landes.

In der Schweiz: Elfenstr. 14, 3000 Bern. ✆ 031/3524151, 📠 031/3511026, e-mail: ambital.berna@spectraweb.ch. Konsulate in allen größeren Städten des Landes.

- *Botschaften in Italien*

Deutsche Botschaft: Via San Martino della Battaglia 4, 00185 Roma. ✆ 06/492131, 📠 06/4452675, e-mail: mail@deutschebotschaft-rom.it.

Österreichische Botschaft: Via G. B. Pergolesi 3, 00198 Roma. ✆ 06/8440141, 📠 06/8543286, e-mail: rom-ob@bmaa.gv.at.

Schweizer Botschaft: Via Barnaba Oriani 61, 00197 Roma. ✆ 06/809571, 📠 06/8088510, e-mail: Amsuisse@rom.rep.admin.ch.

Erdbeben

Gezittert hatte Umbriens Erde in den letzten Jahrhunderten schon oft, doch das Erdbeben vom 26. September 1997 stellte alles Bisherige in den Schatten.

Erste Hilfe nach dem großen Beben

Besonders betroffen waren Nocera Umbra, wo das Centro storico noch 1999 allabendlich abgesperrt wurde, Foligno, wo der Turm der Kathedrale auf den Platz hinunterdonnerte, und Assisi, wo die weltberühmten Fresken der Franziskusbasilika in Scherben fielen.

Bei unseren letzten Recherchen 2003 standen in diesen Städten noch viele Kirchen und Museen in einem Gerüstekorsett und waren *causa sismo* geschlossen, viele aber auch wurden für das Jubiläumsjahr 2000 wiedereröffnet. Im Zentrum des Katastrophengebiets um Nocera Umbra wohnen noch zahlreiche Menschen in Wohncontainern; der Staat sagt umfassende und zügige Hilfe zu, was den Betroffenen bald so abstrakt vorkommt wie die von den Seismographen verzeichnete Stärke 5,5 auf der nach oben offenen Richter-Skala ...

Grelle Medienberichte nach dem großen Beben 1997 – mehr dem Infotainment als seriöser Berichterstattung verpflichtet – haben im umbrischen Tourismussektor zu großen Umsatzrückgängen geführt, zahlreiche Hoteliers klagten über Stornierungen. Wir weisen darauf hin, dass die Chance, einen Autounfall zu bauen oder in der Badewanne auszurutschen, wesentlich größer ist als die, Opfer eines erneuten Erdbebens zu werden.

Ermäßigungen

Verbindliche Regeln gibt es nicht. Jedoch kennen die meisten staatlichen und städtischen Museen Ermäßigungen für Rentner, Studenten, Schüler und Kinder. Nachfragen lohnt sich also. Nur selten wird ein Ausweis verlangt. Wenn Sie sich allerdings in angegrauten Jahren als Student oder mit 30 Jahren als Rentner ausgeben und obendrein noch einen roten Kopf bekommen, könnte der Beamte misstrauisch werden.

Feiertage

Am 15. August, an Mariä Himmelfahrt, wird in ganz Italien *Ferragosto* gefeiert. Dieses Hauptfest der Marienverehrung ist Anlass großer Familienzusammenkünfte und liegt außerdem mitten in der Hochsaison. Folge: Autobahnen und Überlandstraßen sind an diesem Tag regelmäßig verstopft.

Weder Karfreitag noch Pfingstmontag sind in Italien gesetzliche Feiertage, dafür jedoch:

1. Januar: **Neujahr** (Capodanno)

6. Januar: **Dreikönigstag** (Epifania)

25. April: **Tag der Befreiung** (Anniversario della Liberazione) von der Deutschen Wehrmacht

1. Mai: **Tag der Arbeit** (Festa del Lavoro)

15. August: **Mariä Himmelfahrt** (Ferragosto)

1. November: **Allerheiligen** (Ognissanti)

8. Dezember: **Mariä Empfängnis** (Immacolata Concezione)

25. Dezember: **Weihnachten** (Natale)

26. Dezember: **Stephanstag** (Santo Stefano)

Die beweglichen Feiertage: **Ostern** (Pasqua), **Ostermontag** (Lunedi di Pasqua) und **Pfingsten** (Pentecoste). Beweglich ist eigenartigerweise auch der Nationalfeiertag der **Republikgründung** (Fondazione della Repubblica) – am ersten Sonntag im Juni, die Unternehmer danken, die Arbeitnehmer haben das Nachsehen.

Fernsehen

Medienzar Silvio Berlusconi beliefert mit seinen drei Privatsendern *(Rete 4, Italia 1, Canale 5)* nicht nur sämtliche italienischen Haushalte mit Talkshows und Werbung, sondern versucht auch im Hotelzimmer, sich Ihnen aufzudrängen. Als Ministerpräsident versucht derselbe Berlusconi mit mehr oder weniger Erfolg, auch die staatlichen Sender unter seine Kontrolle zu bringen: *RAI 1* mit viel Politik, *RAI 2* mit gelegentlich gutem Filmprogramm und den regionalen *RAI 3.*

Geld

Generell sollte man Bargeld und Reiseschecks immer bei **Banken** oder **offiziell autorisierten Wechselstuben** tauschen. Hotels, Campingrezeptionen, Läden und private Wechselstuben nehmen zwar auch fremde Währungen und Schecks, jedoch meist zu deutlich schlechterem Kurs bzw. mit hohen Wechselgebühren. Die Öffnungszeiten der Banken sind in ganz Italien einheitlich geregelt (Mo–Fr 8.30–13.20 Uhr); gelegentlich können sie jedoch regional leicht abweichen. Nachmittags sind Banken in der Regel geschlossen; wenn sie doch geöffnet haben, dann meist nur kurzzeitig zwischen 15 und 16 Uhr.

Wechselkurse

Schweizer sind währungspolitisch keine Europäer, ihr Franken hat deshalb ein schwankendes Verhältnis zum Euro:

1 CHF = € 0,64

1 € = CHF 1,55

Stand: Januar 2004

Tante Emma nimmt nur Bargeld

ec-Karte: In allen größeren italienischen Orten haben Banken Geldautomaten *(bancomat)* installiert, wo man mit der ec-Karte – sofern man den Geheimcode nicht vergessen hat – rund um die Uhr problemlos Bargeld bis zu 300.000 Lire abheben kann. Gelegentlich machen auch die Automaten Siesta oder sind nachts oder am Wochenende außer Betrieb *(fuori servizio)*. Eine Abbuchung kostet ca. 3,30 €. Bei Verlust der Karte diese sofort sperren lassen, dann haftet man nicht für Schäden.

Euroschecks: Falls Sie noch welche mit sich führen: Eurochecks werden von italienischen Geldinstituten nicht mehr akzeptiert.

Kreditkarten: Die gängigen Karten (Eurocard und Visa) werden in vielen Geschäften, Hotels und Restaurants und an den meisten Tankstellen akzeptiert. Die vom Konto abgebuchten Beträge werden zum normalen Umtauschkurs berechnet, bis zur Belastung kann es oft lange dauern. Mit der Kreditkarte kann man auch bei Geldautomaten abheben, allerdings sind die Gebühren recht hoch (bis 4 % des Betrags, mindestens jedoch 5 €), deswegen besser nur im Notfall darauf zurückgreifen. Bei Verlust der Karte diese sofort sperren lassen.

Reiseschecks: Man muss sie schon vor der Abfahrt bei seiner Bank einkaufen, wobei ein Prozent des Werts als Gebühr erhoben wird, eine weitere Gebühr wird bei der Einlösung im Ausland fällig (Vorsicht, manche Banken langen ungerechtfertigt hoch zu). Man sollte auf jeden Fall Reiseschecks eines bekannten Instituts einkaufen (z. B. American Express, Thomas Cook oder Visa). Bei Verlust oder Diebstahl kann man die Schecks sperren lassen. Große Banken leisten Ersatz, falls man die Kaufbestätigung für die Schecks vorzeigen kann. Ansonsten hilft ein spezieller Kurierdienst (Näheres dazu erfährt man beim Einkauf der Schecks). Kaufquittung und Schecks immer getrennt aufbewahren, außerdem die Nummern der Schecks notieren.

Postbank: Seit 1999 gilt das deutsche Postbanksparbuch nicht mehr im Ausland. Stattdessen gibt es die *SparCard 3000 plus* im Kreditkartenformat, mit der man von allen Geldautomaten mit Visa-Plus-Zeichen abheben kann. Die ersten vier Abhebungen im Jahr sind gratis, danach bezahlt man pro Vorgang ca. 5 € Gebühr. Die Karte spätestens einen Monat vor der Reise bestellen!

Haustiere

Wer seinen Waldi liebt, will ihn natürlich mit auf die Reise nehmen. Kontaktieren Sie Ihren Tierarzt mindestens einen Monat vor der Reise. Benötigt wird ein tierärztliches Gesundheitszeugnis (nicht älter als 30 Tage), außerdem muss der Hund nachweislich gegen Tollwut geimpft sein (frühestens 11 Monate, spätestens 20 Tage vor Reiseantritt). Maulkorb und Leine müssen im Gepäck mit dabei sein. Viele Hotels und Campingplätze akzeptieren – wenn überhaupt – nur kleine Hunde, die nicht in den Speisesaal, nicht an den Strand und auch nicht in den Poolbereich mitgenommen werden dürfen.

Infiorata

Das "Blumenfest" ist in Umbrien bekannter als im übrigen Italien. Das hängt wohl damit zusammen, dass die Tradition der *Infiorata* ihren Anfang im nahen Bolsena nahm. Zum Fest, das aus historischen Gründen in der Zeit um Fronleichnam gefeiert wird, werden ganze Straßen zu bunten Blumenteppichen. Näheres über die Infiorate siehe Kasten im Reiseteil, Bolsena.
Berühmt für ihre Infiorata sind neben Bolsena die umbrischen Städte Città della Pieve und Spello.

Miss Infiorata

Information

Für erste allgemeine Anfragen **von zuhause aus** ist das staatliche italienische Fremdenverkehrsamt ENIT (Ente Nazionale Industrie Turistiche) eine brauchbare Adresse. Die Unterlagen kann man per Brief oder Fax anfordern, telefonisch nur über eine kostenpflichtige Service-Nummer (s. u.). Lassen Sie sich am besten allgemeine Informationen über die Städte schicken, die Sie besuchen wollen, eine Landkarte und bei Bedarf das Hotel- bzw. Campingverzeichnis. Vor Ort kann man gezielter fragen und sein Prospektmaterial noch aufstocken. Oft sind auch hier deutschsprachige Broschüren erhältlich.

• *Informationsbüros ENIT* **Deutschland**, Kontorhaus Mitte, 5. OG, Friedrichstr. 187, 10117 Berlin. ✆ 030/2478398, ℻ 030/2478399, e-mail: enit-berlin@t-online.de.
Kaiserstr. 65, 60329 Frankfurt/M. ✆ 069/259126, ℻ 069/232894, e-mail: enit.ffm@t-online-de.
Goethestr. 20, 80336 München. ✆ 089/531317, ℻ 089/534527, e-mail: enit-muenchen@t-online.de.
Österreich, Kärtnerring 4, 1010 Wien. ✆ 01/505163012, ℻ 01/5050248, e-mail: delegation.wien@enit.at.
Schweiz, Uraniastr. 32, 8001 Zürich. ✆ 01/2117917, ℻ 01/2113885, e-mail: enit@bluewin.ch.

Service-Nummer: Ob aus Deutschland, Österreich oder der Schweiz: Sie können unter der gebührenfreien Service-Nummer 0080000482542 kostenlos Info-Material zu allen Regionen Italiens anfordern.

Internet: Mittlerweile hat fast jede größere Stadt Umbriens eine Website. Der Informationsgehalt lässt bisher allerdings zu wünschen übrig, und ohne Italienischkenntnisse ist der Nutzen noch geringer. Versuchen Sie einfach *www.emmeti.it/index.de.html.* Von hier aus können Sie sich mit der internen Suchmaschine in die Sites regionaler Anbieter einlinken.

Information in Italien: In größeren Orten steht dem Besucher ein **A.P.T.-Büro** *(Azienda di Promozione Turistica)* zu Diensten, oft steht einfach nur **Ufficio Informazioni Turistiche** oder **Ufficio Informazioni** an der Tür. In kleineren Orten nimmt eine lokale Organisation, meist **Pro Loco** genannt, Informationsaufgaben wahr. Zum Informationsmaterial gehören in der Regel Unterkunftsverzeichnisse und Stadtpläne, in größeren Städten auch Listen mit Öffnungszeiten der Museen sowie reich bebilderte Prospekte. Gelegentlich spricht hinter dem Schalter jemand Deutsch oder Englisch.
Im vorliegenden Buch sind die lokalen Informationsstellen im Service-Teil der einzelnen Orte vermerkt.

Internet

In Perugia und Assisi vor allem, aber auch in anderen Städten findet man Internet-Stationen oder Cyber-Cafés. Das Surfen kostet ca. 7 € pro Stunde. Wer nur schnell ein Mail versenden bzw. seine eigene Post abrufen will, kommt mit ca. 70 Cent davon.

Cascate delle Marmore bei Terni

Kapitell

In der Kirchenarchitektur der oberste Teil einer Stützsäule, in romanischen Kirchen ist das Kapitell oft mit Dekor, menschlichen Fratzen, Tierfiguren oder biblischen Darstellungen skulptiert. Gelegentlich bekommt man sogar bemalte Kapitelle zu sehen.

Klima/Reisezeit

Bestimmend für Umbrien ist das mediterrane Binnenklima: warme, trockene Sommer, regenreiche Winter. Letztere sind in den niederen Lagen mild, in den höheren Lagen sehr rau. Ideale Reisezeit ist April bis Oktober.

Temperaturen in Perugia (°C)							
Jan.	7°	April	16°	Juli	28°	Okt.	18°
Feb.	9°	Mai	20°	Aug.	28°	Nov.	12°
März	12°	Juni	25°	Sept.	24°	Dez.	9°

Öffnungszeiten

Grundprinzip für *Geschäfte* ist die Mittagspause, die Siesta, etwa von 13 bis 15 Uhr. Dafür sind sie abends, wenn die Hitze nachgelassen hat, oft bis 20 Uhr geöffnet.

Kirchen brauchen offenbar eine längere Siesta, sie öffnen in der Regel nachmittags erst um 16 Uhr, oft sogar erst um 17 Uhr. Bitte respektieren Sie die Stille – verzichten Sie auf Besichtigungen während des Gottesdienstes!

Bei *Museen* gelten für verschiedene Jahres- verschiedene Öffnungszeiten, in der Hochsaison sind sie mittags oft durchgängig geöffnet; staatliche Museen halten sich zunehmend an die international übliche Regel: Montag geschlossen.

Banken arbeiten lieber vormittags, gelegentlich akzeptieren sie Kundschaft auch am Spätnachmittag für eine Stunde.

Wenn im vorliegenden Buch von Öffnungszeiten am So(nntag) die Rede ist, dann sind in der Regel die Feiertage mitgemeint.

Olivenöl

Wie die Toscana ist auch Umbrien für seine Olivenöle bekannt. Im *frantoio* (= Olivenmühle, Olivenpresse) werden die Oliven mit Fleisch und Kern zermahlen und gepresst, bis sie den teuren Saft von sich geben. Meist wird dort auch direkt verkauft. Schilder an der Straße weisen auf Kleinproduzenten hin, deren Öl in der Regel besser schmeckt als die Produkte im Supermarkt. Ganz verwöhnte Gaumen kaufen im November ein, wenn die geernteten Früchte frisch gepresst sind.

Da in Umbrien die Oliven in ungewöhnlicher Höhenlage wachsen (bis 500 m ü. M.), reifen sie nicht voll aus und müssen wie Kirschen von Hand gepflückt werden, man kann sie nicht einfach in Netzte fallen lassen wie im Süden Italiens. Auch die Ausbeute ist geringer, doch nimmt man diese Nachteile gern

Extra vergine

in Kauf (und berücksichtigt sie im Verkaufspreis), da das gewonnene Olivenöl reine Medizin ist: leicht und bekömmlich, weil hochprozentig an ungesättigten Fettsäuren.
Umbrisches Olivenöl wurde als eines der ersten Öle, zusätzlich zur Qualitätsbezeichnung *extra vergine* (kalte Pressung), mit dem Kennzeichen *d.o.c.g.* geadelt, womit auch die Herkunft garantiert ist.
Alles rund um die Olive erfahren Sie im ausgezeichneten *Ölbaum- und Olivenölmuseum* in Torgiano.

Polizei

Carabinieri sind für Verbrechen zuständig, in den Städten sind die *Vigili Urbani* präsent, die *Polizia Stradale* kümmert sich um das Verkehrsgeschehen außerhalb der Ortschaften und verpasst Rasern gesalzene Strafgelder.

Portikus

Der Lateiner übersetzt das Wort mit "Halle"; in der Architektur ist eine Säulenhalle gemeint bzw. ein von Säulen getragener Vorbau, bei Kirchen in der Regel vor dem Haupteingang.

Post

Die italienische Post genießt nicht den besten Ruf. Die Karte an die Lieben daheim kommt in der Regel 5 bis 6 Tage später an. Der Vermerk "per Luftpost" *(posta aera)* bringt bei Karten und Briefen nach Deutschland nichts, da sie ohnehin auf dem Luftweg befördert werden.

Briefmarken: *Francobolli* kann man nicht nur bei der Post erstehen, sondern auch in vielen Tabacchi-Läden und Souvenirshops, die Postkarten verkaufen.

Poste restante: Jedes Postamt nimmt postlagernde Sendungen an. Diese können mit Personalausweis gegen eine kleine Gebühr abgeholt werden. Ein Brief wird normalerweise bis zu zwei Monate aufbewahrt. Name, Zielpostamt und "Poste restante" auf den Umschlag schreiben.

Telegraphische Postüberweisung: Wenn die Mittel ausgehen, der schnellste Draht zur Heimat! Zu Hause eine Vertrauensperson anrufen und diese bitten, die gewünschte Summe per telegraphischer Postanweisung unter Angabe des Empfängernamens ans Postamt einer bestimmten Stadt zu schicken. In größeren Orten kommt die Anweisung innerhalb der nächsten 48 Stunden an, und man bekommt die Summe in Euro ausbezahlt. Diese Transaktion kostet eine Gebühr von ca. 15–20 € (vom Absender zu zahlen).

Falls der Empfänger verhindert ist, das Geld zu holen, kann er den Betrag ohne weitere Kosten wieder zurücktransferieren lassen (dauert einige Wochen). Die Transaktionsgebühr ist dann in der Regel verloren.

Predella

Die Predella ist der Sockel des Altarbilds, meist sind darauf mehrere Bilder gemalt, die sich auf das Hauptbild beziehen, oft Stationen aus der Vita eines Heiligen.

Presepe

Presepe heißt *Krippe*, und spricht man in der Weihnachtszeit von Presepe, meint man damit Krippenbilder, oft ganze Krippen-Installationen mit raffinierter Beleuchtung. Die Tradition ist in ganz Italien bekannt, erfreut sich aber in Umbrien besonderer Beliebtheit. In einigen kleineren Orten wird oft ein *presepe vivente* (lebendiges Krippenbild) veranstaltet: Das ganze Dorf wird in ein bethlehemitisches Bühnenbild verwandelt, die Einwohner agieren als palästinensische Hirten und Handwerker.

Als Begründer des Presepe vivente gilt *Franz von Assisi*, der in einer Grotte bei Greccio (zwischen Terni und Rieti) 1223 eine Krippenfeier mit Menschen, Ochs und Esel veranstaltete – sehr zum Ärger der offiziellen Kirche. Diese stieß sich an der Teilnahme von Tieren am Gottesdienst, wohl aus der begründeten Angst einer jederzeit möglichen Darmentleerung. Den demütigen, tierliebenden Franz störten solch natürliche Vorkommnisse wenig.

Radio

Die italienischen Privatsender gehen in die Hunderte, einer übertönt den anderen – nervtötendes Gedudel und Geplapper, alle fünf Minuten von einer stupiden Werbung unterbrochen. Nachrichten sind ebenso selten wie längere Wortbeiträge.

Im Kurzwellenbereich können Sie folgende **deutsche Sender** empfangen: Deutsche Welle auf 6075 kHz, Südwestfunk auf 7265 kHz, Bayern 1 auf 6085 kHz, Radio Bremen auf 6190 kHz und Deutschland Radio auf 6005 kHz.

Reliquiar

In diesem kostbaren Behälter ruhen die der Nachwelt bewahrten Reliquien eines Heiligen. Größe und Art des Reliquiars sind dem Inhalt angepasst: Neben

... und Mama steht am Herd

Medaillons, Kästchen, Kreuzen, Figuren, Köpfen oder Büsten ist der oft als Goldschmiedearbeit ausgeführte Reliquienschrein das bekannteste Behältnis vollständiger Gebeine, Skelette, Kleidung oder Gebrauchsgegenstände verstorbener religiöser Autoritäten.

Sinopie

Mit Rötelerde gefüllte Ritzung im Mauerwerk, die als Vorzeichnung für eine Fresko dient. Bei abgenommenen Fresken bleiben die Sinopien oft in der Mauer zurück. Bei teilzerstörten Fresken können noch erhaltene Sinopien die verloren gegangenen Teile konturenweise andeuten.

Sportliches

Wanderungen und **Mountainbike-Touren** kann man fast überall in Umbrien unternehmen, markierte Wege sind allerdings nicht die Regel. Die Gegend um den *Trasimenischen See* oder der *Monte Tézio* nördlich von Perugia sind auch mit Kindern zu erwandern, etwas mehr Kondition verlangt das *obere Valnerina*. Für anspruchsvollere Touren besucht man vorzugsweise das *Sibillinische Gebirge* (siehe Reiseteil, Hochebene um Castelluccio) oder das *Monte-Cucco-Gebiet* (siehe Reiseteil, Monte Cucco).

• *Literatur* **Enzo Cori**, Umbria, le più belle escursioni, Società Editrice Ricerche, 1995, ca. 20 €. Das von der umbrischen Sektion des italienischen Alpenvereins (C.A.I.) herausgegebene Buch schlägt 100 Wanderungen – in der Regel zwischen zwei und fünf Stunden Dauer – in allen Teilen Umbriens vor. In italienischer Sprache.

Sergio Grilli / Cinzia Pezzani, Umbria in Mountainbike, Centro Documentazione Alpina, 1994, ca. 18 €. 73 ausführlich beschriebene Mountainbike-Touren durch Umbrien. In italienischer Sprache.

Kletterer finden Möglichkeiten bei *Ferentillo* (Valnerina) und rund um den *Monte Cucco*, an dessen Abhängen auch **Paragliding** und **Deltaflüge** möglich sind.
Swwwiiinnng! Und schnell mit dem Wägelchen dem kleinen Ball hinterher – auch **Golf** ist in Umbrien möglich. 18-Loch-Profis finden sich im *Circolo Golf Perugia* ein, Lamborghini-Fahrer fühlen sich vielleicht eher im firmeneigenen *Golf Club Lamborghini* bei Panicale (9 Löcher) zu Hause.

Sprachkurse

Warum nicht das Angenehme mit dem Nützlichen verbinden? Mehrere Sprachschulen in Umbrien und am Bolsena-See bieten die Möglichkeit, Urlaub mit Fortbildung zu kombinieren. Und schließlich erweist sich das Nützliche als angenehm: Auch mit nur bescheidenen Italienischkenntnissen finden Sie sich im umbrischen Alltag schneller zurecht.
Informationen über Sprachschulen siehe im Reiseteil unter den Orten *Città della Pieve, Perugia, Assisi, Todi, Bolsena.*

Strom

220 Volt sind die Regel, allerdings passt der deutsche Schukostecker nicht in die italienische Steckdose. In diesem Fall hilft ein Adapter *(spina di adattamento)*, den man in einschlägigen Geschäften oder im Supermarkt kaufen kann. Hotels stellen ihren Gästen oft einen Adapter zur Verfügung.

Telefonieren

Öffentliche Telefonzellen funktionieren mittlerweile fast durchgängig mit der Magnetkarte, und seit das Handy *(cellulare* oder *telefonino)* Italien erobert hat, gibt's keine Warteschlangen mehr. Die Magnetkarte (2,60 € oder 5,20 €) heißt *Carta Telefonica* und ist in Tabak- und Zeitschriftenläden, in Büros der *Telecom* und an der Rezeption von Campingplätzen erhältlich. Wer damit das Telefonieren nicht schafft, hat vergessen, die perforierte Ecke abzubrechen.

Vorwahl-Nummern

Aus Deutschland, Österreich oder der Schweiz nach Italien:
0039 + lokale Vorwahl (mit "0") + Anschlussnummer

Aus Italien nach Deutschland:
0049 + lokale Vorwahl (ohne "0") + Anschlussnummer

Aus Italien nach Österreich:
0043 + lokale Vorwahl (ohne "0") + Anschlussnummer

Aus Italien in die Schweiz:
0041 + lokale Vorwahl (ohne "0") + Anschlussnummer

Innerhalb Italiens muss die lokale Vorwahl (mit "0") stets mitgewählt werden, auch wenn man von Perugia nach Perugia telefoniert!

Zeitungen/Zeitschriften

Die überregionale, deutschsprachige Presse ist nur in größeren Städten im Angebot. Aber warum nicht einmal zur *Repubblica*, zum *Corriere della Sera* oder zur *Stampa* greifen? Italienische Zeitungen berichten ausführlich über das Parteiengezänk in Rom, über Mord und Totschlag, und ab Seite 12 hat dann auch die Weltpolitik Platz. Wenn Sie wissen wollen, was den umbrischen Alltag bewegt, welcher Gesangsverein wo auftritt, welches Dorffest wann stattfindet oder ob es in Südumbrien mehr als in Nordumbrien regnet, besorgen Sie sich den *Corriere dell'Umbria*.

Zoll

Deutsche und Österreicher sind EUropäer, Schweizer sind Nicht-EUropäer. Nach dieser grundsätzlichen Unterscheidung richtet sich die Menge an Suchtmitteln, die Sie aus dem Urlaubsland straffrei in Ihre Heimat einführen dürfen.

Nach Deutschland oder Österreich: Im Zuge der Lockerung des europäischen Binnenmarkts gelten seit einigen Jahren großzügige Richtlinien für die Einfuhr italienischer Waren ins EU-Heimatland. Konkret: Im privaten Reiseverkehr innerhalb der EU dürfen Waren zum eigenen Verbrauch unbegrenzt mitgeführt werden. Um diese vage Formulierung zu präzisieren und eine Abgrenzung zwischen privater und gewerblicher Verwendung vorzunehmen, gelten folgende Richtmengen pro Person, bei denen die Behörden den "persönlichen Bedarf" nicht in Frage stellen:

10 l Spirituosen; 20 l alkoholische Zwischenerzeugnisse (Portwein, Sherry); 90 l Wein oder weinhaltige Getränke, davon höchstens 60 l Schaumwein/Sekt; 110 l Bier. 800 Zigaretten; 400 Zigarillos; 200 Zigarren; 1 kg Tabak.

Ein Überschreiten der angegebenen Mengen stellt kein Problem dar, wenn Sie glaubhaft versichern können, dass z. B. der gesamte mitgeführte Alkohol zum Eigenverbrauch bestimmt ist. Blasen Sie dem Zöllner – falls sich an der innereuropäischen Grenze überhaupt einer zeigt – einfach Ihre Alkoholfahne ins Gesicht, und er wird verstehen, dass Sie den Grappa gleich kistenweise mit sich führen.

In die Schweiz: Die Insel in Europa kennt strengere Limits für die Einfuhr:

2 l alkoholische Getränke bis 15 Grad und 1 l alkoholische Getränke über 15 Grad. 200 Zigaretten oder 50 Zigarren oder 250 Gramm Tabak.

Waren für den privaten Bedarf oder zu Geschenkzwecken dürfen den Wert von 200 Franken (für Jugendliche unter 17 Jahren: 100 Franken) nicht übersteigen.

Sowohl für die Alkohol- als auch für die Tabakeinfuhr ist ein Mindestalter von 17 Jahren erforderlich.

Transit Schweiz: Da die Schweiz nicht zur Europäischen Union gehört, muss beim Transit ein Überschreiten der in der Schweiz für die Einfuhr geltenden Freimengen (s. o.) deklariert werden. Was zuviel ist, ist zuviel und wird verzollt. Den bezahlten Betrag erhält man bei der Ausreise wieder zurück, sofern die Ware wieder ausgeführt wird.

Historisches Spectaculum

Geschichte Umbriens: Im Zeitraffer durch 2700 Jahre

7. Jahrhundert v. Chr.: In Umbrien siedeln sich Etrusker und Umbrer an, die Etrusker rechtsseitig des Tiber mit den Städten Perugia und Orvieto, die Umbrer linksseitig des Tiber mit den Städten Gubbio, Assisi, Spello, Spoleto, Narni. Die Umbrer werden von den wirtschaftlich mächtigeren und politisch besser organisierten Etruskern und deren Kultur stark beeinflusst.

3. Jahrhundert v. Chr.: Im 3. Samniterkrieg (298–290) gehen Etrusker und Umbrer zusammen mit anderen Völkern ein Bündnis gegen das expandierende Rom ein. Nach dem Sieg der Römer 295 bei Sentinum (nördlich von Fabriano) fällt das gesamte heutige Umbrien unter römische Herrschaft. Der römische Zensor Gaius Flaminius lässt die nach ihm benannte Via Flaminia bauen, die von Rom quer durch Umbrien über den Apennin nach Fano an der adriatischen Küste führt. Derselbe Gaius Flaminius, mittlerweile zum römischen Konsul avanciert, verliert im 2. Punischen Krieg gegen den Karthager Hannibal die berühmte Schlacht am Trasimenischen See (mehr darüber im Reiseteil unter Lago Trasimeno, Kasten).

1. Jahrhundert v. Chr.: Im Machtkampf, der nach Cäsars Ermordung zwischen Octavian und Antonius ausbricht, stellt sich Perugia auf die Seite von Antonius. Octavian belagert 40 v. Chr. die Stadt und zerstört sie. Unter Augustus, wie sich Octavian seit dem Jahr 27. v. Chr. nennt, blüht Umbrien wirtschaftlich auf. Die großen römischen Ruinenfelder von Ocriculum und Carsulae zeugen von dieser Epoche, ebenso die meisten römischen Theater Umbriens. Die bei der Neugliederung des Römischen Reichs unter Augustus entstandene römische Provinz "Umbria" umfasst das Stammgebiet der Umbrer, das sich linksseitig des Tibers bis zur adriatischen Küste erstreckt.

3. Jahrhundert: Die Verwaltungsreform unter Kaiser Diokletian führt zur Provinz "Tuscia et Umbria", die in etwa das Gebiet der heutigen Toscana und Umbriens umfasst, der Apennin bildet die Ostgrenze. Das von Diokletian aufs Schärfste verfolgte Christentum beginnt sich auszubreiten, einige Christen gehen als Märtyrer in die Geschichte ein (in Bolsena: Cristina).

4. Jahrhundert: Unter Konstantin, der den Kaisersitz 330 von Rom nach Byzanz (Konstantinopel, Istanbul) verlegt, kann sich das Christentum entfalten, zahlreiche Bischofsitze entstehen.

5./6. Jahrhundert: Die Barbaren kommen. Die Westgoten ziehen unter König Alarich auf der Via Flaminia durch Umbrien nach Rom. Was die Geschichtsbücher später verharmlosend als Völkerwanderung bezeichnen, erfahren die Umbrer vor allem als Plünderungen. Odoaker aus dem germanischen Stamm der Skiren macht dem weströmischen Reich endgültig ein Ende, indem er 476 Kaiser Romulus Augustulus kurzentschlossen absetzt. Der Ostgotenkönig Theoderich spaltet 493 höchstpersönlich mit einem Schwerthieb Odoakers Schädel. Der Sieg des greisen byzantinischen Feldherrn Narses über den Ostgoten Totila 552 bei Gualdo Tadino macht dem Germanenspuk nur vorläufig ein Ende. Um 570 fallen sie erneut in Umbrien ein, diesmal sind es die Langobarden. Sie errichten das ihrem König in Pavia (Poebene) unterstellte Herzogtum von Spoleto, das ungefähr die heutigen Regionen Umbrien, Marken und Abruzzen umfasst.

Überreste aus der Urgeschichte

Nach dem großen Beben 1997

8. Jahrhundert: Karl der Große macht 774 mit der Einnahme der Hauptstadt Pavia dem Langobardenreich inklusive dessen spoletanischem Ableger ein Ende und gliedert die Gebiete dem Frankenreich ein. Dem Namen nach, also nur noch formell, besteht das Herzogtum von Spoleto bis ins 13. Jahrhundert weiter.

12./13. Jahrhundert: Umbrien liegt mitten im Spannungsfeld zwischen dem sog. Heiligen Römischen Reich, das die Nachfolge des Karolingerreichs antritt, und dem Kirchenstaat, dessen Gebiet zwischen Rom und Ravenna liegt und so Umbrien vom restlichen Reich abschneidet. Die erstarkten umbrischen Städte liegen einerseits wegen gegenseitiger Gebietsansprüche miteinander im Streit, andererseits nehmen sie an den "übergeordneten" Auseinandersetzungen zwischen Kaiser und Papst teil, Perugia ist eine Hochburg der päpstlichen Guelfen, in Foligno haben die kaiserlichen Ghibellinen das Sagen. In Assisi macht ungeachtet allen weltlichen Haders der heilige Franz von sich reden.

14./15. Jahrhundert: Umbriens Städte fallen zusehends unter die Herrschaft der lokalen Adelsfamilien. Die Päpste versuchen von ihrem Exil in Avignon aus, Umbrien für sich zu gewinnen. Eine besondere Rolle kommt dabei Kardinal Albornoz zu, der als Zeichen der päpstlichen Macht wuchtige Burgen baut (siehe Spoleto, Assisi, Narni).

16. Jahrhundert: In den 20er Jahren dezimiert eine Pestwelle die Bevölkerung, der vermutlich auch Perugino, Umbriens berühmtester Maler, zum Opfer fällt. Des ungeachtet setzt sich die päpstliche Macht in ganz Umbrien durch. Als letzte Stadt fällt 1540 Perugia, wo Papst Paul III. eine kraftstrotzende Festung, die Rocca Paolina, errichten lässt.

18. und 19. Jahrhundert: 1798 kommen französische Revolutionstruppen in Umbrien an und läuten das Ende der kirchlichen Herrschaft ein. Napoleon zeichnet 10 Jahre später die Italienkarte neu und macht aus Umbrien das Département Trasimeno mit der Hauptstadt Spoleto. Zwar verliert der Kaiser 1815 die Schlacht bei Waterloo, aber die französischen Reformideen haben sich in Umbrien festgesetzt. Gegen diese setzt sich der mächtige Kirchenstaat noch ein paar Jahrzehnte zur Wehr. Noch 1859 wird ein Aufstand in Perugia von der päpstlichen Schweizergarde niedergeknüppelt. Ein Jahr später ist es soweit: Umbrien wird dem jungen italienischen Nationalstaat eingegliedert.

20. Jahrhundert: Nachdem 1923 unter Mussolinis Herrschaft das Gebiet von Rieti zur eigenen Provinz erklärt und dem Latium zugeschlagen wird, erhält Umbrien seine bis heute gültigen Grenzen. Die Einteilung in die beiden ungleich großen Provinzen Perugia und Terni geht auf das Jahr 1927 zurück. 1997 erschüttert ein gewaltiges Erdbeben Umbrien, besonders betroffen sind die Städte Nocera Umbra, Foligno und Assisi.

21. Jahrhundert: Infolge des Erdbebens von 1997 wohnen in Umbrien zu Beginn des neuen Jahrtausends noch immer rund 30.000 Menschen in Wohncontainern.

Literaturtipp – *Ein Mädchen aus Umbrien*

Das umbrische Städtchen Città della Pieve und die umliegenden Dörfer in den letzten Monaten des Zweiten Weltkriegs: Mussolini ist schon weg vom Fenster, seine versprengten Anhänger arbeiten den deutschen Besatzern in die Hände, von Süden rücken die Alliierten vor, in den schwer zugänglichen Bergen organisieren die Partisanen den Widerstand.

Romana Petri präsentiert in ihrem Roman *Ein Mädchen aus Umbrien* ein ganzes Arsenal an Figuren, die, wenn sie nicht tatsächlich existiert haben, existiert haben könnten: Don Luigi, ein etwas hilfloser Priester, für den die Faschisten "schlechte Diener Gottes", aber eben auch Menschen sind; Bitto, der Grundschullehrer mit dem Grauen vor der Einsamkeit; Minghetti, der ebenso hässliche wie gehasste Faschist; der schlaflose Partisan Valtré, der in den Bergen Wache hält; der schöne Spaltiero, der vom Meer träumt, das er noch nie gesehen hat; und Alcina, die Protagonistin, die sich in einsamen Stunden mit ihrem toten Vater unterhält.

Die Autorin schildert das Zeitgeschehen in packender Weise und spinnt ganz nebenbei den zarten Faden eines Liebesromans – unser Tipp für die Urlaubslektüre.

Romana Petri, *Ein Mädchen aus Umbrien,* aus dem Italienischen von Christel Galliani, München 2000, Preis 9 €.

Von Nord nach Süd zieht der Tiber mitten durch Umbrien

Città di Castello

Für Besucher, die über die Schnellstraße von Cesena anreisen, ist das Obere Tibertal das Eingangstor ins "grüne Herz" Italiens. Das mittelalterliche Städtchen, heute das Handels- und Industriezentrum des oberen Tibertals, ist zwar kein touristisches Highlight, dafür pulsiert auf den Straßen und in den Bars noch unverfälschte Italianità.

Wie im nahen toscanischen Sansepolcro war auch in Città di Castello die Textilherstellung noch bis in die jüngste Zeit ein wichtiger Wirtschaftsfaktor. Die regionale Tradition wird heute in der *Webmanufaktur Tela Umbra* fortgesetzt, die in ihren Räumen ein schmuckes Museum eingerichtet hat.

Einen Kontrapunkt zu diesem der soliden Tradition verbundenen Museum bildet die *Sammlung Alberto Burri*. Der Künstler mit internationalem Renommee hat seiner Heimatstadt zahlreiche Werke vermacht – zu sehen im Palazzo Albizzini und in den Trockenräumen einer ehemaligen Tabakfabrik.

Information/Diverses

- *Telefonvorwahl* 075
- *Postleitzahl* 06012
- *Information* **Ufficio Turistico**, Piazza Matteotti. Kompetentes Personal. Geöffnet Mo–Sa 8.30–13.30 und 15.30–18.30 Uhr, So 9.30–12.30 Uhr. ✆ 8554922, ℻ 8552100, e-mail info@iat.citta-di-castello.pg.it.
- *Verbindung* Busverbindung nach Arezzo, Gubbio, Perugia. Busbahnhof an der Piazza Garibaldi.
- *Parken* Problemlos und gratis an der Stadtmauer im Westen, von da mit der Rolltreppe (scala mobile) hoch zur Piazza Garibaldi.
- *Märkte* **Wochenmarkt**, Donnerstag und Samstag.

Trödelmarkt (Fiera del Rigattiere): Piazza Matteotti, jeden 3. Sonntag im Monat; Secondhand-Kleidung, Gebrauchtwaren, Bücher ...

- *Feste/Veranstaltungen* **Festival delle Nazioni di musica da camere**, jedes Jahr En-

de August/Anfang September; internationales Festival der Kammermusik.

Mostra Nazionale del Cavallo, jährlich am zweiten Wochenende im September. Nach Verona Italiens zweitwichtigste Pferdeschau.

Fiera di S. Florido, 14.–16. November; bunter Jahrmarkt zu Ehren von St. Florido, dem Schutzpatron der Stadt.

Mostra del Tartufo, Anfang November; eine Messe der Trüffeln und anderer Waldfrüchte. Von sechs essbaren Trüffelsorten werden allein fünf in Umbrien geerntet! In einer großen Halle bekommt man die im oberen Tibertal weit verbreiteten weißen Trüffeln und andere Pilz- bzw. Trüffelsorten aus umbrischen Wäldern angeboten – frisch geerntet, getrocknet oder in bauchigen Gläsern in Olivenöl eingelegt. Schlaraffenland-Verhältnisse – doch muss, wer sich durch die Trüffelknollenberge essen will, schon ein kleines Vermögen hinlegen. Der Preis für weiße Trüffeln liegt derzeit bei ca. 200 € pro 100 g!

Übernachten/Camping (siehe Karte S. 47)

**** **Hotel Tiferno (4)**. Seit 1895 die erste Adresse in der Stadt, diskret. Hoher Komfort in einem restaurierten Palazzo, in dem auch Alberto Burri (siehe Sehenswertes) mit einigen Werken vertreten ist. DZ 80–140 €. Piazza R. Sanzio 13 (Piazza San Francesco). ✆ 8550331, ℻ 8521196, e-mail: info@hoteltiferno.it.

*** **Hotel Le Mura (10)**. Geschmackvoller Neubau mit zwei Konferenzsälen und deutschkundigem Manager. Die große Mosaikwand im Innern ist übrigens das Werk einer Gruppe von Mongoloiden. DZ 52–78 €. Via Borgo Farinario 24. ✆ 8521070, ℻ 8521350, e-mail direzione@hotellamura.it.

** **Hotel Umbria (5)**, modernisierter Altbau in einer Seitenstraße der Via S. Antonio. Kleine Zimmer, aber alle mit Dusche/WC. Kleiner, hoteleigener Parkplatz gleich ums Eck. DZ 42–52 €. Via dei Galanti. ✆ 8554925, ℻ 8520911.

*** **Camping La Montesca**, ca. 4 km westlich von Città di Castello, an der kurvenreichen und steilen Straße nach Monte S. Maria (schlecht ausgeschildert). An einem Berghang gelegen, mit freiem Blick auf die Stadt. Schöner, terrassenförmig angelegter Platz mit Schwimmbecken, Feuerstelle, Bar, Laden und gepflegten sanitären Einrichtungen.

Inmitten des direkt angrenzenden öffentlichen Parks steht zwischen uralten Laubbäumen die *Villa Montesca*, einst Wohnsitz von Alice Franchetti, der Gründerin von

Tela Umbra (siehe Sehenswertes), heute sympathisches kleines Tagungszentrum. Der Park wird abends geschlossen. Busverbindungen in die Stadt – der letzte fährt allerdings bereits um 19.30 Uhr zum Campingplatz zurück. Ca. 45 Stellplätze. Geöffnet Mai–September. Loc. Montesca. ✆ 8558566, 📠 8520786.

Essen/Trinken

Ristorante Il Postale (2). Bis 1998 verwöhnten Marco und Barbara die Gäste des Luxushotels Tiferno. Jetzt haben sie in einer alten Postkutschenstation ihr eigenes Lokal eröffnet. Stilvolles Ambiente mit Niedervoltbeleuchtung. Großer, ovaler Service-Tisch mitten im Raum, der an ein Loft erinnert. Im Anbau überdachte Veranda zur Eisenbahnlinie (nur 8 Züge pro Tag, die Chance, beim Tafeln gestört zu werden. ist also gering). An Auszeichnungen mangelt es der Küche nicht, das italienische Gourmet-Magazin "Gambero Rosso" widmete dem Postale eine größere Reportage. Der Gaumenkitzel hat allerdings seinen Preis: 31 € für das altotiberinische Menü, 42 € für das kreative Menü. Eine ausgediente Zapfsäule vor dem Haus informiert über weitere Alternativen: Lammlende an Ingwer, grüne Bohnen und mit Ziegenkäse gefüllte Ravioli oder Zickleinrücken aus dem Ofen mit geschmorten Zwiebeln oder ... Samstagmittags und Mo geschlossen. Via R. de Cesare 8.

Enoteca Altotiberina (7). Erlesenes Angebot an DOC-Weinen der Gegend. Mittags bietet die Küche im stimmungsvollen Kellergewölbe ein einfaches Gericht an (z. B. Taglioni mit Bohnen, Gnocchi, Polenta oder Risotto mit Pilzen), für dessen Zubereitung nur frische einheimische Produkte verwendet werden, abends auch Pizze. Di geschlossen. Piazza Gabriotti.

Ristorante/Bisteccheria Il Fiorentino (9). Klassisch italienische Küche und Beefsteaks, letztere klassisch, texanisch oder auf Florentiner Art (kräftig gewürzt). Di geschlossen. Via S. Florido 55.

Trattoria Lea (8). Einfache, klassische Trattoria. Keine besonderen Spezialitäten. Sehr preiswert. Via S. Florido 38.

Trattoria degli Amici Miei (6). Täglich frisch präparierte Spezialitäten zum Einheitspreis von 16 € (Wein und Wasser extra). Aus Prinzip (welches Prinzip?) Mineralwasser nur ohne Kohlensäure und kein Espresso. Davon abgesehen ein sehr sympathisches Kellerlokal. Mi geschlossen. Via del Monte 2.

Spaghetteria/Pizzeria Adriano Due (1). Großes Buffet mit verschiedenen Antipasti (Selbstbedienung). Neben den zahlreichen Teiggerichten und Pizze auch eine ansehnliche Speisekarte mit Fleisch- und Fischgerichten. Mi abends geschlossen. Piazza Che Guevara (an der Viale Diaz).

Caffè Apennino (3). Quicklebendige Bar. Nach hinten führt die Tür zum **Pub/Disco/Bar "Biergarten"**. Fr und Sa nachts bis in die Puppen geöffnet bzw. Freitagmorgen bis Sonntagmorgen durchgehend, wie die übermüdete Bedienung seufzt. Piazza Garibaldi.

Sehenswertes

Torre civica: Der Turm an der Piazza Gabriotti, gegenüber dem Dom mit seinem freistehenden runden Campanile und von ungefähr derselben Höhe, stammt aus dem 13. Jahrhundert. Der schier endlose Aufstieg – auf den Zwischenetagen befinden sich ehemalige Kerkerräume – lohnt den verlorenen Atem. Von hier oben hat man eine großartige Aussicht über die Ziegeldächer von Città di Castello. Aus der Vogelperspektive ist die Architektur des historischen Stadtkerns klar zu erkennen.

Öffnungszeiten Sommer 10–12.30 und 15.30–18.30 Uhr; Winter 10–12.30 und 14–17.30 Uhr; Mo geschlossen. Eintritt 1 €.

Dom: Wie schon von der Schwelle aus über dem Chor zu lesen, ist das Gotteshaus den Heiligen Floridus und Amantius gewidmet, ersterer war 580–600 Bischof der Stadt. Die Innenausstattung – Wandmalereien mit Motiven aus dem Leben des Bischofs – bietet wenig. An die große einschiffige Halle mit ihrer Kassettendecke wurde im 18. Jahrhundert rechts eine kleine Kuppelkapelle angebaut, in der ein "Glorreicher Christus" von *Rosso Fiorentino* aus dem 16.

Übernachten
4 Hotel Tiferno
5 Hotel Umbria
10 Hotel Le Mura
Essen & Trinken
1 Spaghetteria/Pizzeria Adriano Due
2 Ristorante il Postale
3 Caffè Apennino & Pub/Disco/Bar "Biergarten"
6 Trattoria degli Amici Miei
7 Enoteca Altotiberina
8 Trattoria Lea
9 Ristorante/Bisteccheria Il Fiorentino
Rom, Cesena
Apecchio, Fano
Bahnhof
Perugia, Umbèrtide, Bauern- und Kunsthandwerkmuseum, ehem. Tabakfabrik (Burri)
Arezzo
Monte S. Marina, Camping La Montesca
Cortona
Tiber
Viale Diaz
Viale Sauro
Viale Nazario Sauro
Via Vittorio Veneto
Viale Franchetti
Via XI Settembre
Via Campo d. Fiori
Via Trastevere
Via d. Pozzo
Piazza Marchese Paolo
V. d. Vingone
Via S. Andrea
Via d. Lanari
Via S. Bartolomeo
Via d. Fucci
Via M. Angeloni
Palazzo Albizzini (Burri)
Piazza Garibaldi
BUS
Piazza S. Francesco
Via Albizzini
Via Mazzini
Via Scatorbia
Via P. il Giovane
Via d. Popolo
V. S. Antonio
Torre Civica
Piazza Matteotti
Webmanufaktur Tela Umbra
Piazza Gabriotti
Corso Cavour
Rolltreppe
P
Piazza Fanti
Via A. Gramsci
Dom und Palazzo del Comune
Via Marconi
Corso Vittorio Emanuele
Piazza Garigliano
V. L. Signorelli
Via S. Florido
Via dei Casceri
V. Battisti
Via Oberdan
Via Cannoniera
Pinakothek
Viale
Via Pomerio
V. S. Florido
Via Borgo Farinario
Città di Castello

Burri-Skulptur vor der ehemaligen Tabakfabrik

Jahrhundert seiner Restaurierung harrt. Die Krypta, ein riesiger renovierter Gewölbekeller, wirkt so profan, dass man sie sich ohne weiteres als Lagerraum für altotiberinische Weine vorstellen kann.

Städtische Pinakothek: Sie befindet sich im *Palazzo Vitelli alla Cannoniera* (nicht zu verwechseln mit anderen Palazzi Vitelli in der Stadt!) und wurde im 15. Jahrhundert von *Antonio da Sangallo il Giovane* erbaut; die dem Innenhof zugewandte Fassade ist mit prächtigen Wandmalereien versehen. Werke von *Antonio Vivarini* und *Luca Signorelli* ("Martyrium des heiligen Sebastian"), Fresken aus Sieneser Schule und ungewöhnliche Darstellungen der Madonna mit Kind – z. B. eine blonde Madonna mit kurz geschnittenem Haar, eine dunkelhäutige Madonna mit Kind sowie eine asiatische Variante. Am beeindruckendsten ist neben fotografischen Reproduktionen in Originalformaten eine beidseitig bemalte Standarte von *Raffael*, der in seinen jungen Jahren in Città di Castello tätig war (1500–1504). Sie ist jedoch stark beschädigt; von Kunstbanausen über längere Zeit als provisorischer Ersatz für zerbrochene Fensterscheiben zweckentfremdet, war sie jeder Witterung ausgesetzt.

Öffnungszeiten April–Oktober 10–13 und 14.30–18.30 Uhr; November–März 10–12.30 und 15–17.30 Uhr. Mo geschlossen. Eintritt 4 €.

Sammlung Alberto Burri: Eine Kunstausstellung ganz anderer Art ist im *Palazzo Albizzini* (Via Albizzini) zu sehen. Dort hat der berühmte Künstler *Alberto Burri* (1915–1995), geboren in Città del Castello, eine größere Kollektion seiner Werke der Öffentlichkeit zugänglich gemacht. Charakteristische Merkmale für Burris Plastiken sind die auf Weiß, Schwarz und Rot basierende Farbenpalette und die ungewöhnliche Wahl der Materialien: Säcke, Lumpen, einzelne Kleidungsstücke, angekohlte Hölzer, Metalle, Plastikfolien. Aus-

Nordumbrien
Karte S. 45

stellungen Burris fanden auf der ganzen Welt Beachtung, darunter auch auf der Documenta II in Kassel und 1980 zusammen mit Joseph Beuys im Haus der Kunst in München.

1990 schenkte Burri seiner Heimatstadt weitere 128 Werke, vor allem großformatige Bilder und Plastiken – Grund genug, um eine *ehemalige Tabakfabrik* zum Kunstmuseum umzufunktionieren. Das Gebäude liegt an der alten Straße nach Perugia und ist leicht zu übersehen; knapp nach der Esso-Tankstelle bestätigt links auf der Wiese eine rostrote abstrakte Burri-Skulptur, dass man angekommen ist.

Öffnungszeiten (für beide Ausstellungsorte): Di–Sa 9–12.30 und 14.30–18 Uhr, So 10.30–12.30 und 15–18 Uhr. Eintritt (für beide Ausstellungsorte zusammen) 5 €.

Webmanufaktur Tela Umbra: Die Textilmanufaktur an der Via S. Antonio hat eine stolze, bald hundertjährige Tradition (siehe Kasten). In den 1920er Jahren beschäftigte Tela Umbra bis zu sechzig Weberinnen, nach dem Zweiten Weltkrieg schrumpfte die Zahl rapide. Heute arbeiten im *Laboratorio* in der ersten

Alice im Weberland

Tela Umbra ist nicht nur ein Gütesiegel für handwerkliche Textilproduktion, der Name hat auch in der Sozialgeschichte seinen Platz. Am Anfang steht Alice Hallgarten, eine amerikanische Jüdin deutscher Herkunft, die 1900 den Baron Leopoldo Franchetti heiratete. Während der umtriebige Leopoldo sich vor allem um die Modernisierung der Agrarwirtschaft verdient machte, gründete Alice 1901 in der Nähe von Città di Castello die Landschulen von Montesca und Rovigliano – damals ein geradezu revolutionäres Unternehmen. Im städtischen Krankenhaus richtete sie ein Zentrum für Mütter ein, das u. a. auch Milch und Medikamente für die Kinder verteilte. Bald erweiterten eine Haushaltsschule sowie eine spezielle Schule für Frauen das Reformprojekt. Dass die später weltberühmte Maria Montessori ihre pädagogischen Ideen in den Schulen von Alice Franchetti zum ersten Mal in die Praxis umsetzen konnte, sei nur am Rande erwähnt.

1908 gründete Alice mit der tatkräftigen Unterstützung Leopoldos die Webmanufaktur Tela Umbra. Die Textilherstellung war damals schon heimisch im oberen Tibertal, aber mit Tela Umbra und ihrer rührigen, sozial engagierten Exportmanagerin wurden die umbrischen Stoffe auch außer Landes bekannt: 1910 waren Produkte der Tela Umbra auf der Brüsseler Weltausstellung vertreten.

Mit dem Tod von Leopoldo Franchetti 1917 gingen Schulen und Manufaktur, wie es die 1911 verstorbene Alice testamentarisch bestimmt hatte, an eine wohltätige Organisation über, die für die nächsten siebzig Jahre durch alle Krisen und Kriegswirren hindurch die Produktion aufrechterhielt. 1982 wurde Tela Umbra von der Region Umbrien übernommen, 1985 eine Tela Umbra GmbH gegründet, an der neben der Stadt Città di Castello und dem regionalen Entwicklungsfond auch die derzeit sieben Arbeiterinnen beteiligt sind. Ihr Ziel ist es, die Produktion aufrechtzuerhalten und mit ihrem Museum die Geschichte von Alice im Weberland vor der Vergessenheit zu bewahren.

Etage noch sieben Frauen an den Handwebstühlen. Sie verarbeiten reines Leinen zu feinen Tischdecken, Servietten und Handtüchern. Es sind Facharbeiterinnen – jede mit ihrem eigenen Spezialgebiet – die um den guten Ruf von Tela Umbra wissen und dafür sorgen, dass die kostbaren Tuche weiterhin in der Qualität auf den Markt kommen, für die der Name Tela Umbra bürgt. Die Werkstatt kann während der Arbeitszeiten besichtigt werden.

In der zweiten Etage hat Tela Umbra ein kleines Museum eingerichtet: Spinnräder, Webstühle, Klöppelarbeiten. In sieben Schaukästen mit Stoffmustern wird die ganze Palette der hier produzierten Stoffe gezeigt, ein Saal mit Gobelins aus den 1980er- und 90er Jahren. Fotos an den Wänden erinnern an die bewegte Geschichte der Werkstatt.

Öffnungszeiten April–September Mo–Sa 10.30–12 und 15–17.30 Uhr, So 10.30–13 und 15.30–18 Uhr; Oktober–März Mo–Sa 10.30–12 und 15.30–17.30 Uhr, So 10.30–13 und 15–17.30 Uhr. Eintritt 2.60 €.

Bauern- und Kunsthandwerksmuseum *(Centro delle Tradizioni Popolari)*: am Stadtrand von Città di Castello, an der alten Straße nach Perugia. Ein überaus sehenswertes Museum, in dem allerlei aus dem regionalen, rustikalen Leben des oberen Tibertals zusammengetragen ist: Weinpressen, Ölmühlen, mittelalterliche Rasiermesser und andere Mordinstrumente, urzeitliche Mäusefallen, Webstühle, Spinnräder, das Ehebett mit Großmutters Pyjama usw. In der ersten Etage eine bäuerliche Kantine, in der sich Brueghel wohl gefühlt hätte. Kompetente Führung, allerdings nur in italienischer Sprache.

Öffnungszeiten Sommer 8.30–12.30 und 14–18 Uhr; Winter 8.30–12.30 und 15–19 Uhr. Mo geschlossen. Eintritt 3.50 €.

Città di Castello/Umgebung

Terme di Fontecchio: Plinius der Jüngere suchte die Thermen von Fontecchio im Jahr 80 n. Chr. mit seiner Liebsten auf – deren grazile Schönheit sollte hier einem Verjüngungsbad unterzogen werden. Heute zeugt nur noch ein im Hauptgebäude gehüteter Steinbrunnen mit Bodenmosaik von der römischen Vergangenheit.

Das Thermalbad im Haus (37° C) ist der Klientel des Kur- und Wellnessbetriebs vorbehalten. Wer nicht dazu zählt, vergnügt sich im normalen Wasser des Freibads daneben (Eintritt 6 €). Der kleine Kurpark gehört allen.

Übernachten *** **Hotel delle Terme**. Komfortable Unterkunft, oft von Kassenpatienten genutzt. DZ 47–78 €. Loc. Fontecchio. ✆ 075/8520614, ℻ 075/8557236, e-mail hotel@termedifontecchio.it.

Umbértide

Die zweite Stadt des umbrischen *Alto Tevere* (Oberes Tibertal) kann sich mit Città di Castello nicht messen. Umbértide ist kleiner, provinzieller, und nur selten verirrt sich ein Tourist hierher. Das von Verkehrsadern eingerahmte Centro storico wird von einem zinnenbewehrten *Kastell* mit zwei Rundtürmen aus dem 14. Jahrhundert bewacht, das heute als Zentrum für Gegenwartskunst gelegentlich mit Ausstellungen auf sich aufmerksam macht. Ihm gegenüber steht der oktogonale Bau der *Kollegiatskirche*; sie hütet ein Himmelfahrtsgemälde von *Niccolò Circignani, Il Pomarancio* genannt, das allerdings einer besseren Ausleuchtung, wenn nicht gar Restaurierung bedürfte.

Als gänzlicher Fehlschlag erweist sich der *Parco Museo Reggia*, den man vom Informationsbüro aus über die Straße und eine moderne Holzbrücke erreicht. Das Openair-Museum, auf einem Grünstreifen zwischen Bach und Hintergärten von Wohnblöcken eingezwängt, zeigt vier nichtssagende, weiße, abstrakte, anonyme Skulpturen, deren Kunstwert kaum höher sein dürfte als derjenige der darauf gespritzten Graffiti-Tags. Allenfalls Freizeitwert wollen wir dem Museumspark zubilligen: Picknicker finden ausreichend Bänke und Abfallkörbe vor.

Das schönste Bild, das wir von Umbértide mitnehmen, sind die mitten im Tiber stehenden Fischer; sie wissen, dass ihnen in der Stadt nichts davonrennt, und warten geduldig auf ihr bisschen Glück.

• *Telefonvorwahl* 075

• *Postleitzahl* 06019

• *Information* **A.P.T Alto Tevere**, beim Kastell. Geöffnet Mo–Sa 9–13 Uhr, Di und Do zusätzlich 15–18 Uhr.

• *Übernachten/Essen* ** **Hotel Capponi**, im Ortskern. Preiswert. Freundlicher Empfang in der ersten Etage, angenehm eingerichtete Zimmer mit Dusche, z. T. mit Bad. Das gleichnamige Restaurant (nicht vom Hotel geführt) im Erdgeschoss bietet preiswerte, regionale Küche. DZ 47 €. Piazza 25 Aprile 19, 06019 Umbértide. ✆ 075/9412662, ℻ 075/9412721.

Montone

Ein kleines, von einer Mauer komplett eingefasstes mittelalterliches Borgo in den Hügeln über Umbértide. Die Autos bleiben außen vor, so kann man ungestört zwischen den beiden Stadthügeln herumspazieren: Auf dem einen steht die Ruine eines Wachturms und das ehemalige Katharinenkloster, heute Sitz des Stadtarchivs, auf dem anderen das ehemalige Franziskanerkloster, in dem Ferienappartements eingerichtet wurden. Wer am Wochenende in Montone ist, findet hier vielleicht das Dokumentationszentrum Il Tamburo Parlante geöffnet, ein von einem lokalen Anthropologen gegründetes ethnographisches Museum mit Schwerpunkt Ostafrika. Ist die Museumstür verschlossen, so sind Sie noch lange nicht vergebens nach Montone gekommen. Besuchen Sie eines der beiden Cafés an der zentralen Piazza Fontebraccio – auch schon fast museal.

• *Übernachten/Essen* *** **Hotel La Locanda del Capitano**, wo angeblich der peruginische Söldnerführer Fontebraccio schon abgestiegen ist. Im Ortskern. Deutschsprachige Rezeption. Komfortable Zimmer mit Dusche, z. T. mit Balkon. Im Speisesaal wie im Frühstückszimmer fühlt man sich fast wie zu Hause. Leider nicht ganz billig. DZ 95–120 €. Via Romana 5/7, 06045 Montone. ✆ 075/9306531, ℻ 075/9306455, e-mail: info@ilcapitano.com.

Gubbio

Lang gestreckt am Abhang des Monte Ingino, zeigt die alte umbrische Stadt eine seltene architektonische Geschlossenheit: mittelalterliche Bauten und dunkle Kopfsteinpflastergassen, keinerlei Verunstaltungen durch moderne Bauten. Oben auf dem Monte thront, abends effektvoll angestrahlt, die Basilika San Ubaldo.

Neuzeitliche Gebäude – Wohnblocks, Tankstellen, eine Zementfabrik – mussten sich außerhalb der historischen Mauern ansiedeln. So bleibt Gubbio ein verschlafenes Städtchen, sobald die Touristen es verlassen haben. In den Sommermonaten kommen sie zwar zuhauf und durchstreifen die Gassen, doch meist nur für einige Stunden.

Berühmt ist Gubbio für seine Keramik und das Schmiedehandwerk. Überall in den Gassen stößt man auf kleine Läden mit den handgemalten Tellern und Untersätzen, so dass man bald nicht mehr näher hinsieht. Kostbare, alte Stücke der Gubbio-Keramik kann man im *Museum des Palazzo dei Consoli* besichtigen, ein prächtiges Exemplar hat dank seines Motivs den Weg ins berühmte Weinmuseum von Torgiano (siehe Perugia, Umgebung) gefunden: ein wundervoll bemalter Zierteller aus dem Jahr 1528 mit funkelndem Goldrelief, der die Lehrzeit des jungen Bacchus unter den Fittichen des Teufels zeigt.

Eine architektonische Besonderheit Gubbios sind die so genannten *Porte dei Morti* (Totentüren), schmale Torbögen, etwas erhöht über dem Haupteingang. Sie führen direkt ins Obergeschoss und wurden früher nur geöffnet, um Tote aus dem Haus zu tragen. Ein sehr schönes Beispiel findet sich an der Via dei Consoli, knapp unterhalb der Fontana dei Matti, weitere am Corso Garibaldi, dort teils zugemauert, teils zu Schaufenstern umgestaltet.

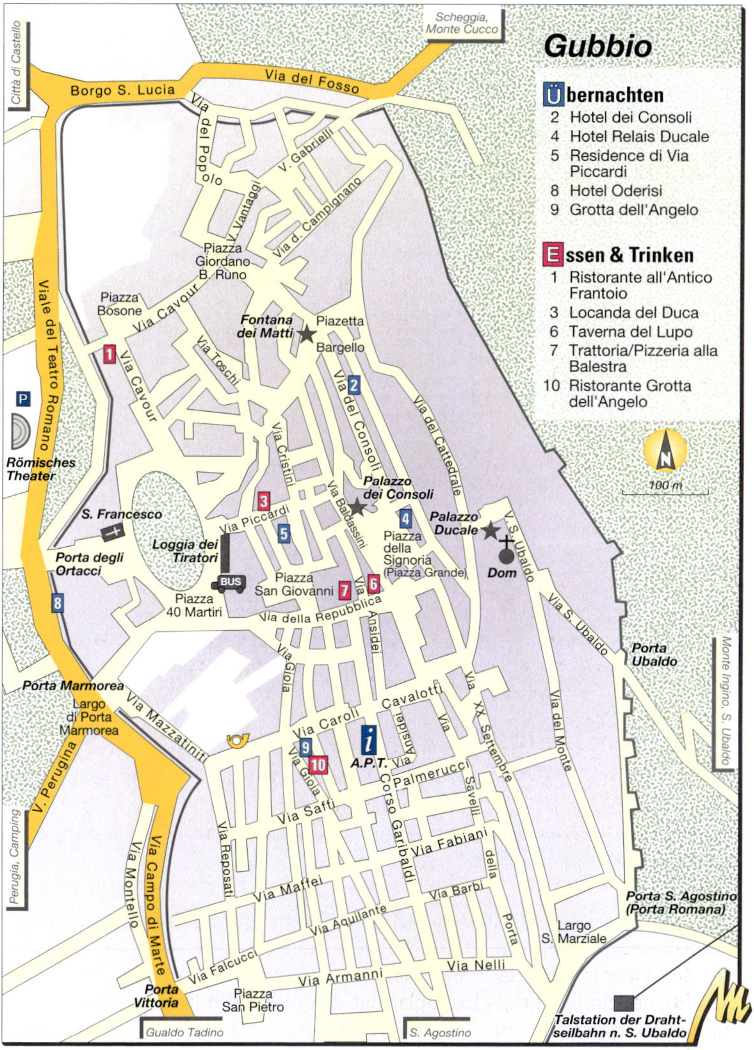

Information/Diverses

- *Telefonvorwahl* 075
- *Postleitzahl* 06024
- *Information* **A.P.T.-Büro**, Piazza Oderisi 5. Geöffnet Mo–Fr 8.30–13.45 und 15–18 Uhr, Sa 9–13 Uhr, So 9.30–12.30 und 15–18 Uhr. ✆ 9220693, ℻ 9273409, e-mail info@iat.gubbio.pg.it.
- *Verbindung* Täglich **Busse** nach Perugia, Città di Castello (umsteigen in Umbértide), Assisi und über Fossato (Bahnlinie Rom–

Ancona) nach Gualdo Tadino. Werktags früh am Morgen auch nach Florenz und Rom. Fahrkarten und Auskunft: Via della Repubblica 15. Abfahrt: Piazza 40 Martiri (an der Loggia dei Tiratori).

• *Einkaufen* **Kunsthandwerk/Keramik**: Kleine Keramikläden zieren praktisch jede größere Gasse der Stadt. Beim "Consorzio Artigianato Artistico" im Palazzo dei Consoli findet man etwas mehr als das übliche Angebot.

Spezialitäten/Trüffeln: La Buca del Tartufo, Via XX Settembre 33. Regionale Leckereien.

• *Märkte* **Trüffelmesse**, Ende Oktober/Anfang November. Die kostbaren weißen Trüffeln (tartufi bianchi) stehen im Mittelpunkt dieser gastronomischen Messe auf der Piazza 40 Martiri. Die Köche Gubbios wetteifern um die beste Trüffelküche, die mit der "goldenen Trüffel" ausgezeichnet wird. Neuerdings findet im Rahmen der Messe auch ein Wettbewerb unter den Trüffelhunden statt. Siegerehrung für die beste Spürnase.

Antiquitätenmarkt: jeden 2. Sonntag im Monat in der Via Baldassini.

Wochenmarkt: Di morgen an der Piazza 40 Martiri.

• *Feste* **Wettlauf der Ceri**, am 15. Mai. Gubbios spektakulärstes Stadtfest (siehe Kasten).

Palio della Balestra, am letzten Sonntag im Mai. Der folkloristische Wettkampf der Armbrustschützen wird begleitet von Damen, Rittern und Pagen in mittelalterlichen Trachten, von Posaunenklängen und Fahnenschwingern.

Übernachten/Camping/Agriturismo (siehe Karte S. 53)

• *Übernachten* **** **Hotel Relais Ducale (4)**. Nach 10 Jahren Umbauarbeit eröffnete 1999 die Mencarelli-Group die nobelste Herberge im Centro storico. Das Luxushotel zieht sich von der Piazza della Signoria (Piazza Grande) bis zum Palazzo Ducale hoch, letzterer ist durch den so genannten "Geheimtunnel der Grafen" direkt vom Hotel aus zugänglich. Wenn Sie schon mal hier sind, wählen Sie gleich die Suite des Duca di Montefeltro: Stilmöbel und ein traumhaftes Badezimmer. Von der obersten Etage Zugang zu einem schmucken Dachgarten mit Blick über die Dächer Gubbios – man befindet sich auf der Höhe der Zinnen des Palazzo dei Consoli. Rezeption im Caffè Ducale an der Piazza della Signoria 5 (Piazza Grande). DZ 150–185 €. Via Galeotti 19/Via Ducale 2. ✆ 9220157, ℻ 9220159, e-mail: info@relaisducale.com.

** **Hotel Dei Consoli (2)**. Zentrale Lage im Centro storico. In der 4. Etage einige Zimmer, in denen man von der Dusche aus seinen Blick über Gubbios Dächer schweifen lassen kann. Der Geschlechterturm, der sich hinter dem Hotel erhebt, ist leider nicht zu besichtigen. Nachdem das vom Erdbeben 1997 beschädigte Hotel wieder repariert ist, wobei auch gleich einige Zimmer renoviert wurden: DZ 64–92 €. Via dei Consoli 59. ✆ 9273335.

** **Hotel Oderisi (8)**, an der Stadtmauer bei der Piazza 40 Martiri gelegen. Angenehmer Familienbetrieb. Zimmer zur Straße etwas laut. DZ mit Bad 35–51 €. Via Mazzatinti 2. ✆ 9220662, ℻ 9220663.

** **Hotel Grotta dell'Angelo (9)**. Der Tipp für Gäste des empfehlenswerten, gleichnamigen Restaurants, die nach der Schlemmerei auf kürzestem Weg ins Bett wollen. DZ mit Bad 47 €. Via Gioia 47. ✆ 9271747, ℻ 9273438.

Residence di Via Piccardi (5), auch Mini-Appartements. Verträumter, betischter Garten mitten in Gubbios Gemäuer. DZ mit Dusche/WC inkl. Frühstück 40–45 €. Via Piccardi 12. ✆ 9276108.

• *Wohnmobile* Für die Fahrzeuge gibt es einen Parkplatz vor dem Teatro Romano.

• *Camping* **** **Camping Villa Ortoguidone**, nur wenige Kilometer vom Zentrum entfernt, an der Straße nach Perugia. Kaum Schatten, dafür mit Swimmingpool. 14 Stellplätze. Geöffnet April – September. Loc. Ortoguidone. ✆ 9272037, ℻ 9276620.

*** **Camping Città di Gubbio**, gleich neben dem vorgenannten; gehört zum gleichen Betrieb. Gleichfalls wenig Schatten, aber etwas billiger. Das Zweiklassensystem gründet im fehlenden Swimmingpool. Wer sein Zelt hier aufschlägt, zahlt halbtags 3 € für den Sprung ins Wasser beim Nachbarn. 100 Stellplätze. Geöffnet April–September. Loc. Ortoguidone. ✆ 9272037, ℻ 9276620.

Agriturismo Il Gabbiano, in Valdichiascio (von der Straße nach Perugia nach ca. 10 km links abbiegen). 6 Appartements (nur wochenweise) im Convento die Chiascio, einem kleinen ehemaligen Kloster. Einsame Lage, eine einladende Wiese und ein Swimmingpool – Ruhe garantiert! Loc. Valdichiascio. ✆/℻ 920271.

Alcatraz, Informationen über dieses einmalige Agriturismo-Projekt siehe "Perugia/Umgebung". Anfahrt von Gubbio aus: erst Richtung Perugia, dann in Mengara rechts ab über die wenig befahrene, asphaltierte Panoramastraße nach S. Cristina.

Essen (siehe Karte S. 53)

Taverna del Lupo (6), benannt nach dem legendären Wolf, den der heilige Franz in Gubbio gezähmt haben soll. Ein gehobenes Restaurant der Mencarelli-Group mit typisch eugubinischer (so das Adjektiv zu Gubbio) Küche: Polenta mit Bohnen und Knoblauchwurst, dicke Linsen- und Gemüsesuppen, gemischte Fleischspieße. Die Lasagne alla taverna ist mit frischen Pilzen und Schinken gefüllt. Mo geschlossen. Via Ansidei 21.

Trattoria/Pizzeria alla Balestra (7), ebenfalls in den Händen der Mencarelli-Group. Vorzügliche regionale Küche, in der die Trüffeln natürlich nicht fehlen. Exquisites Angebot an Vorspeisen. Großer Garten. Di geschlossen. Via della Repubblica 41.

Ristorante all'Antico Frantoio (1). Nachdem das beliebte "Bargello" infolge des Erdbebens 1997 geschlossen werden musste, hat dessen umtriebiger Wirt hier eine neue Möglichkeit gefunden, seine Gäste zu verwöhnen (ob vorläufig oder endgültig war 2003 noch nicht klar). Hervorragende Küche. Mo geschlossen. Via Cavour 18.

Ristorante Grotta dell'Angelo (10), im gleichnamigen Hotel. Hübsch gelegen, mit einem großen Garten, einfache, traditionelle Gerichte zu erschwinglichen Preisen und deshalb gerne von Familien besucht. Gefüllte Täubchen (pigione ripieno), große Grillplatten und leckere Cannelloni al forno. Di geschlossen. Via Gioia 47.

Locanda del Duca (3). Eine junge Crew hat 1999 ein ehemaliges Hotelrestaurant übernommen. Getrüffelte Küche, ambitionierte Pläne, leicht überfordertes Personal. Mi geschlossen. Via Piccardi 1.

Der Wettlauf der Ceri

Jedes Jahr am 15. Mai, dem Todestag ihres Schutzpatrons Sant'Ubaldo, feiert die ganze Stadt die *Festa dei Ceri*. Ein "Cero" (Kerze) ist eine vier Zentner schwere Holzkonstruktion, die auf einer Bahre befestigt wird. Drei Ceri sind im Spiel, jeder von der Statue eines Heiligen gekrönt: Ubaldo ziert den Cero der Maurer-Zunft, Giorgio den der Handwerker und Kaufleute, der Abt Antonio schließlich den der Bauern.

Jährlich am ersten Sonntag im Mai ziehen die Statuenträger *(Ceraioli)* bei Sonnenaufgang die zwei Kilometer zur Basilika S. Ubaldo auf den Monte Ingino hinauf, um die dort verwahrten Ceri in die Stadt zu holen.

Am 15. Mai dann werden die Ceri von jeweils mehreren Trägern geschultert und feierlich durch Gubbio getragen. Den spektakulären Höhepunkt der Festivitäten bildet jedoch der Wettlauf am späten Nachmittag. Trotz ihres Gewichts werden die Ceri mit ihren Heiligen im rasanten Staffellauf – durch das Spalier der jubelnden Menschenmengen und surrender Kameras – die steilen Gassen hinauf auf den Berg zurückgebracht, wobei zwei kurze Rastpausen eingelegt werden. In 8½ Minuten schaffen die Cerioli mit ihrer beträchtlichen Last eine Strecke, für die der betuliche Spaziergänger eine knappe Stunde braucht. Dann ruhen die Ceri wieder für ein Jahr in der Basilika S. Ubaldo.

Am Tag des Wettlaufs der Ceri ist die Stadt komplett aus dem Häuschen; die Straßen, Bars und Weinkeller, wo oft umsonst ausgeschenkt wird, sind brechend voll.

Der Palazzo dei Consoli, das Wahrzeichen Gubbios

Sehenswertes

Palazzo dei Consoli: Der wuchtige Bau aus der ersten Hälfte des 14. Jahrhunderts mit seinen hohen Stützpfeilern, Zinnen und eleganter Freitreppe zum Eingangsportal ist das Wahrzeichen Gubbios. Der Palazzo ist Teil eines größeren Komplexes von Palästen, in deren Mitte sich die **Piazza della Signoria** *(Piazza Grande)* erstreckt. Angesichts der starken Hanglage der Stadt ist allein schon die weitläufige Piazza ein architektonisches Meisterwerk. Im Innern des Palazzo herrscht Schlichtheit – schmucklose, geräumige Säle.

Im Erdgeschoss ist das **Archäologische Museum** untergebracht, das kaum Erwähnung verdiente, würden hier nicht die sog. *Eugubinischen Tafeln* (2. Jh. v. Chr.) aufbewahrt. Die sieben, teils beidseitig beschriebenen Bronzetafeln wurden im 15. Jahrhundert von einem Bauern in den unterirdischen Kammern des römischen Theaters gefunden und gelten als das wichtigste Zeugnis der umbrischen Kultur schlechthin. Die Tafeln I–IV sind in einem vom Etruskischen abstammenden Alphabet verfasst (von rechts nach links zu lesen), Tafel V zeigt dieselbe Schrift und zusätzlich einen Abschnitt in lateinischem Alphabet, auf den Tafeln VI–VII ist nur noch das lateinische Alphabet vertreten. Inhaltlich handeln die Texte von Vorschriften für Rituale, Opfer und Gebete; und in welchen Schriftzeichen auch immer: die Sprache ist Umbrisch.

Die **Städtische Pinakothek** im zweiten Obergeschoss des Palastes zeigt umbrische Maler, größtenteils aus dem 16. Jahrhundert. Neben all der religiösen Kunst sticht ein heidnisch-fröhliches *Baccanale* angenehm hervor, ebenso das *Convivio di Baldessare,* ein perspektivisches Gemälde eines Massengelages bei Kerzenlicht. Insgesamt scheint die Pinakothek jedoch kein Ausstellungskonzept zu haben, man stellt einfach hin, was man hat. Die Museumsleitung sieht das natürlich anders. Sie weist darauf hin, dass die Sammlung 1913 in eine bestimmte Ordnung gebracht und 1933 erneut inventarisiert wurde – dass der Besucher somit in den Genuss einer Ausstellungsidee aus den Anfängen des 20. Jahrhunderts kommt. So kann man den Job eines Museumspädagogen natürlich auch verstehen.

Öffnungszeiten April–September 10–13 und 15–18 Uhr; Oktober–März 10–13 und 14–17 Uhr. 13.–15. Mai geschlossen (da ist man in Gubbio mit den Vorbereitungen des Ceri-Wettlaufs beschäftigt). Eintritt 3.60 €.

Dom: Der relativ schlichte Bau stammt aus dem 13. und 14. Jahrhundert. Über dem Eingangsportal ziert ein kreisrundes Fenster die Fassade, umgeben von den vier Evangelisten mit ihren Tiersymbolen. Leider sind die Steinreliefs ziemlich heruntergekommen. Am deutlichsten ist noch der Lukas symbolisierende Stier (links unten) zu erkennen.

Im Dom liegen mehrere eugubinische Bischöfe begraben. Besondere Verehrung gilt dem selig gesprochenen *Villano*, dessen Reliquien unter dem Altar verwahrt werden – ein Freund des Franziskus von Assisi. Vom Armutsgelübde weniger hielt vermutlich Bischof *Alessandro Sperelli* (17. Jh.), der für seine sterblichen Überreste an der rechten Längswand eine prunkvolle Grabkapelle in Auftrag gab.
Leider nicht aus der Nähe zu betrachten sind die Fresken des Chors und das Chorgestühl mit seinen feinen Intarsienarbeiten.

Palazzo Ducale: Der Palast mit einem hübschen, dreiseitig mit Säulengängen gesäumten Innenhof war einst Sitz der Herzöge von Urbino, die im 15. und 16. Jahrhundert die Politik in Gubbio bestimmten. Heute wird der Bau als Kunstgalerie genutzt.

Öffnungszeiten 8.30–19.30 Uhr. Mi geschlossen. Eintritt 2 €.

Fontana dei Matti (Brunnen der Verrückten): an der Piazzetta Largo del Bargello. Rennen Sie dreimal um den hübschen Brunnen herum, rufen Sie dabei unentwegt und laut hörbar *sono pazzo* (ich bin verrückt) – und schon haben Sie die Bürgerschaft von Gubbio erworben. Tipp: Wildes Gestikulieren unterstreicht Ihre Glaubwürdigkeit.

Kloster San Agostino: direkt hinter der Porta Romana (am Ende des Corso Garibaldi ein paar Schritte links hoch). Die einschiffige Klosterkirche zeigt im Chor einen gut erhaltenen Freskenzyklus, die *Vita des heiligen Augustinus*, sowie ein *Jüngstes Gericht* – beides aus der Werkstatt Ottaviano Nellis (15. Jh.) aus Gubbio.

Kloster San Francesco: Gubbios größter Kirchenbau steht an der Stelle des einstigen Wohnsitzes der Spedalungas, die in der Franziskus-Legende einen

Gubbio im Guinness

Mit dem größten "Weihnachtsbaum" der Welt wirbt die Stadt seit 1980 im Guinness-Buch der Rekorde. 400 (!) Meter misst die Lichtertanne von der Basis (letzte Häuser am oberen Stadtrand) bis zur Spitze (Basilika San Ubaldo). Die Illumination ist selbst von den Hügeln Perugias aus zu sehen – von der zweiten Dezember- bis zur ersten Januarwoche.

Ehrenplatz einnehmen. Die wohlhabende eugubinische Familie soll den jungen Franz aufgenommen haben, nachdem er von seinem Vater aus dem Haus geworfen wurde. Die Kirche wurde von Ottaviano Nelli (s. o.) ebenfalls mit einem Freskenzyklus ausgestattet: in der linken Chorkapelle finden sich seine *Szenen aus dem Leben Marias.*

Nach dem Kirchenbesuch werfe man einen Blick auf die ausdrucksstarke Bronzeskulptur im Park daneben: *Francesco und der von ihm gezähmte Wolf,* signiert von Roberto Bellucci, 1997.

Trüffeln sind eine eugubinische Spezialität

Loggia dei Tiratori: Die lang gestreckte Loggia gegenüber dem Franziskanerkloster hat nichts mit einem Schützenhaus zu tun, wie der Name suggerieren könnte. Sie datiert aus dem Jahr 1603 und diente einst Gubbios Wollweberzunft als Trockenboden. Hier wurden die nach dem Einfärben feuchten Stoffe gespannt und zum Trocknen ausgebreitet.

Römisches Theater: außerhalb der Stadtmauer, im Westen. Es stammt aus dem 1. Jahrhundert und ist mit seinem Durchmesser von rund 70 m eines der größten in Umbrien. Die Restaurierung ist etwas Flickwerk, die grasüberwachsenen Treppenplätze erfüllen aber noch heute ihren Zweck: im wird Sommer klassisches Theater geboten.

Basilika San Ubaldo: Sie ist längst nicht so sehenswert, wie ihre Lage knapp unterhalb des Gipfels des Monte Ingino vermuten lässt. Im Kircheninnern sind die riesigen hölzernen Untersätze der Ceri (siehe Kasten "Der Wettlauf der Ceri") zu besichtigen. Hinter dem Altar ruht in einem gläsernen Sarg der mumifizierte Körper des Stadtheiligen – ein eher makabrer Anblick.

Aufregender als die Basilika ist der Spaziergang zu ihr hinauf (von der Porta S. Ubaldo, oberhalb des Doms, das Zickzack-Sträßchen hoch). Nach der mittelalterlichen Enge der Stadt kann der Ausflug eine erholsame Abwechslung sein. Zwei Lokale mit schöner Aussicht auf den umbrischen und den märkischen Apennin bieten einen zusätzlichen Anreiz. Schon Dante wusste die luftige Örtlichkeit zu schätzen, wie eine Gedenktafel mit einem Zitat aus der *Divina Commèdia* erinnert. Bequeme nehmen die **Drahtseilbahn** (Funivia). Die Talstation befindet sich östlich der Stadtummauerung (Nähe Porta S. Agostino). In sechs Minuten schwebt man hinauf zur Basilika.

Fahrzeiten Mo–Sa 9.30–19 Uhr, So 9–19.30 Uhr; im Winter erste Bergfahrt später, letzte Talfahrt früher, im Sommer erste Bergfahrt früher, letzte Talfahrt später. Einfache Fahrt 4 €, hin und zurück 5 €.

Monte Cucco

Dichte Buchenwälder, karstige Weiden, tiefe Felsschluchten und ein hinreißender Panoramablick auf sanfte, gerundete Berge und weite Täler – das Bergmassiv des Monte Cucco, an der Ostflanke des Apennins, bietet einen erhebenden Anblick. Die Gegend ist ein Eldorado für Drachenflieger, Alpinisten, Wanderer und nicht zuletzt auch für die Speläologen – das Berginnere birgt eine der weitläufigsten Höhlen Europas.

Stützpunkte für sportliche Aktivitäten rund um den Monte Cucco sind das mittelalterliche Dörfchen *Costacciaro* und das vom Bergtourismus belebte *Sigillo*. Auch *Scheggia* ist als Basis geeignet.

Sport am Monte Cucco

Wanderungen: Dreißig gut markierte Wanderrouten gibt es rund um den Monte Cucco. Im Winter werden zwei **Langlaufloipen** unterhalten. Eine genaue Karte (1:16.000) mit ausführlicher (italienischer) Beschreibung des Gebiets ist im *Centro Escursionistico Naturalistico Speleologico* in Costacciaro, im kleinen Dorfbuchladen in Costacciaro, bei der Informationsstelle in Gubbio sowie im Albergo "Monte Cucco di Tobia" im Val di Ranco erhältlich. Gelegentlich allerdings scheint die Karte Mangelware zu sein. Am sichersten ist es, man kümmert sich bereits in Gubbio darum.

Höhlen: Das Zentrum für Speläologie in Costacciaro (CENS, s. u.) organisiert Gruppenführungen. Eine Tour in der Grotte von Monte Cucco (seit 1997 geschlossen, Wiedereröffnung geplant) dauert etwa einen halben Tag, Fußweg zum Höhleneingang und zurück eingerechnet.

Kletterführungen durch die Felsenschlucht des *Rio Freddo* (= kalter Fluss): mehr als 20 Wasserfälle in der tief ausgewaschenen, 4 km langen Schlucht. Die sehr reizvolle Tour ist nur mit Seilsicherung möglich. Dauer: ca. 3½ Std. Auch ganztägige Führungen sind möglich. Ebenfalls bei CENS (s. u.) nachfragen.

Drachenfliegen/Paragliding: Wer möchte hier nicht wie ein Vogel die

Abflug vom Monte Cucco

Flügel spreizen und losfliegen! Der Monte Cucco ist Italiens Drachenflugplatz Nummer eins. Zwei Startplätze, je nach Windrichtung: der Nordstartplatz *(I Piani)* mit Landeplatz in Bastia und der Südstartplatz *(Pian di Monte)* mit Landung in Scirca. Informationen bei "Il Sogno di Bacco" (s. u.).

Mittlerweile hat sich auch in der wilden Tierwelt herumgesprochen, dass am Monte Cucco ein Nationalpark eingerichtet wurde. Schon Anfang der 1980er Jahre kehrten die ersten Wölfe zurück, es folgte ein Adlerpaar. Die Präsenz von Wildkatzen in der Nähe des Val di Ranco ist nachgewiesen, es besteht der starke Verdacht, dass auch Luchse sich angesiedelt haben. Und wenn man einem Jäger aus Scheggia Glauben schenken darf, ist auch Meister Petz am Monte Cucco unterwegs: ein Exemplar mit dichtem, dunklem Fell, das sich gelegentlich auf die Hintertatzen stellt und ein unmenschliches Gebrüll ausstößt.

Saumtierreisen: Die uralte Form, sich mit schweren Lasten unbeschwert fortzubewegen, bietet "Hinterland" an, das seine Basis in der Nähe von Panicale (siehe dort) im Hinterland des Trasimenischen Sees hat – mehrtägige Maultier-Expeditionen ins Monte-Cucco-Massiv.

Schwimmen: Wenn's für alle anderen Sportarten zu heiß ist: In Costacciaro gibt es ein kommunales Schwimmbad.

Centro Escursionistico Naturalistico Speleologico (CENS), Via Galeazzi 5, Costacciaro (im unteren Dorfteil). Für Wanderer, Kletterer und Höhlengänger die zentrale Informationsstelle im Gebiet. Wenn man Glück hat: kompetentes, freundliches Personal. Auch Übernachtungen sind im Centro möglich (siehe weiter unten). ✆/℻ 075/9170400 oder ✆/℻ 075/9170601.

Il Sogno di Bacco, Villa Scirca, Sigillo (von Costacciaro kommend: im Ortsteil Villa Scirca links hoch). Anlaufstelle für Luftabenteurer. Paragliding-Kurse. Auch Übernachtungsmöglichkeit (siehe weiter unten). ✆/℻ 075/9170761.

Information/Diverses

• *Telefonvorwahl* 075

• *Postleitzahl* 06021 (Costacciaro), 06027 (Scheggia), 06028 (Sigillo)

• *Information* Centro Escursionistico Naturalistico Speleologico (CENS), siehe oben.

• *Verbindung* **Zug**: Sehr umständlich. Von Perugia nach Foligno, dort umsteigen in Richtung Ancona, bis Fossato di Vico. Von da aus mit dem Bus weiter nach Sigillo bzw. Costacciaro.

Bus: Verbindungen von Perugia (Piazza Partigiani) oder Gubbio nach Costacciaro bzw. nach Sigillo.

• *Feste* **Il Focaraccio**, am 9. Dezember in Sigillo. Mehr darüber siehe Kasten "Albergo Monte Cucco da Tobia".

• *Schwimmbad* in Costacciaro, knapp unterhalb des Orts. Öffnungszeiten sehr unregelmäßig.

Übernachten/Camping/Agriturismo

• *Übernachten* *** **Hotel Dominus**, in Sigillo, am Ortsausgang Richtung Costacciaro. Die beste Adresse im Monte-Cucco-Gebiet. Große Zimmer mit Komfort – von der Zahnbürste bis zur Minibar. Gediegenes Restaurant. DZ 52–62 €. Via Matteotti 55. ✆ 9179074, ℻ 9178203, e-mail info@dominushotel.it.

** **Hotel La Pineta**, in Scheggia, ca. 700 m oberhalb des Dorfes. Wunderschöne Lage im Pinienhain. Etwas kleine Zimmer. Restaurant mit regionalen Spezialitäten. Etwas

freundlicher geführt, und es hätte unsere Empfehlung. DZ mit Dusche/WC 52 €. Loc. Monte Calvario 40. ✆/℻ 9259142, e-mail: h-r-lapineta@libero.it.

Ristorante Dal Lepre, in Sigillo. Das Restaurant verfügt über teilweise schöne, geräumige Zimmer. Auch einige 4-Bett-Zimmer sind vorhanden, oft aber ohne Waschbecken. Beliebter Treffpunkt der Drachenflieger. DZ mit Dusche 37 €. Montag ist das Restaurant geschlossen und damit auch die Zimmervermittlung. Via Livio Fazi 21–23. ✆ 9177733.

Ostello Il Sogno di Bacco, Villa Scirca, Sigillo (von Costacciaro kommend: im Ortsteil Villa Scirca links hoch). Die Anlaufstelle für Paraglider und Deltaflieger bietet auch Bodenverhafteten ein Bett an – im DZ, 4er-Zimmer oder im Schlafsaal. Pro Person 14 €, inkl. Frühstück. Im Winter wird nur für Gruppen geöffnet. Zum freundlichen Betrieb gehören eine "Enobirreria" (Wein- und Bierlokal) sowie ein Restaurant, letzteres Di geschlossen. ✆/℻ 9170761, e-mail: info@univoli.com.

Centro Escursionistico Naturalistico Speleologico, in Costacciaro. Das Zentrum bietet in sehr schönen Räumlichkeiten Betten für ca. 50 Personen (im Herbergsstil). Angenehmer Aufenthaltsraum. Pro Nacht und

Im Monte-Cucco-Naturpark

Nase ca. 13 €. Frühstück extra, Abendessen ca. 12 €. Im Sommer Voranmeldung dringend empfohlen. Via Galeazzi 5. ✆/℻ 9170400.

• *Im Val di Ranco (1566 m)* ** **Albergo Monte Cucco da Tobia**. Freundlicher Familienbetrieb. Die Wirtsleute sprechen auch Deutsch. Im Restaurant (Mo geschlossen) wird Cucina casalinga serviert; die Nudelgerichte sind selbstgemacht und schmecken lecker. Im Speisesaal ein mächtiger Baum, dessen Krone durchs Dach ragt. Weiteres über diesen angenehmen Ort: siehe Kasten. DZ 45 €, ohne 35 €. Loc. Val di Ranco, Sigillo. ✆/℻ 9177194.

* **Albergo Da Kicco**. Die Alternative zum vorgenannten, allerdings ohne dessen Charme. Mit Restaurant. DZ mit Dusche 52 €, ohne 36 €. Geöffnet April–Dezember. Loc. Val di Ranco, Sigillo. ✆ 9177131.

• *Camping* ** **Camping Rio Verde**, 3 km außerhalb von Costacciaro. Liegt mit seinen 50 Stellplätzen ganz versteckt in einer bewaldeten Flussebene, alter Fichten- und Pinienbestand. Es können auch Zimmer gemietet werden (DZ ca. 30 €). Geöffnet Ostern–September. Loc. Fornace, Costacciaro. ✆ 9170138, ℻ 9170181.

• *Agriturismo* **Villa Dama**. Großes, familiär geführtes Landhaus mit traumhaftem Blick auf das Tal und den Monte Cucco dahinter. Swimmingpool. Drei Appartements für 52–115 €/Tag je nach Größe sowie ein DZ mit Dusche für 52–78 €. Halbpension 67 € pro Person. Anfahrt von Costacciaro: bei der Ortseinfahrt von Sigillo links (Schild), dann bei einem Gehöft weder rechts noch links, sondern mittendurch auf den oberen Weg, dann links. Wochenweise Vermietung wird vorgezogen. Loc. Torre dell'Olmo 10, Gubbio. ✆/℻ 9256130.

Essen/Picknick

Ristorante Dal Lepre in Sigillo. Das Restaurant serviert tagsüber Pizze, abends durchschnittliche, billige Menüs. Der Hase (lepre) steht zwar nicht auf der Karte, dafür können Sie Penne alla wodka goutieren.

Restaurant La Locanda, am Fuß von Costacciaro, gegenüber dem Schwimmbad (Zufahrt vom südlichen Ortsausgang her). Gute Nudel- und Fleischgerichte. Spezialitäten: Tagliatelle alla patriotica (bunte Bandnudeln mit Champignons, Erbsen, schwarzen und weißen Trüffeln in Sahnesoße), Lammfleisch oder gemischte Spieße vom Grill. Menü ca. 20 €. Mo geschlossen. Loc. Fossa Secca.

• *Picknick im Grünen* Am Monte Cucco gibt es im **Val di Ranco** und auf der **Pian delle Macinare** jeweils eine große Wiese mit Wasserquelle, Tischen und Bänken zum Picknicken. Kostenlos.

Im Albergo Monte Cucco da Tobia

Wir verbrachten einen halben Tag in der kleinen Gaststube. Draußen war's kalt, die Wolken hingen am Himmel, es fegte der erste Regen seit Monaten. Nachsaison. Doch die Zeit verging wie im Flug, denn jeder aus der Familie wusste etwas von der Gegend zu erzählen: Sohn Alberto, selbst Drachenflieger und Speläologe, gab in fließendem Deutsch fachkundige Auskunft. Seine deutsche Frau, die, wie sie erklärte, einem schönen Spaziergang mehr abgewinnen könne als dem Gekraxel in der dunklen, feuchten Höhlenwelt, übersetzte uns die eifrigen Worte des alten Signore. Ihm waren die geschichtlichen Ereignisse der Region mitteilenswerter. Mit dem Finger auf der Landkarte folgte er den Fluchtwegen und Verstecken italienischer Partisanen hinauf zum Monte Testagrossa und machte uns aufmerksam auf die römischen Ruinen und Ausgrabungen bei Sasso Baldo und unterhalb des Berges Nofegge.

Die Frage, was es denn mit dem Fest des "Focaraccio" in Sigillo auf sich habe, wusste keiner so recht zu beantworten. Es wurde die Großmutter geholt, denn in kirchlichen Fragen, da kenne sie sich am besten aus. So erfuhren wir, dass es das Fest zu Ehren der Heiligen Madonna ist, deren Statue man einst von der Kapelle in Sigillo in die große Kirche von Loreto umsiedelte, weil man diese für einen würdigeren Ort hielt. Die Legende erzählt, dass eines Nachts die Madonna als brennende Statue den Weg zurück zu ihrer Kapelle gesucht hätte. Seitdem feiert man jedes Jahr am 9. Dezember das "Focaraccio" – überall in Sigillo brennen Feuer, um der Heiligen "heimzuleuchten". Später in der Nacht geht man dann zum gemütlichen Teil über, Vino wird ausgeschenkt, und in der Feuersglut brutzeln die Würstchen.

Costacciaro

Eine "Hauptstraße" mit kaum mehr als hundert Metern Länge, ein paar Gässchen und eine Mauer drumherum, ein kompaktes, kleines Borgo in dieser unwirtlichen Gegend: Costacciaro ist das einzige mittelalterliche Dorf am Monte Cucco. Der Ort liegt an der Via Flaminia, der in der Antike wichtigsten Straße zwischen Rom und der Adria.

Das **Castello** stammt aus dem frühen Mittelalter; urkundlich wird es erst 1250 erwähnt, als es von den Eugubinern als militärischer Stützpunkt genutzt wurde, um die Grenzen des ausgedehnten Territoriums von Gubbio zu verteidigen. Die Wirtschaft Gubbios basierte schon damals hauptsächlich auf Kunsthandwerk und Landwirtschaft, und die Via Flaminia war jahrhundertelang der einzige Handelsweg nach Rom.

In der **Kirche S. Francesco** mit dem angrenzenden Franziskanerkloster (gegründet 1253) liegt in einem gläsernen Sarg der mumifizierte Körper von *San Tommaso*. Der Schutzpatron von Costacciaro (1262–1337) war der Gründer des Eremo di Monte Cucco. Das Fest zu seinen Ehren findet jedes Jahr am ersten Sonntag im September statt.

Rundwanderweg am Monte Cucco

Folgende Rundwanderung an der Nordseite des Monte Cucco ist nur ein Beispiel der zahlreichen markierten Wandermöglichkeiten. Dauer: ca. 4 Std.; Ausgangspunkt: Casa Il Sasso. (Das auf der Karte verzeichnete Rifugio beim Casa Il Sasso ist nur als Notunterkunft geeignet!)

Wegbeschreibung: Der Beginn der Wanderung (Wanderweg Nr. 5) führt vom *Casa Il Sasso* rechts am ersten Haus vorbei – anfangs eben am Fluss entlang, es folgt ein leicht ansteigender Pfad durch die Felsenschlucht *Valle delle Prigioni*. Ca. 30 m muss man in gebückter Haltung einen engen Felsentunnel passieren und geht dann weiter durch den Wald. An der Stelle, wo rechts der Wanderweg Nr. 22 einmündet, kommt man an einem Brunnen und einem Wasserreservoir vorbei. Dann steigt der Pfad stetig an – durch einen Wald und später über Wiesen, bis man auf eine breite Schotterstraße trifft. Die letzte Etappe führt auf Weg Nr. 4 – zum Teil steil abwärts – am *Eremo di Monte Cucco* vorbei, zurück zum Ausgangspunkt.

• *Anfahrt zum Casa Il Sasso* **Variante 1**, von Scheggia aus: Richtung Sassoferrato, nach ca. 11 km die Asphaltstraße rechts ab in Richtung Pascelupo. Kurz hinter Pascelupo das Auto stehen lassen und einen Schotterweg hinunter zu zwei leer stehenden Häusern (= Casa Il Sasso) am Rio Freddo gehen. **Variante 2**, von Sigillo aus: auf die Panoramastraße, die in Richtung Val di Ranco führt. Kurz unterhalb des Sendeturms rechts abbiegen in eine Schotterstraße Richtung Bastia (kein Hinweisschild). Durch die Ortschaften Bastia, Rucce und Perticano. Kurz unterhalb von Pascelupo das Auto stehen lassen – dann wie Variante 1.

Das Eremo di Monte Cucco

Die Gründung der Einsiedelei von Monte Cucco wird dem Eremiten *San Tommaso* (siehe Costacciaro) zugeschrieben, der sich hier – wie es im 13. und 14. Jahrhundert bei den Kamaldulensermönchen gängige Praxis war – in die Einsamkeit der Bergwelt zurückzog. Kaum aber war der fromme Mann verstorben, rissen sich die Herzöge von Urbino das Eremo unter den Nagel und säkularisierten den geweihten Ort zum Jagdquartier. Das fröhliche Treiben fand erst ein Ende, als um 1500 *Paolo Giustiniani*, Spross aus einer reichen venezianischen Familie, auf den Plan trat. Er verfocht die Idee eines weltabgeschiedenen, ursprünglichen Christentums und erhielt von Papst *Leo X.* die Erlaubnis, die religiöse Tradition im Eremo di Monte Cucco wieder aufleben zu lassen.

Die Chronik berichtet, dass im Lauf der Jahrhunderte die Einsiedelei auch von Österreichern, Spaniern, Franzosen und später hauptsächlich von Polen bewohnt wurde, die aus einem Mönchskloster in der Nähe von Krakau stammten.

Seit 1925 steht das Eremo leer, die Mönche wurden in ihre Heimat zurückberufen. Der verlassene Gebäudekomplex brannte ab, verfiel zur Ruine; erst in den letzten Jahren ging man daran, ihn wieder originalgetreu aufzurichten und bewohnbar zu machen – für Mönche.

Grotta di Monte Cucco (1390 m)

Der bis heute erforschte Teil der Höhle hat eine Ausdehnung von 24,3 Kilometern und eine Tiefe von 945 Metern. Der schönste Abschnitt ist horizontal und etwa einen Kilometer weit mit einer Taschenlampe oder Fackel begehbar. Höhlenerfahrung sollte man aber mitbringen.

Am alten, derzeit geschlossenen Einstieg führten in die Wand geschlagene Eisenhaken 27 Meter senkrecht in die Tiefe (wird vermutlich nach der Wiedereröffnung – siehe Kasten – anders sein). Unten angekommen, gelangt man über große Versturzblöcke zu einer Reihe von Sälen mit wundervollen Tropfsteingebilden – zuerst in den *Saal der Kathedrale*, der wegen seiner Dimension und der spitz zulaufenden Kuppel an eine gotische Kirche erinnert. An der Stelle, wo die *Sala Margherita* in einen Gang mit mehreren kleinen Seen mündet, endet der touristische Teil. Für Speläologen zeigt sich die Höhle jedoch viel komplexer und weitläufiger – wobei noch längst nicht alles erforscht ist. Jedes Jahr werden neue Schächte und Galerien entdeckt.

Die Perspektive des Wanderers

Für die Höhlenbegehung sollte man schwindelfrei und zumindest in halbwegs sportlicher Verfassung sein. Gutes Schuhwerk mit rutschfester Sohle sowie eine starke Lampe sind unabdingbar. Fackeln sind im *Albergo Monte Cucco da Tobia* erhältlich.

Achtung: Schon seit 1997 ist die Grotta di Monte Cucco geschlossen. Die vom Rost arg zerfressene Einstiegsleiter dekoriert eine Wand im Centro Escursionistico Naturalistico Speleologico in Costacciaro. Die Wiedereröffnung mit einem weniger halsbrecherischen Einstieg ist seit Jahren geplant, zeitlich wollte sich jedoch niemand festlegen.
Falls Sie speläologisch erfahren sind und trotz Schließung in die Höhle hinuntersteigen wollen, so können Sie ganz offiziell bei den Carabinieri von Sigillo anfragen, diese leiten Ihr Begehren weiter an den Procuratore von Perugia, der Ihnen dann antworten müsste, sofern der Amtsschimmel nicht unterwegs eingeschlafen ist ...

Wenn dereinst der neue Einstieg (siehe Kasten S. 71) fertig gestellt ist, soll die Höhle wieder ganzjährig geöffnet sein.

- *Wegbeschreibung zum Höhleneingang* Der Haupteingang befindet sich in 1390 m Höhe auf der Wanderroute Nr. 2. Man lässt das Auto auf dem **Pian di Monte** (bei der Paragliding-Startrampe "Decollo Sud") stehen und geht die alte Straße bis zum Ende. Danach folgt man einem leicht ansteigenden Weg, der, sobald man aus dem Wald herauskommt, fast eben weiterführt. Noch weitere 100 m an einem steilen Berghang entlang und man hat die große Öffnung der Höhle erreicht. Für weitere Möglichkeiten mit den Ausgangspunkten Val di Ranco oder Casa Il Sasso konsultiere man die einschlägige Wanderkarte.

Fabriano

(Region Marken)

Die alte italienische "Papierstadt" ist in eine weite Talebene eingebettet – im Westen begrenzt vom Monte-Cucco-Massiv, im Osten vom Monte San Vicino und seinen Ausläufern. Entlang der Nationalstraße hat sich beiderseits des mittelalterlichen Stadtzentrums Industrie angesiedelt.

Im Mittelalter war Fabriano eine wirtschaftlich bedeutende Stadt, hier nahm im 13. Jahrhundert das Handwerk der europäischen Papierherstellung seinen Anfang. Das technische Know-how hatten Rückkehrer der Kreuzzüge aus Vorderasien nach Fabriano gebracht. Bald trat die neue Technik ihren Siegeszug über Europa an, das Pergament wurde zunehmend vom Markt verdrängt. Später wurden in Fabriano neue Herstellungsverfahren entwickelt, u. a. wurde durch Verwendung von Tiergelatine die Qualität des Papiers erheblich verbessert. Tintenfestigkeit war kein Problem mehr, und mit der Erfindung des Wasserzeichens wurde das Papier damals so gut wie fälschungssicher. Der Handel mit dem Papier von Fabriano erstreckte sich weit über die Grenzen Italiens hinaus.

Von den einst 40 florierenden Betrieben Fabrianos hat heute nur noch die Firma *Miliani* wirtschaftliches Gewicht – unübersehbar, wenn man von Osten kommend in die Stadt fährt. Ihre Produktion konzentriert sich im Wesentlichen auf hochwertiges Zeichen- und Aquarellpapier sowie auf die Fertigung von Banknoten mit Wasserzeichen.

Auch in kultureller Hinsicht war die Stadt von Bedeutung – ihre Schule für Malerei (*Istituto d'Arte* an der Via Seraloggia) gehörte einst zu den beliebtesten Ausbildungsstätten Italiens. Fabrianos berühmtester Maler, *Gentile da Fabriano* (1370–1427), war in Venedig, Florenz, Siena und Rom tätig – nur in seiner Heimatstadt findet man nichts von ihm.

Fabriano ist eine der vom Erdbeben 1997 besonders betroffenen Städte. 2003 waren zahlreiche Gebäude noch immer mit einem Gerüstkorsett versehen. Nach Abschluss der Reparaturarbeiten an der Kathedrale wurde die Wiederinstandsetzung des Loggiato di San Franscecso angegangen.

Information/Diverses

- *Telefonvorwahl* 0732
- *Postleitzahl* 60044
- *Information* Informazione Accoglienza Turistica, Corso della Repubblica 70. Geöffnet Mo und Fr 9–13 Uhr, Di und Do 15–18 Uhr. Das ist wenig für die Größe der Stadt, Fabriano scheint sich für sein touristisches Potential nicht zu interessieren.
- *Verbindung* **Bahn**: Sehr gute Verbindung nach Ascona; täglich 9 Züge nach Rom.

Bus: Täglich mehrere Fahrten über San Vittorio Terme zur Frasassi-Grotte und weiter nach Genga.

• *Markt* Sa auf der Piazza Garibaldi, auch Piazza del Mercato genannt.

• *Einkaufen* Papier – was sonst in Fabriano? Kärtchen aus Büttenpapier, Marmorpapiere, Alben u. ä. sind schöne Geschenkartikel. Am Corso della Repubblica 60 findet man die **Antica Bottega della Carta**, die stolz auf ihre Tradition seit 1735 hinweist. Im Palazzo links des Torbogens verkauft **Bartolini** aus der hauseigenen Produktion.

Übernachten/Essen

Günstige Zimmer findet man in Fabriano nicht. Von den 4 Hotels der Stadt zeigen zwei 4 Sterne und zwei 3 Sterne. Letztere Kategorie ist obendrein oft von "Gastarbeitern" und Spesenrittern ausgebucht.

• *Übernachten* *** **Hotel Aristos (1)**. 1999 einer Renovierung unterzogen. Billiger geht's nicht in Fabriano: DZ ca.75 €. Via Cavour 103. ✆ 22308, ℻ 21459.

• *Agriturismo* **Agriturismo La Ginestra**, 3 km außerhalb der Stadt auf einem kleinen Hügel. Campingmöglichkeit in bewusst klein gehaltenem Rahmen. DZ ca. 35 €, teils ohne Dusche. Geöffnet April – Oktober. Loc. Callarelle. ✆/℻ 24013, im Winter ✆ 3182.

• *Essen* **Trattoria Marchegiana (3)**. Das Haus wurde 1997 vom Erdbeben böse durchgeschüttelt, das beliebte Restaurant hat erst nach 3jähriger Zwangspause wieder eröffnet. Traditionelle märkische Küche in hübschem Raum. Außenbestuhlung zur

Papierherstellung per Hand (im Papiermuseum)

Piazza Cairoli hin. Mo geschlossen. Piazza Cairoli 1.

Trattoria Marcellini (Osteria Cervara) (4). "Vini–Cucina" vermerkt ein altes Schild vor der Tür. Die Tradition des populären Lokals macht jede weitere Reklame überflüssig. Seit 1952 – seit über 50 Jahren! – steht Signora Sesta Smargiassi hier am Herd und verwöhnt die Kundschaft mit ihrer Cucina casalinga zu Niedrigpreisen. Als Primo können Sie handgemachte Pincinelle (der Form nach zwischen Pici und Spaghetti) kosten; wenn Sie Glück haben, hören Sie dabei die betagte Patronin in der Küche singen, die sich bereits um Ihr Secondo kümmert, z. B. Suppenfleisch im Gemüse oder Kabeljau an Knoblauchsauce. Zum Nachtisch kommt der Vinsanto unaufgefordert auf den Tisch. Unsere Empfehlung! So geschlossen. Via G.B. Miliani 12.

Taverna da Ivo (2). Gut besuchtes Restaurant, dazu Laufkundschaft – es gibt Essen auch zum Mitnehmen. Spezialität sind verschiedene Fleischgerichte vom Holzkohlengrill. Sa geschlossen. Via Veneto 16.

Sehenswertes

Altstadt: Mittelalterlicher Kern und noch immer Puls der Stadt ist die nach oben spitz zulaufende *Piazza del Comune* – "das ganze Vokabular der Stadtbaukunst an einem Ort, schön durchbuchstabiert und ausgebreitet", wie ein Architekturkritiker vermerkt. Die eine Seite der Piazza wird auf ihrer gesamten Länge von einem Bogengang, dem *Loggiato di San Francesco*, gesäumt, von dem aus man das Geschehen gut überschauen kann. Ihm gegenüber erhebt sich der *Palazzo Vescovile* (Bischofspalast) und hinter diesem – vom Platz aus nicht sichtbar – die in Ziegelstein gebaute *Kathedrale*. Im unteren Teil wird die spektakuläre mittelalterliche Kulisse vom *Palazzo del Podestà* (13. Jh.) mit seinem riesigen Torbogen abgeschlossen, und mitten auf der Piazza thront ein schmucker oktogonaler Brunnen aus dem 13. Jahrhundert. Tritt man durch den Torbogen hindurch und geht ein paar Schritte den *Corso della Repubblica* hinunter, so findet man linker Hand bald den zweiten großen Platz Fabrianos, die *Piazza Garibaldi*, von den Einheimischen *Piazza del Mercato* genannt: Jeden Samstag wird hier Markt abgehalten; zwischen vollbepackten Einkäufern, Kinderwagen und Einheimischen, die sich gerade hier zum Schwatz treffen müssen, gibt's kein Durchkommen mehr.

Papiermuseum *(Museo della Carta et della Filigrana)*, untergebracht im Klosterbau S. Domenico. Fabrianos interessantestes Museum präsentiert die bald acht Jahrhunderte alte Tradition der Papierherstellung von Fabriano. Zu sehen ist u. a. eine sorgfältige Auswahl von Originalobjekten (Holzbottiche, Papierpressen, Metallsiebe ...) sowie eine Ausstellung über die Geschichte des Wasserzeichens. Wenn man Glück hat, kann man den geschickten Händen eines Meisters beim Papierschöpfen zuschauen – und es selbst einmal versuchen.

Öffnungszeiten April–September: Di–Sa 10–18 Uhr, So 10–12 und 16–19 Uhr; Oktober–März: Di–Sa 10–12 Uhr, So 10–12 und 14–17 Uhr. Eintritt 3 €.

Fabriano/Umgebung

Eremo San Silvestro

In den Bergen um Fabriano liegen viele Einsiedeleien, die alle zur Zeit des heiligen Franziskus entstanden sind. Heute stehen die meisten davon leer oder sind verfallen. Im Eremo San Silvestro hingegen leben noch Benediktinermönche. Sie haben sich darauf spezialisiert, alte Bücher zu restaurieren. Ein Besuch ist nur nach telefonischer Voranmeldung möglich: ✆ 0732/21631.

• *Anfahrt* Aus Umbrien kommend: noch vor dem Zentrum Fabrianos, direkt vor den Parkanlagen (giardini pubblici), rechts hoch. Nach 2 km hat man den Ort Colle Paganello erreicht. Von dort sind es noch weitere 6 km bis zu Eremitage, die man schon von weitem sieht und nach einer langen Schlaufe von der Rückseite erreicht.

San Vittore Terme

Den kleinen Thermalort schmückt ein in märkisch-romanischem Baustil errichtetes Kirchlein aus dem 11. Jahrhundert – so klein, dass vier Säulen ausreichen, um die beiden Nebenschiffe vom Hauptschiff abzuteilen.

Das schwefelhaltige Wasser der Quelle von San Vittore kann man im Open-Air-Thermalbad testen – offiziell geöffnet von April bis Dezember, dies ist aber eindeutig zuviel versprochen. Wer nicht Klient des bescheidenen Thermalhotels ist, zahlt 6 € Eintritt.

In erster Linie aber ist San Vittore ein Zentrum der Höhlengänger. 400 m unterhalb des Orts wurde ein riesiges Parkareal geschaffen, auf dem Schnellimbisse und Souvenirbuden zur Dauereinrichtung geworden sind. Ein Informationspavillon gibt alle erdenklichen Auskünfte für Speläologen. Hier werden auch die Eintrittskarten für die *Grotta Grande del Vento* verkauft, mit dem Pendelbus geht's dann zum Eingang hoch. Spezialisten können mehrstündige Touren mit Begleitung buchen.

• *Übernachten* *** **Hotel Terme di San Vittore**. Moderne Zimmer, teils mit Balkon. Eigenes Open-Air-Thermalbad, eine hübsche Parkanlage und selbstverständlich Kurangebot (Dampfbad, Massage, Fango etc.) – und damit für das Gebotene erstaunlich preiswert: DZ 45–65 €. Fraz. S. Vittore Terme, 60040 Genga. ✆ 0732/90012, ℻ 90311.

• *Camping* **Minicamping S. Elia**, in S. Elia, einem kleinen Dorf, ca. 12 km von S. Vittore entfernt. *Anfahrt*: auf der SS 76 Richtung Ancona, Ausfahrt Serra S. Quírico, dann der

Beschilderung S. Elia folgen. Die Besitzer vermieten auch 2 Appartements mit Küche und Bad. Campinggelände von Juni bis Mitte September geöffnet. ✆ 0732/74057.

• *Essen* Von den drei Restaurants eines zu empfehlen, ist problematisch. Die Preise sind wegen der Kurgäste und Touristen hoch, die Speisesäle riesig und ungemütlich. Im **La Scaletta** sitzt man noch am angenehmsten (geöffnet März–Oktober, Mi geschlossen).

Grotte di Frasassi

Unmittelbar nach San Vittore beginnt die Frasassi-Schlucht, und hier befindet sich zwischen senkrecht aufragenden Felswänden der Eingang zur *Grotta Grande del Vento,* der attraktivsten Schau-Höhle Italiens. Sie ist nur Teil eines riesigen, 13 km langen Höhlensystems – davon sind 1,5 km für höhlenunerfahrene Touristen erschlossen.

Wer das klotzige Eingangsportal und den nackten Stollengang hinter sich gelassen hat, betritt eine riesige Halle von 180 m Länge, 120 m Breite und fast 200 m Höhe, bei deren Anblick einem erst einmal die Luft wegbleibt. Eine Märchenlandschaft aus Stalagmiten und Stalaktiten, die an Kunstwerke von verspielten Zuckerbäckern und Eiskonditoren erinnern, nur ungleich schöner und gigantischer – in Jahrtausenden wundervoll gewachsene Naturdenkmäler! Die Zeit scheint hier stehen geblieben zu sein. Und doch: es tropft unaufhörlich.

Grundsätzlich werden drei verschieden anspruchsvolle Führungen angeboten:
Grüne Route: Sie ist für das Gros der Besucher gedacht. In Gruppen von max. 70 Personen geht man auf dem trittfesten Zementweg zur Grotta del Vento. Führungszeiten siehe unten. Dauer: 70 Min.
Blaue Route: Speläologisch als einfach eingestuft. An die Grüne Route schließt sich ein Gang zum "Finnland-Saal" an. Dauer: ca. 2 Std.

In Jahrtausenden gewachsene Märchenlandschaft – Grotte di Frasassi

Rote Route: Speläologisch als schwierig eingestuft. An die Grüne Route schließt sich ein schmaler Weg zu einem verzweigten Wegesystem an, dem "Elefanten". Dauer: ca. 3 Std.
Weitere Bereiche können nur mit Sondergenehmigung begangen werden.

Die Temperatur von 14° C ist mit Jacke oder Pullover besser erträglich. Wir raten von einem Besuch an Sonn- und Feiertagen ab, denn dann gerät man in einen Ameisenhaufen von Touristen.

• *Verbindung* **Bus**: Täglich 5 Fahrten nach Fabriano bzw. zum Bahnhof Genga Stazione an der Strecke Rom–Ancona.

• *Führungen für die Grüne Route* (obligatorisch, 3 mal pro Tag – im August öfter – deutschsprachige Führung): März–Juli und September/Oktober: 9.30, 11.00, 12.30, 15.00, 16.30, 18.00 Uhr; August: 8.00–18.30 Uhr, alle 10 Min. (im August zusätzlich 21.00 und 22.30 Uhr); November–Februar: Mo–Fr 11, 15 Uhr; Sa 11.00, 12.30, 15.00, 16.30 Uhr; So 9.30, 11.00, 12.30, 15.00, 16.30, 18.00 Uhr. Der Pendelbus fährt jeweils 10 Minuten vorher zum Eingang hoch.

• *Eintritt* Grüne Route: 10.50 €, Kinder unter 14 Jahren 8.50 €, Kinder unter 6 Jahren gratis. Blaue Route: 26 €. Rote Route: 36 €. Die Eintrittskarten werden in einem Pavillon am Großparkplatz verkauft – 400 m unterhalb von San Vittore Terme.

• *Voranmeldung* Zumindest an Wochenenden sinnvoll: ✆ 0732/90080.

• *Sondergenehmigungen für Speläologen* Consorzio Frasassi, 60040 Genga, ✆ 0732/973039, ✆ 0732/973397.

Gualdo Tadino

(ca. 14.000 Einwohner)

Das auf einem Hügel thronende Städtchen – im unteren Teil noch vom mittelalterlichen Wall umgeben – geht auf eine Siedlung der Umbrer zurück. Von dieser "Gründerzeit" wie auch von der späteren römischen Besiedlung ist heute nichts mehr zu sehen; der Stauferkönig Friedrich II. ließ den Ort Mitte des 13. Jahrhunderts vollständig neu befestigen.

In die Geschichtsbücher ging Gualdo Tadino mit der *Schlacht bei Tadinae* im Jahr 552 ein. Hier stellte sich dem legendären Ostgotenkönig Totila, der bis auf Ravenna ganz Italien erobert hatte, das byzantinische Heer entgegen. Unter der militärischen Führung des bereits 65jährigen Narses, eines armenischen Eunuchen und Günstlings der byzantinischen Kaiserin, entschieden die Byzantiner die Schlacht für sich. Totilas Kopf wurde auf eine Lanze gespießt und, wie die Chronisten berichten, der hurrarufenden Bevölkerung präsentiert.

Im Zentrum von Gualdo – auf der Kuppe des Hügels – liegt die *Piazza Martiri della Libertà*, deren Namen an die vier Bürger von Gualdo erinnert, die von den Nazis hier öffentlich erschossen wurden. Auf der einen Seite des Platzes die dreischiffige *Basilika di San Benedetto*, auf der anderen – weniger auffällig – die gotische *Kirche San Francesco*, deren Fresken teilweise noch erhalten sind. Das etwas heruntergekommene Innenportal aus Holz – bemalt und verziert – stammt aus einer späteren Epoche.
Einige Gebäude an der Piazza wurden beim Erdbeben 1997 beschädigt; im heiligen Jahr 2000 wurde die Basilika wieder geöffnet, die Franziskuskirche bleibt weiterhin unzugänglich. In die allgemeinen Restaurierungsarbeiten wurde auch der *Palazzo Municipale* einbezogen. In seinem Erdgeschoss füllt sich morgendlich das beliebte *Caffè Apennino*, die gualdesischen Männer können ihre Zeitung wieder in der Sonne lesen.

Am Stadtrand fallen einige Keramikfabriken auf – der größte Industriezweig der Stadt und ihr traditionsreichster: Die Majolika-Produktion von Gualdo Tadino reicht bis ins 14. Jahrhundert zurück. Einige Exemplare klassisch gualdesischer Keramik – Kennzeichen: rubingoldener Lüster – sind im Museum der *Rocca Flea* zu sehen.

- *Telefonvorwahl* 075
- *Postleitzahl* 06023
- *Information* **Pro Loco**, Via Roberto Calai 41. Öffnungszeiten unregelmäßig. ✆ 912171.
- *Verbindung* **Bahn**, Gualdo Tadino liegt an der Strecke Rom – Ascona. Gute Verbindung nach Foligno und Fabriano, gelegentlich auch Züge bis nach Rom bzw. Ancona. Der Bahnhof befindet sich 1 km unterhalb des Ortes.

Bus, mindestens ein halbes Dutzend Fahrten pro Tag nach Gubbio, Perugia und Nocera Umbra.

- *Feste* **Giochi de le Porte**, letztes Septemberwochenende. Den Start macht der Geschenkeaustausch der Tavernenbesitzer. Dann taucht die Stadt drei Tage lang völlig ins Mittelalter ab. Historischer Umzug am Samstagabend und Sonntagmittag.

Die Organisatoren erwarten über die drei Tage um die 100.000 Besucher. Ein Hotelzimmer in Gualdo zu finden, ist dann ziemlich aussichtslos.

- *Übernachten* ** **Hotel Bottaio (2)**, hinter der Basilika. Durchschnittliches Mitteklassehotel. DZ mit Dusche 37 €, ohne 34 €. Via Casimiri 17. ✆ 913230.

* **Hotel Gigiotto (4)**, gleich oberhalb des vorgenannten und diesem ebenbürtig. Hat einen Stern verloren, den es nach der Renovierung 2002 wiedergewonnen hat. Ruhig, wenn nicht gerade die Glocken der Basilika zum Gebet rufen. DZ mit Dusche/WC 46 €, ohne 30 €. Via Morone 5. ✆ 912283, ℻ 910263.

- *Essen/Trinken* **Ristorante Gigiotto (3)**, im gleichnamigen Hotel. Signore Angeli ist ein begnadeter Koch. Als Vorspeise empfiehlt er Melanzane a fette (mit Schnittlauch belegte, gebratene Auberginenscheiben) – und dann geht's quer durch die regionale Küche (z. B. Getrüffeltes) bis zur Grappa. Vorzüglich. Mo geschlossen. Via Morone 5.

Hostaria/Pizzeria Baccus (1). Regionale Küche, sympathische Atmosphäre und im Sommer kann man – in Gualdo eine Rarität – das bacchantische Gelage auf der Straße abhalten. Via Roberto Calai 32. Mo geschlossen.

Pub La Baita (5). Diverse Biere vom Fass, u. a. auch Guinness und deutsche Sorten, Flaschenbiere aus Belgien, Korsika ... Wer sich schneller betrinken will, studiere das umfangreiche Whisk(e)y-Angebot. Piazza Martiri della Libertà.

Sehenswertes

Rocca Flea: Die heutigen Ausmaße der Festung gehen auf den Stauferkönig Friedrich II. zurück. Nach jahrelangen Renovierungsarbeiten hat die Stadt 1998 ihre musealen Werte hierher zur Verwahrung gebracht. Bedeutend ist die Sammlung nicht, weder qualitativ noch quantitativ. Für letzteres ist der Besucher schon fast wieder dankbar: statt Überladenheit wenige Exponate, die besucherfreundlich ausgeleuchtet sind.

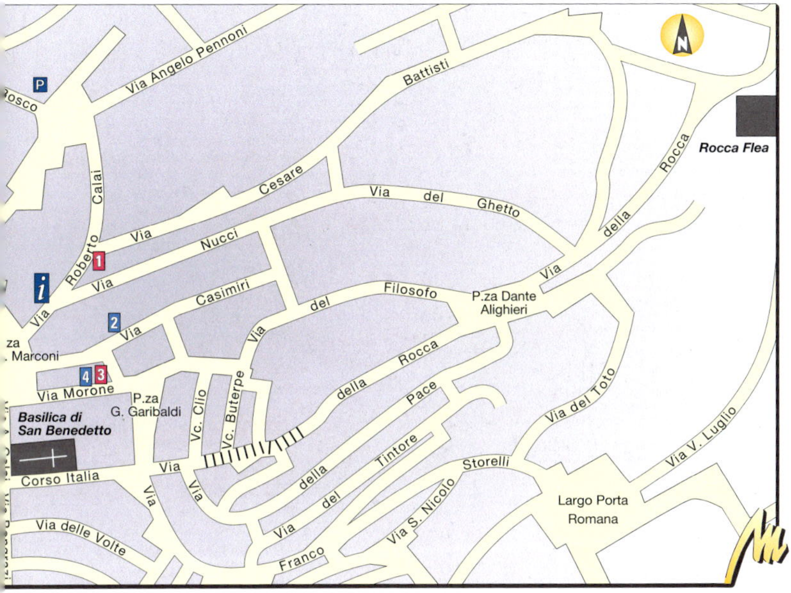

Aus dem nahen Klarissinnen-Kloster haben drei Fresken den Weg hierher gefunden, die festungseigene Kapelle steuerte einen Johannes der Täufer bei, das schönste Werk aus der Kunstabteilung ist ein Hochaltar, der noch bis Ende des 18. Jahrhunderts die Franziskuskirche zierte: viel Gold, viele Heilige, im Zentrum Madonna mit Kind, darüber die Kreuzigung und ganz oben ein segnender Christus. Das farbenprächtige Werk stammt aus der Werkstatt von *Niccolò Alunno* (1430–1502) aus Foligno, ein Schüler Benozzo Gozzolis.

Die Keramikabteilung zeigt Beispiele aus der sog. Lüster-Technik, die über Spanien nach Italien kam und in Gualdo seit dem 16. Jahrhundert angewandt wird. Islamische Keramik aus dem mesopotamisch-ägyptischen Raum (9.–10. Jh.) gibt der Sammlung einen exotischen Tupfer, und schließlich sei auch noch die wundervolle große Vase aus Alhambra erwähnt (roter Lüster): das Original stammt aus dem 14. Jahrhundert, die ausgestellte Kopie fertigte 1925 ein Gualdeser Keramik-Künstler.

In der ehemaligen Chiesa Sant'Angelo de Flea, die im 15. Jahrhundert mit dem Bau der Festungskapelle überflüssig und zum Pferdestall umfunktioniert wurde, ist die archäologische Abteilung untergebracht. Aufregender als die Mini-Sammlung ist das Dreifaltigkeitsfresko an der Wand: Die drei göttlichen Köpfe wurden auf ein und denselben Körper gesetzt.

Öffnungszeiten April–Juni: Do–So 10.30–13.00 und 14.30–17.00 Uhr; Juli–September: Di–So 10.30–13.00 und 15.00–18.00 Uhr; Oktober–März: Do–So 10.30–13 und 15.30–18.30 Uhr. Eintritt 2.60 €.

Ein Gläschen in Ehren

Gualdo Tadino/Umgebung

Nordöstlich von Gualdo Tadino führt ein enges Sträßchen zum knapp über 1000 m hoch gelegenen Weiler **Valsorda**. Man befindet sich mitten in einer alpinen Region, in der sich Nadelholz und Wiesen abwechseln – ein ideales Wandergebiet. Allerdings lassen die Markierungen (Wege von 2 bis 6 Std.) zu wünschen übrig, eine gute Karte ist hilfreich.

- *Verbindung* Im Sommer fährt morgens in Gualdo Tadino ein **Bus** hoch, abends zurück (Abfahrt in Gualdo ca. 8.30 Uhr, in Valsorda ca. 17.30 Uhr).
- *Camping* * **Camping Valsorda**, bescheiden, aber sehr schöne Lage am Waldrand. 40 Stellplätze. Geöffnet Juni–September. Außerhalb der Saison wird wildes Zelten geduldet. Loc. Valsorda. ✆ 075/913261.

Im Sommer auch Übernachtung in der **Berghütte** (Rifugio) möglich.

Nocera Umbra

(ca. 6.000 Einwohner)

Das alte umbrische Städtchen lag praktisch im Epizentrum, als im September 1997 die Erde bebte. Wann die Schäden der Katastrophe behoben sind, steht in den Sternen. Das ganze Fundament der Oberstadt muss neu abgestützt werden. Optimistischen Schätzungen zufolge dürften die Arbeiten bis 2008 dauern. Bis 2003 waren immerhin die ersten zwölf Familien in die Oberstadt zurückgezogen.

Zu einigen Gassen verwehrte auch tagsüber eine improvisierte Holztüre den Durchgang. Ein Korsett aus Eisengerüsten mit blitzblanken Schnallen hält derzeit die mittelalterlichen Häuser zusammen.

Soll man's Glück im Unglück nennen? Die Altstadt von Nocera war schon seit Jahren heruntergekommen, zahlreiche Häuser waren vor dem Erdbeben unbewohnt. Das Gros der Bevölkerung lebte vornehmlich außerhalb der Stadtmauer und war dort zumindest etwas sicherer als im ruinösen, mittelalterlichen Gemäuer der Oberstadt.

Die Folgen der Katastrophe sind nicht zu übersehen: Ein ganzer Stadtteil aus *Prefabbricati*-Häuschen ist entstanden, mit Straßennamen und Gärtchen. Eine saubere, aber keine komfortable Lösung: Die uniformen Wohncontainer sind oft nur notdürftig isoliert, und in den umbrischen Bergen ist der Winter empfindlich kalt. Auch Banken, Apotheke, Ambulanz und Stadtverwaltung hatten sich anfänglich in Fertighäusern vor dem Stadttor niedergelassen. Als erste – Banken kommen eben am schnellsten ans Geld – hat die Sparkasse von Foligno einen Neubau am Stadttor hochgezogen. Auch die Apotheke ist nicht mehr im Container untergebracht, und bis 2003 soll die Stadtverwaltung wieder an ihren angestammten Platz in der Oberstadt zurückkehren.

Sollte die "Città delle acque", wie sich Nocera in Anspielung auf die nahen Thermalquellen nennt, wieder halbwegs instand gesetzt sein, so wird vielleicht die historische Beschreibung wieder zutreffen: Man steigt die enge Hauptgasse, die sich stolz *Corso Vittorio Emanuele* nennt, hinauf, von der beiderseits noch engere Gassen und Treppen abgehen, die einen ziemlich düsteren Eindruck vermitteln. Hell wird's erst oben auf der überraschend großen *Piazza Caprera* mit dem Rathaus. Von hier führt der Weg – an einer Gedenktafel vorbei, die in kräftigen Worten an den heldenhaften Widerstand gegen die Nazis erinnert – zum *Dom* und zum benachbarten *Campanaccio*, ein Wachtturm aus dem 11. Jahrhundert. Von diesem letzten Überbleibsel einer einstigen Festung

Nach dem Beben – Leben im Container (Nocera Umbra)

genießt man einen großartigen Ausblick bis zum Apennin. Wer noch mehr von Nocera sehen will, findet den Weg über Treppen und Gassen hinunter zu einem weiteren Wachtturm, der *Palambara*. Von hier führt der Weg an der Stadtmauer entlang, an der neugotischen *Chiesa San Filippo* vorbei (deren schöne Rosette seit dem Erdbeben als Fragment im eigenen Gerüst hängt), zu den *Portici San Filippo*, einem hübschen Arkadengang, und zurück zur *Porta Vecchia*.

Die Thermalquellen liegen ca. 5 km außerhalb, in **Bagni di Nocera**. Die päpstliche Anlage aus dem Jahr 1717 – ein lauschiger Ort mit einem Bergbach, der sich über mehrere Stufen in ein altes Badebecken ergoss – stand schon einige Jahre leer, als sie 1996 unter kirchlicher Regie wiedereröffnet wurde. Die neue, familienfreundliche Ferieneinrichtung hatte gerade ein Jahr Bestand. Beim Erdbeben 1997 krachte sie zusammen. Doch die Anlage ist wie ein Phönix aus der Asche hervorgegangen – als *Ferien- und Kongresszentrum Fonte Angelica*. Die Gebäudetrakte sind allesamt renoviert. Die hübsche Gartenanlage mit dem treppenweise hinunterfließenden Bächlein und dem Bassin werden folgen. Das historische Badebecken ist zerstört, überlebt hat die Katastrophe einzig der päpstliche Gedenkstein.

• *Telefonvorwahl* 0742

• *Postleitzahl* 06025

• *Übernachten* *** **Hotel Europa,** an der Durchgangsstraße. Von den beiden Stadthotels die Nummer eins, seit 40 Jahren von derselben Familie geführt. Nach dem Erdbeben zerstört und komplett neu aufgebaut, Ende 2003 wiedereröffnet. Preise noch nicht bekannt. Largo Bisleri 9. ✆ 818874, ℻ 812167.

** **Hotel Flaminio**, an der Durchgangsstraße. Ebenfalls erdbebengeschädigt. Wiedereröffnung geplant, keine genaueren Angaben. Piazza Medaglia d'Oro 1. ✆/℻ 818883.

• *Außerhalb* *** **Centro Vacanze e Congressi Fonte Angelica**, in Bagni di Nocera. Die päpstliche Anlage aus dem 18. Jh. mit 170 Zimmern wird oft von Gruppen besucht, doch finden auch individuell reisende Feriengäste eine Unterkunft. Leser fanden hier eine äußerst preiswerte und angenehme Basis für Unternehmungen im Umland. DZ 31 €. Loc. Stravignano Bagni. ✆ 813266, ℻ 813424.

Lago Trasimeno

Kaum mehr als 20 km westlich von Perugia erstreckt sich inmitten von grünen Hügeln der Lago Trasimeno, Umbriens "Meer". Im 128 Quadratkilometer großen See liegen drei Inseln: die Isola Polvese, die Isola Maggiore und die Isola Minore. Die ersten beiden werden regelmäßig von kleinen Dampfern angefahren, die dritte ist in Privatbesitz und nicht zugänglich.

Leider ist der Trasimenische See relativ seicht; mit nur sechs bis sieben Metern Tiefe ist er zum Baden und Angeln nur bedingt geeignet, da sich besonders im Sommer das Wasser zu sehr erwärmt ("umkippt") – tote Fische am Strand sind keine Seltenheit. Das war nicht immer so. Noch im 16. Jahrhundert berichtete ein päpstlicher Abgesandter nach Rom: "Hier gibt es Schleien, Hechte, Weißfische, Rundfische, Aale und Rotaugen in so großer Zahl, dass man nicht nur das Umland und die benachbarten Provinzen versorgt, sondern auch nach Rom und Pesaro liefert ... Der Seegrund ist gleichmäßig von weißem Sand bedeckt, nicht der geringste Schlamm, daher die hohe Qualität der Fische."

Der heute so niedrige Wasserstand des Lago Trasimeno ist die Folge von wiederholten menschlichen Eingriffen. Bereits die Römer errichteten Deiche und unterirdische Abflüsse, um die häufigen Überschwemmungen zu verhindern. Vom 15. bis Ende des 19. Jahrhunderts wurden zwei Zuflüsse in den Tiber umgeleitet, ein weiterer unterirdischer Abflusskanal wurde gegraben. Mit diesen Baumaßnahmen bekam man das Problem der Überschwemmungen in den

"Drei Tage färbte der Bach sich rot"

Es war im Halbdunkel der Sommernacht, noch vor dem Sonnenaufgang am 23. Juni 217 v. Chr., als sich die Legionen des Konsuls *Flaminius* lautlos auf den Weg machten – mehr als 20.000 Mann, ein damals gigantisches Heer. Schwerbewaffnet marschierten die römischen Truppen im Nordwesten des Lago Trasimeno in Richtung *Tuoro* auf, wo sie das phönizische Lager *Hannibals* vermuteten. Und tatsächlich: Weithin sichtbar, auf den Anhöhen des heutigen Friedhofs, waren die Lagerfeuer der feindlichen Söldner auszumachen. Flaminius gab Befehl, auf der anderen Talseite, Richtung *Sanguineto*, in Stellung zu gehen und sich auf den Kampf vorzubereiten.

Die Schlacht begann, doch anders, als Flaminius es geplant hatte. Völlig unerwartet stürzten sich von allen Seiten Hannibals Truppen auf das römische Heer, dessen Schlachtordnung, hoffnungslos eingekesselt, sich in panischem Chaos auflöste – teils nach Norden Richtung Sanguineto, teils nach Süden in das sumpfige Gelände des Trasimeno. Zwar gelang einem kleinen Teil der Durchbruch zum phönizischen Hauptlager bei Tuoro und die Flucht aus der Todesfalle in die nordöstlichen Hügel. Der Rest der römischen Legionen – es waren wohl 15.000 Mann – konnte dem Hinterhalt Hannibals nicht entkommen: Der Großteil wurde beim heutigen Sanguineto ("Ort des Blutes") niedergemacht, die anderen wurden in die sumpfigen Ufer des Trasimeno getrieben und ertranken. Auch Konsul Flaminius musste sein Leben lassen – wo, wurde nie entdeckt.

Dem Massensterben (allein 1500 Söldner sollen auf Hannibals Seite gefallen sein) folgte eine Tage andauernde Bestattungsaktion, von Hannibal angeordnet, um die Götter nicht zu erzürnen und um Epidemien zu vermeiden. Die verstümmelten Leiber wurden verbrannt und verscharrt. Nicht unterschiedslos freilich, wie Grabbeigaben für die höheren Ränge beweisen.

Auch wenn die moderne Wissenschaft in der Erkenntnis der menschlichen Existenz nicht selten kapitulieren muss, die Diagnose ihrer Überreste ist hieb- und stichfest: Die so genannte C-14-Analyse einiger Schutthügel der *Ustrinen* (Verbrennungshöhlen) zwischen Tuoro und Sanguineto erlaubt zweifelsfrei die Zuordnung in das 3. Jahrhundert v. Chr.

Horst Christoph

Griff. Allerdings wirkt sich heute die Absenkung des Wasserpegels auf Flora und Fauna aus, und in Rom hat man schon lange keinen Fisch aus dem Lago mehr gesehen ...

Die Behörden haben das Problem erkannt und vorläufig im Griff. Wissenschaftler aus Perugia, die 1997 den Lago untersuchten, attestierten ihm ein "gesundes Ökosystem, wenn auch mit einem fragilen Gleichgewicht, insbesondere in den tieferen Lagen". Doch die Situation wird Jahr für Jahr prekärer. In der Trockenperiode 1999 war der Wasserspiegel um 95 cm unter die Ideal--höhe abgesunken, Pessimisten prognostizierten ökologischen Tod und Versumpfung. Die Behörden schalteten ausnahmsweise schnell und verboten, dem See von 6–18 Uhr Wasser zu entnehmen. Andere Bewässerungsmetho-

den für die Landwirtschaft werden diskutiert, ein Verbot des Maisanbaus (zu viel Wasserentzug), zusätzliche Wasserzufuhr aus den Nebenflüssen des Tiber sind im Gespräch, ein Aquädukt vom Valdichiana her könnte den See speisen ... viel Gerede, das abflaut, wenn der erste Regen kommt.

Die jährliche Diskussion um die Wasserqualität des Lago Trasimeno schlägt auch den Fremdenverkehrsmanagern auf den Magen. Wohl aus Sorge, dass wo Rauch ist auch Feuer sein könnte, haben sie die Flucht nach vorn angetreten: "Es gibt 18 Strände am Trasimenischen See, alle unterstehen von April bis September einer vierzehntägigen Kontrolle der Wasserqualität nach den EG-Normen", vermeldet die Werbebroschüre *Trasimeno 2002*. Eine Wasserverschmutzung, die zu Maßnahmen oder zur Beeinträchtigung des Badens führen könnte, war bisher nicht auszumachen.

Baden: In den Sommermonaten steigt die Wassertemperatur bis auf 25° C, Badegelegenheiten findet man vor allem an der Ost- und der Nordseite des Sees sowie in Castiglione. Aber Vorsicht: Der Sage zufolge soll eine Seejungfrau sich in den Prinzen Trasimenus verliebt und ihn zu sich in die Tiefe gezogen haben!

• *Information* Das ganze Jahr über in Castiglione del Lago, Passignano und Città della Pieve (Details siehe dort). Während der Sommermonate auch in San Feliciano.

• *Verbindung* **Bahn**: Castiglione di Lago (Westufer) liegt an der Strecke Florenz–Rom. Nach Tuoro und Passignano (Nordufer): in Terόntola (Strecke Florenz–Rom) in den Zug nach Perugia umsteigen. **Bus**: Relativ häufige Verbindung zwischen Passignano und Castiglione; seltener verkehren Busse am Süd- und Ostufer.

• *Festivals* **Trasimeno Blues**, jährlich Ende Juli bis Anfang August. Zehn Tage lang Openair-Konzerte rund um den Trasimenischen See. Jazzgruppen mit internationaler Besetzung.

• *Camping* Es gibt insgesamt 13 Campingplätze am Seeufer, die alle von Ostern bis September geöffnet sind. Als einziger ist der Eden-Park in Torricella fast ganzjährig geöffnet.

Castiglione del Lago

Das auf einer Halbinsel an der Westseite des Sees gelegene Castiglione ist ein ganz und gar malerischer Ort. Um den mittelalterlichen Kern, geprägt vom Palast der Herzöge della Corgna, zieht sich eine hohe Befestigungsmauer. Der Besuch des Palazzo mit seinen Renaissance-Fresken ist allein schon wegen des Rundgangs auf der Zitadellenmauer zu empfehlen: Von der Festung bietet sich eine traumhafte Aussicht auf den Lago.

Durch das Zentrum der Altstadt zieht sich die schmale *Via Vittorio Emanuele*, Treffpunkt und Marktplatz zugleich. Hier steht auch die *Chiesa Santa Maria Maddalena* mit klassizistischem Säulenvorbau und rotgeziegeltem Turm. Sie stammt aus dem 19. Jahrhundert und bietet kunsthistorisch nichts. Erwähnt sei aber, dass ihre Glocke aus dem Jahr 1887 ein Geschenk der Arbeiter der katholischen Kirchengemeinde Bochum war.

Eine einladende Promenade führt unterhalb der Zitadelle um die Halbinsel, mancher Einheimische angelt sich hier den Hauptgang zum Mittagessen. Badegelegenheiten finden sich sowohl nördlich wie südlich der Halbinsel.

Information/Diverses

- *Telefonvorwahl* 075
- *Postleitzahl* 06061
- *Information* **A.P.T.-Büro**, Piazza Mazzini 10 (am Ende der Via V. Emanuele gegenüber der rottürmigen Kirche). Keine direkte Zimmervermittlung; das Büro hat aber eine Liste mit privaten Vermietern rund um den See. Geöffnet April–September: Mo–Fr 8.30–13 und 15.30–19 Uhr, Sa 9–13 und 15.30–19 Uhr, So 9–13 und 16–19 Uhr; in den übrigen Monaten reduzierte Öffnungszeiten. ✆ 9652484, ℻ 9652763, e-mail: info@iat.castiglione-del-lago.pg.it

Im Sommer unterhält die **Associazione Turistica Pro Castiglione del Lago** an der Porta Senese (unterhalb der Maria-Maddalena-Kirche) ein zusätzliches Informationsbüro. Sehr freundliches Personal.

- *Verbindung* **Bahn**: täglich mehrere Züge nach Chiusi, Florenz und Rom. Der Bahnhof befindet sich 2½ km außerhalb des Orts.

Bus: täglich mehrere Verbindungen nach Perugia.

- *Fahrradverleih* **Marinelli Ferrettini**, Via B. Buozzi 26 (Richtung Bahnhof). Fahrräder, Mountainbikes und Mofas. Auch Reparaturen. ✆ 953126.
- *Markt* jeden Mittwoch.

Übernachten/Camping

- *Übernachten* *** **Hotel Miralago**, im Zentrum der Altstadt und mit über 60-jähriger Tradition das älteste Hotel im Ort. Gediegen-biederes Ambiente. Gartenrestaurant mit Seeblick. DZ 62–93 €. Piazza Mazzini 6. ✆ 951157, ℻ 951924, e-mail: hotelmiralago@tin.it.

*** **Hotel Duca della Corgna**, 1,5 km außerhalb des Zentrums, Nähe Bahnhof. Freundlicher Empfang in gepflegter, moderner Anlage, bestehend aus zwei Häusern. Einige Zimmer mit Balkon zum Garten, von anderen aus kann man beinahe direkt in den Swimmingpool springen. Hoteleigener Parkplatz, Tiefgarage. Fahrradverleih (nur für Hotelgäste). Restaurant. DZ 57–85 €. Via B. Buozzi 143. ✆ 953238, ℻ 9652446, e-mail: hotelcorgna@trasinet.com.

*** **Hotel La Torre**, mitten im historischen Kern gelegen. Modern, sehr sauber und für den Komfort (alle Zimmer mit TV, einige sogar mit Eisschrank) preiswert. Reichliches Frühstück mit Produkten aus der eigenen Bäckerei. Allerdings sind die 8 Zimmer schnell ausgebucht. DZ 47–75 €. Via Vittorio Emanuele 50. ✆/℻ 951666, e-mail: latorre@trasinet.com.

** **Hotel Fazzuoli**. Kleines, modernes Hotel unterhalb des alten Ortes. Zimmer mit Radio, Bad und kleinem Balkon. Die Hoteldirektion vermittelt auch Appartements für 3–4 Personen (mit Kochgelegenheit), die ca. 100 m vom Bootssteg entfernt liegen. DZ mit Bad 41–60 €. Piazza Marconi 11. ✆ 951119, ℻ 951112.

Il Torrione ("Dolce Dormire"), bei der Porta Senese. 5 Zimmer, 2 davon in traumhafter Lage mit Seeblick, sowie Appartements. Unsere Empfehlung. DZ mit Dusche ab 40 €. Geöffnet März–Oktober. Via delle Mura 4. ✆/℻ 953236.

- *Camping* ** **Camping Listro**, knapp 1 km außerhalb, direkt am Seeufer, mit großen Bäumen und einer Wiese zum Strand. Blau-weiß gestreifter Sichtschutz zum Dorf hin. Kleiner Lebensmittelladen, Bar. 100 Stellplätze. Geöffnet April–September. Via Lungolago, Lido Arezzo. ✆/℻ 951193.

Essen

Ristorante La Fontana, im Hotel Miralago. Spezialitäten des Restaurants: "Spaghetti al fumo", mit einem Sugo aus passiertem Räucherbauch, Tomaten und Sahne zubereitet, und "Carne in cartoccio" – Kalbfleisch mit frischen Pilzen, Schinken, Gemüse und Sahne in Alufolie gebacken. Terrassengarten mit schönem Seeblick. Mo geschlossen. Piazza Mazzini 6.

Ristorante L'Acquario. Kleines, gepflegtes Lokal, das Einheimische und Touristen gleichermaßen anzieht. Mit Freundlichkeit servierte Fischspezialitäten. Außerhalb der Hauptsaison Mi geschlossen. Via Vittorio Emanuele 69.

Ristorante/Pizzeria La Cantina. Wir haben das Lokal mit dem großen Garten bisher empfohlen und uns damit zwei Leserbriefe eingehandelt, einen entrüsteten und einen begeisterten. Relativ preiswert. Große Auswahl, auch an lokalen Fischgerichten wie Schleien, Karpfen etc., große Portionen.

Die Löwenburg von Castiglione del Lago

Menus für 21 €. Mo geschlossen. Via Vittorio Emanuele 93.

Ristorante/Pizzeria Monna Lisa, beim Bahnhof. Abseits des Tourismus serviert die Gioconda in unprätentiöser Atmosphäre zu vernünftigen Preisen eine vielfältige Auswahl an leckeren Gerichten. Wenn Sie mit Ihrem Italienisch am Ende sind: der freundliche Besitzer spricht hervorragend Englisch. Speiseterrasse zu den Gleisen hin, was allerdings kaum stört, der Regionalzug fährt höchstens jede halbe Stunde vorbei. Lesertipp. Via della Stazione 5. Mi geschlossen.

• *Außerhalb* **Osteria/Enoteca La Mercanzia**, in Richtung Pozzuolo, nach Unterquerung der Bahngeleise noch ca. 2 km. Landhaus in wunderschöner Lage. Unter dem Strohdach wird ein einziges 4-Gang-Menu zum Festpreis von ca. 18 € angeboten, dazu ein günstiger Montepulciano. Lesertipp. Täglich ab 19.30.

Baden: Der Sandstrand beginnt gleich nördlich des Orts *(Lido Arezzo)*. Das Wasser ist extrem seicht, 20 m vom Ufer kann man noch immer stehen. Nach dem Camping Listro folgt ein kleines, dünnes Wäldchen mit einer Steinpromenade. Hier sitzen die Angler. Südlich des alten Stadtkerns setzt sich der Strand mehrere hundert Meter fort *(Lido Comunale)*. Nur am Wochenende, wenn die ganze Familie in der Sonne schmort, ist er überlaufen. Zwischen Teerstraße – wenig befahren, am Wochenende gesperrt – und Strand erstreckt sich eine mit niedrigen Bäumen bestandene Allee, die in der glühenden Mittagshitze etwas Schatten spendet.

Sehenswertes

Palazzo della Corgna: Im äußerlich etwas heruntergekommenen Renaissance-Palast am Ende des Corso Vittorio Emanuele, teilweise von der Stadtverwaltung in Beschlag genommen, teilweise als Kunstgalerie genutzt, sind in mehreren Sälen noch die originalen Fresken aus dem 16. Jahrhundert erhalten. Besonders beeindruckend sind die restaurierten Gemälde von *Niccolò Circignani, Il Pomarancio* genannt. Die gesamte *Sala dell'Investitura* ist von ihm dekoriert: Geschichten aus dem Leben der Familie della Corgna, denen Papst Julius III. im 16. Jahrhundert die Herrschaft über Castiglione übertrug, Schlachten um Castiglione, Fechtszenen und mythologische Gestalten. Ebenfalls komplett mit Fresken ausgeschmückt, aber nicht restauriert ist die *Sala di Cesare*, in der der manieristische Stil dominiert: Cäsars Vita bis zu seiner Erdolchung, Cleopatra taucht in einer Lünette auf. In der *Sala d'Annibale* schließlich wird auf einem großflächigen Deckengemälde die Schlacht am Trasimenischen See nachgespielt – Inszenierung 16. Jahrhundert.

Ein langer Tunnel in der Mauer führt zur mittelalterlichen **Rocca del Leone** (Löwenburg). Der Rundgang auf der Festungsmauer – rund um den als Open-Air-Kino verwendeten Innenhof – ist einfach großartig: eine Vogelperspektive auf den Lago, wie sie die Herzöge della Corgna genossen haben.

Öffnungszeiten April: 9.30–13.00 und 15.30–19.00 Uhr; Mai/Juni: 10.00–13.30 und 16.00–19.30 Uhr; Juli/August: 10.00–13.30 und 16.30–20.00 Uhr; September/Oktober: 10.00–13.30 und 15.30–19.00 Uhr; November–März: Sa/So 9.30–16.30 Uhr. Eintritt 3 €. oder im Sammelticket "Museo Aperto" (Città della Pieve, Panicale, Castiglione del Lago, Isola Maggiore) für 6.20 €.

San Feliciano

Am verträumten Fischerhafen reicht das Wasser zum Teil bis zur Straße. Es lässt sich leicht ermessen, welche Ausmaße der Trasimenische See einst hatte und wie er zusehends verlandete und verschilfte. Südlich des Orts ist auf den "Feldern" das Schilf in großen Bündeln zum Trocknen aufgestellt. Eine lokale Werkstatt hat sich darauf spezialisiert, Matten zu flechten.

Die Macchia über dem Ort versteckt zahlreiche Villen und wenig romantische Appartementburgen. Vielleicht aus der Sorge heraus, dass die Tage des Fischereigewerbes am Lago gezählt sein könnten, wurde in der Via Lungolago (Uferpromenade) ein *Fischereimuseum* eingerichtet. Aber noch flicken die Fischer ihre Netze am Strand, nicht im Museum.

Information/Diverses

- *Telefonvorwahl* 075
- *Postleitzahl* 06060 (Magione-S. Feliciano)
- *Information* **Pro Loco**, im Zentrum an der Durchgangsstraße. Nur im Sommer geöffnet: Mo–Sa 10–13 und 14.30–19.30 Uhr, So 10–12.30 Uhr. ✆/℻ 8476027.

Übernachten/Camping/Essen

* **Hotel Da Settimio**, bei der Schiffsanlegestelle. Das Haus ist vor allem wegen seines Restaurants beliebt (s. u.). DZ mit Dusche/WC 62 €. Via Lungolago 1. ✆ 8476000, ℻ 8476275.

* **Camping Porto Cervo**, am südlichen Ortsrand – genügend Schatten, klein und gepflegt, am See gelegen! Morgens besorgen die Frösche den Weckdienst. 35 Stellplätze. Geöffnet April–September. ✆ 8479303.

* **Camping Rio Verde**, am nördlichen Ortsrand. Größer als der vorgenannte und mit ansprechendem Swimmingpool ausgestattet, zumindest im Sommer aber heillos mit Wohnwagen und Hauszelten zugebaut. 85 Stellplätze. Geöffnet April–September. ✆ 8479301.

Ristorante Da Settimio, im gleichnamigen Albergo. Im geräumigen Speisesaal zeigt sich die Leidenschaft des Wirts – die Wände hängen voll mit ausgestopftem Federvieh vom See. Viele Fischgerichte frisch aus dem See (z. B. Coregone, Aal). Beliebt sind die frittierten Fische, auch die Fischsuppe ist nicht zu verachten. Do geschlossen. Via Lungolago 1.

Ristorante Da Massimo, ca. 1½ km südlich des Ortskerns dem Schild mit dem großen Wal links hoch folgen, am Ende des asphaltierten Teils des Sträßchens. "Ob Pizza oder See- und Meeresgetier, hier findet man alles. Zwar ist die Speisekarte nicht übermäßig umfassend, dafür aber die Portionen. Geschmacklich waren wir mit der Zubereitung der Fischgerichte zufrieden", schreibt uns ein Gast.
Sehr schöne Speiseterrasse in großartiger, ruhiger Lage. Mo geschlossen. Via dei Romani 16, Loc. San Savino.

Pizzeria/Ristorante Spiaggia del Giramondo, ca. 500 m nördlich des Orts. Moderner Pavillon, innen vom italienisch-deutschen Wirtspaar gemütlich eingerichtet.
"Die Preise sind zivil. Das Speisenangebot: hausgemachte Tagliatelle mit verschiedenen, teils ausgefallenen Saucen (z. B. Trüffelsauce), über 20 verschiedene Pizze, wechselnde Fleischgerichte, diverse Nachspeisen (hervorragendes Tiramisu). Es gibt einen guten offenen Wein vom Fass. Sehr angenehm ist, dass man nicht, wie ja sonst

Das Eldorado der Torta calda

Am Südufer des Sees, etwas östlich des Weilers San Arcangelo, liegt das **Ristorante da Faliero** (grün-gelbes Schild "Caffè del Moro"): eine freundliche Snackbar, einladende Bestuhlung im angenehmen Hain daneben.

Dass Maria die beste *Torta calda* (Fladenbrot) der Welt backt, behauptet nicht nur die Eigenwerbung des Hauses, sondern auch der Autor. In der Backstube hinter der Bar wird unaufhörlich gearbeitet. Neben dem Mehltrog knetet Maria riesige Teigfladen, die dann – zwischen zwei Holzscheiben gepresst – übers Feuer gelegt werden. Sie werden heiß serviert und schmecken – Einlage Schinken, Käse oder frittierte Fische – vorzüglich! Marias Mann, "il mago della torta", wie er auf einem Porträt an der Wand bezeichnet wird, ist mit der Empfangslogistik beschäftigt. Schließlich kommen an sommerlichen Wochenenden oft bis 3.000 Besucher hier vorbei. Dann hilft nur noch die Ticket-Maschine bei der Abfertigung der Kunden. Die Wartezeit – bis zu zwei Stunden bei Hochbetrieb – kann man mit einem Tropfen Roten, der sofort zur Verfügung gestellt wird, und dem Studium des italienischen Volkslebens überbrücken.

Zu erwähnen bleibt der Sohn des Hauses. Sein Beitrag sind die zahlreichen Karikaturen italienischer Gegenwartspolitiker, die den kleinen Gastraum zieren. Er bemüht sich, mit seiner Galerie up to date zu sein – bei den häufigen Regierungswechseln in Rom bestimmt kein leichter Job.
Donnerstag geschlossen.

Netzwerk-Spezialist

üblich, ein komplettes Menü bestellen muss, sondern auch nur einen Teller Nudeln essen kann." (Lesertipp)
Zur Pizzeria gehört eine gepflegte, pinienbestandene Liegewiese mit kleinem Strand, ein Kinderspielplatz sowie ein Volleyballfeld. Geöffnet April–September. Di geschlossen. Via Gandhi.

Ristorante Riva del Sole, knapp nach dem vorgenannten, an der gegenüberliegenden Straßenseite. Fischrestaurant; neben frischem Fisch aus dem See auch Meeresfische und Muscheln. Lauschige Terrasse mit Pergola. Außerhalb der Saison Mi geschlossen. Via Gandhi 20.

Sehenswertes

Fischereimuseum *(Museo della Pesca del Lago Trasimeno)*: ein sehr informatives und obendrein liebenswert aufgemachtes Museum, einige Erklärungen sind auch ins Englische übersetzt. Mit alten Fischerutensilien, Skizzen, Fotos und Texten werden die Geschichte der Fischerei im Trasimenischen See und die angewandten Fangtechniken dokumentiert. Das im 16. Jahrhundert übliche *Tori*-Fischen, ein kompliziertes Manöver mit zwei Schiffen, wird heute nicht mehr praktiziert, ebenso wenig das Fischen mit der *Arèlla*, bei dem die Opfer quasi eingezäunt wurden. Der *Tofarello* hingegen, eine getarnte Reuse, wird gelegentlich noch verwendet. Auch der *Tofóne*, ein Fanggerät mit aneinander gefügten trichterförmigen Drahtgeflechten, in dem sich der Fisch heillos verliert und dann herausgeschüttelt wird, ist noch in Gebrauch, wie ein Spaziergang am Fischerhafen vor dem Museum zeigt. Auch das moderne Nylonnetz in verschiedenen Ausführungen hat seinen Platz im Museum. Ein stimmungsvoller Video-Film, den man auch ohne Italienischkenntnisse genießen kann, schließt den Besuch ab.

Öffnungszeiten Februar/März und Oktober Do–So 10.30–12.30 und 14.30–17.30 Uhr; April–Juni und September Di–So 10–12.30 und 15–18 Uhr; Juli/August täglich 10.30–13 und 16–19 Uhr. Eintritt 2.60 €.

Isola Polvese

Die größte Insel im Lago weist eine Fläche von knapp 70 Hektar auf, sie ist weniger bewaldet als die Isola Maggiore, hat aber durchaus ihre Reize. Im Sommer bietet sich nach einem Spaziergang, vorbei an den Überresten menschlicher Siedlungen, ein erfrischendes Bad an der Spaggia an.

Die Insel-Chronik vermerkt im Jahr 1342 um die 500 Einwohner; aufgrund der Malaria im 17. Jahrhundert schrumpfte die Zahl beträchtlich, und 1772 waren gerade noch 80 Einwohner registriert. Heute ist die Isola Polvese unbewohnt. Einen letzten Wiederbelebungsversuch unternahm ein gewisser *Conte Citterio*, der 1939 die gesamte Insel kaufte, in der Hoffnung, hier über ein privates Jagdreservat zu verfügen. Den gräflichen Swimmingpool transformierte die Provinzregierung – seit 1973 Eigentümerin der Insel – zum Biotop für Wasserpflanzen.
Schöner als der wenig aufregende "wissenschaftlich-didaktische Park" ist der freie Spaziergang quer über die Insel. Vom Landungssteg führt der Weg an einer Burgruine mit dem Kirchlein San Giuliano vorbei. Etwas weiter oben steht eine Ruine des 20. Jahrhunderts, ein verlassener Bauernhof – Zeuge eines Landwirtschaftsprojekts, das sich als unrentabel erwies. Ebenfalls Relikte aus hoffnungsvolleren Zeiten sind eine zinnenbewehrte Villa, die aus den Olivenhainen hervorragt, sowie die Mauerreste des Klosters San Secondo im hinteren Teil der Insel; die letzten Mönche verließen den Ort während der Malaria-Epidemie von 1624.

Am Wochenende ist viel Betrieb, der Weg zur *Spiaggia* ist überlaufen – Perugia liegt nah. Am 100 m langen Sandstrand mit seinen schattenspendenden Buchen merkt man nichts von der kargen Trockenheit, die im Inselinneren herrscht.

Überfahrt 10x täglich ab San Feliciano, Retourticket 4.30 €.

Monte del Lago

Ein pittoresker kleiner Ort mit kaum mehr als einem Dutzend Häusern, die sich auf einem Hügel über dem See zusammendrängen. Die Hinweistafel am Ortseingang, dass die Straße nach 75 m endet, sollte man ernst nehmen, das Fahrzeug auf dem Parkplatz vor dem wuchtigen, polygonalen Wachturm abstellen und einen Dorfspaziergang unternehmen: großartige Ausblicke auf den See. Ein früher Entdecker des romantischen Dörfchens war übrigens der bayerische König *Ludwig I.*, der sich hier im Jahr 1823 mit der Marchesa Fiorenzi, seiner umbrischen Geliebten, die Nächte um die Ohren schlug.

• *Einkaufen* **Frisches Olivenöl**, bei der Azienda Agricola Fratelli Palombardo. Geöffnet Mo–Sa 7–9 und 16–18 Uhr.

• *Übernachten/Camping* ** **Hotel Panoramico (Da Santino)**, im Dorfkern. Schmuck und schnuckelig. Absolut ruhige Lage. Zimmer mit Seeblick. Wunderbares Terrassenrestaurant hoch über dem See, doch leider ist die Küche seit Jahren geschlossen. DZ mit Dusche/WC 62 €, Frühstück inkl. Via della Strage 14, 06063 Magione-Monte del Lago. ✆ 075/8400130, 📠 075/8400188, e-mail: santin@tuttopmi.it.

Campingplätze findet man nördlich von Monte del Lago.

Magione

Auf einem Hügel im nahen Hinterland des Trasimenischen Sees gelegen, bekommt Magione vom Tourismus wenig ab. Die Burganlage vor den Toren der Stadt gehört seit bald 700 Jahren den Rittern von Malta, die gelegentlich hier noch Versammlungen abhalten, ansonsten dient sie ihnen als Sitz eines großen landwirtschaftlichen Betriebs. Auch über der frühgotischen Kirche, etwas oberhalb an der anderen Straßenseite, thront das Malteserkreuz. Sie ist

Lago Trasimeno
Karte S. 79

Johannes dem Täufer geweiht, dem Schutzpatron des Ordens. Im Inneren bietet sie nichts Besonderes – oder doch? Zumindest staunt der Besucher über die moderne Ausschmückung: rechts des Eingangs ein Gemälde mit Papst, Erdkugel, Kuppel des Petersdoms, Kinder aller Rassen und Kanonenrohr. Gegenüber der Kirche steht ein Altenheim, ermöglicht mit der Unterstützung des Malteserordens, wie eine Tafel vermerkt. Und nicht zuletzt ist auch der von weitem sichtbare Wehrturm an der höchstgelegenen Stelle von Magione, die *Torre dei Lambardi* ein Werk der Malteser.

Auch Marco Polo ...

war nicht ohne Reiseführer unterwegs. Dessen Verfasser, ein in Magione geborener Franziskaner, nannte sich Giovanni da Pian di Carpine und brach 1225 im Auftrag des Vatikans nach China auf. Er sollte dort dem gefürchteten Dschingis Khan eine Friedenbotschaft des Papstes überbringen. Der Mongolenfürst starb 1227, Giovanni musste mit den Nachfolgern vorlieb nehmen. Seine Mission erledigte er mit Bravour, und da er auf seiner zweijährigen Reise genügend Muße fand, verfasste der bescheidene Franziskaner ganz nebenbei eine *Historia Mongolorum*, ein Büchlein, das sich dann Marco Polo in den Rucksack steckte.
Zwei Tafeln erinnern in Magione an den frühen Fernost-Reisenden.

Torricella

Ein wenig aufregender Ort an der Stelle, wo Auto- und Eisenbahn von Perugia kommend auf den Lago treffen. Ein paar Häuser dem Meer entlang und ein äußerst einladender Campingplatz.

• *Camping* * **Camping Eden Park**, kleiner, sauberer Platz im Süden des Orts, familiäre Atmosphäre. Während der Hauptsaison (Juli/August) sind Pkw auf dem Platz nur begrenzt zugelassen. 40 Stellplätze. Einziger fast ganzjährig geöffneter Campingplatz am See (im Oktober Ruhepause!). Via del Lavoro 18, 06063 Magione-Torricella. ✆ 075/843320, ℻ 075/840485.

Passignano sul Trasimeno

Neben Castigliano del Lago ist Passignano der zweite städtische Ort am Trasimenischen See. Der Seetourismus profitiert von der verkehrstechnisch günstigen Lage, die höher gelegene Altstadt dagegen schläft weiter ihren Dornröschenschlaf.

Der einstige Fischerort an der Hauptverkehrsstraße, die seit Jahrhunderten Umbrien mit der Toscana verbindet, war im Mittelalter ein Zankapfel zwischen Arezzo und Perugia, das sich letztlich die Herrschaft über das Gebiet des Lago Trasimeno erkämpfte – für die Bewohner Passignanos eine leidvolle Geschichte von Plünderungen, Bränden und Schlachten.

Fast gespenstisch wachen die ramponierten Türme der Oberstadt über das pulsierende Leben am Seeufer. Steile Treppen führen ins alte Passignano hinauf. Das Mauerwerk der von der Geschichte arg gebeutelten Häuser (ein Bombardement im Zweiten Weltkrieg inbegriffen) wird an vielen Stellen mit

Passignano – an der Seepromenade

Ziegelsteinen ausgebessert – unschönes Flickwerk, aber besser als gar nichts. Einzig in ein paar Ecken im unteren Teil der Altstadt, bei der Piazza Garibaldi, zeigt sich Passignano von seiner vitalen Seite.

Anfang des 20. Jahrhunderts begann man sich auch in Italien für Wasserflugzeuge zu interessieren, und der Lago Trasimeno gab offensichtlich eine ideale Basis für Experimente ab. 1917 wurde in Passignano die erste italienische Schule für Wasserflugkapitäne gegründet. Daran erinnert heute eine Metallskulptur im See, gleich links der Anlegestelle: drei startende und drei landende Flieger, die allerdings eher an eine moderne Jagdstaffel der Marke Mirage denken lassen. Vielleicht im Sinne des Ausgleichs steht im Park rechts der Anlegestelle eine zweite Metallskulptur: Tauben, die für den Frieden werben.

• *Telefonvorwahl* 075

• *Postleitzahl* 06065

• *Information* **Pro Loco**, Piazza Trento e Trieste 6 (hinter dem rosafarbenen Rathaus). Das Informationsbüro wechselte seine Adresse mehrmals in den letzten Jahren. Vielleicht hat es jetzt die passenden Räumlichkeiten gefunden. Leider sehr reduzierte Öffnungszeiten: Do/Fr 16–18.30 Uhr, Sa 10–12.30 und 16–18 Uhr, So 10–12.30 Uhr.

• *Verbindung* **Bahn**: gute Verbindungen nach Perugia und Assisi–S. Maria degli Angeli (Eisenbahnstrecke Terentóla–Foligno). **Bus**: in beide Richtungen am See entlang. Häufiger wird die Nordstrecke (nach Castiglione del Lago) gefahren.

• *Markt* Samstag.

• *Deutschsprachige Zeitungen* in der **Mayfair Bar** (Piazza Garibaldi), auch für Nichtleser ein angenehmer Aufenthaltsort.

• *Fest* Meist am letzten Julisonntag findet der traditionelle **Palio delle Barche** statt. Der "Wettlauf der Boote" wird von den vier traditionellen Stadtteilen ausgetragen und macht seinem Namen alle Ehre: Die mittlere der drei Etappen führt quer durch die Altstadt, die Ruderboote werden geschultert und im flotten Lauf durch die Straßen getragen.

• *Übernachten* *** **Hotel Lido**, am See. Die von den Schwestern Borio geführte Nummer eins der Stadt ist oft von Gruppen ausgebucht. Zimmer teils mit Seeblick, Restaurant mit Pfahlbau-Seeterrasse. DZ 70–112 €. Via Roma 1. ✆ 827219, 📠 827251, e-mail: lido@umbriahotels.com.

*** **Hotel La Vela**, am Ortsende Richtung Tuoro (nach der Bahnlinie rechts abzweigen). Der Backsteinbau hat nach einer Totalrenovierung mit Anbau einer Terrasse, auf der Fisch serviert wird, einen Stern dazugewonnen. Zimmer teils mit Balkon. Hoteleigener Parkplatz. Ruhige Lage. An Wochenenden schnell ausgebucht. DZ 55–75 €. Via Rinascita 2. ✆ 827221, 📠 828211, e-mail: info@hotellavela.it.

*** **Hotel Trasimeno**, Seestraße. Relativ neuer Bau, von der Hauptstraße etwas zurückversetzt und daher ruhig. Auch "erdbebensicher", wie der Hotelprospekt vermerkt. Mit hoteleigenem Parkplatz. Freundlicher Besitzer, der sich rund um den Lago Trasimeno hervorragend auskennt. DZ 55–75 €. Via Roma 16/A. ✆ 829355, 📠 829267, e-mail: info@hoteltrasimeno.com.

* **Del Pescatore**, Nähe Piazza Garibaldi. Relativ bescheidene Zimmer in schöner Altstadtlage. DZ mit Dusche 39–47 €. Via San Bernardino 5. ✆ 8296063, 📠 829201, e-mail: delpescatore@libero.it.

• *Essen* **Trattoria del Pescatore**, gehört zum gleichnamigen Albergo. Hübsche Plätze unter dem dichten Blätterdach, das die Gasse überspannt. Fischspezialitäten vom Lago Di geschlossen. Via San Bernardino 5.

Castel Rigone

Allein schon die ungefähr 10 km lange Anfahrt von Passignano mit ihren großartigen Ausblicken auf den Trasimenischen See lässt das Herz höher schlagen. Castel Rigone, in der luftigen Höhe von 653 m gelegen, ist einen Ausflug wert. Der Spaziergang durch Gässchen und über Treppen zu immer neuen Plätzchen zeigt rundweg schmucke Häuser. Das Kastell hat in den letzten Jahren an Beliebtheit gewonnen, nicht als Wallfahrtsort, das es immer noch ist, sondern als Feriendomizil für begüterte Römer und Florentiner.

Ziel der Pilger ist die **Kirche Maria dei Miracoli** am Fuß des Kastells. Zwar bröckelt der Sandstein, doch der Harmonie des schmucken Renaissance-Baus mit der hübschen Rosette über dem Hauptportal tut dies keinen Abbruch. Zum Fresko der Madonna, in einem Seitenaltar von einem geschmiedeten Gitter geschützt, meint das deutschsprachige Begleitblatt: "Die Ausdruckskraft dieser Darstellung macht wohl jeden Kommentar überflüssig, die Jungfrau ist von einer solchen Anmut und Zartheit, dass sie im Betrachter stets Heiterkeit hervorruft." Die "Heiterkeit" ist wohl ein Übersetzungsfehler, ein ergänzender Kommentar sei dennoch erlaubt: Man beachte das schöne, mit goldenen Sternen bestickte, dunkelblaue Gewand der Jungfrau und ihre sinnlichen Lippen. Offen bleibt die Frage, was Jesus in der Hand hält. Das Fresko stammt wie die gesamte künstlerische Ausstattung der Kirche aus dem 16. Jahrhundert. Lokalkolorit zeigt ein Bild an der rechten Wand: Maria mit Kind segnet das Volk von Castel Rigone, die Miracoli-Kirche ist ins Bild integriert. An derselben Wand zeigt sich, in Stein gehauen und von seinem unzertrennlichen Schwein begleitet, der heilige Antonius – ebenfalls ein Werk aus dem 16. Jahrhundert. Bevor Sie die Kirche verlassen: werfen Sie noch einen Blick auf die sonderbare Klingel über dem Broschürentisch.

Pilgerziel Maria dei Miracoli

• *Kreativer Urlaub auf dem Land* **La Rogaia**. Tangotanzen in den umbrischen Hügeln – zugegeben, das hört sich auf Anhieb etwas eigenartig an. Studiert man jedoch den Kurskalender von Wolfgang und Annette, die La Rogaia in den 90er Jahren gründeten, genauer, staunt man: Alle 2003 angebotenen Tangokurse – fast ein Dutzend – wurden jeweils von einem anderen international reputierten Maestro geleitet und repräsentieren jeweils einen speziellen Stil. Ein weiterer Schwerpunkt im weit gefächerten Kursangebot ist das Steinbildhauen: Der Hausherr selbst ist ausgebildeter Steinmetzmeister mit langjähriger Lehrerfahrung. Und falls Ihre Abschlussarbeit nicht in den Kofferraum passt, organisiert La Rogaia den Transport zu Ihnen nach Hause. Die Kurse (neben den genannten: Salsa, Kochen, Malen, Italienisch, Modellieren, Kreatives Schreiben, Yoga) finden von Mitte März bis Juni und von September bis November statt; in der Sommerpause bietet La Rogaia ihre 4 Appartements als Ferienwohnungen an. Verschiedene Größen und verschiedene Preise, jedes Appartement individuell gestaltet (da verrät sich der Steinmetz).

Weitere Informationen: La Rogaia, Via Campagna 17, Fraz. Castel Rigone, I-06065 Passignano sul Trasimeno. ☎/℻ 075/845457, e-mail: info@rogaia.de.

Anfahrt: Von Castel Rigone in Richtung Umbertide, nach ca. 1,5 km weist ein Schild "Rogaia" den Weg, die Schotterstraße – ca. 2,5 km – bis ans Ende fahren.

Lago Trasimeno
Karte S. 79

Erinnerung an die Schlacht am Trasimenischen See

Tuoro

Als Hannibals Truppen 217 v. Chr. hier in der Nähe die Römer hinmetzelten (siehe Kasten Lago Trasimeno, "Drei Tage färbte der Bach sich rot"), war der Ort – obwohl vermutlich besiedelt – noch nicht aktenkundig. Und später, im Mittelalter, erging es Tuoro ähnlich wie dem benachbarten Passignano: Arezzo und Perugia stritten sich um das Gebiet.

Das Centro storico – auf einem Hügel etwas abseits des Sees – bietet nicht viel: etwas Geschäftsleben und einige Bars rund um die zentrale *Piazza Municipio*. Wer mittelalterliche Romantik sucht, wird enttäuscht sein.

Unterhalb des Orts, neben dem Landungssteg, wurde Mitte der 80er Jahre der **Campo del Sole** eröffnet, ein Skulpturenpark mit Werken in- und ausländischer Künstler, die Assoziationen zu Grabstelen der Frühgeschichte, Menhiren oder Obelisken wecken. Der verwendete Stein stammt ausnahmslos aus der Umgebung von Tuoro. Die Anlage soll – zumindest ist das die Absicht des Konzepts – eine Gedenkstätte für die Schlacht am Trasimenischen See sein.

Ein westlich von Tuoro Ende der 1990er Jahre angelegter sog. *historischer Parcours* will ebenfalls an die blutigen Ereignisse erinnern. An neun Stationen, größtenteils bequem mit dem Auto erreichbar, sind Schautafeln aufgestellt, deren informativer Gehalt so dürftig ist, dass man sich ebenso gut in die nächste Bar setzen kann. Vielleicht findet sich dort der von den lokalen Behörden herausgegebene deutschsprachige Prospekt zur Schlacht, in dem auch über die damalige Ausdehnung des Sees nachgedacht wird: "Aufgrund der Forschungen von Professor Giancarlo Susini soll der Trasimenische See 217 v. Chr. viel größer gewesen sein als heutzutage. Aber wenn man bedenkt, wie groß damals die Zahl der gegnerischen Streitkräfte war, muss man davon ausgehen, dass das Schlachtfeld viel größer war als man bisher angenommen hatte und der See kleiner und das Tal größer." Alles klar!?

- *Telefonvorwahl* 075
- *Postleitzahl* 06069
- *Surfbretter* Verleih bei **Balneazione Tuoro** an der Punta Navaccia. ✆ 033/0646281.
- *Fahrräder* Verleih ebenfalls bei **Balneazione Tuoro** (s. o.).
- *Camping* *** **Camping Punta Navaccia**, beim Landungssteg. Komfortables, großes Gelände mit Aussicht auf Isola Maggiore und Isola Minore. Teilweise Dauercamper, die ihr Revier immer mehr wie zuhause ausstatten: Gartenzäune, Gartenzwerge, Gladiolen ... Gleich daneben ein moderner Komplex mit Ristorante, Pizzeria, Bar, Diskothek. 186 Stellplätze. Geöffnet April–September. Via Navaccia 4, Loc. Punta Navaccia. ✆ 826357, ℻ 8258147.
- *Agriturismo* **La Dogana**, ca. 2 km in Richtung Borghetto. Ein Schild weist darauf hin, dass am "Zollhaus" schon Michelangelo, Galilei, Goethe, Lord Byron und Stendhal die Pferde gewechselt haben. Hübsche Lage über dem See mit romantischem, leicht terrassiertem, bewaldetem Park. Reitausflüge, aber auch idealer Stützpunkt für Wanderer. 13 Appartements, mit je 2 Betten 30–65 €/Tag, mit 4 Betten 40–75 €/Tag. Via Dogana 4, Loc. La Dogana. ✆ 8230158, ℻ 8230252.
- *Essen* **Ristorante Vecchio Mulino**, an der Durchgangsstraße, knapp westlich des Abzweigs zum Strand. Ein altes Landhaus (ehemalige Mühle) mit Atmosphäre. Wer sich nicht durch die Spezialitätenkarte hindurch essen will, kann sich im Nebensaal eine große Pizza bestellen. Mi geschlossen. Via Firenze 6.

Birreria Due Lune Pub, östlich von Tuoro der Beschilderung nach Vernazzano folgen, ab dort ausgeschildert. Wohl aus fiskalischen Gründen ist das Pub als Associazione culturale eingetragen. Mit 2 € Jahresbeitrag haben Sie Zutritt zur Bierkultur. Landhaus im Grünen mit einladendem Garten. Kleine Gerichte, leckere Panini und Birreria im englischen Pub-Stil. Mo/Di, außerhalb der Saison auch Mi geschlossen.

Isola Maggiore

Der Ausflug lohnt wirklich, auch wenn das beinahe schon legendäre Schloss Isabella nicht mehr zu besichtigen sein sollte. Die einzige noch bewohnte Insel im Lago Trasimeno ist von Tuoro nach 10-minütiger Überfahrt erreicht. Üppiges Grün empfängt den Besucher, weiter oben erstrecken sich Olivenhaine.

An der Anlegestelle liegt das einzige Dorf, eine Reihe einfacher Steinhäuser. Jedes hat seinen eigenen kleinen Kanal bis vor die Haustür – Autos gibt es keine. Vor den Häusern sitzen die Männer und flicken Fischreusen. Die Frauen fertigen Klöppelarbeiten, die im kleinen Pavillon am Landungssteg verkauft werden. Ihr Spitzenprodukt ist der *Pizzo d'Irlanda*, gefertigt in einer um die Jahrhundertwende von einer irischen Meisterin eingeführten Klöppeltechnik.

Wer mehr über die Geschichte der Insel erfahren will, sucht die **Casa del Capitano del Popolo** auf, erkenntlich an der Hausuhr. Eine Art Comicstrip dokumentiert das einstige Leben mitten auf dem Trasimenischen See, u. a. ist auch ein ganz und gar weltliches Abendmahl im Schloss Isabella zu sehen.

Ein schattiger Fußweg führt vom Süden des Dorfes zur **Klosterkirche San Francesco** aus dem 14. Jahrhundert, die naturliebenden Mönche haben vor dem Eingang Palmen und andere heute von Efeu umrankte Bäume gepflanzt. Hier, an der Nordseite, ist die Insel besonders üppig grün. 1890 wurde das Kloster mitsamt Kirche in das **Schloss Isabella** des Marchese *Giacinto Guglielmi* integriert. Der aufwendige Wohnsitz mit seinen luxuriösen Sälen

avancierte schnell zum Treffpunkt der Aristokraten von Rom bis Florenz. Tempi passati – seit die Erben der Guglielmi in den 60er Jahren das Schloss verkauft haben, modert es als freundliche Filmkulisse vor sich hin: dicker Staub über dem Kirchenmobiliar, im einstigen Theatersaal ein auseinander gebrochener Flügel, ein verlassener Billardtisch, zerbrochenes Pappdekor, zerschlissene Bühnenvorhänge – eine gespenstisch-nostalgische Welt.

Seit 1999 ist das fürstliche Anwesen offiziell nicht mehr zugänglich. Die derzeitigen Besitzer planen den Umbau zum 5-Sterne-Paradies mit 48 Zimmern und 6 Suiten, Beauty-Farm angeschlossen; für den ersten Spatenstich haben sie Gina Lollobrigida angekündigt. Etwas unterhalb, wo in einer ehemaligen Werft noch zwei museumsreife Holzboote mit Dampfmaschinen dümpeln, soll dann ein hoteleigener Hafen angelegt werden, damit der teuren Klientel bei der Überfahrt der Kontakt mit dem gemeinen Volk erspart bleibt.

Das Informationsbüro der Insel erklärt das Schloss für geschlossen. Dies ist die offizielle Version. Die inoffizielle Version vertritt bis zu ihrer endgültigen Vertreibung die alte Dame, die mit einer großen Taschenlampe und dem nötigen Schlüsselbund auf der Kirchenmauer sitzt. Sie meint, was sie zu zeigen hätte, sei interessanter als das, was das Informationsbüro für 5 € anbiete (Museo del Merletto und Kirche San Michele Arcangelo). Unrecht hat sie nicht – und ein Trinkgeld verdient.

Wem's nicht zu heiß wird, der wandert in die "höheren" Regionen der Insel und besucht dort die **Kirche San Michele Arcangelo** aus dem 12. Jahrhundert mit doppeltem Glockenturm und gut erhaltenen Fresken. An die Kirche schließt sich der Dorffriedhof an – die Gräber der Armen mit einer Nummer auf dem Sandhügel, die der Bessergestellten als aufwendige Familiengruften gestaltet. An der Friedhofsmauer gibt's frisches Wasser.

Öffnungszeiten 10.30–13 und 15–18 Uhr. Das Kircheninnere (Fresken) ist eintrittspflichtig. Zusammen mit dem winzigen Museo Merletto (Spitzenklöppeleien) bei der Informationsstelle 2.60 € oder im Sammelticket "Museo Aperto" (Città della Pieve, Panicale, Castiglione del Lago, Isola Maggiore) für 6.20 €.

Von der Kirche aus gelangt man in ein paar Minuten hinunter ans Ostufer, wo eine Bronzestatue aus dem Jahr 1982 an *Franz von Assisi* erinnert, der die Insel im Jahr 1211 besuchte, um hier 40 Tage lang in Einsamkeit zu fasten. Etwas oberhalb steht eine kleine Kapelle über dem Felsen, den der bescheidene Ordensgründer sich als kargen Wohnsitz aussuchte.

• *Überfahrt* 10x pro Tag ab Tuoro für 4.30 €; noch häufiger ab Passignano für 5.40 €, weniger häufig ab Castiglione für 5.90 € (Preise jeweils hin und zurück). Wer nicht sein Gefährt am Festland wieder abholen muss, kann selbstverständlich kombinieren, z. B. von Passignano auf die Insel und weiter nach Castiglione.

Wenn man den letzten Dampfer verpasst hat, hilft das **Seetaxi** – von Tuoro aus kaum teurer als das Linienschiff. ✆ 0330/280748.

• *Übernachten/Essen* *** **Albergo/Ristorante da Sauro**, am Ende der Dorfstraße. Einziges Hotel auf der Insel, daneben gleich ein Badestrand. Ein überaus freundlicher Familienbetrieb in traumhafter Lage und obendrein preiswert. Im Erdgeschoss geräumiger Speisesaal mit historischen Fotos der Insel, u. a. eines von 1963, als der See zugefroren war. Im Sommer wird auf der Pergola gegessen oder im geräumigen Terrassenrestaurant auf der anderen Straßenseite – man nimmt in dieser romantischen Lage sogar die Mücken in Kauf. Spezialität sind Fischgerichte. Falls es nicht auf der Karte stehen sollte, fragen sie nach "Tegamaccio", Aal mit Tomaten zubereitet. DZ 60–65 €, auch 4-Bett-Zimmer im Angebot. Halbpension 45–50 €/Person. 12 Zimmer. Restaurant Mi geschlossen.

Reservierung dringend empfohlen, an Wochenenden oft von Perugianern ausgebucht. Via Guglielmi 1, 06060 Tuoro s. T – Isola Maggiore. ✆ 075/826168, 📠 075/825130.

Baden: Um die Insel zieht sich ein breiter Schilfgürtel. Baden kann man an einigen Stellen, wo Felsen dem oft alles überwuchernden Schilf keine Chance bieten. Die besten Plätze findet man hinter dem Albergo da Sauro.

Borghetto

Eine kleine Häuseransammlung mit einem alten Wachturm am Nordwesteck des Lago Trasimeno. Noch bis vor wenigen Jahren stapelten sich Netze und Reusen am Weg zum Landungssteg. Die Fischer gibt's noch, aber es sind weniger geworden. Unvermindert geblieben sind die rege Landwirtschaft rund ums Dorf und die intensive Pflege des eigenen Gärtchens.

Der Verkehr rauscht auf der Schnellstraße vorbei und lässt Borghetto im Abseits liegen, also setzt man auf die Wasserwege. Mit dem neuen Landungssteg plant das Dorf seinen Einstieg in das Netz der Kursschiffe. Die Fischer wurden dabei nicht vergessen, sie haben einen neuen Hafen bekommen.

• *Übernachten/Camping* * **Albergo Tana del Pescatore**, im Dorfzentrum. Familiär geführter Betrieb. Zur bescheidenen Herberge gehört nach hinten ein Restaurant mit grün überdachter Terrasse. Fischspezialitäten. DZ mit Dusche für 40 €, mehrheitlich aber EZ. Piazza S. Martino 7, Loc. Borghetto, 06069 Tuoro sul Trasimeno. ✆ 075/8230194.

*** **Camping La Badiaccia**, am westlichen Ortsausgang noch etwas in Richtung Castiglione. Großes Gelände mit ca. 150 Stellplätzen, Seestrand und Bootsanlegeplatz (auch Bootsverleih!). Ausreichend Schatten, teils Schattendächer, saubere sanitäre Anlagen mit Warmwasserduschen. Grillmöglichkeit. Swimmingpool, Minigolf- und schöner Kinderspielplatz. Im Spielsalon drängen sich Kicker, Pingpong, Billard und Videospiele. Sehr gefallen hat uns die Terrassenbar, auf der im Sommer kleine Gerichte serviert werden. Sehr freundliches Personal, z. T. auch englischsprachig. Geöffnet April–September. Via Trasimeno I 91, Loc. Badiaccia, 06061 Castiglione del Lago. ✆ 057/9659097, 📠 075/9659019.

Città della Pieve

(ca. 6.700 Einwohner)

Landeinwärts, etwa 25 km vom Lago Trasimeno entfernt auf einer Anhöhe über dem Val di Chiana, liegt der alte Bischofssitz der trasimenischen Region. Die gesamte Altstadt besteht aus unverputzten, roten Ziegelsteinbauten – ein ungewohntes und überaus eindrucksvolles Bild.

In Città della Pieve wurde 1445 *Pietro Vannucci* geboren, der unter dem Namen *Perugino* Kunstgeschichte machte. Er war der große Meister der umbrischen Schule und Lehrer Raffaels, des Klassikers der Hochrenaissance. Werke von Perugino sind nicht nur im *Dom*, sondern auch in der *Kirche Santa Maria dei Servi*, im *Oratorium Santa Maria dei Bianchi* sowie in der *Kirche San Pietro* zu sehen. Die Besichtigung der Gemälde lässt sich ideal mit einem kleinen Stadtrundgang verbinden – aber aufgepasst: Von 12.30–15.30 Uhr hält der Meister Siesta; sämtliche Kirchen sind dann geschlossen.

Der Spaziergang durch die Altstadt führt an einigen prächtigen Palazzi vorbei (16.–18. Jh.) – die meisten in rotem Ziegelstein gehalten. Besonders imposant sind zwei Paläste: der vierstöckige *Palazzo della Fargna* an der Via Garibaldi, in dem heute die Stadtregierung sitzt, und der *Palazzo della Corgna*, Sitz der kommunalen Bibliothek. Wer lange genug durch die Gassen streift, findet auch die *Via Baciadonne*, angeblich die engste Gasse ganz Italiens. Der Name bedeutet "Küss die Frauen" – und bezieht sich darauf, dass ein Macho hier seine Chance hat: Ein Ausweichen lässt das enge Gässchen nämlich nicht zu. Dass die Initiative dabei vom Mann auszugehen hat – na ja ...

Geziegelte Skyline – Città della Pieve

Skeptischer Blick in den Spiegel – Selbstportrait von Perugino

Perugino

Über den berühmtesten umbrischen Maler weiß man erstaunlich wenig, und das wenige Bekannte stammt größtenteils aus der Feder von Giorgio Vasari, dem wortgewaltigen und oft angezweifelten Kunsthistoriker der Renaissance.

Geboren wurde Perugino als *Pietro Vannucci* in Città della Pieve um die Mitte des 15. Jahrhunderts. Er ist damit ein Zeitgenosse Leonardo da Vincis, mit dem er in Florenz bei Andrea Verrocchio in die Lehre ging. Seinen künstlerischen Durchbruch schaffte Perugino um 1480 in Rom, wo er u. a. mit einem Wandgemälde für die Sixtinische Kapelle beauftragt wurde. Ruhm ist in der Regel geschäftsfördernd, und Perugino war geschäftstüchtig, so dass er in den nächsten zwanzig Jahren oft gleichzeitig an verschiedenen Orten Ateliers unterhielt.
In dieser Zeit, in der der Meister mehr Aufträge annahm als er erledigen konnte, sprach ein Jüngling namens *Raffaello Santi* bei ihm vor. Lehrling Santi, der später als Raffael in die Kunstgeschichte einging, lernte bei Perugino die Kunst der harmonischen Madonnendarstellung mit Landschaft im Hintergrund, war aber bald wesentlich freier in seinen Entwürfen als sein Meister. 1504 ging Raffael nach Florenz, wo er auf Michelangelo und Leonardo da Vinci traf und bald einen kometenhaften Aufstieg erlebte.
In Peruginos Ateliers hingegen gingen die Aufträge zurück, er war ganz einfach etwas aus der Mode gekommen. Böse Zungen sehen darin den Grund für seinen Rückzug ins heimatliche Umbrien, hier wenigstens galt er noch etwas. Perugino starb 1523 in Fontignano, vermutlich an der Pest. Seine Werke leben weiter – in Florenz, Rom, München, Wien, Paris, London, St. Petersburg, Washington ... und in Città della Pieve.

Information/Diverses

- *Telefonvorwahl* 0578
- *Postleitzahl* 06062
- *Information* Via Vittorio Veneto 4. Geöffnet Mai–Oktober: 9.30–13 und 16–19.30 Uhr; November–April: 10–12.30 und 15.30–18 Uhr. ✆ 299375.
- *Verbindung* **Bus** zum ca. 10 km entfernten Bahnhof von Chiusi-Scalo (Strecke Florenz–Rom).
- *Wochenmarkt* Sa früh in der Via Veneto.
- *Feste* **Infiorata**, am Sonntag, der dem 21. Juni am nächsten kommt. Die gesamte Via Vannucci wird zum Blumenteppich. Ganz verwegene Künstler schaffen mit den Farben der Flora sogar Perugino-Kopien.

Infiorata: der Corso als Blumenmeer

Presepe, von Weihnachten bis Neujahr im Palazzo della Corgna. Città della Pieve ist für sein Presepe berühmt. Zwei Monate vor Weihnachten schon beginnen die Künstler an ihren Krippendarstellungen zu arbeiten, teils großartig illuminierte Installationen. Ein Meisterwerk wird jedes Jahr aufs Neue gezeigt: ein Modell der Stadt – wie das Original ganz aus roten Ziegelsteinen gefertigt.

Presepe vivente in Monteleone d'Orvieto (6 km in Richtung Orvieto). Wer am 24. Dezember in der Gegend ist, lasse sich dieses Ereignis nicht entgehen: Das mittelalterliche Borgo verwandelt sich komplett in ein Palästinadorf im Jahre 0 – Beduinenwerkstätten, Fladenbrotbäcker in den Hauseingängen, auf dem Dorfplatz Berittene. Rund 200 Darsteller nehmen an dem grandiosen Schauspiel teil (Eintritt ca. 5 €).

- *Sprachkurse* **Orizzonte**, Via Garibaldi 25. Der sympathische, 2002 gegründete Kulturverein, in dem Deutsche und Italiener zusammenarbeiten, bietet von April bis Oktober Italienischkurse in kleinen Gruppen an (max. 6 Teilnehmer). In einem kurzen Einstufungstest wird das Niveau eingeschätzt (Grundkurs, Aufbaukurs, Kurs für Fortgeschrittene), auf dessen Basis weitergearbeitet wird, je nach Wunsch 2–4 Wochen im Standardkurs (10 Stunden/Woche) oder 1–3 Wochen im Intensivkurs (20 Stunden/Woche). Gemeinsame Ausflüge in die nähere Umgebung und in die großen Kulturmetropolen Italiens ergänzen den Unterricht und bieten Gelegenheit, die neu erworbenen Kenntnisse praktisch anzuwenden. Neben dem Sprachkursangebot auch Kurse zu Kunst, Kultur und Kulinarischem. Orizzonte ist auch behilflich bei der Suche nach der passenden Unterkunft und kümmert sich – last but not least – bei Bedarf auch um Babysitting während des Kurses. ✆ 298964, e-mail: info@orizzonte.it, www.orizzonte.info.

Übernachten/Essen

** **Hotel Vannucci (2)**. Preiswerte Landhaus-Bleibe in ruhiger Lage. Der Besitzer zeigt sich optimistisch und hat auf seiner Visitenkarte den zu erwartenden dritten Stern vorweggenommen. Das Restaurant (Fr geschlossen) serviert traditionelle Küche zu vernünftigen Preisen. Betischter Garten. DZ mit Dusche 39–49 €. Via Icilio Vanni 1. ✆ 299572, Fax 298063, e-mail: hvannucci@supereva.it.

Ristorante/Pizzeria Silvana (3). Pizze und regionale Küche, z. B. Pici und Salsicce; von allen Bevölkerungsschichten gut besucht. Do geschlossen. Via Pietro Vannucci 26.

Lago Trasimeno
Karte S. 79

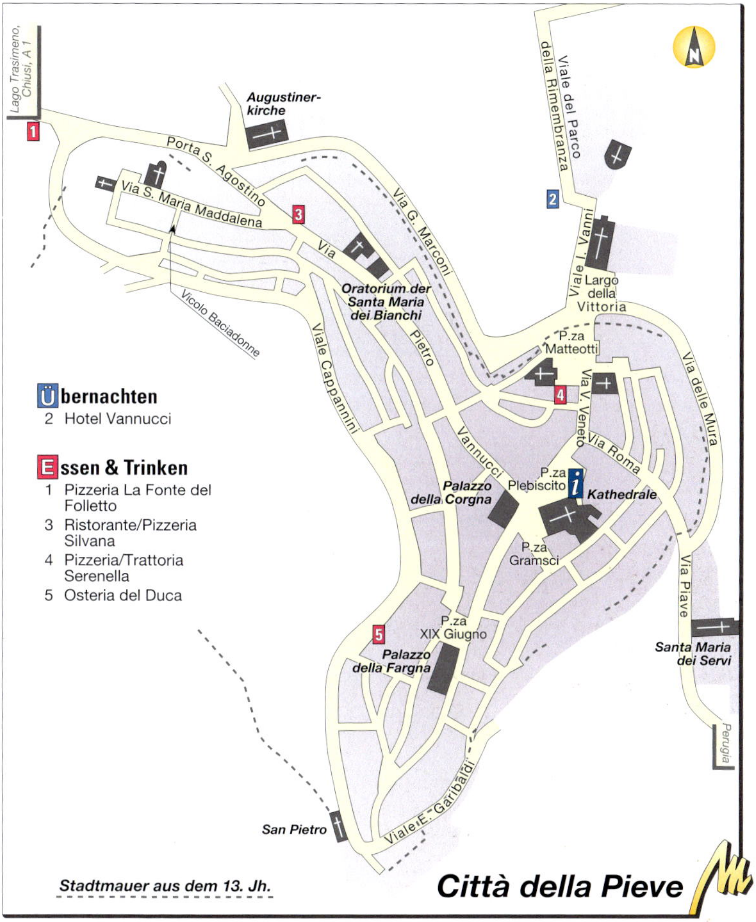

Pizzeria/Trattoria Serenella (4). Familienbetrieb, der mittags preiswerte Hausmannskost serviert, abends stehen Antipasti, Pasta, Pizze, Calzone und Schiaccoche auf der Karte. Und für die lieben Kleinen, die auf den berühmten Brotaufstrich nicht verzichten wollen, gibt´s – es graust den Gourmet – Pizza Nutella. Via Fiorenzuola 28.

Pizzeria La Fonte del Folletto (1), 200 m außerhalb der Stadtmauer. Wirklich gute Pizze, im Sommer auf der Terrasse serviert.

Osteria del Duca (5). Kleines Lokal an der Stadtmauer mit Aussicht über das Valdichiana. Keine Menus, nur Bruschette, Scamorza, hervorragende Salami- (auch Wildschwein) und Käseplatten zu einem billigen und guten trasimenischen Wein. Letzterer wird gegenüber der Osteria verkauft, das Tunnelsystem der Kellerei reicht bis unter den Palazzo della Fargna. Geöffnet Mi 10–16 Uhr, Fr–So 16–23 Uhr. Via Po' di Mezzo 3.

Sehenswertes

Kathedrale: Der lokale Tourismus-Prospekt beschreibt den Sachverhalt freundlich: "Von der Romanik bis zum Neoklassizismus sind hier alle wichtigen Baustile vorhanden." Uns scheint die heterogene Architektur eher ein Stilkarneval. Prunkstück der Kathedrale ist die über dem Hauptaltar thronende *Madonna mit Heiligen* von Perugino Auf einer Terrasse stehen Petrus und Paulus, flankiert von zwei Standartenträgern, Gervasius und Protasius, den Schutzheiligen der Stadt, denen die Kathedrale gewidmet ist. Über dem heiligen Quartett und über der angedeuteten umbrischen Landschaft schwebt auf einer zarten Wolke Maria mit Kind. An der Terrassenmauer ist das Gemälde datiert: 1504.

Ein weiteres Perugino-Gemälde findet man in der ersten Seitenkapelle links: die *Taufe Christi*; an der Wand daneben schaut unter der roten Mütze ein skeptischer Perugino den Besucher an. Das berühmte Selbstporträt ist hier lediglich Kopie, das Original ist Teil eines Freskos im Collegio del Cambio, Perugia. Rechts vom Altar – an einem von wirklichen Pfeilen durchbohrten heiligen Sebastian vorbei – führt ein Durchgang zur Kunstsammlung der Kathedrale: hauptsächlich Gemälde aus dem 18. Jahrhundert und ziemlich lieblos präsentiert.

Oratorium der Santa Maria dei Bianchi: Das kleine Oratorium beherbergt ein Meisterwerk von Perugino: *Die Anbetung der Könige*. Auf einem Schemel sitzt unter einer klassizistischen Holzüberdachung Maria, zu der das Volk, Hirten und Ritter, zusammenströmen. Die in sehr zarten Farben gehaltene Szene spielt vor dem Hintergrund der umbrischen Landschaft mit dem Trasimenischen See.

Öffnungszeiten Mai: Fr–So 9.30–13 und 15.30–19 Uhr; Juni–September: täglich 9.30–13 und 15.30–19 Uhr; Oktober–April: Fr–So 10–12.30 und 15.30–18 Uhr. Eintritt 2.60 € (Sammelticket Oratorium, Palazzo della Corgna, Augustinerkirche) oder im Ticket "Museo Aperto" (Città della Pieve, Panicale, Castiglione del Lago, Isola Maggiore) für 6.20 €.

Palazzo della Corgna: Der Palast der einflussreichen Familie ist wie sein Pendant in Castiglione del Lago (siehe dort) zu großen Teilen von *Niccolò Circignani* (auch *Il Pomarancio* genannt) ausgeschmückt. Die Renaissance-Malereien wurden an einer Decke im Erdgeschoss, dem Treppenaufgang entlang und in einem Saal der ersten Etage restauriert – dann ging der Kommune offensichtlich das Geld aus.

Öffnungszeiten wie Oratorium der Santa Maria dei Bianchi (s. o.). Eintritt 2.60 € (Sammelticket Oratorium, Palazzo della Corgna, Augustinerkirche) oder im Ticket "Museo Aperto" (Città della Pieve, Panicale, Castiglione del Lago, Isola Maggiore) für 6.20 €.

Città della Pieve/Umgebung

Paciano: Den Stadtplan des mittelalterlichen Borgos (14. Jh.) unweit vom bekannteren Panicale (s. u.) könnte man locker auf einen Handballen zeichnen: ein paar Gassen und drei Stadttore. Der Spaziergang von der Porta Fiorentina am unteren Ende zur Porta Perugina am oberen dauert keine fünf Minuten, sofern der Besucher nicht stehen bleibt. Eine derart hurtige Ortsbesichtigung wäre allerdings schade. Das unversehrt erhaltene mittelalterliche Ortsbild mit dem 1976 restaurierten *Palazzo Comunale* im Zentrum verdient mehr Beachtung, und wer mit offenen Augen durch die Stadt schlendert, kann auch eine so genannte Totentür, wie man sie vom nordumbrischen Gubbio her kennt,

Mittelalterjuwel mit Seeblick – Paciano

entdecken. Nicht zu Unrecht wurde Paciano 2002 in die offizielle Liste der schönsten Borgi Italiens aufgenommen.

In den letzten Jahren ist etwas Leben ins verschlafene Borgo gekommen – nicht zuletzt durch den Zuzug von Ausländern. An der Via Danzetta hat sich eine deutsche Keramikerin niedergelassen, in unmittelbarer Nähe findet man eine englische Sprachschule und einen von deutscher Hand betriebenen Fahrradverleih.

• *Führungen* Jeweils Mittwoch um 10 Uhr deutschsprachige Führung für 5 € pro Person, Kinder bis 12 Jahre gratis. Steffen Benz kennt jedes Haus in Paciano, weiß Geschichten aus der Geschichte und Kuriositäten aus dem Alltag zu erzählen. Treffpunkt ist die Bar La Sosta di Giano gegenüber dem Palazzo Comunale.

• *Fahrräder* **A.I.O.**, Via Danzetta 35. Deutschsprachiger Verleiher von Mountainbikes, Kinder-Mountainbikes und Tourenrädern. Die Organisation hilft auch bei der Tourenplanung und unterhält einen Pick-up-Service (die Fahrräder werden gebracht bzw. wieder abgeholt – kostenpflichtig). ✆ 075/830457, e-mail: aiopaciano@libero.it.

• *Wandern* Eine kurze Wanderung von ca. 30 Minuten führt auf einem Höhenweg zum Nachbarort Panicale, erst relativ steiler Aufstieg. Auch für Mountainbiker empfehlenswert. Weitere Wanderwege sind in Planung. Auskunft bei A.I.O. (s. o.).

Panicale: Das Städtchen im Hügelland zwischen Città della Pieve und dem Trasimenischen See ist ein Schmuckstück des Mittelalters. Ringförmig angelegte Straßen unterstreichen den wehrhaften Charakter des Orts, dessen Verteidigungsanlagen früher von einem Wassergraben ergänzt wurden.

Von der Stadtmauer im Norden genießt man ein phantastisches Panorama über den Trasimenischen See.

Für die **Kirche San Sebastiano** hat *Perugino* 1505 das in den 90er Jahren restauriertes Fresko "Das Martyrium des heiligen Sebastian" gemalt, das die klassischen Züge des umbrischen Meisters trägt: Zentralperspektive, symmetrische Anordnung, antiker Hof, der den Blick auf die umbrische Landschaft freigibt. Im Zentrum der Komposition steht der an eine Säule gefesselte, den Pfeilen der Bogenschützen ausgelieferte Märtyrer.

Pflichtversicherung im Mittelalter

"Ein Glück für seine Freunde, ein Unglück für seine Feinde" – so bringt eine Gedenktafel in Panicale Leben und Wirken von *Giacomo Panieri*, genannt *Boldrino*, auf die Formel. Panicales berühmtester Bürger lebte im 14. Jahrhundert und mutierte vom Söldnerhauptmann rasch zum Räuberhauptmann. Bald war er so gefürchtet, dass die Gemeinden ihn dafür bezahlten, solange er ihren Mauern fernblieb. Auf dem Bühnenvorhang des Teatro Cesare Caporali (s. u.) ist Boldrinos Einmarsch in Perugia dargestellt. Möglicherweise war die Stadt mit den Zahlungen im Rückstand.

Eine weitere Attraktion hält Panicale mit dem **Teatro Cesare Caporali** bereit. Wohl um dem Einfluss des lokalen Klerus etwas Weltlichkeit entgegenzusetzen, gründeten im 18. Jahrhundert einige reiche Familien des Orts eine Theaterakademie. Der heutige Theaterbau stammt aus der Mitte des 19. Jahrhunderts und ist ein seltenes Juwel: 32 samtbezogene Plätze im Parkett, mehr als doppelt soviel in den Logen, eine kleine Bühne, ein Orchestergraben – eine Scala en miniature. Eine lokale Vereinigung sorgt dafür, dass das Theater von Panicale bis heute seinen Hauptzweck erfüllt: Aufführungen und Konzerte.
Der Dorfspaziergang führt unweigerlich auch an der **Kirche San Michele Arcangelo** vorbei. Die meisten Besucher verharren vor *Giovan Battista Caporalis* "Anbetung der Hirten". Das Gemälde hing früher über dem Hochaltar, heute ist es in der dritten Seitenkapelle links untergebracht. Mit der Landschaft im Hintergrund verrät es eindeutig den Einfluss Peruginos. Mehr beeindruckt als Caporalis Werk hat uns das kleine Taufbecken an der Eingangswand. In den hellen Stein ist ein Holztürchen eingelassen, auf dessen Flügel ein unbekannter Künstler ein Miniatur-Gemälde anbrachte: die Taufe Jesu.

• *Führungen* Sowohl die **Kirche San Sebastian** wie auch das **Teatro Cesare Caporali** sind nur mit Führung zu besichtigen: Mai–September: täglich 10.40, 11.10, 11.50, 16.10, 16.50, 17.30, 18.10 Uhr; Oktober: täglich 10.40, 11.10, 11.50, 15.10, 15.50, 16.30, 17.10 Uhr; November–März: Fr–So 9.40, 10.20, 11.00, 11.40, 15.00, 15.40, 16.20 Uhr. Wir betonen aus Erfahrung: ohne Gewähr! Eintritt 2.60 € oder im Sammelticket "Museo Aperto" (Città della Pieve, Panicale, Castiglione del Lago, Isola Maggiore) für 6.20 €. Tickets bei der Info-Stelle an der Piazza Umberto I.

• *Wandern* Eine kurze Wanderung von ca. 30 Min. führt auf einem Höhenweg zum Nachbarort Paciano. Auch für Mountainbiker empfehlenswert. Weitere Wanderwege sind in Planung. Auskunft bei A.I.O. in Paciano (s. o.).

• *Übernachten/Essen* *** **Albergo Le Grotte di Boldrino**, an der südlichen Stadtmauer. Komfortable Unterkunft und regionale Küche. DZ 52–62 €. Via V. Ceppari 30. ✆ 075/837161, ℻ 075/837166, e-mail: grottediboldrino@libero.it.

• *Agriturismo* **La Rosa Canina**. Dem freundlichen Empfang durch Elisabetta (Schweizerin) oder Sandro kommen zwei Maremma-Hunde zuvor, einer weiß wie der Schnee, der andere schwarz wie die Nacht. Der 1989 gegründete Agriturismo-Betrieb hält, was andernorts unter dem Siegel Agriturismo nur versprochen wird: Ferien auf dem Land – mit Landwirtschaft. Schweine, Schafe, Hühner und Pferde gehören zum Gut. Man kann in "La Rosa Canina" am Swimmingpool faulenzen (Mai–September), Reitausflüge machen oder den freundlichen Betrieb als Basis für Ausflüge an den Trasimenischen See oder nach Perugia nut-

Früher umschloss ein Wassergraben das mittelalterliche Panicale

zen und sich abends dann von der Küche aus der hauseigenen, biologischen Produktion verwöhnen lassen. Halbpension pro Person 49–65 € je nach Saison.

Anfahrt: von Panicale in Richtung Casalini, von hier aus der Beschilderung folgen, ca. 4 km Naturstraße. Via dei Mandorli 23, 06064 Panicale. ✆/℻ 075/8350660, e-mail: larosaca@tin.it.

Santuario della Madonna di Mongiovino: ein kleiner Ort mit großer Renaissance-Kirche. Kenner spüren schon beim ersten Blick, dass *Bramante*, der Architekt der Peterskuppel in Rom, seine Hand im Spiel gehabt haben könnte. Tatsächlich stammt der Entwurf von ihm, und wäre er 1514 nicht gestorben, hätte er vermutlich auch die Ausführung überwacht; er überließ dies seinem Schüler *Rocca da Vicenza*.

Das architektonische Prinzip entspricht der byzantinischen Kreuzkuppelkirche mit dem Unterschied, dass alle vier Fassaden im oberen Teil freistehend verlängert wurden. Beachtenswert sind die beiden fast identischen Portale mit ihren dekorierten Säulen und ihrem aufwendigen Fries. Über einen Stützbogen ist die Kirche mit einem ziegelsteinernen Campanile (18. Jh.) verbunden, an den sich die ehemaligen Pilgerhäuser anschließen.

Im reich ausgestatteten Inneren ist besonders das Kuppelgemälde beeindruckend, in dessen Zentrum in schwindelerregender Höhe eine kaum mehr erkennbare Taube fliegt. Die Gemälde der einzelnen Kapellen wurden fast alle restauriert. Eine recht drastische Gestaltung zeigt die Capella del Rosario, in der Georg mit eleganter Bewegung auf den tödlich getroffenen Drachen weist, das Monster ist überaus plastisch dargestellt.

Gleich neben der Kirche befindet sich ein kleiner Brunnen, so alt wie die Kirche selbst. Hier soll die Gottesmutter der Schäferin Andreana erschienen sein und ihr den Befehl zum Kirchenbau erteilt haben, als Dank ließ sie eine Quelle sprudeln – so einfach wurden Bauaufträge dazumal ausgehandelt.

Anfahrt Von Città della Pieve Richtung Perugia, nach ca. 15 km in Tavernelle links der Beschilderung folgen.

Meisterwerk der Renaissance – Santuario della Madonna di Mongiovino

"Saumtierreisen"
Die uralte Tradition, sich mit Lasten unbeschwert fortzubewegen, nicht auf dem Rücken der Tiere, sondern neben ihnen. Mulizüchter Günther Mittenzwei, seit 20 Jahren in Monticchio (knapp 15 km von Panicale) ansässig, hat sich dem Trekking mit Pferden, Maultieren und Eseln verschrieben. Nicht sportliche Leistung zählt, sondern Schauen, Hören und Spüren. Ein Muli trägt inklusive Sattel und Zaumzeug 100 kg, ein Esel die Hälfte, und die Maultiertreiber zeigen, wie man die Tiere führt. Kürzere Expeditionen werden im Trasimeno-Gebiet durchgeführt, für längere bieten sich das Monte-Cucco-Massiv oder das Sibillinische Gebirge an. Die Preise richten sich nach der Größe der Gruppe bzw. nach der Anzahl der benötigten Tiere und Treiber. Detaillierte Auskünfte: Hinterland, Günther Mittenzwei, Monticchio 64, 06066 Castiglion Fosco. ✆/℡ 075/8355062.

Fontignano: Der unscheinbare Ort auf halber Strecke zwischen Città della Pieve und Perugia war die letzte Station im künstlerischen Schaffen von *Perugino*. Der damals bereits über 70-jährige Künstler erhielt den Auftrag, die Kirche dell'Annunziata am Ortsrand von Fontignano mit Fresken auszustatten. Das Gemälde "Christi Geburt und Anbetung der Hirten" über dem Hauptaltar wurde im 19. Jahrhundert abgenommen und nach London verkauft; es ist heute im Besitz der britischen National Gallery. In Fontignano geblieben ist eine "Madonna mit Kind", die als letztes Werk Peruginos gilt. Das kleine Fresko wurde 1522 fertig gestellt, im Februar 1523 fiel der Künstler einer Pestepidemie zum Opfer. Eine bescheidene Urne an der Kirchenwand enthält seine sterblichen Überreste.

Die Kirche dell'Annunziata ist in der Regel verschlossen. Den Schlüssel erhält man in der Bar unterhalb der Kirche im Ortszentrum.

La Scarzuola – die Wollust der Imagination

Das alte Kloster ist nicht leicht zu finden. Auf der Landstraße außerhalb von Montegiove steht zwar ein Wegweiser, doch die Witterung hat ihm arg zugesetzt, und seine Botschaft ist nicht mehr zu entziffern. Aber wer dort abzweigt und auf der holperigen, unbefestigten Straße an Höfen vorbei durch Wiesen und Wälder fährt, gelangt nach zwei oder drei Kilometern an einen traumhaften Ort. Hinter majestätischen Zypressen versteckt sich La Scarzuola, ein Kloster, das der heilige Franz von Assisi im Jahre 1218 gegründet hat.

In einem flachen, lang gestreckten Gebäude der Anlage tigert ein Mann auf und ab, greift da ein Papier heraus, legt dort einen Stapel zur Seite, runzelt die Stirn und rauft sich die Haare. Hier liegen Zehntausende loser Zettel, Tagebuchnotizen, Briefe, Skizzen und Zeichnungen von Stühlen, Vasen, Pforten, Hausfassaden, mit Kohlestift dahingekritzelt oder akribisch koloriert. Dazwischen Fotos, vergilbte Zeitschriften, Kladden, einige Dutzend Ölgemälde. Es ist die Hinterlassenschaft von Tomaso Buzzi, und Marco Solari – vermutlich sein Großneffe, so genau will er es nicht sagen – wühlt täglich in diesem unendlichen Wust von Papieren. Er will begreifen, was der Erblasser eigentlich wollte.

So leicht ist das nicht. Tomaso Buzzi muss ein schrulliger Mensch gewesen sein, auch ein tüchtiges Maß an Hybris war ihm sicher zu eigen. Der 1900 geborene Mailänder Architekt hatte sich in Italien schon in den 20er Jahren einen Namen gemacht, war dem "Club der Urbanisten" beigetreten, war Redakteur einer bekannten Architekturzeitschrift, renovierte die italienischen Botschaften in Berlin, Addis Abeba, Tel Aviv, Tokio und Bangkok, stattete das Interieur der Villen zahlreicher Adliger aus, entwarf Paläste, beschäftigte sich mit Gartenarchitektur und dozierte am Mailänder Polytechnikum. Dann zog er sich zurück, mied fortan jede Öffentlichkeit und kaufte 1957 das Kloster La Scarzuola, um seinen Lebenstraum zu verwirklichen. Bis zu seinem Tod 1981 arbeitete er daran.

Das Gotteshaus war für Buzzi die "città sacra", der er nun seine "città ideale" entgegenstellte: ein phantastisches Ensemble von Tempeln, Toren und Türmen, Gärten, Figuren und insgesamt sieben Theaterbühnen – und all dies voll versteckter Symbolik, enigmatischer Andeutungen und kryptischer Bezüge. Vor allem die "Hypnerotomachia Poliphili" (Poliphilos Traumliebesstreit), ein berühmter, 1499 erschienener Roman der italienischen Renaissance, dessen Autor vermutlich der Dominikanerpater Francesco Colonna ist, vielleicht aber auch der Humanist Leon Battista Alberti, hat einem Teil von Buzzis Anlage Pate gestanden. Im schwer verständlichen Buch berichtet Polipholo, wie er im Traum den verschlungenen Weg zu seiner geliebten Polia findet. Er durchstreift eine utopische Landschaft voll geheimnisvoller Skulpturen, Bauten und Ruinen, wobei ihm Nymphen helfen, ans Ziel zu gelangen. Am Schluss muss er zwischen drei Toren wählen, die ihm himmlischen Ruhm, Liebe und irdische Ehre versprechen. Er entscheidet sich für das mittlere, für die Liebe, und begegnet einer verschleierten Frau, die sich ihm im Tempel der Venus als seine Geliebte offenbart.

In Buzzis "città ideale" kann man sich den esoterischen Roman förmlich erwandern. Vorbei am Brunnen der Zeit, über dem das meterhohe Gerüst einer Sanduhr hängt, vorbei an Pegasus, dem geflügelten Pferd, das mit den Hufen scharrt, bis es auf Wasser stößt, den Quell allen Wissens, kommt man zu den Nymphen, wählt das richtige Tor und steht vor dem Venus-Tempel. Und dann – Szenenwechsel – hat man eine große Theaterbühne vor sich, an derem rechten Ende die Akropolis steht, ein Tempelberg, auf dem sich Parthenon, Kolosseum, Vesta-Tempel, ein Triumphbogen, das Pantheon, ein Glockenturm und weitere Gebäude verschiedener Kulturen zu einer Stadt vereinigen. Im Zentrum der Bühne steht ein großes steinernes Auge, das den Zuschauer anglotzt und so einen Rollentausch erzwingt. Er wird vom Beobachter zum Beobachteten, zum Schauspieler.

Das Ensemble lässt verschiedene Interpretationen zu, lässt Assoziationen Raum, beflügelt die Phantasie. "Er allein hat das alles verstanden", sagt Solari, der immer nur "er" sagt, wenn er von Buzzi spricht, "die Arbeiter, die hier gebaut haben, sollten nichts kapieren." Valentino Galli, der alte Schmied, der in seiner Werkstatt in Montegiove noch immer mit Hammer und Amboss umzugehen weiß und der über 24 Jahre hinweg für Buzzi in La Scarzuola gearbeitet hat, der die Sanduhr, den Pegasus und die Nymphen geschmiedet hat, ist da anderer Ansicht. "Buzzi hat uns Arbeitern immer alles lang und breit erklärt", erinnert er sich, "bis wir es schließlich verstanden". Buzzi selbst schrieb 1966 auf einen seiner vielen Zettel: "Das Symbolische von La Scarzuola amüsiert mich ein bisschen, ich nehme es nämlich nicht allzu ernst." Vier Jahre später notierte er auf einem andern Papier allerdings wieder mit einer gewissen elitären Attitüde: "Niemand oder nur sehr wenige werden meine Absichten verstehen."

Der Prozess, das Werden, der Aufstieg vom Materiellen zum Spirituellen, die Sublimation, das sind die Parameter, an denen sich Buzzis Architektur orientiert. Und deshalb findet sich immer wieder die Spirale, die Wiederkehr und gleichzeitig Fortbewegung symbolisiert: die spiralenförmig angelegten Wege, der spiralenförmige Turm von Babel und die Wendeltreppe in der gläsernen Pyramide, die "Treppe der sieben Oktaven", die beim Aufstieg auf jeder Stufe einen neuen höheren Ton erzeugen sollte (funktioniert hat das ausgetüftelte System allerdings nie). Alles führt nach oben. Und im Innenhof des Jupiter-Tempels ragt eine tote Zypresse in den Himmel, irgendwann mal von einem Blitz getroffen. Buzzi wollte den dürren Baum, der vom göttlichen Feuer heimgesucht wurde, vergolden, hat es dann aber – wie so vieles andere auch – sein lassen. Ganz oben, im wirklichen wie über-tragenen Sinn, oberhalb der "città ideale", am Ende des Rundgangs, steht schließlich die kleine alte Kirche des Klosters von La Scarzuola, die "città sacra".

Als Marco Solari 1985, vier Jahre nach dem Tod Tomaso Buzzis, dessen Erbe, das von drei Personen ausgeschlagen worden war, antrat, wusste er noch nicht, was dies für ihn bedeuten würde. Die ganze Anlage war ziemlich heruntergekommen. Ohne jede staatliche Unterstützung versuchte er, als erstes den Verfall zu stoppen. Schließlich renovierte er Gärten und Gebäude, oft mit schlechtem Gewissen. "Ich wusste ja nie, ob ich in seinem Sinn hand-

La Scarzuola ist das architektonische Vermächtnis von Tomaso Buzzi

le oder vielleicht gegen seine Intentionen", meint er heute, "ich bin nicht Architekt, ich bin nur der Kustode der Hinterlassenschaft eines Genies." Der diplomierte Betriebswirtschaftler hat – wie einst Tomaso Buzzi – von seinem früheren Leben Abschied genommen. Er wohnt nun im Kloster, beschäftigt sich ausschließlich mit dem "Porträt in Stein", dem "architektonischen Testament", dem "Museum der abgelehnten Ideen", der "den Wellen der Zeit anvertrauten Flaschenpost", wie Tomaso Buzzi sein großes Freilicht-Oeuvre genannt hat.

Solari sucht im Nachlass Tomaso Buzzis Hinweise für das Verständnis des eigen- und einzigartigen Kunstwerks zu finden. Doch wie soll sich einer in diesem Durcheinander von Stapeln von Zehntausenden von Zetteln und Blättern zurechtfinden! "Die Ordnung ist das Vergnügen der Vernunft, die Unordnung aber die Wollust der Imagination", hatte der Architekt geschrieben.

Wer war Tomaso Buzzi? Wenn er das Epitaph auf seinem eigenen Grabstein schreiben müsste, hatte der Architekt auf einen seiner zahlreichen Zettel gekritzelt, dann hieße es: "Mailänder, er lebte, er zeichnete, er liebte. Dieser Mann verachtete den Teufel, Mussolini und den Knoblauch."

Thomas Schmid

Nachtrag 2003 Der Beitrag ist aus dem Jahr 1999. Seither wurde der verwitterte Wegweiser durch einen offiziellen, haltbareren ersetzt. Buzzis Werk wurde weiter freigelegt, und Marco Solari ist derzeit mit der Restaurierung der Franziskanerkirche beschäftigt.

Anfahrt von Città della Pieve in Richtung Orvieto, nach ca. 6 km in Monteleone d'Orvieto links abbiegen und bis Montegiove (ca. 8 km) fahren, auf dieser Straße noch 1,5 km weiter, dann rechts dem Schild "La Scarzuola" folgen; dann noch 1,5 km Naturstraße.

Öffnungszeiten nur nach Voranmeldung unter ✆/℡ 0763/837463 (min. 10, max. 30 Personen). Flexible Einzelreisende haben die Chance, sich einer Gruppe anzuschließen. Eintritt 10 €.

Perugia

(ca. 150.000 Einwohner)

Die Hauptstadt Umbriens präsentiert sich als moderne Großstadt in uraltem Kleid. Dicht gedrängt stehen die Häuser des historischen Zentrums auf einer 500 Meter hohen Hügelgruppe: viel treppauf, treppab, tiefe Straßenschluchten, düstere Gassen. Ganz oben lockt die ausladende, sonnige Piazza IV Novembre mit dem Fonte Maggiore als Schmuckstück; sie geht über in die Flanierzone des Corso Vannucci mit seinen noblen Läden und Straßencafés. Am anderen Ende des Corso, an der Piazza Italia, öffnet sich ein weiter Blick ins Tibertal.

Perugia ist lebendig, jugendlich und hat dank der vielen ausländischen Studenten auch internationales Flair. Die Stadt ist Sitz der *Università per Stranieri*, in der Studienanfänger aus aller Herren Länder Italienisch lernen und ein Sprachexamen ablegen können. Während der Sommerferien belegen zusätzlich mehrere tausend Gäste Kurse in Italienisch, aber auch in anderen Disziplinen wie Kunstgeschichte oder Etruskologie.

Unten im Tal liegt die schnell gewachsene Trabantenstadt **San Sisto**: Wohnsilos, moderne Industrieanlagen und die bekannte Schokoladenfabrik La Perugina (so bekannt, dass der Nestlé-Konzern sie sie sich einverleibt hat), Herstellerin der in jeder italienischen Bar ausgestellten *Baci di Perugia*-Pralinen.

Durch die historische Altstadt zwängte sich bis vor kurzem noch erbarmungslos der Verkehr. Wer nicht gerade einen "Cinquecento" fuhr, musste befürchten, im Labyrinth der Einbahnstraßen, zwischen Häuserwänden links und rechts steckenzubleiben – dahinter ein hupender Stau.

Heute ist der Individualverkehr teilweise aus der Innenstadt verbannt, und wer nicht riskieren will, für sein im Halteverbot abgestelltes Auto eine teure "Multa" zu bezahlen oder gar abgeschleppt zu werden, macht besser von seinen Beinen Gebrauch oder von den öffentlichen Verkehrsmitteln. Von den Großparkplätzen an der *Piazza Partigiani* und am *Piazzale Europa* führt eine Rolltreppe *(scala mobile)* durchs dunkle unterirdische Mittelalter hinauf in die Fußgängerzone des *Corso Vannucci*.

Geschichte

Die düsteren Gassen Perugias kennen eine ebenso düstere Vergangenheit. Im Laufe ihrer Geschichte ist die Stadt des Öfteren belagert worden, in der verwinkelten Altstadt spielten sich erbitterte Kämpfe zwischen verfeindeten Adelsfamilien ab. Auch die wenig frommen Päpste der Renaissance hinterließen blutige Spuren in der Stadtchronik.

Aus etruskischer Zeit stehen noch Reste von mächtigen Mauern und Toren. *Perusia* gehörte im Altertum zum starken *Zwölfstädtebund* der Etrusker. Zahlreiche Ausgrabungen in und um Perugia dokumentieren die Bedeutung der etruskischen Stadt. Um 310 v. Chr. fiel sie in die Hand der Römer, die damals den Karthagern den Einfluss im Mittelmeerraum streitig machten.
Im Bürgerkrieg, der nach der Ermordung *Cäsars* (44 v. Chr.) zwischen den Konsuln *Marc Antonius* und *Octavian* (dem späteren Kaiser *Augustus*) ausbrach, stand Perugia auf der Seite Marc Antonius'. Sieben Monate lang belagerte Octavian die Stadt, bis Hunger die Einwohner zur Aufgabe zwang. Doch als die Soldaten mit der Plünderung beginnen wollten, stand die Stadt plötzlich in Flammen. Dem Feind sollte nichts in die Hände fallen – schon damals war die Politik der verbrannten Erde verbreitete Praxis.

Wieder aufgebaut, erhielt die Stadt den Namen *Augusta Perusa*. In der Zeit der germanischen Völkerwanderung (4./5. Jh. n. Chr.) wurde sie erneut belagert, diesmal von den Ostgoten und nicht sieben Monate, sondern sieben Jahre lang (530–37). Dann nahm sie der oströmische Feldherr *Belisar* ein, 547 eroberte ein Gotenheer unter König *Totila* die Stadt zurück und zerstörte sie völlig. Fünf Jahre später erschienen erneut die Oströmer auf dem Plan, diesmal unter *Narses*, und entschieden das ostgotisch-oströmische Gezänk zugunsten von Byzanz. Doch musste sich Byzanz ab 568 mit den Langobarden auseinandersetzen, die ihre Eroberungszüge auf Umbrien ausgedehnt hatten.

Nach dem 11. Jahrhundert war Perugia ein freier Stadtstaat – wohlwollend geduldet von den Päpsten, die sich in unruhigen Zeiten gerne hierher zurückzogen und große Kirchenversammlungen abhielten. Hier starb auch Papst *Martin IV.*, nachdem er bei einem Gelage zu viele Aale aus dem See von Bolsena verdrückt hatte.

Im 15. Jahrhundert lebte die Stadt mehr oder weniger im Bürgerkrieg, den die Adelsgeschlechter der *Oddi* und der *Baglioni* entfacht hatten. Jahrelang war es immer wieder zu Scharmützeln gekommen, 1491 fanden die ersten Straßenschlachten statt, in deren Verlauf die Baglioni ihre toten Gegner weithin sichtbar am Palazzo Pubblico aufzuhängen pflegten.

1500, anlässlich der Hochzeit des *Astorre Baglione*, steigerte sich die Blutfehde dann zum makabren Finale: Vor dem Dom San Lorenzo (gegenüber dem Palazzo Pubblico) fielen die beiden Familien und deren Anhänger übereinander her. Nach zeitgenössischen Berichten stapelten sich auf dem Platz die Leichen – die beiden einflussreichsten Adelsgeschlechter der Stadt hatten sich gegenseitig ausgerottet. Der Dom, meterhoch mit Blut bespritzt, soll zur Sühne später gänzlich mit Wein abgewaschen worden sein.

Als Papst *Paul III.* 1540 nach dem adeligen Blutbad die Macht über die Stadt an sich gerissen hatte, ließ er eine mächtige Festung, die berüchtigte *Rocca Paolina*, mitten in die Stadt der neuen Untertanen setzen. Und da es ihm damit sehr eilig war, schütteten die Bauarbeiter kurzerhand ein ganzes Wohnviertel zu und errichteten darüber die neue Burg. Der seither unterirdische Stadtteil ist erhalten und kann heute besichtigt werden. Nach äußerst schwierigen Ausgrabungen (es befindet sich ja die heutige Stadt darüber) hat man hier eine echte Rarität zugänglich machen können: praktisch unversehrte mittelalterliche Straßen und Häuser, konserviert unter der Papstfestung!

Mit der päpstlichen Machtübernahme verlor Perugia seine Unabhängigkeit. Fortan hatte die Kirche über Jahrhunderte das Sagen, und sie konnte ihren Einfluss bis ins 19. Jahrhundert. verteidigen. Erst im Zuge der nationalen Einigung Italiens wurden die Machtpositionen des Vatikans hinweggefegt, 1860 stürmten die Bürger den verhassten Papstzwinger über der Stadt. Die Besatzung der Burg, papsttreue Iren, kämpfte bis zum letzten Mann.

Die Ausländer-Universität

Die populärste Uni im Land für alle, die Italienisch lernen wollen. Das ganze Jahr über (außer im Januar) werden ein-, zwei- und dreimonatige Kurse angeboten. Der Unterricht umfasst 20 Wochenstunden.

Im Juli, August und September findet jeweils ein 4-wöchiger Intensivkurs statt. Möglichkeiten, seine frischen Sprachkenntnisse anzuwenden, gibt es gerade in Perugia zur Genüge. Es sei denn, man unterliegt der Verlockung, sich vorwiegend im Kreis deutscher Studenten zu bewegen.

Kosten: Im Vergleich zu anderen Universitätsstädten Italiens sind die Preise der Sprachkurse in Perugia mit die niedrigsten: ca. 235 € pro Monat; Intensivkurs ca. 310 €. Für Unterkunft in Familien, kirchlichen Häusern oder kleinen Wohnungen ist mit zusätzlich 200–400 € zu rechnen.

Information und Anmeldung Università Italiana per Stranieri, Palazzo Gallenge, Piazza Fortebraccio 4, 06122 Perugia, Italia. ✆ 075/57461. e-mail: segrstu@unistrapg.it.

Information/Diverses

- *Telefonvorwahl* 075
- *Postleitzahl* 06100
- *Information* **A.P.T.-Büro**, Piazza IV Novembre 3. Ausführliches Informationsmaterial über Perugia und Umgebung. Öffnungszeiten: Mo–Sa 8.30–13.30 und 15.30–18.30 Uhr, So 9–13 Uhr. ✆ 5736458. Weiteres Info-Büro am Hauptbahnhof Fontivegge. Öffnungszeiten: 8.30–13.30 Uhr.

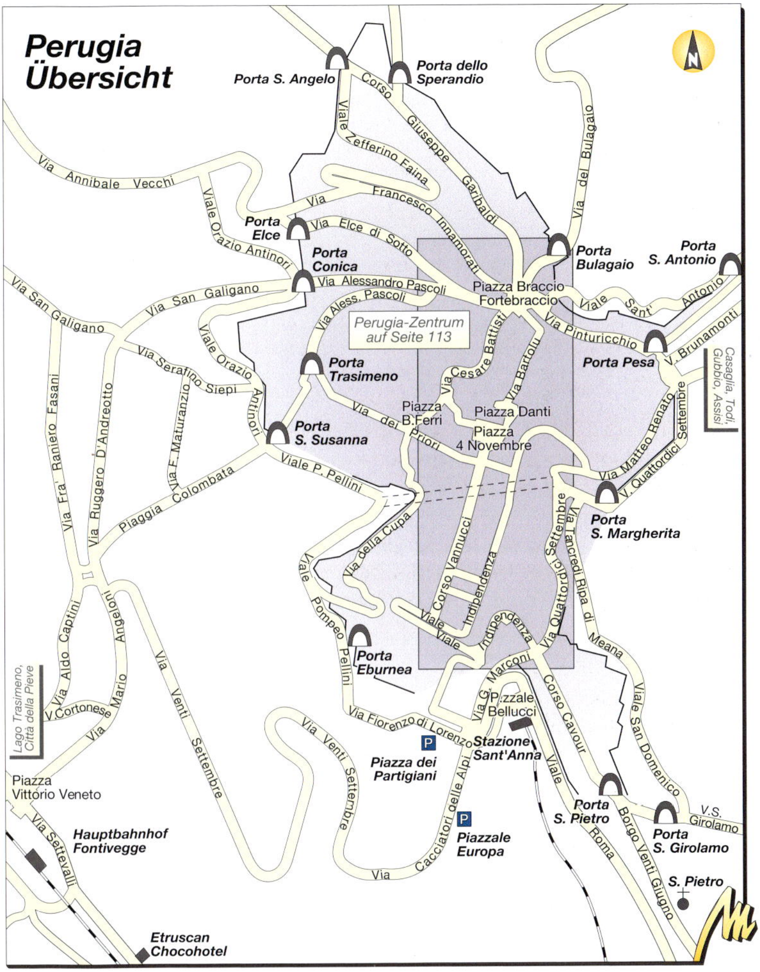

• *Verbindung* **Bahn**: Züge nach Spoleto, Terni und Rom. Mit Umsteigen in Teróntola nach Orvieto und – z. T. ebenfalls mit Umsteigen in Teróntola – nach Arezzo und Florenz. Der Hauptbahnhof Fontivegge liegt an der Piazza V. Veneto, ca. 1 km außerhalb der Stadtmauer im Süden; von da aus gelangt man problemlos mit Stadtbussen ins Zentrum.
Bus: Für Fahrten nach Assisi (ca. 8x täglich) und nach Gubbio (ca. 10x täglich).
Fahrpläne im Info-Büro erhältlich. Eine elektronische Fahrplanauskunft befindet sich am oberen Ausgang der Rolltreppe unter den Arkaden des Palazzo della Provincia, eine weitere am Busterminal an der Piazza dei Partigiani.

• *Parken* Hotels geben ihren Gästen in der Regel eine Parkgenehmigung für ein begrenztes Revier. Damit ist man vor Strafzetteln und Abschleppwagen sicher, nicht aber vor Radio-Dieben. Ansonsten ist es sträflicher Unsinn, in die Innenstadt zu fahren, und dieser wird sinnvollerweise auch bestraft. Direkt außerhalb der Stadtmauer wurden an verschiedenen Stellen Parkplätze angelegt, teils unbewacht und gebührenfrei, mehrheitlich bewacht gegen Gebühren. Einige Plätze sind rund um die Uhr bewacht, andere nur von 6–22 Uhr. Empfehlenswert sind die Parkhäuser bzw. Parkplätze an der **Piazza Partigiani** im Süden (24-Std.-Bewachung)und am **Piazzale Europa**, da man von ihnen aus mit der Rolltreppe bequem ins Zentrum gelangt.

• *Feste/Veranstaltungen* **Estate a Perugia**, Ende Juli–Ende September. Jazz- und Theatervorführungen in Perugia, Torgiano und Deruta. In Perugia an der Piazza della Repubblica und in den Giardini del Frontone (von der Porta S. Pietro im Südostzipfel der Stadtummauerung noch ein Stück stadtauswärts). Eintritt frei.

Umbria Jazz, im Juli. Das bekannteste Jazzfestival Italiens. Eröffnungskonzert in Terni, alle anderen Abende in Perugia auf verschiedenen Bühnen und Plätzen, z. T. freier Eintritt. Das Festival-Büro findet man an der Piazza IV Novembre 28.

Rockin' Umbria, seit 1986 jährlich in der letzten Juniwoche. Rockfestival mit Nebenschauplätzen in Umbertide und Città di Castello. Kein Festival der großen Stars, sondern eher der noch unbekannten Gruppen. Auf verschiedenen Bühnen und Plätzen in der Stadt.

• *Märkte* **Fiera dei Morti**, Anfang November. Ein bunter Jahrmarkt beim Stadion (Richtung Lago di Trasimeno).

Mercato Coperto, Piazza Matteotti. Mo–Sa 7.30–13 Uhr, Do geschlossen. Auf 3 Etagen Verkauf von Kleidern und Schuhen, Lebensmitteln, Obst, Gemüse, Fleisch und Geflügel. Fr Fischmarkt.

Wochenmarkt, Scala di Sant'Ercolano (bei der gleichnamigen Kirche an der Via Ercolano). Di und Sa jeweils morgens: Kleider, Schuhe, Kurzwaren, Wolle und Stoffe, Pflanzen und auch Gemüse.

• *Wein* **Enoteca Provinciale**, Via Ulisse Rocchi 18. DOC-Weine sämtlicher umbrischer Anbaugebiete (auch zum Probieren): Altotiberino, Torgiano, Trasimeno, Perugia, Montefalco und Orvieto.

• *Buchhandlung* **Libreria Altra**, Via Ulisse Rocchi 3. In der "anderen Bücherei" findet man Italienischbücher für die Sprachkurse, eine Auswahl an englischen Büchern, Reiseführern etc.

• *Internet* Surfen, e-mail-Versand, Faxen und billiges Telefonieren an der **Via Pinturicchio 6** oder an der **Via Garibaldi 83** (beide Nähe Ausländer-Uni).

• *Schwimmbäder* **Städtisches Bad**, Piaggia Colombata (westlich der Stadtmauer, Nähe Porta S. Susanna). Mo–Sa 11.30–19 Uhr, So 9–19 Uhr.

Parco Lacugnano, etwas außerhalb, vom Bahnhof in Richtung Lago Trasimeno (Bus Nr. 36 ab Piazza Matteotti). Empfehlenswerter als das vorgenannte. Das Bad liegt in einer parkähnlichen Anlage. Hier auch jeden Abend Open-Air-Disko. Leider nur Juni–September geöffnet.

• *Waschsalons* **Lava e Lava** ist gleich mit zwei Filialen vertreten, beide täglich 8–22 Uhr geöffnet: Via Annibale Vecchi 5 (bei der Porta Elce) und Via Mario Angeloni 32A/6 (Nähe Hauptbahnhof Fontivegge).

Ein weiterer Waschsalon befindet sich an der **Via Garibaldi 43** (Nähe Ausländeruni).

Übernachten

**** **Locanda della Posta (16)**. Perugias ehemalige Postkutschenstation – Heine und Goethe, Humboldt und Märchenautor Andersen haben hier genächtigt. Seither wurde der Palazzo aus dem 17. Jh. mehrmals renoviert, zum letzten Mal 1990. Stilvolle, ruhige Zimmer mit sehr luxuriösen Bädern, Frühstück unter historischem Gewölbedekor. DZ 134–170 €, inkl. Frühstück. Corso Vannucci 97. ✆ 5728925, 📠 5732562, e-mail: novelber@tin.it.

**** **Hotel La Rosetta (18)**, zentral gelegen, mit romantischem Eingang – ein alter Innenhof mit Palmen. Hier wird auch das Abendessen eingenommen (hervorragende Küche). Die fast 100 Zimmer – stilvoll eingerichtet, sei es im Rokoko oder modern – verteilen sich im Altbau und einem Seitenflügel neueren Datums. DZ 118–168 €. Piazza Italia 19. ✆/📠 5720841, e-mail: larosetta@perugiaonline.com.

*** **Hotel Fortuna (17)**, zentrale Lage. Vom dunklen Gässchen ins Entrée und mit dem Lift hoch ins helle Zimmer, teils mit Balkon und Blick ins Grüne. Einzelne Terrässchen im verwinkelten Bau – kaum zu glauben, welch freundliche Seite sich hinter Perugias düsterstem Winkel auftut. DZ 55–133 €. Über Feiertage und während Festivals wird ein Mindestaufenthalt von 3 Nächten gefor-

Ü bernachten

- 5 Albergo Morlacchi
- 8 Jugendherberge
- 12 Hotel Priori
- 14 Hotel Umbria
- 15 Hotel Etruria
- 16 Locanda della Posta
- 17 Hotel Fortuna
- 18 Hotel la Rosetta
- 19 Hotel Eden
- 21 Hotel Sant' Ercolano
- 22 Hotel Iris
- 23 Hotel Rosalba

E ssen & Trinken

- 1 Ristorante Brizi
- 2 Ristorante Dal Mi'Cocco
- 3 Creperia Tuttotesto
- 4 Ristorante/Pizzeria Da Dino
- 6 Taverna La Lanterna
- 7 Ristorante Il Falchetto
- 9 Mensa Comunale
- 10 Ristorante/Pizzeria La Botte
- 11 Ristorante/Pizzeria Il Cantinone
- 13 Ristorante/Pizzeria Il Paiolo
- 20 Osteria del Ghiottone

Perugia
Karte S. 111/113

dert. Via Bonazzi 19. ✆ 5722845, 📠 5735040, e-mail: fortuna@umbriahotels.com.

*** **Etruscan Chocohotel** (Lage siehe Plan "Perugia Übersicht", S. 111), in Bahnhofsnähe. Rechtzeitig zur "Eurochocolate '98", einer Fachmesse für Schoko-Spezialisten, eröffnete in Perugia das Chocohotel. Die Fassade ist einer Schokoladentafel nachempfunden, im Foyer ist der Choco-Shop eingerichtet, wo der Besucher von Schweizer Alpenmilch-

bis südamerikanischer Schokolade, von Katzenzungen bis zur Schokoladenzigarre und Zahnpaste mit Schokoladenaroma alles findet. Dass im Restaurant das Spezialmenu vom Antipasto bis zum Nachtisch mit Schokolade versetzt ist, darf den Gast nicht wundern. Absolut schokoladenfrei sind die Tiefgarage unten und der wunderbare Swimmingpool oben auf dem Dach. Choco-DZ für 68–104 €. Via Campo di Marte 134. ✆/℻ 5837314, e-mail: etruscan@chocohotel.it.

** **Hotel Priori (12)**. Komfortable, ruhige Zimmer in einem restaurierten Gebäude, sehr große Sonnenterrasse. Der Besitzer greift nach dem dritten Stern. DZ mit Dusche/WC 68–91 €, inkl. Frühstück. Via Vermiglioli 3. ✆ 5723378, ℻ 5729155, e-mail: hotelpriori@perugia.com.

** **Hotel Iris (22)**, etwas oberhalb des Parkplatzes Piazza Partigiani; über Rolltreppen ist die Piazza Italia bequem zu erreichen. Stiche im Flur und eine Gedenktafel erinnern an die besseren Zeiten dieses Traditionshotels, der Bau vermag noch immer zu imponieren, besonders die weit geschwungene, betischte Terrasse über der Via Marconi. Hoteleigener Parkplatz. DZ mit Dusche/WC 53–70 €, Frühstück extra. Via Marconi 37. ✆ 5720259, ℻ 5736882.

La scala e mobile

** **Hotel Rosalba (23)**, ebenfalls außerhalb der Stadtmauer und noch näher an der Rolltreppe zur Piazza Italia als das Iris. DZ mit Dusche/WC 65 €. Das rostrot-orange Haus ist ein ausgesprochen freundlicher Familienbetrieb. Via del Circo 7. ✆/℻ 5720626.

** **Hotel Umbria (14)**, über eine Treppe vom Corso Vannucci aus zu erreichen. Relativ ruhig und im Zentrum gelegen, grenzt das Hotel an eine schmale, halbdunkle Fußgängerzone und an einen Innenhof. Die 18 Zimmer sind einfach und mit modernen Möbeln eingerichtet. Klein und familiär. DZ mit Dusche/WC 50–65 €. Via Boncambi 37. ✆ 5721203, ℻ 5737952, e-mail: hotelumbria@libero.it.

** **Albergo Morlacchi (5)**. Hilfsbereite Mamma an der Rezeption. DZ mit Dusche/WC 54–60 €. Via Leopoldo Tiberi 2. ✆ 5720319, ℻ 5735084, e-mail: morlacchi@tiscalinet.it.

** **Hotel Sant'Ercolano (21)**. Gepflegte, freundliche Bleibe. Mit jeder Etage werden die Zimmer eine Stufe heller, und ganz oben von der Nr. 53 genießt man dann einen traumhaften Ausblick über die Dächer der Stadt auf die Valle Umbra. DZ mit Dusche/WC 45–60 €. Via del Bovaro 9. ✆ 5724650, ℻ 5724632, e-mail: ercolano@tin.it.

** **Hotel Eden (19)**, unterhalb der Piazza Italia, in der 3. Etage. Angenehm eingerichtete Zimmer verschiedener Größe, alle mit Dusche/WC, die meisten mit TV. Freundlicher Empfang. DZ 57 €. Via Cesare Caporali 9. ✆ 5728102, ℻ 5720342.

* **Hotel Etruria (15)**. Saubere, preiswerte und obendrein geräumige Zimmer mit ebenso geräumigem Bad in zentraler Lage. DZ mit Dusche/WC 50 €, ohne 40 €. Via della Luna 21. ✆ 5723730.

• *Außerhalb* ** **Hotel Stella**, in Casaglia, ca. 4 km außerhalb der Stadt. Der freundliche Betrieb ist eine gute Alternative, falls in Perugia alles ausgebucht ist. Angeschlossen ist ein Restaurant, in dem man vorzüglich speist. Hoteleigener Parkplatz. Der Bus nach Perugia hält direkt vor dem Haus. Für Selbstfahrer: Die Stadt über die Via XIV Settembre in Richtung Gubbio/Cesena verlassen – der erste Ort im Grünen ist Casaglia. Von der Superstrada Todi–Cesena aus: Ausfahrt Ponte Valleceppi, dann Richtung Perugia. DZ mit Dusche/WC 47 €. Via dei Narcisi 47, 06126 Casaglia. ✆ 6920089.

• *Jugendherberge*, **Centro Internazionale di accoglienza per la Gioventù (8)**, bei der Piazza Piccinino, Nähe Dom. In kirchlich-ökumenischer Regie. 120 Betten, Küche mit Kochmöglichkeit zur Selbstverpflegung. Die wegen mangelnder Sauberkeit lange Zeit verrufene Jugendherberge hat nach einer Totalrenovierung 1997 mit neuen Betten wiedereröffnet und wurde 1999 erneut renoviert. Männlein und Weiblein getrennt! Übernachtung 12 € pro Person. Mitte Dezember–Mitte Januar geschlossen. Via Bontempi 13. ✆ 5722880, ℻ 5739449, e-mail: ostello@ostello.perugia.it.

Camping

Zwei Plätze liegen ca. 8 km außerhalb, oberhalb von Fontana (westlich der Stadt, Richtung Lago Trasimeno). Beide in sehr schöner Lage, von viel Grün umgeben, an den Hängen des "Dreifaltigkeitshügels" (Colle della Trinità). Busverbindung: Nr. 36 ab Piazza Italia. Bus fährt nur bis Olmo; von dort noch ca. 2–3 km zu Fuß.

*** **Camping Paradis d'Eté**, von der Hauptstraße ca. 3,5 km bergauf. 50 Stellplätze. Ganzjährig geöffnet. Via del Mercato 29A – Str. Fontana, Loc. Colle della Trinità. ✆ 5173121, ℻ 5176056.

** **Camping Il Rocolo**, ca. 300 m oberhalb der Hauptstraße. 100 Stellplätze. Geöffnet April–Mitte Oktober. Str. Fontana 1/N, Loc. Colle della Trinità. ✆/℻ 5178550.

Essen (siehe Karte S. 113)

Ristorante Il Falchetto (7), hinter der Kathedrale. Eines der empfehlenswerten Lokale der Stadt. Reiche Auswahl an vorzüglichen Spezialitäten – u. a. leckere Vorspeisen, z. B. Fischsalat mit kleinen Kraken, Muscheln etc. Das Menü ca. 25 €. Mo geschlossen. Via Bartolo 20.

Ristorante/Pizzeria Il Paiolo (13). Etwas teurer, aber auch besser als der Durchschnitt. Im großen Gewölbekeller werden Pizze vom Holzfeuer serviert, die Pizza Norciana mit hauchdünnen Scheibchen getrüffelt. Regionale Küche à la carte. Großes Wein-, Bier- und Grappa-Angebot. Gepflegter Service. Via Angusta 11. Mi geschlossen.

Ristorante/Pizzeria La Botte (10), hinter dem Dom rechts. Das Restaurant liegt in einem Kellergewölbe. Zur Auswahl einige Festpreismenüs zu ca. 10 € (drei Gänge plus Nachtisch oder Wein), aber auch das Menu à la carte ist preiswert. So geschlossen. Via Volte della Pace 33.

Ristorante Brizi (1), rechts hinter der Ausländer-Uni. Kleines, gemütliches Restaurant, das von Peruginern wie Ausländern gleichermaßen gerne besucht wird. Spezialität: verschieden gefülltes Gemüse als Vorspeise, Gegrilltes vom Kamin und als Beilage gerösteter Champignon-Spieß. Nicht teuer. Di geschlossen. Via Fabretti 75.

Ristorante Dal Mi'Cocco (2). Groß, relativ neu, mit rustikalem Touch. Hier werden ausschließlich traditionelle, zum Teil wieder entdeckte Peruginer Gerichte serviert. Das Tagesmenü besteht aus 4 reichlichen Gängen, die kaum zu bewältigen sind. Dazu wird warmes, selbst gebackenes Brot gereicht oder "la Schiacciata", eine spezielle Zwiebelpizza auf trasimenische Art, sowie ein guter roter Tischwein. Wenn das Essen etwas weniger lauwarm serviert würde, wäre unsere Begeisterung noch größer. Menü mit Getränken (Wein, Vinsanto und Café) ca. 13 €. Junges, studentisches Publikum. Reservierung empfohlen. Mo geschlossen. Corso Garibaldi 12. ✆ 5732511.

Ristorante/Pizzeria Il Cantinone (11), vor dem Dom links hinunter. Gemütliche Atmosphäre im Kellergewölbe. Aufmerksamer, unaufdringlicher Service. Durchschnittliche Preise. Die Portionen sind nicht groß, Heißhungrigen sei deshalb ein Antipasto empfohlen. Im Sommer Außenbetischung in angenehm ruhiger Nebenstraße. Di geschlossen. Via Ritorta 6.

Taverna La Lanterna (6). Hervorragendes Lamm aus dem Backofen, ansonsten durchschnittliche Küche zu akzeptablen Preisen. Eines der wenigen Restaurants in der Altstadt, die im Sommer auch außen betischen – bis weit auf den Platz hinauf. Mi geschlossen. Via Ulisse Rocchi 6.

Osteria del Ghiottone (20). Nur wenige Tische. Mit Haut und Haar der umbrischen Küche verpflichtet. Di geschlossen. Via Cesare Caporali 12.

Ristorante/Pizzeria Da Dino (4), direkt hinter der Ausländer-Uni. Wen spät nachts noch der Hunger plagen sollte, der ist hier richtig: bis 4 Uhr morgens geöffnet. Via del Maneggio 19.

Creperia Tuttotesto (3), gegenüber Ristorante Dal Mi'Cocco (s. o.). Das auf eineinhalb Etagen angelegte Lokal ist eine gute

Perugia
Karte S. 111/113

Am Domplatz

Adresse für den kleinen Hunger unterwegs: Crepes, Bruschette, Torte (heißes Fladenbrot) mit allen möglichen Zutaten. Über Mittag oft von Studenten der nahen Ausländeruni aufgesucht. Corso Garibaldi 15.

• *Mensen* Es gibt mehrere. Auch für Nicht-Studenten ist die **Mensa Comunale (9)** zugänglich. Sie liegt etwas versteckt in einer kleinen Seitenstraße zwischen der Piazza IV Novembre und der Piazza Cavallotti. Menü ca. 7 €. Nur 11–14 Uhr geöffnet, So geschlossen. Via Antonio Fratti.

Cafés/Kneipen

Pasticceria Sandri. In den Auslagen der alteingesessenen Konditorei (seit 1860) liegen die besten und teuersten Dolci der Stadt. Die Versuchung lauert hinter Glasvitrinen: kleine Berge von Teegebäck und Pralinen. Auch von innen ist das Café eine Augenweide: polierte Mahagoni-Regale, gefüllt mit Pralinenschachteln und unzähligen Spirituosen. Besonders schön sind die Malereien am Deckengewölbe (aus der Schule Brugnolis). Liebenswürdige Bedienung von etwas betagten "Pinguinen" mit roten Jacketts und Fliegen. Ein Café mit Stil – leider so schmal, dass es kaum Sitzmöglichkeiten gibt. Mo geschlossen. Corso Vannucci 32.

Paninoteca Papaia. Große Panini nach Wahl, Crepes, Milchshakes und andere kleine Köstlichkeiten. Tagsüber angenehm ruhig, so dass man ungestört frühstücken und Zeitung lesen kann – abends drängelt sich die Schickeria. So geschlossen. Via dei Priori 7.

Sehenswertes

Natürlich die Stadt als Ganzes mit ihren mittelalterlichen Toren, Palästen, Kirchen und Bogengängen – jeder Spaziergang im romantischen, mittelalterlichen Gewirr der Gassen und Treppen verheißt neue Entdeckungen.

Wer Perugia richtig kennen lernen will, sollte sich den illustrierten *Kunstführer* besorgen, der für knapp 6 €. an jeder Straßenecke zu haben ist, und sich bei der Touristeninformation einen *Stadtplan* besorgen, der dort gratis abgegeben wird. Damit ist man schon recht gut ausgestattet.

Geh'mer Tauben vergiften im Park

... sang mit schwarzem Humor der berühmte Georg Kreisler. Doch den Peruginern ist in Sachen Tauben mittlerweile jeder Humor abhanden gekommen: Tauben gibt's in Perugia viel zu viele, wie angesichts der verkoteten Plätze nicht nur die Stadtverwaltung meint. Also erklärte man im Rathaus den allerorten gurrenden Piccioni den Krieg. Vorläufig verzichtet man noch auf den von Kreisler favorisierten Einsatz der C-Waffe zugunsten einer eher mechanischen Kriegführung: Die Taubennester werden systematisch mit Eisendraht unzugänglich gemacht. Und natürlich wird im Guerra ai piccioni Sabotage geahndet. So flatterte einer älteren Signora, die beim Füttern von Tauben ertappt wurde, hinterher ein saftiger Bußgeldbescheid ins Haus. Die tierliebende Gesetzesbrecherin fand bei den Grünen Verständnis. Deren Pressesprecher beschwerte sich über die repressive Politik beim Bürgermeister und wies auch gleich auf die humaneren Konzepte seiner Partei hin: Sterilisation, Sensoren, welche die Tauben vertreiben sollen, oder die Deportation ihrer Nester an die Stadtperipherie ...

Wie der Taubenkrieg von Perugia ausgeht, ist noch offen. Und Sie dürfen sich weiterhin ärgern, wenn Ihnen etwas Breiigweißes auf die Frisur klatscht, Sie dürfen dem Missetäter sogar ungestraft den Hals umdrehen, falls sie ihn erwischen. Nur füttern dürfen Sie ihn nicht.

Perugia
Karte S. 111/113

Große Kunstwerke wurden, mit Ausnahme der *Fontana Maggiore* und der Malereien von *Perugino*, in Perugia wenige geschaffen. Die Stadt war die meiste Zeit damit beschäftigt, die umliegenden Gemeinden und Burgherren unter dem Joch zu halten und sich gegen übermächtige Feinde zu verteidigen.

Dom San Lorenzo: ein gutes Beispiel für die typische halbfertige Bauart, die man in Perugia häufig antrifft – von 1345 bis 1490 (!) wurde am Kirchenbau gewerkelt. Die Fassade sollte ursprünglich vollständig mit Marmor verkleidet werden. Außer einem kümmerlichen Anfang wurde nichts daraus. Ein Schmuckstück hingegen ist die kleine Steinkanzel rechts vom Eingang. Sie wurde eigens für den heiligen Bernardin von Siena gebaut, der 1425 von hier aus die Bürger der Stadt segnete. Das Ereignis ist auf einem Glasfenster in der ersten Seitenkapelle rechts festgehalten. In einer weiteren Seitenkapelle, ebenfalls rechts, hat *Luca Signorelli* eine Madonna mit zwei Heiligen hinterlassen, einer – nur dürftig bekleidet, ausgemergelt und langhaarig – ist der Eremit Onofrius. Im weiteren ist im kahl wirkenden Innern noch eine fein geschnitzte Holzkanzel zu bewundern – viel mehr nicht. Rechts am Chor vorbei gelangt man in den nie fertig gestellten Kreuzgang.

Fontana Maggiore: Der prächtige, dreistöckige Marmorbrunnen vor der Kathedrale, der sich vom dunkelgrauen Stadtbild abhebt, wurde 1275 vom Architekten *Fra Bevignate* für den einstigen Marktplatz entworfen, die Reliefs stammen von *Niccolò Pisano* und seinem Sohn *Giovanni*, den berühmtesten Bildhauern seiner Zeit.

Das untere Becken ist ein von Säulen gegliedertes 25-Eck, wobei jede Seite durch eine weitere Säule halbiert wurde, so dass insgesamt 50 Felder für 50

Fontana Maggiore

fein gearbeitete Flachreliefs entstanden, die das Auge zur Entdeckungsreise anregen: Darstellungen aus der Bibel, aus der Literatur (Äsop), Zyklus der zwölf Monate, Allegorien auf Wissenschaft und Künste u. a. Das mittlere Becken basiert auf einem von Statuetten gegliederten 24-Eck, wobei jede zweite Ecke gleichsam nach innen geklappt ist. Der unterschiedliche Aufbau der beiden polygonalen Becken (25-Eck und 24-Eck) verhindert, dass die Statuetten des mittleren Teils exakt über den Säulen des unteren Teils zu stehen kommen und erzeugt damit eine gewisse Dynamik. Die Statuetten stellen schicksalsentscheidende Persönlichkeiten der Stadt dar, Gestalten aus dem Alten Testament sowie die Nymphen des Trasimenischen Sees. In der obersten Etage wird die Fontana Maggiore von drei in Bronze gegossenen Wasserträgerinnen gekrönt. Die Fontana Maggiore wurde 1948/49 und 1982/83 einer gründlichen Restaurierung unterzogen. Experten entdeckten jedoch noch immer haarfeine Risse im Gestein der unteren Reliefreihe sowie in der krönenden Bronzestatue. Damit das einmalige Kunstwerk ein leichtes Erdbeben überstehen kann, wurde 1991 beschlossen, eine dritte Restaurierung mit modernsten Techniken anzugehen. Nach Jahren der Verkleidung ist der berühmte Brunnen seit 1999 wieder in alter Pracht zu sehen. Teile des Originals sind heute in der Umbrischen Nationalgalerie geschützt.

Palazzo Comunale *(Palazzo dei Priori)*: ein beeindruckender, kolossaler Bau gegenüber der Kathedrale. Bemerkenswert ist die Fassade zum Corso Vannucci, 120 Meter lang, unterbrochen von einem reich verzierten Rundbogenportal. Eine großherzige Inschrift begrüßt den Fremden: "*Entra pure, movi securo*" (Tritt ein und beweg dich frei), und tatsächlich zahlt man keinen Eintritt.

Gebaut wurde der Palast von 1297 bis 1423. Auch innen wurde – im Gegensatz zum Bau der Kathedrale – wenig gespart. Eindrucksvoller Beleg dafür ist die **Sala dei Notari** (über eine Freitreppe vom Platz aus zu erreichen), in der einst die Volksversammlung tagte: ein prunkvoller, riesiger Saal mit reich verzierten Deckenbögen und Freskenmotiven aus dem Alten Testament.

Öffnungszeiten (Sala dei Notari): 9–13 und 15–19 Uhr. Mo geschlossen. Eintritt frei.

Umbrische Nationalgalerie *(Galleria Nazionale dell'Umbria)*: im 3. Stock des Palazzo Comunale. Hier ist die umfangreichste Sammlung umbrischer Kunst untergebracht. Während im 15. Jahrhundert in Florenz die Renaissance erblühte, befand sich in Umbrien die Malerei noch im mystischen Mittelalter. Die größten Meister dieser Zeit waren *Piero della Francesca, Benozzo Gozzoli* und *Pietro Vannucci*, heute unter dem Namen *Perugino* bekannt, der Vorgänger und Lehrer von Raffael. Im folgenden sei auf einige Werke kurz hingewiesen.

• *Säle 1–4: Malerei und Bildhauerei aus dem 13. und 14. Jahrhundert* Von der Fontana Maggiore, Perugias berühmtem Marmorbrunnen auf dem Domplatz, sind einige originale Teile zu sehen (Saal 1), darunter die das Kunstwerk krönende Bronzegruppe der Wasserträgerinnen. Man achte auf die elegante "Verknüpfung" der Arme der drei Nymphen.

• *Säle 5–7: Sienesische und florentinische Malerei aus dem 15. Jahrhundert, internationale Gotik* Der Sienese *Taddeo di Bartolo* ist mit mehreren Altarbildern vertreten, darunter eine Pfingstdarstellung mit den überraschten Gesichtern der Jünger (Saal 5).

Ein Meisterwerk der Spätgotik ist *Gentile da Fabrianos* "Madonna mit Kind" (Saal 6). In den goldenen Hintergrund sind – kaum wahrnehmbar – Engel eingeritzt. Ein interaktiver Bildschirm mit Touchscreen macht den Besucher auf weitere Einzelheiten des ausgestellten Kunstwerks aufmerksam.

• *Säle 8–11: Hauptwerke der Renaissance* Der Dominikanermönch *Beato Angelico*, der sich zeitlebens mit der Wirkung des Lichts auseinandersetzte, schuf für die Dominikanerkirche von Perugia ein mehrteiliges Altarbild, im Zentrum Madonna mit Kind, umrahmt von Heiligen (Saal 8).

Perugino ist mit einer in düsteren Tönen gehaltenen Pietà vertreten, einem relativ frühen Werk, das bereits die für ihn typische Hintergrundlandschaft aufweist (Saal 9).

Auch *Benozzo Gozzoli*, ein Schüler des vorgenannten Dominikaners Beato Angelico und Umbrien-Reisenden vor allem von Montefalco her ein Begriff (siehe dort), hat in Perugia ein Bild mit Heiligen hinterlassen und dabei mit Gold nicht gespart (Saal 10).

Von *Piero della Francesca*, nahe der umbrischen Grenze in Sansepolcro geboren, stammt ein ungewöhnliches, mehrteiliges Altarbild: Die von Blautönen beherrschte Verkündigungsszene spielt gleichsam auf dem Dach der in Gold gehaltenen, zentralen Darstellung von Maria mit Kind und Heiligen. Das Spiel mit der Perspektive erweitert das Bild im oberen Teil um eine Dimension (Saal 11).

• *Säle 12–16: Malerei des 15. Jahrhunderts aus den Marken und aus Umbrien* Mit *Bartolomeo di Tommasos* dramatisch gestaltetem Predella-Teil "Christus im Grab mit Frauen" und einer künstlerisch weniger überzeugenden Prozessionsstandarte von *Niccolò di Liberatore* sind die wichtigsten Maler aus Foligno vertreten (Saal 12).

Einen Saal für sich allein hat *Benedetto Bonfigli* bekommen (Saal 14), Perugias berühmtester Maler, bevor Perugino ihm diesen Titel streitig machte. Am meisten imponiert die großformatige "Anbetung der heiligen drei Könige" aus dem Jahr 1466 mit einer hübschen Szene in der Predella: Der heilige Nikolaus rettet drei unschuldig zum Tod Verurteilte, indem er ganz einfach dem Scharfrichter ins Schwert fällt. Nur fünf Jahre später macht sich auch der junge *Perugino* an das Thema der "Anbetung" (Saal 15).

• *Säle 17–20: Die "Schatzkammer"* Umbrische Stoffe, Elfenbeinschnitzereien, Keramik, u. a. auch bemalte Kacheln aus Deruta (Saal 20).

• *Saal 21: Prioratskapelle* Zwischen 1442 und 1450 wurde im Palast eine neue Kapelle gebaut, deren Ausgestaltung man in der Hauptsache *Benedetto Bonfigli* anvertraute. Seine Fresken sind noch weitgehend erhalten, dargestellt sind u. a. die Belagerung Perugias durch den Goten Totila sowie die Überführung der Leiche des heiligen Ercolano, von Totila ermordeter Schutzpatron der Stadt. Erst 1494 wurde Perugino – inzwischen berühmt geworden und wohl nicht mehr zu umgehen – mit einem Gemälde für die Kapelle beauftragt. Sein Werk wurde jedoch 1815 in die Vatikanischen Museen abtransportiert, einzig eine Christusfigur mit Dornenkrone verblieb davon in Perugia.

• *Säle 22 und 23: Meisterwerke der umbrischen Malerei – Pinturicchio und Perugino* *Bernardino di Betto*, genannt *Pinturicchio*, ist Umbriens berühmtester Perugino-Schüler. Von ihm zeigt die Nationalgalerie eine "Maria mit Kind", die früher die Kirche Santa Maria dei Fossi zierte (Saal 22).

Von den Bildern des reifen *Perugino* (Saal 23) ist "Christi Geburt" (1501/02) ein Klassiker: axialsymmetrisch komponiert, im Hintergrund der Trasimenische See. Von *Luca Signorelli*, dessen berühmteste Arbeit die Ausgestaltung der Brizio-Kapelle im Dom von Orvieto (siehe dort) ist, zeigt die Nationalgalerie ein eher sekundäres Werk: eine ziemlich lädierte "Glorreiche Madonna" – in der Predella stützt der heilige Franz die

Perugia
Karte S. 111/113

auseinander brechende Kirche (ebenfalls Saal 23).

Mehr über Perugino unter seinem Geburtsort Città della Pieve.

• *Säle 24–30: Werke aus dem 16. bis 18. Jahrhundert* Knapp 50 Gemälde sind hier aus der Zeit nach Perugino ausgestellt. Selbst die Konservatoren scheinen nicht überzeugt: Im offiziellen Katalog sind die Bilder weder abgelichtet noch kommentiert, einfach nur aufgelistet. Auch wir enthalten uns eines Kommentars. Man kann den Besuch der Nationalgalerie getrost mit Saal 23 abschließen.

• *Öffnungszeiten* 8.30–19.30 Uhr, in der Hochsaison Samstagabend bis 23 Uhr. Am 1. Mo im Monat geschlossen. Eintritt 6.50 €.

Links und rechts des Haupteingangs zur Nationalgalerie befinden sich der **Collegio del Cambio** bzw. der **Collegio della Mercanzia**, beide eintrittspflichtig. Im ersteren ist ein großes Perugino-Fresko zu sehen, zu dem auch das einzige überlieferte Selbstbildnis des Meisters gehört. Eine Kopie des berühmten Kopfs findet man in der Kathedrale von Città della Pieve.

Kirche San Domenico: Sie ist wohl Perugias größte Kirche – eine wuchtige Fassade, beidseitig ein Treppenaufgang zum Hauptportal, durch das man ins dreischiffige Innere gelangt, das dann erst einmal erschreckend kahl wirkt. Erbaut wurde die Hallenkirche im 14. Jahrhundert, wohl nicht stabil genug. Im 17. Jahrhundert stürzten die Gewölbe ein, eine Rundum-Restaurierung war die Folge. Als Schmuckstück präsentiert San Domenico heute im rechten Schiff die *Kapelle der Madonna del Voto* mit einer bemalten und skulptierten Altarwand aus Stein (15. Jh.). Im Chor in der ersten Seitenkapelle rechts stößt man auf das fein skulptierte, marmorne *Grabmal von Benedikt XI.*: Zwei Engel öffnen den Vorhang und geben den Blick frei auf den nach nur einem Jahr Regentschaft 1304 in Perugia verstorbenen Papst.

Nationales Archäologisches Museum Umbriens: im ersten Kreuzgang von San Domenico. In erster Linie sind hier etruskischer Schmuck und Grabfunde aus der Umgebung versammelt. Einen besonderen Platz hat der *Cippo di Perugia* bekommen, ein etruskischer, von oben bis unten beschrifteter Grenzstein. Der im etruskischen Alphabet geschriebene Text (von rechts nach links zu lesen) regelt den Besitz des Terrains zwischen zwei Familien.

Die obere Etage besteht dann gänzlich aus der Sammlung von Giuseppe Bellucci, eines Spezialisten in Sachen Prähistorie, der seine Schätze dem Museum übergeben bzw. überantwortet hat. Dass derselbe Bellucci sich auch für Amulette interessiert hat, macht ihn dann doch noch interessant und den Besuch des Museums auch für Laien zum Genuss. Man muss sich Zeit nehmen im Amuletten-Kabinett. Zu den skurrilen Ausstellungsstücken gehören Wildschweinzähne, Hufeisen, in Briefchen verpackter Staub vom Bett des heiligen Franziskus, Muscheln, Korallen und dergleichen mehr. Glücksbringer aus außereuropäischen Ländern ergänzen die Sammlung.

Zum Abschluss des Besuchs wandelt man noch einmal auf der oberen Etage des Kreuzgangs – an Urnen und Grabstelen entlang, einige reich mit Skulpturenschmuck versehen, die meisten nüchtern nur mit etruskischer geschriebener Namensangabe.

Öffnungszeiten Mo 14.30–19.30 Uhr, Di–So 8.30–19.30 Uhr. Eintritt 2 €.

Basilika San Pietro: Sie liegt knapp vor den Toren der Stadt, genauer vor der *Porta San Pietro*, deren äußere Fassade wesentlich imposanter ist als die

Libyens Bein kickt für Perugia

Wenn auf dem italienischen Rasen Juventus Turin gegen AC Mailand kickt, geht es um mehr als nur um den Ball. Dann spielt im Hintergrund Fiat gegen Fininvest, tritt der Clan der Agnelli dem Medienzar Berlusconi ans Schienbein. Mit den Turinern gewinnt oder verliert auch Libyens Muammar al-Gaddafi, dessen Familienholding Lafico 7,5% des Aktienkapials von Juventus in Händen hält – genug für einen Sitz im Verwaltungsrat, den Al Saadi Gaddafi, ein Sohn des Revolutionsführers, wahrnimmt.

Seit Sommer 2003 sorgt ebendieser Al Saadi Gaddafi auch in Umbrien für Schlagzeilen – diesmal als Profi-Fußballer mit einem Zweijahresvertrag bei AC Perugia. Der peruginische Fußballclub ist derzeit, um aus den roten Zahlen zu kommen, an eine Bank verpfändet. Dass Lafob, eine weitere Gaddafi-Holding, mit 5% an dieser Bank beteiligt ist, nährt den Verdacht, der Libyer hätte beim Einkauf in eigener Sache etwas nachgeholfen.

Doch die Tore werden noch immer auf dem Rasen geschossen, und da muss sich Al Saadi erst noch bewähren. In Libyen spielt er in der Nationalmannschaft und besitzt nebenbei einen eigenen Club, in dem er bis dato Coach und wichtigster Stürmer in Personalunion war. Regelmäßig wird er in Tripolis zum Spieler des Jahres gekürt – was unter den dortigen politischen Verhältnissen und bei seinem Namen niemanden wundert. Den früheren italienischen Trainer der libyschen Nationalmannschaft focht das alles nicht an, er stufte den Gaddafi-Sprössling fußballerisch als eine "Null" ein, ließ ihn auf der Ersatzbank schmoren – und war den Job als Trainer los.

Wird also der Mittelstürmer mit der Nummer 19 auf dem Trikot zu Ruhm und Ehre des umbrischen Fußballs beitragen? Man möchte es ihm gönnen, es ist eben ein Bubentraum. Und man möchte es ihm nicht gönnen – schließlich ist der Mann kein Tellerwäscher.

So oder so: Sollte AC Perugia gegen Juventus Turin antreten müssen, wird Al Saadi Gaddafi gewinnen, zumindest als Financier der siegreichen Mannschaft. Der Papa hat's gerichtet.

innere. Das Benediktinerkloster aus dem 10. Jahrhundert mit drei Kreuzgängen und einem schlanken Campanile, der schon fast an ein Minarett erinnert, gehört zu den ältesten Kirchen der Stadt. Im ersten Kreuzgang erinnert eine Gedenktafel, dass die Benediktinermönche 1859 in der Auseinandersetzung zwischen der Kirche und dem sich herausbildenden italienischen Nationalstaat das Gesetz Christi gegen den Vatikan verteidigten und manche Patrioten vor den päpstlichen Schweizergarden in Schutz brachten.

Das Innere der Kirche ist reich ausgestattet mit Bildern aus dem 15. bis 17. Jahrhundert; an der Rückwand ist auch Perugino mit einigen Darstellungen von Heiligen vertreten. Der Chor zeigt zwei große Fresken: Petrus, der den Schlüssel in Empfang nimmt, und die Bekehrung des Paulus. Ein besonderes Augenmerk verdient das Chorgestühl: feinste Holzschnitzkunst aus dem 16. Jahrhundert.
Wo früher die Benediktiner ihrem frommen Leben nachgingen, drücken heute Studenten der agrarwissenschaftlichen Fakultät der Universität Perugia die

Perugia Karte S. 111/113

Kurzgeschichte einer Festungsanlage

Unter der Piazza Italia verbirgt sich ein Labyrinth von Straßen und Wohnhäusern. Schon im 14. Jahrhundert errichtete der bekannte Zitadellenbauer Matteo Gattapone an dieser Stelle eine der mächtigsten Festungen Italiens. Zerstört wurde sie 1375 nicht von Feinden, sondern von den Bürgern Perugias. 150 Jahre später symbolisierten hohe Türme auf den Patrizierhäusern Einfluss und Wohlstand der Kaufmannsfamilien.

Doch bereits 1540 fand die bürgerliche Herrschaft ein Ende, die päpstliche Miliz eroberte die Stadt und zerstörte sie größtenteils. Der oberste Kirchenfürst ließ den Stadtteil um die halb zerstörten Palastruinen der Baglioni-Familie – diese war nach einer jahrelangen Blutfehde praktisch ausgerottet (siehe Perugia, "Geschichte") – einfach zuschütten und darauf die Festung Rocca Paolina errichten.

Als endlich im 19. Jahrhundert die nationale Unabhängigkeit erreicht war, machte sich die Bevölkerung über das verhasste Monument päpstlicher Macht her und sprengte es kurzerhand in die Luft.
1870 wurde an der Stelle der Rocca Paolina der Palazzo della Provincia errichtet, der heute die Piazza Italia abschließt.

Schulbank. Ihnen obliegt auch die Pflege des "mittelalterlichen Gartens" hinter dem Kloster. Das Wasser sprudelt an mehreren Stellen und hält die wissenschaftlich beschilderten Bäume grün.

Sammlung der Kunstakademie *(Accademia di Belle Arti)*: in einem ehemaligen Franziskanerkloster bei der Porta Trasimeno. Perugias Kunstakademie hat eine über 400-jährige Tradition und seit 1992 ihr eigenes Museum. Den Schwerpunkt der drei Abteilungen (Bildhauerei, Zeichnungen und Stiche, Gemäldesammlung) bildet das 19. und 20. Jahrhundert Zu den Prunkstücken der Sammlung gehören die "Drei Grazien" des klassizistischen Bildhauers *Antonio Canova*; der Künstler selbst hatte das Werk 1820 der Akademie vermacht.
Öffnungszeiten Seit dem Erdbeben 1997 geschlossen, Wiedereröffnung geplant.

Kapelle San Severo: in der Nähe des Etruskischen Brunnens (s. u.) und von dort aus ausgeschildert. Die Kapelle gehört zu einem ehemaligen Camaldulenserkloster und behütet Umbriens einziges Fresko von *Raffael,* die Trinität Gottes (Gottvater ist nicht mehr erhalten), von fünf Heiligen umgeben. Als dritter von rechts wird Romualdo porträtiert, Begründer des Camaldulenserordens und Auftraggeber des Freskos. Erst nach dem Tod des Meisters – er starb mit 37 Jahren – fügte 1521 sein damals bereits 76-jähriger Lehrer *Perugino* unten eine Reihe von weiteren sechs Heiligen hinzu.
Öffnungszeiten April–Oktober 10–13.30 und 14.30–18.30 Uhr; November–März 10.30–13.30 und 14.30–16.30 Uhr (Sa/So bis 17.30 Uhr). Eintritt 1.80 € oder Sammelticket (Etruskischer Brunnen/Kapelle S. Severo/Museum der Mauern und Tore) 2.50 €.

Etruskischer Brunnen: In der Nähe des Doms, auf der malerischen *Piazza Piccinino,* steht der vermutlich älteste Brunnen Perugias. Er ist etruskischen Ursprungs (4.–3. Jh. v. Chr.),36 m tief und wird von kräftigen Wasseradern gespeist. Der Eingang zur unterirdischen Besichtigung befindet sich an der Piazza Danti 18. Aus halber Höhe kann man hier die Einfassung des Brunnens (16. Jh.) betrachten. In antiker Zeit wurde das Wasserschöpfen durch an ein Seil geknüpfte Eimer durchgeführt. Der Brunnen zeigt deshalb an der Innenseite der Tuffsteinquader starke Schleifspuren.

Öffnungszeiten wie Kapelle S. Severo (s. o.). Eintritt 1.80 € oder Sammelticket (Etruskischer Brunnen/Kapelle S. Severo/Museum der Mauern und Tore) 2.50 €. Maximal 8 Besucher dürfen sich gleichzeitig auf der nassen, unterirdischen Treppe aufhalten.

Etruskischer Torbogen: Bei der Piazza Fortebraccio steht Perugias wuchtigstes Zeugnis der Etruskerzeit. Von zwei mächtigen Wachtürmen flankiert – den einen krönt eine Loggia aus dem 16. Jahrhundert – wirkt das Tor wie ein enger Schlitz in der Stadtbefestigung. Die Inschrift über dem Torbogen AUGUSTA PERUSIA ließ der römische Konsul *Octavian* (der spätere Kaiser *Augustus*) anbringen, der nach siebenmonatiger Belagerung 40 v. Chr. die Stadt einnahm.

Museum der Mauern und Tore von Perugia *(Museo delle Mura e delle Torre di Perugia)*: Das in der Porta Sant'Angelo untergebrachte Museum zeigt auf drei Etagen Modelle der verschiedenen historischen Stadtummauerungen (etruskisch, mittelalterlich, Renaissance) sowie Modelle einiger Stadttore, aus Toren und Mauern gerettetes Originaldekor sowie zahlreiche Fotos. Wesentlich interessanter als die Ausstellung ist das Panorama, das man oben von den Zinnen genießt – eine bessere Aussicht auf die Stadt und das hügelige Umland findet man nirgends in Perugia.

Öffnungszeiten April–Oktober 10.30–13 und 15.30–18.30 Uhr; November–März: 10.30–16.30 Uhr. Eintritt 1.80 € oder Sammelticket (Etruskischer Brunnen/Kapelle S. Severo/Museum der Mauern und Tore) 2.50 €.

Direkt neben der Porta Sant'Angelo steht hinter einer kleinen gepflegten Grünfläche die **Kirche San Michele Arcangelo**, eine frühchristliche Rundkirche aus dem 5./6. Jahrhundert. Den 16 Seiten des Baus entsprechen im Inneren 16 Säulen (z. T. von einem früheren römischen Tempel stammend) mit Rundbogen, die die Kuppel tragen – vermutlich Perugias frühester Kirchenbau. Die Taufkapelle rechts des Eingangs mit dem Madonnenfresko ist ein Anbau aus dem 14. Jahrhundert.

Piazza Italia: Sie befindet sich am Südende des Corso Vannucci und bildet damit das Gegenstück zur Piazza IV Novembre. Beherrscht wird der Platz vom **Palazzo della Provincia** *(Palazzo della Prefettura)* aus dem 19. Jahrhundert. Dahinter befindet sich der **Giardino Carducci**, eine schmale Parkanlage, benannt nach dem italienischen Lyriker und Nobelpreisträger von 1906, *Giosuè Carducci*, der sich hier zu seinen schönsten Gedichten inspirieren ließ. Kein Wunder, die Aussicht ist phantastisch: unten der Stadtteil San Pietro mit dem *Corso Cavour* als Hauptschlagader und der *Basilika San Pietro* am Ende, im Hintergrund der Monte Subasio mit den hellen Häusern Assisis am Bergfuß.

Via Bagliona Sotterranea: Ausgegraben und restauriert wurde der unterirdische Stadtteil (siehe Kasten) zwischen 1932 und 1965. Während der Sommermonate finden hier des Öfteren Theater- und Musikveranstaltungen statt – ein würdiger Rahmen. Da die unterirdischen Räume oft als Galerie für hochkarätige Kunstausstellungen genutzt werden, ist die Besichtigung oft nur bedingt möglich und mit einem teuren Eintrittsticket für die Ausstellung verbunden.

Eingang über die Rolltreppe von der Piazza Italia, rechts neben dem Palazzo della Provincia. Direkt vor dem Eingang illustriert ein Plan die verschiedenen Entwicklungsphasen: Zuschüttung des Geländes um die mittelalterlichen Palastruinen – Bau der Festung *Rocca Paolina* im 16. Jahrhundert – Sprengung dieser Festung im 19. Jahrhundert – vorläufig endgültige Neugestaltung zur *Piazza Italia* im 20. Jahrhundert.

Ein weiterer Eingang zum unterirdischen Stadtteil befindet sich bei der *Porta Marzia*, einem etruskischen Stadttor (3. Jh. v. Chr.), das beim Bau der Festung Rocca Paolina (s. o.) kurzerhand mit eingemauert wurde.

Kirche Sant'Ercolano: an der Via S. Ercolano, unterhalb der Piazza Italia. Eher wie ein gigantisches Grabmal sieht sie aus, und das ist die Kirche in erster Linie tatsächlich. Im Inneren hingegen dominiert barocke Üppigkeit. Unter dem Hochaltar werden die sterblichen Überreste des Bischofs *Ercolano* aufbewahrt. Dieser leitete im 6. Jahrhundert den Widerstand Perugias gegen die gotischen Belagerer und wurde dafür vom siegreichen *Totila* auf grausamste Weise hingerichtet. Sant'Ercolano ist heute der Schutzpatron Perugias.

Ipogeo dei Volumni: Dieses größte etruskische Grab Umbriens wurde 1840 bei Straßenbauarbeiten entdeckt. Es birgt in ca. 10 m Tiefe neun Grabkammern mit sieben Urnen der damals vermutlich sehr einflussreichen und wohlhabenden Familie *Volumni*. Die Gruft ist wie ein Wohnhaus gebaut und mit einem spitz zulaufenden Dach versehen. Das Eingangsportal ist aus Travertin (Tuffgestein), ansonsten wurde meist Sandstein verwendet. Im oberen Ausstellungsbereich stehen über 100 steinerne Urnen und Grabbeigaben aus 39 Gräbern der Umgebung. Auf den Urnendeckeln sind die Verstorbenen in liegender Haltung dargestellt. Wo und auf welche Weise das Etruskervolk seine Toten verbrannte, ist bis heute unbekannt.

• *Anfahrt* Das Volumni-Grab liegt nicht sehr idyllisch – direkt an einer Durchgangsstraße von Ponte S. Giovanni, einem Knotenpunkt bei Perugia. Mit dem Wagen auf der Schnellstraße Richtung Assisi, Ausfahrt Ponte S. Giovanni.

• *Öffnungszeiten* Juli/August: 9–12.30 und 16.30–19 Uhr; September–Juni: 9–13 und 15.30–18.30 Uhr. Eintritt 2 €.

Perugia/Umgebung

Corciano

Das im hügeligen Hinterland von Perugia gelegene Corciano (über die Straße zum Trasimenischen See erreichbar) präsentiert das klassische Bild eines mittelalterlichen Borgos, auch wenn einige Gebäude wie der Campanile der Assunta-Kirche neueren Datums sind. Der lokale "Pro Loco"-Verband hat einen ganz praktischen Ortsführer geschrieben, in dem er zahlreiche Häuser mit einem dezenten Keramiktäfelchen versehen hat, das dem Besucher beim Rundgang Versatzstücke der Ortsgeschichte liefert.

Auf dem höchsten Punkt Corcianos steht ein *mittelalterlicher Turm*, daneben die Ruinenreste einer Kirche aus der Gründerzeit des Orts. Eine weitere Kirche, dem heiligen Christophorus gewidmet, findet als Lokalmuseum Verwen-

Dem Schonglör ist nichts zu schwör – Frühlingsfest in Corciano

dung (nur in der Saison geöffnet). Knapp unterhalb entdeckt der Besucher eine "Totentür", eine architektonische Besonderheit, die vor allem in Gubbio bekannt ist (siehe dort).

Hauptkirche von Corciano ist heute die *Kirche Santa Maria Assunta*, ein nüchterner, neoklassischer Bau, der eine "Himmelfahrt Mariens" von *Perugino* hütet. Wie so oft hat Umbriens berühmtester Meister auch hier die heimatliche Landschaft als Hintergrund verwendet. Eine Auffrischung der Farben täten dem Bild und den beiden Darstellungen auf der Predella zweifellos gut. Nicht in die Kunstgeschichte eingegangen, aber doch bemerkenswert ist das Gemälde an der linken Kirchenwand: Maria mit ausgebreitetem Mantel, unter dem die Menschen Schutz finden, links ein Bischof mit riesigem Stab, rechts der von gefiederten Pfeilen durchbohrte heilige Sebastian, darunter – historisches Lokalkolorit – ein Stadtmodell von Corciano.

Monte Tézio

Eine reizvolle Wanderung in der unmittelbaren Umgebung von Perugia: Man lässt das Gefährt in *Migiana di Monte Tézio*, 10 km nördlich von Perugia, stehen – eine Weiterfahrt auf den Schotterpisten ist nicht ratsam – und macht sich zu Fuß auf den Monte Tézio, dessen Gipfel (961 m) in ca. 2 Stunden bestiegen ist.

Am *Castello Migiane* vorbei gelangt man zur Nordostseite des kargen *Monte Tezino* (mit Gipfelkreuz), auf dem meist ein kräftiger Wind bläst. Direkt unter dem Gipfelkreuz befindet sich in der steilen, brüchigen Felswand eine kleine Höhle, "Teufelshöhle" genannt, weil sich darin der Klauenabdruck Luzifers befinden soll. Weil auf der Suche nach den teuflischen Spuren schon jemand

Perugia Karte S. 111/113

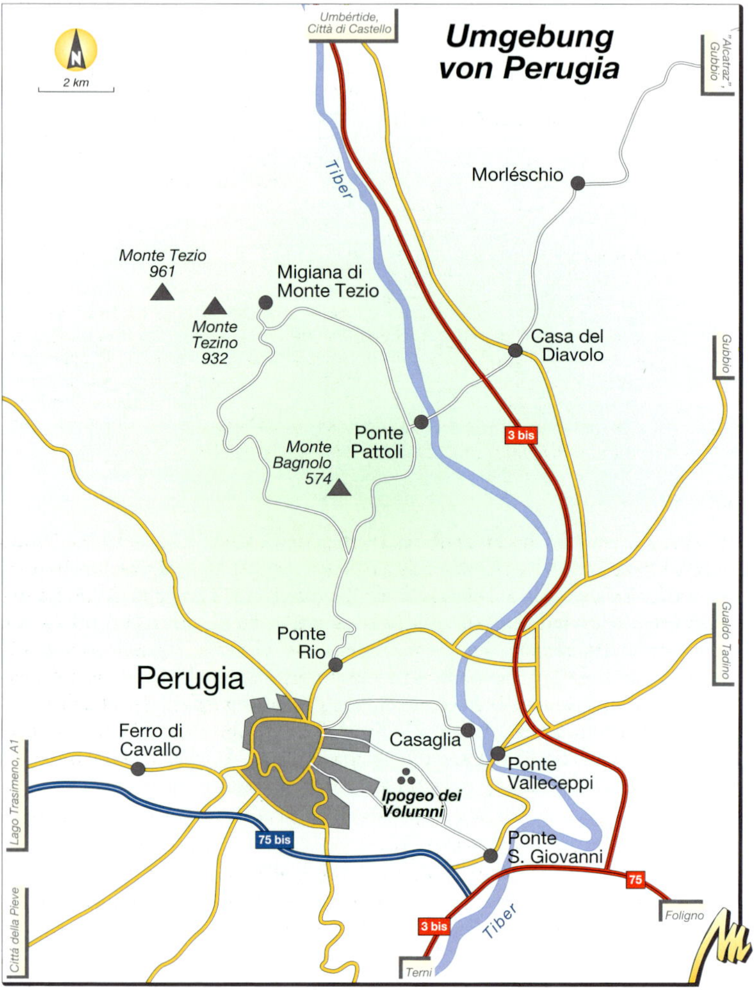

tödlich abgestürzt ist, haben wir auf weitere Recherchen verzichtet. Vom Gipfelkreuz des Monte Tezino geht es durch eine kleine Senke hinüber zum Gipfel des *Monte Tézio.*

Ein etwas kürzerer Aufstieg (ca. 1½ Std.) führt von Migiana aus – erst Richtung Castello, dann auf Wildschweinpfaden über Fels und Distelwiesen – von Osten her direkt auf den Gipfel des Monte Tézio.

Bei klarer Wetterlage bietet sich ein herrlicher Panoramablick nach Perugia, auf den Lago Trasimeno und – auf der anderen Seite – zum Monte Subasio und zum Monte Cucco.

• *Anfahrt* nach Migiana di Tézio: Von Perugia auf die Schnellstraße Richtung Umbertide – Cesena, diese bei Ponte Páttoli verlassen. Von hier aus sind es noch ca. 5 km nach Migiane di Monte Tézio.

• *Karte* Kompass-Karte 1: 50.000, Blatt Nr. 663 (Perugia–Deruta).

• *Agriturismo* **Fattoria Cresta Verde**, 7 km von Perugia. Zufahrt: Perugia über die Ausländeruniversität (Etrusker-Tor) verlassen, über Ponte Rio hinauf bis Montelaguardia. Oberhalb dieses Orts an der ersten Kreuzung in Richtung Montebagnolo abbiegen. Ganz oben auf dem einzigen Pinienhügel liegt die "Cresta Verde".
In einem liebevoll renovierten Bauernhaus mit 20 Hektar Land und vielen Streicheltieren vermieten Jutta und Max in familiärer Atmosphäre einige Zimmer mit Frühstück, Halb- oder Vollpension. Auch zwei Appartements für 3 bzw. 4 Personen sind vorhanden. Reichhaltiges Frühstück, phantasievolle italienische Küche, eigene Produkte. Und natürlich verraten Ihnen Max und Jutta auch, wie sie vom Bauernhof aus herrliche Wanderungen und Mountainbike-Touren unternehmen können, z. B. in ca. 2 Std. zum Fuß des Monte Tézio. Danach zur Erfrischung ins hauseigene kleine Schwimmbad. Daneben ein Badmintonplatz, im Winter eine Sauna – und nur zum Anschauen, nicht zum Reiten: zwei Ställe voller Rassepferde (Araber), deren Aufzucht mit großer Sorgfalt betrieben wird.
Zur Jahrtausendwende hat Cresta Verde ein Restaurant für externe Gäste eröffnet. Geöffnet an Abenden von Donnerstag bis Sonntag. Voranmeldung ist obligatorisch, seit sich die ausgezeichnete Küche in Perugia herumgesprochen hat. DZ mit Bad 57 €. Loc. Montebagnolo (Ponte Páttoli), 06085 Perugia. ✆/📠 075/5899438.

Perugia
Karte S. 111/113

Alcatraz

In traumhafter Lage hoch oben in den Bergen von Santa Cristina, ca. 15 km nördlich von Perugia, befindet sich eines der farbigsten Agriturismo-Projekte Italiens. *Alcatraz* wurde 1980 als "Freie Universität" von *Jacopo Fo* (Sohn des Theatermachers und Nobelpreisträgers für Literatur *Dario Fo* und dessen Lebensgefährtin *Franca Rame*) gegründet. Heute redet die Belegschaft (20 Personen arbeiten hier) etwas bescheidener von "Kursen". Das Angebot hierfür ist so bunt wie das Gemälde von Dario Fo am Eingang: Theatertherapie, Englisch, thailändische Massage, isometrische Gymnastik, Comiczeichnen, Ausflüge zu etruskischen Stätten, Trekking zu Pferd, mediterrane Kochkunst – dies nur ein kleiner Auszug aus dem Kursprogramm ...

1999 veranstaltete Alcatraz ein internationales Festival der Comico-Therapie, zu dem Clowns aus aller Welt anreisten und über ihre Erfahrungen als Therapeuten berichteten, u. a. der Franzose *Miloud*, der sich seit sieben Jahren um die Kanalkinder von Bukarest kümmert. Das Festival schloss mit der Gründung einer Internationalen Clownpartei, deren Programm dem Pessimismus der Welt den Kampf erklärt.

Die libertäre Akademie funktioniert aber auch als Agriturismo-Betrieb, selbst wenn dieser Begriff der Einzigartigkeit des Unternehmens nicht gerecht wird. Auf dem 300 Hektar (!) großen hügelig-waldigen Gelände lässt es sich wunderbar leben. In einer Waldlichtung lockt ein großes Schwimmbad, gefüllt mit frischem Quellwasser. Besonders für Kinder und Jugendliche werden didaktische Führungen durch die Natur (Bäume und Wiesen, Wiederaufforstung, Olivenkulturen etc.) veranstaltet – mit dem Alcatraz-Didaktik-Bus. Im Alcatraz-Reitstall werden Kurse und Ausritte angeboten.

• *Anfahrt* von Perugia auf der Schnellstraße in Richtung Cesena, Ausfahrt Ponte Páttoli, dann in nordöstliche Richtung weiter bis Casa del Diavolo; von da ab der Beschilderung "Alcatraz S. Cristina, Ass. culturale" folgen.

• *Preise* Das Paradies hat seinen Preis. In der Hauptsaison ist nur Vollpension möglich, in der Nebensaison auch Halbpension oder nur Übernachtung. Vollpension mit DZ im Hauptgebäude ca. 73.50 €/Person, im einsam im Wald versteckten Bungalow etwas billiger, im Mini-Appartement sowie im mittelalterlichen Turm (ca. 3 km vom Hauptgebäude entfernt) etwas teurer. In der Nebensaison ca. 10% billiger. Benutzung des Schwimmbads sowie didaktische Führungen durchs Gelände sind im Preis inbegriffen. Küche mit ausgezeichneter biologischer Kost. Menü mit mehreren kleinen Gängen, dazu hervorragende Landweine. Keine Campingmöglichkeit! Telefonische Voranmeldung ist angebracht. Loc. Santa Cristina, 06024 Gubbio. ✆ 075/9229938, e-mail: info@alcatraz.it.

Das Grundgesetz von Alcatraz

1. Das Leben ist schön – aber die Spaghetti könnten noch besser sein.
2. Gewalt ist sinnlos, vor allem aber anstrengend.
3. Wenn man dir eine Ohrfeige gibt, versuche ihr auszuweichen.
4. Das Universum liebt den, der schläft.
5. Einheit macht stark, allein langweilt man sich.
6. Auch die Ameisen haben ihre Rechte.

(Frei übersetzt vom Autor, der wie eine Ameise arbeitet und folglich auch Rechte hat.)

Torgiano (ca. 5.000 Einwohner)

Der Ort zwischen Perugia und Todi ist ein kleines, aber berühmtes Zentrum des umbrischen Weinanbaus. Die Verbesserung der Weinqualität und die Steigerung der Erträge in den letzten vier Jahrzehnten hat Torgiano dem Sachverstand des Gutsbesitzers Giorgio Lungarotti zu verdanken, der in den 1950er Jahren das Weingut der Familie in einen modernen Fachbetrieb umwandelte.

Die starke Exportorientierung der Lungarottis (50% der Flaschen gehen ins Ausland) und der Weintourismus brachten Wohlstand in den Ort: Rund um den historischen Ortskern sind Eigenheime aus dem Boden geschossen. Die hochmoderne Cantina mit ihren über 60 Beschäftigten liegt etwas außerhalb und kann besichtigt werden.

Aus dem Torgiano-Gebiet kommen sehr unterschiedliche Weine. Der bekannteste ist der rote Torgiano – *Rubesco* genannt, der in dieser Gegend bereits seit über 100 Jahren gekeltert wird. Überregionale Bedeutung erlangte er erst im Jahr 1968, als Torgiano zum D.O.C.-Gebiet erklärt wurde, einer der seltenen Fälle in Italien, in dem Lage und Ortsbezeichnung identisch sind und sich überdies im Alleinbesitz eines Guts befinden.

Die Reben des Rubesco wachsen auf einem ca. 200 Hektar großen Anbaugebiet. Wesentlicher Klimafaktor sind die trockenen Winde. Der *Torgiano Rubesco* zählt zu den Verschnittweinen; er wird nach klassischer Methode aus verschiedenen Rebsorten gekeltert, weiß und rot gemischt. Hauptbestandteil ist mit 50 bis 70% die Sangiovese-Traube. Dazu kommen die Trauben Canaiolo, Trebbiano, Toscano, Ciliegiolo und Montepulciano.

• *Telefonvorwahl* 075
• *Postleitzahl* 06089
• *Wein* Beim Kauf sollte man darauf achten, dass der Rotwein die Bezeichnung "Riserva" trägt. Dann hat er 12% Alkohol und wurde mindestens drei Jahre gelagert. Die Cantina Lungarotti führt neben dem Rubesco ein breit gefächertes Angebot, u. a. den weißen, spritzigen Tafelwein Buffaloro, die guten Tischweine Castell (rosé) und Torre di Giano (weiß), ein Vinsanto sowie den seltenen, sherryähnlichen, trockenen Aperitifwein Solleone.

• *Übernachten* ***** (!) **Hotel Le Tre Vaselle**, beim Weinmuseum ums Eck. Das Luxushotel der Lungarotti, in einem von außen unscheinbaren alten Castello untergebracht, ist vor allem wegen seines Restaurants berühmt. Highlights der umbrischen Küche in gediegener Atmosphäre zu Höchstpreisen. DZ 129–245 €. Via Garibaldi 48. ✆ 9880447, 📠 9880214, e-mail: 3vaselle@3vaselle.it.

** **Hotel SI.RO**, im unteren Ortsteil. DZ mit Bad 50–55 €, inkl. Frühstück. Via G. Bruno 16. ✆ 982010, 📠 9880035.

Perugia Karte S. 111/113

Sehenswertes

Weinmuseum *(Museo del Vino)*: Mitten in Torgiano, im Palazzo Baglioni, errichtete 1974 die promovierte Kunsthistorikerin *Maria Grazia Lungarotti* ein Museum des Weins, das mit seinen Tausenden von sorgfältig inventarisierten Exponaten zur bacchantischen Wissenschaft und Praxis in Europa einzigartig ist. Die auf 20 Ausstellungsräume verteilte Sammlung belegt die Geschichte des italienischen Weinbaus und seine tief verwurzelten Traditionen von der vorrömischen Zeit bis heute. Das Museum versteht sich als interdisziplinär: Neben Winzergeräten, die man auch in anderen Weinmuseen sehen kann, haben hier Archäologie, Geschichte, Technik, Kunst und Mythologie ihren Platz.

Bereits die umfangreiche Handschriftensammlung aus dem 13. Jahrhundert im zweiten Saal, z. T. aus den Archiven Perugias, dokumentiert die Seriosität des Unternehmens. In den Keramik-Sälen mit unzähligen Amphoren und Weinkrügen kann das Auge auf Entdeckungsreise gehen, besonders amüsant ist die Mittelalterabteilung mit ihren Bilderbuchdarstellungen. In der mythologischen Abteilung ist die fröhliche Figur des Bacchus vorherrschend. In den unzähligen feinen Drucken und Stichen zum Thema verliert sich des Besuchers Auge schon wieder, die Abteilung Literatur und Wissenschaft reicht von Plato und Homer bis ins 20. Jahrhundert. Auch Cocteau und Picasso sind im Museum vertreten – und neben all den Exklusivitäten auch das ganz praktische Handwerk mit Weinpressen, Spritzgeräten Verkorkungsvorrichtungen etc.

Öffnungszeiten Sommer 9–13 und 15–19 Uhr; Winter 9–13 und 15–18 Uhr. Eintritt 4 € oder im Doppelpack mit dem Ölbaum- und Olivenölmuseum 7 €.

Ölbaum- und Olivenölmuseum *(Museo dell'Olivo e dell'Olio)*, an der Via Garibaldi 10. Ebenso preziös wie das Weinmuseum ist dieses zweite von *Maria Grazia Lungarotti* eingerichtete Museum. Ursprung und Verbreitung des Olivenöls werden ebenso professionell dokumentiert wie Schnitt-, Sammel-, Press- und Mahltechniken. Alte Ölpressen und Ölmühlen belegen allein schon zwei der elf Räume. Es folgen – wie im Weinmuseum – thematische Abteilungen mit ebenso ausführlichen wie klugen Begleittexten (auf Italienisch und Englisch). Im Sektor "Das Öl und das Heilige" ist ein fein bearbeiteter marmorner Ölbehälter aus dem 7. Jahrhundert v. Chr. das zentrale Schmuckstück, im Raum "Das Öl als Lichtquelle" sind unzählige Öllampen von der Antike bis heute ausgestellt, vom reich verzierten Silbergefäß bis zum schnörkellosen Öllicht. "Öl und Sport" ist eine weitere Abteilung, und natürlich fehlt auch nicht der

Ölzweig als Symbol des Friedens – ein überzeugendes museographisches Konzept, in dessen Umsetzung enorm viel Arbeit und Sorgfalt investiert wurde.

Öffnungszeiten Sommer 10–13 und 15–19 Uhr; Winter 10–13 und 15–18 Uhr. Eintritt 4 € oder im Doppelpack mit dem Weinmuseum 7 €.

Bettona

Die Lage in den Hügeln über Torgiano ist großartig, die mittelalterliche Ummauerung noch komplett erhalten. Dass das Städtchen noch nicht von Amerikanern, Deutschen und betuchten Römern aufgekauft wurde, verwundert geradezu.

Bettona ist umbrischen Ursprungs, später errichteten die Etrusker hier ihre Stadt. Von ihnen stammen nebst einem Grab unterhalb des Orts noch Teile der Stadtmauer, die nach der Zerstörung in den guelfisch-ghibellinischen Kriegen von Kardinal *Albornoz* neu aufgebaut wurde. Wer einen Spaziergang entlang der Stadtmauer unternimmt – in 15 Minuten hat man Bettona umrundet – sieht schnell die Verschiedenheit des Mauerwerks. Einer Stelle mit zwei besonders gerundeten und leicht geteilten Steinen hat der respektlose Volksmund den Namen *culi delle suore* (Nonnenärsche) verpasst. Das Mauerstück ist mittlerweile als Postkarte zu kaufen, dort allerdings mit *culi dei monache* (Mönchsärsche) betitelt ...

Einzige Sehenswürdigkeit im Städtchen, das vom *Corso* in zwei gleich große Hälften geteilt wird, ist die **kommunale Pinakothek**, die im wappenverzierten *Palazzo della Podestà* – ein kleiner Palast mit Freitreppe – untergebracht ist. Hier ist alles, was man in den Kirchen Bettonas für museumswürdig befand, versammelt. Dass die Sammlung durchaus Qualität hat, erkannten auch die dreisten Diebe, die 1987 insgesamt 29 Kunstwerke mitgehen ließen. Man fand die gestohlenen Gemälde vier Jahre später in Jamaika (!) wieder und verwahrt einige von ihnen seither an sichereren Orten. Geblieben sind in Bettona u. a: zwei Gemälde von *Perugino* und das Fresko "Der Erzengel Michael triumphiert über Satan" von *Fiorenzo di Lorenzo* – in der Linken eine Seelenwaage mit je einer Figur in jeder Schale steht der siegreiche Michael mit beiden Beinen auf dem Gehörnten. Die "Glorreiche Madonna mit sechs Heiligen" des Sizilianers *Iacopo Siculo* zeigt Lokalkolorit: Im Hintergrund erhebt sich das mittelalterliche Bettona, der Heilige links ist wohl Crispolto, der Schirmherr der Stadt. Er wurde von Petrus persönlich nach Italien geschickt, um das Christentum zu verbreiten und starb als Märtyrer – ein Sägeblatt über seinem Kopf deutet die grausame Hinrichtungsart an. Was der menschlich dreinblickende Löwe auf dem Bild soll, entzieht sich unserer Kenntnis, ebenso die Bedeutung der Eidechse im Vordergrund, die sich gleich über die Heuschrecke daneben hermachen wird – oder über den weiter entfernten Nachtfalter?

Öffnungszeiten Im Sommer täglich 10.30–13 und 15–19 Uhr; im Winter Di–So 10.30–13.00 und 14.30–17.00 Uhr. Eintritt: 3,10 €.

Eine Ausstellung ganz anderer Art ist in der Bar im Erdgeschoss des Palazzo zu sehen: alte Fotos von Bettona und ein aufregender Zeitungsartikel aus dem Jahr 1955, der mit einigem Grund behauptet, dass die sterblichen Überreste von Petrus nicht in Rom, sondern in Bettona zu suchen seien. Uns hätte mehr interessiert, wohin sein Schlüssel gekommen ist ...

Deruta

(ca. 7600 Einwohner)

Umbriens Hochburg der Kachelkunst: Majolika-Kacheln haben in Deruta eine bis ins 14. Jahrhundert zurückreichende Tradition. *Maioliche* ist in Italien der übliche Begriff für Fayencen, da diese Kunst über *Mallorca* nach Italien gelangte. Im Alpen-Nordraum ist der Begriff *Fayencen* heimisch geworden, weil man die begehrte Keramik aus der oberitalienischen Keramikstadt *Faenza* einführte.

Im Centro storico, das sonst ohne besonderen Reiz ist, findet man zahlreiche einschlägige Läden, die dem klassischen Deruta-Muster treu bleiben und sich deshalb wie ein Ei dem anderen gleichen. Eine Ausnahme bildet *Ars Artigiani Deruta*: der Laden bei der Franziskanerkirche zeigt in fröhlichen Farbtönen, wie man's auch anders machen kann.

Ebenfalls Erwähnung verdient der unbekannte Künstler, der 1995 eine Kopie des gekachelten Fußbodens herstellte, der im 16. Jahrhundert die Kirche S. Angelo zierte: viele Heilige, Kentauren, Sphingen und – für einen sakralen Ort etwas ungewöhnlich – eine wartende Frau im Bett. Das sonderbare Werk ist an einer Hauswand knapp oberhalb des Stadttors zu sehen.

Einkaufen Wer nur ein Souvenir kaufen will, braucht nicht unbedingt in den Stadtkern hochzufahren. An der Via Tiberina, der Durchgangsstraße unterhalb des Orts, reihen sich Keramikstände, -geschäfte und -fabriken.

Sehenswertes

Museo Regionale della Ceramica: Prunkstücke des Museums sind die hübschen Votivkacheln aus der Kirche San Francesco, ansonsten ist die lokale Sammlung aus der einheimischen Produktion etwas monoton. Die wertvollsten Deruta-Majoliken haben den Weg nach Paris und London gefunden.

Öffnungszeiten April–Juni: täglich 10.30–13.00 und 15–18 Uhr; Juli–September: täglich 10–13 und 15.30–19.00 Uhr; Oktober–März: täglich außer Di 10.30–13.00 und 14.30–17.00 Uhr. Eintritt 2.60 €.

Kirche San Francesco: In der einschiffigen Kirche sind noch einige Fresken aus dem 15. Jahrhundert erhalten, die schönsten in der ersten Seitenkapelle rechts: "Szenen aus der Vita des heiligen Antonius" mit einer drastischen Darstellung von zwei Gehängten. An der gegenüberliegenden Kirchenwand schaut maskenhaft ein nicht mehr zu identifizierender Kopf aus dem weißen Verputz, der Rest des Freskos ist verloren gegangen. Und natürlich ist auch hier die Majolika-Kunst vertreten, u. a. eine gekachelte Stadtansicht von Deruta.

Majolika, Majolika

Perugia Karte S. 111/113

Assisi

(ca. 25.000 Einwohner)

Hellrot liegt die Stadt des heiligen Franz an den Hängen des Monte Subasio. Den besten Blick hat man von unten, bei der Anfahrt von S. Maria degli Angeli aus. Über der Stadt thront stolz die mittelalterliche Rocca Maggiore und vor ihr, auf riesigen Stützpfeilern, der Franziskanerkonvent mit der doppelten Basilika.

Vor fast 800 Jahren gründete Franz von Assisi den später nach ihm benannten Franziskanerorden. Dem Heiligen verdankt die Stadt ihre heutige Größe und einige Kirchen aus dem roten Subasiostein, die zu seinen Ehren gebaut wurden. Den mystisch-religiösen Hauch wird man in Assisi nicht so leicht los, der heilige Franziskus empfängt in seiner Gruft den katholischen Tourismus busladungsweise.

Der Bildungsreisende Goethe ließ sich vom Franziskus-Kult nicht beirren. Über seinen Besuch in Assisi notierte er: "Die ungeheuren Substruktionen der babylonisch übereinandergetürmten Kirchen, wo der heilige Franziskus ruht, ließ ich links, mit Abneigung. Dann fragte ich einen hübschen Jungen nach der Maria della Minerva. Endlich gelangten wir in die eigentliche alte Stadt: und siehe, das löblichste Werk stand vor meinen Augen, das erste vollständige Denkmal der alten Zeit, das ich erblickte. Ein bescheidener Tempel, wie er sich für eine so kleine Stadt schickte, und doch so vollkommen, so schön gedacht, dass er überall glänzen würde. An der Fassade konnte ich mich nicht satt sehen." Der Geheimrat, immun gegen allen katholischen Weihrauch, mit seinem Winckelmann unter dem Arm auf der Suche nach Zeugnissen der heidnischen Antike – was für ein erhaben-skurriles Bild gäbe er im heutigen Assisi ab!

Seit Goethe ist wohl keiner mehr nur wegen des Minerva-Tempelchens nach Assisi gereist, denn es gibt hier noch einiges mehr zu sehen – nicht zuletzt die mittelalterliche Altstadt selbst, die dem, der sich nicht scheut, die engen Seitengassen und Treppen bergauf, bergab zu gehen, immer wieder überraschende Ansichten und Ausblicke bietet.

Franz von Assisi

Der blutige Kampf um die Vorherrschaft in Umbrien zwischen den päpstlichen Guelfen und den kaisertreuen Ghibellinen war im 12. Jahrhundert in vollem Gange. In einem der Kriegszüge gegen das benachbarte, guelfische Perugia zog auch der junge, 1182 geborene Giovanni di Bernardone mit, der wohl wegen seines Faibles zu den französischen Troubadours "Francesco" genannt wurde. Giovanni galt als einer der zügellosesten reichen Jünglinge Assisis, schmiss mit Geld um sich und hatte dementsprechend viel Anhang, männlichen wie weiblichen. Beim Kampf um Perugia wurde er 1198 gefangengenommen und wanderte darauf für ein Jahr ins Gefängnis. Heimgekehrt, erkrankte er schwer, und wieder gesund, war er ein anderer Mensch geworden. Er schwor seinem jugendlichen Treiben ab, entsagte allem irdischen Reichtum und verbrachte sein weiteres Leben in Armut und Enthaltsamkeit. Als Laienprediger zog er jahrelang durch ganz Italien und versuchte, in der Mundart des jeweiligen Landstrichs (statt mit Kirchenlatein) der Bevölkerung die Botschaft Christi näher zu bringen.

Franziskus kämpfte für die Gleichheit der Menschen und sah im Reichtum ein Hindernis für ein glückliches Leben im Diesseits wie im Jenseits. Mit seinen Reden gegen die verweltlichte Kirche schloss er, ähnlich wie die "ketzerischen" Albigenser in Südfrankreich, an schon fast verlorene Traditionen des Urchristentums an.

Seine hinreißenden Predigten fanden zahlreiche Anhänger, und 1209 bestätigte Papst Innozenz III. die Regeln des Franziskanerordens der Frati Minori (Minoriten). Vermutlich wollte die Kurie Franz von Assisi als Vermittler zwischen der Kirche und dem unzufriedenen Volk benutzen, zumal Franz auch ein Gegner der in dieser Zeit häufigen Kreuzzüge ins "Heilige Land" war und sich in eigener Mission nach Jerusalem begab.

1226 starb Franziskus, seine Anhänger gingen damals schon in die Tausende. Bereits zwei Jahre später wurde er heilig gesprochen, gleichzeitig wurde mit dem Bau der Basilica di San Francesco begonnen.
Der Giotto zugeschriebene Freskenzyklus in der Basilica di San Francesco (siehe "Sehenswertes") gibt die wichtigsten Begebenheiten seiner Vita wieder.

Geschichte

Vor und nach dem heiligen Franz hat Assisi kaum Schlagzeilen gemacht. In römischer Zeit stand hier eine wohlhabende Kleinstadt, Überrest dieser Epoche ist der von Goethe geschätzte Minervatempel auf der Piazza del Comune. Nach dem Zusammenbruch des Weströmischen Reiches musste wie Perugia auch Assisi zuerst mit dem Ansturm der Goten fertig werden. Im Mittelalter

Assisi
Karte vorderer Umschlag

dann waren die beiden Städte in erbitterte Auseinandersetzungen verwickelt, Perugia auf der Seite der Guelfen (Papstanhänger), Assisi auf der der Ghibellinen (Kaisertreue). Ruhe kehrte erst im 16. Jahrhundert ein, nachdem Rom in ganz Umbrien seine Vorherrschaft gesichert hatte.
Heute lebt Assisi vom Pilgertourismus. Jährlich kommen mehr Besucher in die Stadt des heiligen Franziskus als ganz Umbrien Einwohner zählt. Damit nimmt Assisi als nationales Pilgerziel hinter Rom und Padua den dritten Platz ein.

Information/Diverses

- *Telefonvorwahl* 075
- *Postleitzahl* 06081
- *Information* **A.P.T.-Büro**. Piazza del Comune. Öffnungszeiten: Mo–Fr 8–14 und 15–18 Uhr, Sa 9–13 und 15–18 Uhr, So 9–13 Uhr. ✆ 812534, 📠 813727, e-mail: info@iat.assisi.pg.it
Saisonale Zweigstelle bei der Porta Nuova. Geöffnet Ostern–Oktober 10–19 Uhr; Mi geschlossen. ✆ 816766
- *Hotelreservierung* **Consorzio Albergatori ed Operatori Turistici di Assisi**. Via Cristofani. Öffnungszeiten: Mo–Fr 9–13 und 15–18 Uhr, Sa 9–12 Uhr, ✆ 816566, 📠 812315, e-mail: caa@krenet.it
Saisonale Zweigstelle in einer Baracke an der Viale Marconi (Zufahrt von Perugia her). Geöffnet Ostern–Oktober 10–19 Uhr; Di geschlossen. ✆ 813599.
- *Verbindung* **Zug**: Der Bahnhof liegt ca. 4 km weiter unten im Tal, in S. Maria degli Angeli, gute Bahnverbindung nach Perugia. Busse zum Bahnhof im 30-Minuten-Takt (Bushaltestellen Piazza Matteotti, Largo Properzio und Piazza Unità d'Italia).
Bus: Gute Verbindungen nach Perugia, Gubbio, Città di Castello. Abfahrt am Largo Properzio oder an der Piazza Unità d'Italia.
- *Parkplätze* Es gibt mehrere Parkplätze unterhalb der Stadt, zum Teil auch gebührenfrei, von den untersten fährt ein Pendelbus ins Zentrum. Gebührenpflichtig und zentrumsnah sind die Parkplätze unterhalb des Largo Properzio (Rolltreppe) und an der Piazza Matteotti.
- *Wochenmarkt* Samstag auf der Piazza Matteotti.
- *Feste und Veranstaltungen* Religiöse Feiertage sind oft besonders festliche Anlässe. An Ostern z.B. finden nicht nur lange Prozessionen, sondern auch Schauspiele statt. Der Mai (erster Donnerstag bis Samstag) wird mit der **Festa di Calendimaggio** begrüßt: Alles macht sich fein, geht gut essen, und die Stadt wird mit Fahnen und Tingeltangel geschmückt. Wettspiele zwischen Ober- und Unterstadt, Umzüge in historischen Gewändern, Musik und Tanz. Nachts ist die Wiese vor S. Francesco voll mit kleinen flackernden Öllichtern.
- *Sprachschule* Die **Accademia Lingua Italiana Assisi** an der Via San Paolo 36 führt das ganze Jahr über einmonatige Kurse durch, von Februar–Oktober auch 3-monatige, im August Vorbereitungskurse für die Sprachprüfung, die für das Studium an italienischen Unis Voraussetzung ist. Gegründet wurde die Akademie von einem langjährigen Dozenten der Peruginer Ausländeruni und anerkannten Fachmann für Didaktik des Italienischen als Fremdsprache. Auf Wunsch kümmert sich die Akademie auch um Unterkunft für ihre Studenten. ✆/📠 815281, e-mail: alia@krenet.it

Übernachten/Camping (siehe Karte vorderer Umschlag)

Rund 50 Hotels, vor allem der unteren Kategorien, zählt die Stadt. Das ist viel, doch an Feiertagen, wenn besonders viele Pilger nach Assisi kommen, oft nicht genug. Wer sich der Mühe der Hotelsuche nicht selbst unterziehen will, fragt bei der Zimmervermittlung des *Consorzio Albergatori* nach (siehe "Information"). Im A.P.T-Büro (siehe "Information") liegt eine Liste mit privaten Zimmervermietern auf, eine weitere mit Unterkunftsmöglichkeiten in religiös geführten Häusern. Wer in Assisi kein Bett mehr findet, versucht sein Glück am besten in S. Maria degli Angeli, in Bastia oder bei einem der "Zimmer-frei"-Schilder auf dem Weg dorthin. Wer mit dem eigenen Fahrzeug unterwegs ist, kann auch eine Übernachtung in Spello (siehe dort) in Erwägung ziehen.

**** **Hotel Subasio (1)**. Das Haus, direkt neben der Unterkirche der Franziskus-Basilika, hat schon so berühmte Leute beherbergt wie Marlene Dietrich und Charlie Chaplin. Auf der weinüberwucherten Terrasse isst man ausgezeichnet. DZ 150–233 €. Via Frate Elia 2. ✆ 812206, 📠 816691, e-mail: s.elisei.hotelsubasio@interbusiness.it.

*** **Hotel Umbra (11)**, unterhalb der Piazza del Comune. 25 Zimmer, zum Teil mit kleinem Balkon und Blick auf die Stadt. DZ 93–118 €. Via degli Archi 6. ✆ 812240, 📠 813653, e-mail: humbra@mail.caribusiness.it.

** **Hotel Alexander (15)**, unterhalb der Piazza del Comune. Im Haus daneben wurde der heilige Franz geboren. Vielleicht tröstet dies über die teils asketisch kleinen (aber gepflegten!) Zimmer hinweg. DZ mit Dusche/WC 40–120 €. Piazzetta Chiesa Nuova 6. ✆/📠 816190, e-mail: alexander@italyhotel.com.

** **Hotel Ancajani (3)**, von Ordensschwestern geführtes Haus in sehr ruhiger Lage. Gepflegt. Restaurant angeschlossen. DZ mit schönem Bad 51–68 €. Via degli Ancajani 16. ✆ 815128, 📠 815129.

** **Hotel Posta e Panoramic (4)**. Restauriertes Gebäude in zentraler Lage. Nach hinten Panorama-Zimmer mit Ausblick auf die Ebene, zwei Häuser weiter das relativ preiswerte Hotelrestaurant. DZ 55–60 €. Via S. Paolo 17. ✆ 816202, 📠 812558, e-mail: postph@libero.it.

* **Hotel Fontemaggio**, ca. 2 km außerhalb, Straße in Richtung Eremo delle Carceri. Neben gleichnamiger Jugendherberge und in gleicher Regie. Zimmer etwas klein, aber sauber. DZ mit Bad 52 €. Via S. Rufino Campagna 8, Loc. Fontemaggio. ✆ 813636, 📠 813749.

* **Hotel Anfiteatro Romano (12)**, etwas abseits vom Rummel, aber sehr hübsche und ruhige Lage in den Ruinen des römischen Amphitheaters – unsere Low-Budget-Empfehlung. DZ mit Dusche 44 €, ohne 34 €. Via Anfiteatro Romano 4. ✆ 813025, 📠 815110.

* **Hotel La Rocca (5)**, meist hübsche Zimmer. Oft sind Schulklassen zu Besuch. DZ mit Dusche 43 €, ohne 41 €. Via Porta Perlici 27. ✆/📠 812284, e-mail: info@hotelarocca.it.

* **Albergo Italia (7)**, direkt oberhalb der Piazza del Comune und wegen der zentralen Lage sehr schnell ausgebucht. Freundliche Besitzer. DZ mit Dusche 29–36 €. Vicolo della Fortezza 2. ✆ 812625.

Jugendherberge Fontemaggio, gleich neben dem Campingplatz Fontemaggio und in selber Regie, von der Stadtmauer aus zu Fuß in ca. 10 Minuten über einen schön bewachsenen Weg erreichbar. Übernachtung ca. 12 €, kein IYHF-Ausweis nötig. Via S. Rufino Campagna 8, Loc. Fontemaggio. ✆ 813636, 📠 813749.

*** **Camping Internazionale Assisi**, ca. 2 km außerhalb an der Straße nach Perugia. Viele Wohnwagen, wenig Schatten, Straßenlärm. Kann trotz des 3. Sterns mit dem nachgenannten in keiner Weise konkurrieren, zumal auch die Rezeption an Freundlichkeit zu wünschen übrig lässt. Ca. 130 Stellplätze. Geöffnet Mitte April–Mitte Oktober. S. Giovanni in Campiglione 110, Campiglione. ✆ 813710, 📠 812335.

** **Camping Fontemaggio**, Adresse wie Jugendherberge (s. o.), von der Stadtmauer aus zu Fuß in ca. 10 Minuten über einen schön bewachsenen Weg erreichbar. Schöne Hanglage mit Blick ins Tal, größtenteils schattig, terrassenförmig angelegt. Die sanitären Anlagen wurden 2002 komplett renoviert. Freundliches Personal und preiswertes Restaurant (siehe unter "Essen", La Stella). Ca. 250 Stellplätze. Ganzjährig geöffnet. Via S. Rufino Campagna 8, Loc. Fontemagggio. ✆ 813636, 📠 813749.

Essen (siehe Karte vorderer Umschlag)

Eine Spezialität Assisis: *Palombaccia alla ghiotta*. Die Wildtaube wird – mit einer Schinkenscheibe bedeckt – am Spieß gebraten und dabei mit einem Gemisch aus Olivenöl und Rotwein eingepinselt.

Buca di San Francesco (8), Nähe Piazzetta Garibaldi, im Souterrain eines alten Palastes (12. Jh.). Eines der besten Lokale Assisis und für das Gebotene preiswert. Spezialitäten sind Agnello alla brace, Filetto al Rubesco di Torgiano, Asce francescano ... Bei einem mittleren Menü kommt man auf ca. 35 €. Mo geschlossen. Via Brizi 1.

Taverna dell'Arco da Bino (10), unterhalb der Via Portica. Hier gibt es solides, leckeres Essen in der Atmosphäre des 14. Jh. Deckengewölbe und Steinwände. Das Menü ist auf einige Spezialitäten begrenzt und kommt auf ca. 20 € pro Person. Di geschlossen. Via S. Gregorio 8.

Osteria Pozzo della Mensa (13), im Gemäuer versteckt, abends weisen Öllichter den Weg zum Lokal. Mittags empfehlenswerte

Tagesgerichte. Jugendlich-dynamische Bewirtung in angenehmer Atmosphäre. Mi geschlossen. Via del Pozzo della Mensa 11b.

Ristorante/Pizzeria La Lanterna (9). Kleiner Gewölbekeller, in dem über Holzkohle gebackene Pizze auch mittags serviert werden. Do geschlossen. Via S. Rufino 41b.

Ristorante La Fortezza (6), oberhalb der Piazza del Comune. Einfache Mahlzeiten, die ihr Geld wert sind. Do geschlossen. Vicolo della Fortezza 2b.

Girarrosto Da Cecco (2), bietet eine typische und sehr schmackhafte Küche. Spezialität: Faraona alla Cecco (Perlhuhn in Weißwein) und ausgezeichnete Cannelloni. Ein besseres Menü kostet ca. 18 €, Touristenmenü bereits für ca. 12 €. Mi geschlossen. Piazza S. Pietro 8.

Pizzeria Dal Carro (14), zwischen Piazza del Comune und S. Chiara. Preisgünstig und zentral. Wenn man sich einmal mit dem hellen Saal angefreundet hat, in dem jeder und jede jeden und jede sieht, lässt sich's ungeniert speisen. Geeignet auch für größere Gruppen (Biertische). Fröhliche Bewirtung. Mi geschlossen. Vicolo dei Nepis 2.

Ristorante La Stella, neben dem Camping Fontemaggio (s. o.). Sehr empfehlenswert, äußerst preiswert, wird auch gerne von Einheimischen besucht. Im Sommer sitzt man in einem schattigen Garten, Selbstbedienung am großen Salatbuffet, Holzkohlengrill, während der kühlen Monate sehr behaglich in einem ehemaligen Stall. Die Speisen werden vor den Augen des Gastes in der Glut des Kaminfeuers zubereitet: dicke Bohnen, Polenta, geschmolzener Käse mit Honig in Pfännchen (Coccio), Fleischspieße, Steaks und als Beilagen Kartoffeln und geschmorte Zwiebeln aus der Glut, heiße Knoblauchbrote oder Pizzafladen. Komplettes, umfangreiches Menü ca. 18 €. Mo und im Mai geschlossen. Via S. Rufino Campagna 8, Loc. Fontemaggio.

Die besten **Pasticcerie** findet man in der Via Portica: Mandelkrokantteilchen, Früchtebrot und "Brustengolo", eine Kuchenspezialität Assisis vom Blech, bestehend aus Maismehl, Honig und Rosinen. Die Preisangaben beziehen sich in der Regel auf ein Etto, d.h. 100 Gramm.

Sehenswertes

Assisi gehört zu den vom großen Erdbeben 1997 am meisten beschädigten Städten. Drei Jahre lang lag nahezu die gesamte Innenstadt im Korsett von Baugerüsten, die Oberkirche der Franziskus-Basilika, die Basilika der heiligen Klara, die Kathedrale San Rufino sowie die städtische Pinakothek waren nicht zugänglich. Wiederaufbau und Restaurierungsarbeiten wurden forciert betrieben, schließlich versprach Papst Johannes Paul II., im Jubiläumsjahr 2000 die Weihnachtsmesse in Assisi abzuhalten. Die Hauptsehenswürdigkeiten der Stadt sind seit 2002 wieder zugänglich, die Fresken der berühmten Oberkirche der Basilika zumindest im unteren Teil restauriert, doch die Spuren der Katastrophe sind noch allenthalben auszumachen.

Basilica di San Francesco

Die meistbesuchte Pilgerstätte Assisis war vom Erdbeben 1997 besonders schlimm betroffen. Das Deckengewölbe der Oberkirche stürzte ein, die weltberühmten Fresken lagen in Scherben. Vier Mönche, die darauf den Schaden begutachten wollten, wurden von einem Nachbeben überrascht und getötet.

Ende 1999 wurde die Oberkirche wiedereröffnet, die Restauratoren hatten mit Hilfe modernster Computertechnologie über 100.000 Freskenfragmente zusammengefügt. Kosten: ca. 40 Millionen Euro. Die Arbeiten wurden im Jahr 2000 abgeschlossen.

Die Franziskus-Basilika besteht aus zwei übereinander gebauten Kirchen. Obwohl dieser Aufwand dem Prinzip der Armut, das Franz predigte, wider-

Fröhliche Franziskaner, Flagellanten-Accessoires

sprach, bestand *Fra Elia*, einer der frühen Gefolgsleute des Heiligen und angeblich Architekt der Basilika, auf der Errichtung des Doppelbaus. Die Grundsteinlegung fand 1228 statt, ein Tag nach der Heiligsprechung des Franz von Assisi.

Die **Oberkirche** war für Andachten geplant, ist reinste Gotik und birgt in ihrem Inneren Fresken der berühmten Maler *Cimabue* und *Giotto*. Eine Reihe von 28 Fresken, die das Leben des heiligen Franziskus schildern, wird Giotto zugeschrieben, doch wirken sie im Vergleich zu seinen anderen Werken etwas zu surrealistisch. Neueren Forschungen zufolge kommt auch Giottos Lehrer *Pietro Cavallini* als Urheber in Betracht. Die Predigt des heiligen Franz zu den Vögeln in der Nähe des Eingangs hingegen ist mit Sicherheit Giottos Werk. Über dem berühmten Freskenzyklus sind in der Fensterzone – jeweils zwei Darstellungen übereinander – an der rechten Wand Szenen aus dem Alten Testament, an der linken Wand Szenen aus dem Neuen Testament zu sehen. Beide Zyklen beginnen jeweils beim Querschiff, wobei zuerst die obere Reihe der ganzen Länge nach, erst dann die untere zu lesen ist, sofern man die Chronologie beachten will. Außerdem findet man in der Oberkirche zwei schöne Arbeiten von *Pietro Lorenzetti* ("Madonna mit Kind", "Jesus verlässt das Kreuz").

Franziskanermönche arbeiten hier in italienischer, deutscher, französischer, polnischer, ja sogar japanischer Sprache als Kunstführer für die Pilger- und Touristengruppen und leuchten immer wieder mit Taschenlampen (oder vielmehr: Scheinwerfern) einzelne Stellen der Fresken an. Nicht übersehen sollte man darob das *Chorgestühl* aus dem 15. Jahrhundert: sehr schöne Intarsienarbeiten, im Mittelteil Porträts hoher kirchlicher Würdenträger in den Rückenlehnen.

Assisi
Karte vorderer Umschlag

Die 28 Bilder des Franziskuszyklus

1) Ein einfacher Mann huldigt Franziskus. Man erkennt den Minerva-Tempel von Assisi.
2) Franziskus spendet einem armen Ritter seinen Mantel.
3) Der Traum vom Palast.
4) Franziskus betet vor dem Kreuz von San Damiano. Eine Stimme vom Kreuz gibt Franziskus den Auftrag, die Kirche wieder in Ordnung zu bringen.
5) Franziskus sagt sich von seinem Vater und seinen Reichtümern los. Ein Bischof bedeckt den nackten Provokateur notdürftig.
6) Der Traum von Innozenz III. Der Papst träumt vom Einsturz der Laterankirche, den ein armer Mann (Franziskus) verhindert.
7) Innozenz III. bestätigt die Ordensregeln der Franziskaner.
8) Die Vision vom Feuerwagen.
9) Die Vision der himmlischen Throne. Der schönste Thron war einst der von Luzifer, er wird für Franziskus reserviert.
10) Die Vertreibung der Teufel aus Arezzo. Die Vertriebenen fliegen über die Dächer davon.
11) Franziskus schlägt dem Sultan Melek-el-Kamel die Feuerprobe vor. Der Sultan will nichts davon wissen; es gelingt Franziskus nicht, ihn zum Christentum zu bekehren.
12) Franziskus in Ekstase.
13) Das Presepe von Greccio (mehr darüber siehe Wissenswertes von A–Z, Presepe).
14) Das Quellwunder. Franziskus hilft einem Dürstenden, indem er durch Gebet eine Quelle entspringen lässt.
15) Franziskus predigt den Vögeln.
16) Der Tod des Ritters von Celano. Franziskus hat dem Ritter den Tod vorausgesagt und noch rechtzeitig die Beichte abgenommen.
17) Franziskus predigt vor Papst Honorius III.
18) Franziskus erscheint seinen Ordensbrüdern in Arles.
19) Die Stigmatisierung des Franziskus auf dem Berg La Verna.
20) Der Tod des Franziskus.
21) Die Visionen des Bruders Augustinus und des Bischofs von Assisi. Zwei Visionen in einem Bild.
22) Hieronymus überprüft die Wundmale von Franziskus.
23) Die Klarissinnen verabschieden den toten Franziskus.
24) Papst Gregor IX. spricht Franziskus heilig (die Darstellung des Heiligsprechenden ist leider zerstört).
25) Franziskus erscheint Papst Gregor IX.; der Heilige steht auf der Bettdecke.
26) Franziskus heilt einen tödlich verwundeten Mann. (Diese und die beiden folgenden Darstellungen von Wundern bilden sozusagen den posthumen Abschluss des Zyklus.)
27) Beichte einer vom Tod erwachten Frau. Sie erwachte eigens für diesen Zweck vom Tode.
28) Die Befreiung des Häretikers Petrus von Alife. Der wundersame Befreier schwebt davon.

Für eine detaillierte Erklärung der einzelnen Szenen besorge man sich die Vita des Heiligen. Sie ist in jedem Buchladen Assisis zu finden.

Die **Unterkirche**, romanisch und wesentlicher dunkler als die Oberkirche, ist vollständig mit Fresken ausgeschmückt. Auch hier werden einige Fresken *Cimabue*, andere *Giotto* zugeschrieben. Bemerkenswert ist die *Kapelle des Antonius von Padua*. Die Episoden aus dem Leben des Heiligen entstanden erst im 17. Jahrhundert und zeigen den "Fortschritt" in der Malerei: mehr Bewegung, plastische Darstellung.

Von der Mitte des Längsschiffs führen zwei Treppen hinunter zur *Krypta*. Gebetsgemurmel empfängt den Besucher beim Eintritt, so dass es ihm, je nach Veranlagung, mystisch oder mulmig zumute wird. Hier wurde 1230 der heilige Franziskus beigesetzt. Auf Veranlassung der Kurie wurden die Gebeine 1820 nochmals ausgegraben und deren Authentizität päpstlich bescheinigt, eine weitere päpstliche Echtheitsurkunde der Gebeine wurde 1978 ausgestellt. Die heutige schlichte Ausgestaltung der Krypta, in der neben dem Stadtheiligen in bescheidenen Grabnischen auch vier seiner Weggefährten ihre letzte Ruhe fanden, stammt aus den Jahren 1926–30.

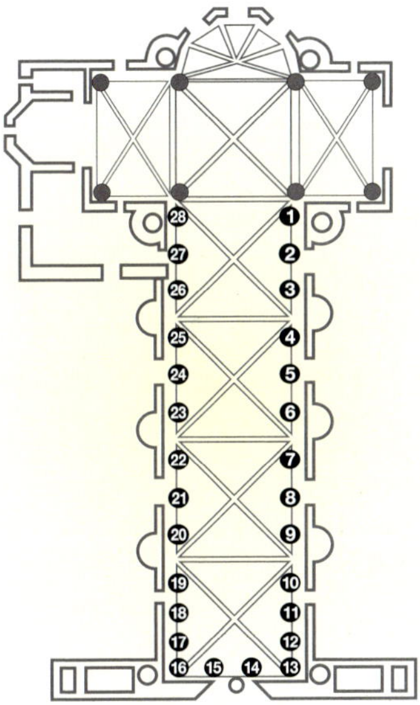

Die 28 Bilder des Franziskuszyklus

Basilica di Santa Chiara

Neben Franziskus führt die zweite Stadtheilige von Assisi fast ein Schattendasein. Die ihr geweihte Basilika hat keine so großen Kunstwerke vorzuweisen wie der Franziskanerkonvent – eine stille, andachtsvolle Atmosphäre herrscht hier vor.

In einer Nebenkapelle hängt eine der meistverehrten Franziskus-Reliquien: das *Christuskreuz*, das mit Franz gesprochen und ihm den Auftrag übermittelt haben soll, die Kirche wieder auf den richtigen Weg zu führen (siehe Assisi/Umgebung, San Damiano).

Die *Krypta* wurde neu gestaltet, und dies ist den 1850 gefundenen Überresten der Heiligen bekommen. War Santa Chiara noch bis in die 1980er Jahre – wie in italienischen Kirchen üblich – als vom Verwesungsprozess dunkel gewordene Mumie zu sehen, so wird sie heute "clean", als wächserne Gestalt im Glasschrein präsentiert. Die Reliquiensammlung der Krypta umfasst unter anderem neben einer Haarlocke das bescheidene Gewand der Heiligen sowie ein von ihr gefertigtes Kleid, dessen Trägerin unbekannt ist – jedenfalls eine recht korpulente Person.

Assisi
Karte vorderer Umschlag

Klara von Assisi

Begeistert vom Prediger Franz verlässt die 18-jährige Klara 1211 eines Nachts heimlich ihr wohlbehütetes Zuhause und taucht in der Porziuncola von S. Maria degli Angeli auf, wo Franz und seine Anhänger sich meist aufhalten. Als Zeichen ihrer Abkehr von den Herrlichkeiten der Welt lässt sie sich von Franz ihre wunderschönen Haare abschneiden. Die frommen Brüder bringen Klara erst in verschiedenen Benediktinerklöstern unter, um sie dem elterlichen Zugriff zu entziehen. Dann bezieht sie mit gleichgesinnten Frauen das außerhalb Assisis Stadtmauern gelegene Kloster von San Damiano. Hier lebt die Tochter aus gutem Hause als Mutter des Klarissenordens, des weiblichen Zweigs der Franziskaner, noch 42 Jahre, bis sie 1253 stirbt. Wie Franz wird auch Klara von Assisi kurze Zeit nach ihrem Tod heilig gesprochen. Noch im Jahr ihrer Heiligsprechung (1255) wird in Assisi mit dem Bau der Basilika begonnen, wo ihre sterblichen Überreste heute verehrt werden.

Kathedrale San Rufino: Der Dom zu Ehren des ersten Bischofs von Assisi, der im 3. Jahrhundert als Märtyrer starb, stammt aus dem 12. Jahrhundert. Seine romanische Fassade verdient sowohl wegen der Skulpturen über dem Hauptportal als auch wegen ihrer Rosetten Beachtung. Im Inneren dominiert Barock, da der gesamte Komplex im 16. Jahrhundert umgestaltet wurde und im 17. Jahrhundert eine teilweise neue Ausstattung bekam.
Das Gewölbe der *Krypta* wurde in den 1990er Jahren saniert. Im Geviert über dem Sarkophag, in dem der heilige Rufinus begraben lag, sind noch Reste von Fresken auszumachen. Dargestellt sind die vier Evangelisten mit ihren Symbolen: Johannes mit dem Adler, Markus mit dem Löwen, Matthäus mit dem Engel und Lukas mit dem Stier (dieser gleicht hier jedoch eher einem Raubtier.) Vom Ende der Krypta führt ein Kanal zu einer *römischen Zisterne* aus dem 1. Jahrhundert n. Chr. Bei der Restaurierung der vom Erdbeben 1997 lädierten Kirche hat man teilweise den Boden mit Glasplatten versetzt, um die römischen Reste sichtbar zu machen. Das viereckige antike Wasserreservoir befindet sich links des Eingangs.
Im Kirchenkomplex wurde ein kleines *Museum* eingerichtet: drei Säle mit Kapitellen einer früheren Basilika aus dem 11. Jahrhundert und Fresken der Giotto-Schule.

Öffnungszeiten Krypta und Museum: Mitte März–Mitte November: 10–13 und 15–18 Uhr; Mitte November–Mitte März: 10–13 und 15–17 Uhr (So vormittag geschlossen. Eintritt inkl. Kreuzgang 3 €.

Tempel der Minerva: inmitten der mittelalterlichen Bauten an der *Piazza del Comune*. Neben dem Bürgerturm aus dem frühen 14. Jahrhundert wirkt der kleine antike Tempel, von dem Goethe so begeistert war (siehe oben), leicht deplaziert. Der schmucke Heidentempel mit seinen sechs korinthischen Säulen wurde vermutlich bereits im 16. Jahrhundert christianisiert – zur *Santa Maria Sopra Minerva*, der kleinen Barockkirche, wie sie sich dem Besucher heute präsentiert.

Museo e Foro Romano: Eingang Via Portica. Das Museum liegt unterhalb der Piazza del Comune. Das ausliegende Info-Blatt (auch deutschsprachig) ist sehr hilfreich zum Verständnis der Anlage des römischen Forums. Der hintere Teil ist direkt unter dem Minerva-Tempel gelegen. Wichtigstes Ausstellungsstück des Museums ist eine große Grabinschrift. Ansonsten sind Sarkophage, zahlreiche Statuenfragmente und Grabstelen lieblos aneinandergereiht und unkommentiert entlang der unterirdischen Straße platziert.

Öffnungszeiten Mitte März–Mitte Oktober 10–13 und 14–18 Uhr; Mitte Oktober–Mitte März 10–13 und 14–17 Uhr. Eintritt 2.50 €.

Pinakothek: Das nach dem Erdbeben von 1997 in einen Palazzo an der Via San Francesco verlegte Museum beschränkt sich auf eine Sammlung religiöser Malerei aus dem 14. bis 16. Jahrhundert, größtenteils aus der Region. Viel Platz für die Schüler von Giotto, der Meister fehlt.

Öffnungszeiten dieselben wie das Museo Foro Romano. Eintritt 2.20 €.

Rocca Maggiore: Nach umfangreichen Restaurierungsarbeiten vermittelt die Rocca heute einzigartige Einblicke in eine mittelalterliche Festungsanlage. Sie befindet sich am höchsten Punkt der noch sehr gut erhaltenen Befestigungsmauern aus dem späten 12. Jahrhundert. Auf Geheiß von *Friedrich Barbarossa* errichtet, wurde sie von späteren Herrschern mehrfach umgebaut. 1458 wurde der zwölfeckige Turm hinzugefügt und durch eine Mauer mit der Rocca verbunden. In dieser Mauer verläuft ein fast 100 m langer Verbindungsgang, der noch heute so lichtarm ist wie ehedem. Schon hier empfiehlt sich eine Taschenlampe, erst recht dann für den Aufstieg im stockdunklen Turm. Oben wird der abenteuerliche Maulwurfsgang mit einer phantastischen Aussicht gekrönt: bei klarem Wetter bis Perugia und Spoleto.

Öffnungszeiten 10 Uhr bis Sonnenuntergang. Eintritt 1.70 €.

Parco Regina Margherita: Nur selten verirrt sich jemand in den abschüssigen, leicht verwilderten Waldpark im Osten der Stadt. Eine Säule beim Eingang erinnert an das römische Theater, das einst hier stand. Verschlungene Pfade führen an verwitterten Steintischen vorbei, im oberen Teil des Wäldchens hört man den Straßenlärm kaum mehr – eine Oase der Ruhe, auch vor Pilgerströmen, und hervorragend zum Picknick geeignet.

Öffnungszeiten Mai–September 7–19 Uhr; Oktober–April 8–16 Uhr.

Assisi/Umgebung

Eremo delle Carceri *(Einsiedelei):* Ein Kleinod in idyllischer Lage – 3,5 km von Assisi in einem Bergeinschnitt, inmitten von viel Grün und Eichenwäldern. Ursprünglich war die verschachtelt gebaute Eremitage für 12 Padres angelegt, heute leben nur noch drei das ganze Jahr über hier. Im Garten steht der "Vogelbaum" – eine uralte, morsch gewordene Steineiche, die an die Predigt des Heiligen zu den Vögeln erinnert. Und tatsächlich hat sich in der Eremitage eine Kolonie weißer Tauben angesiedelt.

Der Wald ums Eremo bietet schöne Wandermöglichkeiten; hier liegen viele Grotten versteckt, einst Behausungen von Einsiedlern.

Öffnungszeiten Ostern–Oktober: 6.30–19.15 Uhr; November–Ostern: 6.30–17.30 Uhr.

San Damiano: Die etwas unterhalb von Assisi gelegene Kirche spielt in den Biographien der Heiligen von Assisi – Franz und Klara – eine große Rolle und

Assisi
Karte vorderer Umschlag

ist deshalb Ziel zahlreicher Pilger. Christus soll hier Franziskus vom Kreuz aus aufgefordert haben, die Kirche wieder auf den rechten Weg zurückzuführen. San Damiano war aber vor allem das Zentrum der heiligen Klara und ihrer Anhängerinnen; die Heilige, die über 40 Jahre hier gelebt haben soll, starb 1253. Ein kurzer Rundgang führt zur *Capella del Crocifisso*, wo eine Kopie des legendären Kreuzes zu sehen ist (das Original hängt in der Basilika Santa Chiara), zum *Oratorium Santa Chiara* und zu einem kleinen *Kreuzgang*. Wer mehr an Kunstgeschichte als an katholischer Legendenbildung interessiert ist, kommt vielleicht im Kellergewölbe auf seine Kosten. Die spätmittelalterlichen Fresken dort sind restauriert.

San Masseo: Auf halber Höhe zwischen Assisi und Santa Maria degli Angeli weist ein leicht zu übersehendes Holzschild eine Schotterstraße nach San Masseo hinunter. Hier lebt ein Pater des Franziskanerordens mit seinen jungen Anhängern weitgehend autark: eigene Landwirtschaft, Gartenbau und Backstube. Die Ordensmänner praktizieren den "franziskanischen Geist": einfache Lebensführung und, ähnlich wie in Taizé (Frankreich), sehr ausgedehnte Phasen des Schweigens. Männer und Frauen, die diese religiöse Lebensweise kennen lernen möchten, sind willkommen – in der Regel für drei Wochen.

La Porziuncola – das Kirchlein in der Kirche

Basilica Santa Maria degli Angeli: Ein monumentales Bauwerk, halb Renaissance, halb Barock, erhebt sich wuchtig im Talgrund. Es dominiert den nach ihm benannten Ort S. Maria degli Angeli (übrigens Partnerstadt von Los Angeles). 1569 wurde der Bau begonnen und erst 100 Jahre später fertig gestellt. Was man heute besichtigt, stammt zum größten Teil aus der Zeit des Wiederaufbaus, nachdem ein Erdbeben 1832 große Schäden anrichtete. Im Inneren des mächtigen Hallenbaus steht das bunt bemalte Kapellchen *Porziuncola* (= kleine Portion). Das Heiligtum wurde der Legende nach im 4. Jahrhundert von vier heimgekehrten Jerusalem-Pilgern erbaut. Später war es ein beliebter Aufenthaltsort des heiligen Franz.

Um die Kapelle entstanden, damals noch von Wald umgeben, die ersten Klosterzellen des neu gegründeten Franziskanerordens. Erst später wurde die Basilika um die Kapelle erbaut.Ein Rundgang führt zum *Rosengarten* im Innenhof des Klosters, wo sich Franz in den Dornen gewälzt haben soll, und zur *Rosenkapelle*: geschmackvolle Fresken in leichten Farben und – durch die Ritzung der Umrisse – mit sehr plastischer Wirkung.

• *Übernachten/Essen* ** **Hotel Moderno**, in Bahnhofsnähe. Die Architektur versprüht nicht den geringsten Charme, das Haus hat aber freundliches Personal und geräumige Zimmer. DZ mit Dusche/WC 37–57 €. Via G. Carducci 37, Fraz. S. Maria degli Angeli, Assisi. ✆ 075/8040410, ℻ 075/8040647.

* **Albergo da Elide**, nahe der Basilika. Beliebt ist vor allem das Restaurant (Mo geschlossen). Hervorragende Salate; versuchen Sie z. B. den Klostersalat mit geräuchertem Lachs, Orangen, Fenchel und rosa Pfeffer oder Rinderfleischstreifen mit Rucola und Aceto balsamico. Bescheidene DZ 40–50 €, teilweise ohne Dusche. Via Patrono d'Italia 48, Fraz. S. Maria degli Angeli, Assisi. ✆ 075/8040221, ℻ 075/8049141.

San Gregorio

Von einem Graben umgeben, von einer Rundmauer eng umschlossen, betritt man durch einen Torbogen ein fast gänzlich verlassenes Dorf. Mit seinen dicht zusammengedrängten mittelalterlichen Häusern wirkt San Gregorio idyllisch und gespenstisch zugleich – so als befände es sich gerade in einem 100 Jahre dauernden Dornröschenschlaf. Das Stückchen Gartenland, der Waschbrunnen, der Holzbackofen und die Lagerhäuser für den heute noch gekelterten herben Rotwein von San Gregorio dokumentieren die Lebensverhältnisse einer auf engem Raum lebenden Dorfgemeinschaft, die über die Jahrhunderte hinweg bis vor kurzer Zeit bestanden hat. Denn bis zum Erdbeben 1984 lebten hier noch fünf Familien. Jahrelang warteten sie dann in trostlosen Not-Containern auf die von der Regierung versprochene Beseitigung der Schäden, und dann bebte im September 1997 die Erde erneut. Bestandsaufnahme 2003: ein paar Wohncontainer, eine Familie hatte sich wieder im alten Dorf eingerichtet, der ganze Ort ist eine Baustelle – es gilt das Prinzip Hoffnung.

• *Anfahrt* Von Assisi Richtung Petrignano; knapp vor diesem Ort ist S. Gregorio ausgeschildert.

• *Übernachten/Essen* *** **Castel S. Gregorio**. Etwas oberhalb der Ortschaft findet man mitten im Wald dieses verwunschene Schlösschen mit vier Ecktürmen. Der Betrieb scheint zu florieren, und so haben die Besitzer dem romantischen Castello einen potthässlichen Glasanbau verpasst, um mehr Klientel unterzubringen! DZ 79–93 €. Via S. Gregorio 16, Fraz. S. Gregorio di Assisi, Assisi. ✆ 075/8038009, ℻ 075/8038904.

Trattoria Da Boccione, von Petrignano kommend links am Straßenrand und leicht zu übersehen, knapp vor S. Gregorio. Im Sommer Tische auf der Terrasse hinter dem Haus, ansonsten sitzt man bei gedämpftem Licht in einem ehemaligen Stallungsgebäude. Nettes, älteres Ehepaar, das nach jahrelanger Führung eines Restaurants in Rom nun die ländliche Ruhe bevorzugt. Großes Buffet mit zahlreichen Antipasti zur eigenen Bedienung, traditionelle, deftige Fleischgerichte wie z. B. Osso Buco oder Hammelbraten, zudem Pizze und Dolci ganz nach Laune der Chefin. Geöffnet ab 19.30 Uhr, Mo geschlossen.

Assisi
Karte vorderer Umschlag

Trevi – Olivenbäume bis an die Stadtmauer

Zwischen Assisi und Spoleto

Spello

(ca. 8.000 Einwohner)

Das Städtchen, aus demselben hellen Stein des Monte Subasio gebaut wie Assisi, ist alten umbrischen Ursprungs. Die Römer unterhielten in Spello eine kleine Kolonie *(Hispellum)*, deren Stadtmauer fast vollständig erhalten ist.

Im Mittelalter war Spello wie die meisten Orte Umbriens in die päpstlich-kaiserlichen Auseinandersetzungen verwickelt. Das 15. und auch fast das ganze 16. Jahrhundert hindurch war es das peruginische Geschlecht der *Baglioni* (siehe Perugia, Geschichte), das die Geschicke der Stadt bestimmte. Aus dieser Zeit stammt auch die einzige nennenswerte kunsthistorische Sehenswürdigkeit Spellos, die von *Pinturicchio* ausgestaltete *Baglioni-Kapelle* in der Kirche *Santa Maria Maggiore.*

In den letzten Jahren hat sich Spello stark herausgeputzt. Einige Vinotheken und Souvenirläden haben Einzug gehalten, offensichtlich profitiert man vom nahen Assisi-Tourismus. Die jahrelangen Renovierungsarbeiten in fast sämtlichen Kirchen waren 1997 abgeschlossen, als das große Erdbeben auch Spello erschütterte. Geschüttelt wurden einige Häuser im obersten Ortsteil.

Information/Diverses

- *Telefonvorwahl* 0742
- *Postleitzahl* 06038
- *Information* **Pro Spello**, Piazza Giacomo Matteotti 3. Geöffnet 9.30–12.30 und 15.30–17.30 Uhr. ✆/📠 301009, e-mail: prospello@libero.it.
- *Einkaufen* **Cantina medievale Enoteca Properzio**, im Zentrum, in der Seitengasse

gegenüber der Kirche S. Andrea. Eine der schönsten Enoteche Umbriens und mehrfach prämiert. Nach 22 Jahren Literatur- und Philosophieunterricht hat Professore Carlo Felice Angelin zur Önologie gewechselt: 1300 Weine – aus der unmittelbaren Umgebung Roter aus Assisi und kostbare Montefalco-Weine. Gute Beratung und Gratis-Degustation, zu der Häppchen gereicht werden. Daneben auch Verkauf des hochwertigen Cipollini-Olivenöls aus biologischem Anbau zwischen Foligno und Spello.

- *Wochenmarkt* Samstag früh auf der Piazza Matteotti.
- *Feste* **Infiorate di Spello**, prachtvolles Stadtfest am Sonntag nach Fronleichnam. Die Tradition stammt aus Bolsena und ist in einigen umbrischen Städten bekannt, die Infiorate von Spello genießen einen besonders guten Ruf: Farbenprächtige Blumenbilder im Centro storico, zu denen nur Blüten und Kräuter verwendet werden. Beeindruckend.

Übernachten/Camping/Essen (siehe Karte S. 146/147)

**** **Hotel Palazzo Bocci (8)**. Der Besitzer des Edellokals "Il Molino" (s. u.) gegenüber hat dem Palazzo Bocci (18. Jh.) eine Totalrenovierung verpasst und sich dabei nicht lumpen lassen. Geräumige und geschmackvoll eingerichtete Zimmer. Zur Ausstattung gehören nicht nur Klimaanlage, Minibar und Haartrockner, sondern auch ein Safe, in dem Sie Ihre Juwelen einschließen können. Alles gediegen, die Diener in Livrée. Traumhafte Dachterrasse in der 1. Etage. DZ 130–150 €. Via Cavour 17. ✆ 301021, ℻ 301464, e-mail: bocci@bcsnet.it.

*** **Albergo del Teatro (4)**, im oberen Ortsteil. 1997 eröffnete, gepflegte Herberge mit nur 11 Zimmern. DZ 93–98 €. Via Giulia 24. ✆ 301140, ℻ 301612, e-mail: hoteldeltatro@mclink.it.

** **Hotel Il Cacciatore (5)**, im oberen Ortsteil. Einladende, helle Zimmer. DZ mit Dusche/WC 75–90 €. Via Giulia 42. ✆ 651141, ℻ 301603, e-mail: ilcacciatore@mclink.it.

** **Hotel del Prato Paolucci (mit * Dipendenza) (1)**, 300 m außerhalb des Centro storico gelegen, Straße in Richtung Collepino, dann in der zweiten Kurve rechts abzweigen. Helle, nüchterne Komfortzimmer mit TV zu vernünftigen Preisen. Großer Parkplatz. Ob ** im Hauptgebäude oder * im motelähnlichen Nebengebäude, die Zimmerpreise sind gleich. In letzterem kann man im Sommer den Stuhl vor die Tür stellen und sich bräunen lassen. Großer Parkplatz. DZ 50–62 €, Frühstück inkl., aber von letzterem sollte man nicht zuviel erwarten. Via Brodolini 4. ✆ 301018, ℻ 304546.

Rifugio La Spella, ca. 2 km oberhalb des Campeggio Subasio (s. u.) und unter derselben Leitung. Knapp über der Waldgrenze – für Wanderer eine ideale Ausgangsbasis. Das Rifugio, direkt an ein Kirchlein angebaut, bietet 18 Schlafplätze in zwei Räumen. Heißduschen und Küche stehen zur Verfügung. Für Wintergäste wird geheizt. Schöne Wandermöglichkeiten in der unmittelbaren Umgebung, oder wie wär's mit einer Mountainbike-Tour auf der Schotterstraße hoch zum Eremo delle Carceri (siehe Assisi/Umgebung). 8–16 € pro Person, Voranmeldung empfehlenswert. Ganzjährig geöffnet. Loc. La Spella. ✆/℻ 301144, e-mail: robertoroscini@tiscalinet.it.

** **Campeggio Subasio**, ca. 8 km außerhalb der Stadt, erst in Richtung Collepino, dann links der Beschilderung folgen. 25 großartige, schattige Stellplätze (nicht für Wohnmobile!). Heißdusche, Bar, Grillplatz. Das freundliche junge Paar, das den Camping betreibt, serviert auch Tagesgerichte. Auf Wunsch werden auch Mountainbikes besorgt. Unsere Empfehlung. Geöffnet Juni–Mitte September. Loc. Sportella. ✆/📠 301144, e-mail: robertoroscini@tiscalinet.it.

• *Wohnmobile* finden an der Hauptstraße unterhalb des Centro storico einen Stellplatz.

Ristorante La Bastiglia (2), im gleichnamigen Hotel beim Klarissinnenkloster Vallegloria. Nach Meinung der Einheimischen, der sich auch Leser anschließen, Spellos beste Küche. Junges kreatives Team. Großes Angebot an umbrischen Spezialitäten, aber auch ein 4-gängiges Fischmenu sowie ein 4-gängiges vegetarisches Menu. Im Sommer Außenbetischung – in jeden Tisch ist eine Keramikplatte eingelassen, z. T. mit Darstellungen historischer Gebäude von Spello. Reservierung angebracht. Mi geschlossen. Via dei Molini 17. ✆ 651277.

Ristorante Il Molino (6). Teures umbrisches Spezialitätenrestaurant. Di geschlossen. Piazza Matteotti.

Ristorante/Pizzeria Il Trombone (3), im oberen Ortsteil. Alternative zu den vorgenannten für den etwas schmaleren Geldbeutel. Einladende Aussichtsterrasse. Di geschlossen. Via Fontanello.

Ristorante/Pizzeria L'Orlando Furioso (9), direkt an der Durchgangsstraße. Wenig Charme, aber große Terrasse (leider zur Straße hin). Klassische Küche, Pizze und große Salate (insalatoni). Versuchen Sie z. B. den Insalatone Esotica (mit Mais, Scampi und Palmenherzen). Dass der Rasende Roland tatsächlich in Spello vorbeischaute, bezeugt eine lateinische Inschrift an der römischen Stadtmauer. Mo geschlossen. Via Centrale Umbra.

Bar Giardino (7). Bar und Gelateria mit großer Terrasse, Schatten unter Bäumen – und dies alles mitten in der Altstadt. Largo Mazzini.

Sehenswertes

Altstadt: Auch wenn Spello keine kunsthistorische Schatztruhe ist – der Besucher wird nicht enttäuscht sein. Einige überaus malerische mittelalterliche Treppengassen (im oberen Stadtteil) demonstrieren wie nirgendwo sonst in Umbrien ihre Funktionalität: breite, altertümliche Wasserrinnen beidseitig des Wegs erfüllen bei Regen die Aufgabe eines modernen Kanals.

Vorschlag für den Stadtbesuch: Fahrzeug unten stehen lassen, das Centro storico durch die römische Porta Consolare betreten und die Hauptgasse (Via S. Angelo, Via Cavour) zur Piazza Matteotti hochgehen. Auf dem Weg begegnet man rechts der **Kirche Santa Maria Maggiore** mit einem dekorativen holzgeschnitzten Portal. Die Kirche beherbergt die berühmte Baglioni-Kapelle von Pinturicchio, einem Zeitgenossen und zeitweiligen Mitarbeiter Peruginos. Um sich – von einer Glaswand auf Abstand gehalten – das Verkündigungsgemälde

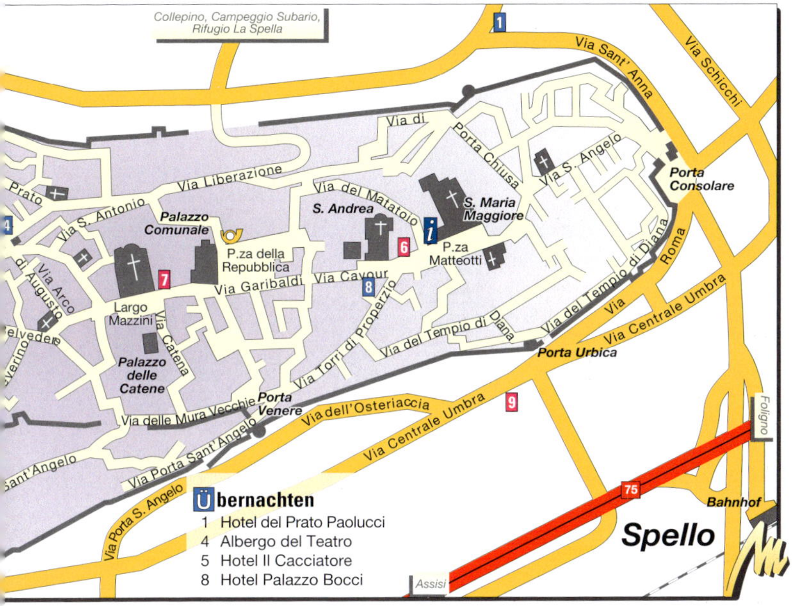

anzusehen, muss man allerdings erst für die Beleuchtung zahlen. Ein weiteres Pinturicchio-Gemälde – die "Madonna mit Heiligen" – befindet sich in der **Franziskanerkirche S. Andrea**: Der Knabe mit dem roten Umhang, der sich zum Schreiben auf dem Sockel des Madonnenthrons niedergelassen hat, ist Johannes der Täufer. Ins Gewand des heiligen Lorenz sind zwei Bilder eingelassen, unten sein Martyrium, oben die Auferstehung Christi. Eine weitere Madonnendarstellung befindet sich an der rechten Kirchenwand, ein Fresko, das mit den Mauern einer früheren Kirche freigelegt wurde.

Die Straße führt weiter zur Piazza della Repubblica, deren moderne Gebäude ganz und gar nicht ins sonst mittelalterliche Stadtbild passen. Vom oberen Ende des Platzes gelangt man über die Via dell'Ospedale hinunter zur eindrucksvollen **Porta Venere** aus römischer Zeit, flankiert von zwei mächtigen, zwölfeckigen Türmen.

Knapp oberhalb der Piazza della Repubblica führt links die Via Catena (die namensgebende Kette hängt am Gemäuer) zum **Palazzo delle Catene** aus dem 17. Jahrhundert mit einer beachtenswerten holzgearbeiteten Loggia. Die exklusive Adresse ist Sitz der kommunalen Polizei.

Am höchsten Punkt der Stadt, an der Piazza dei Cappuccini, steht die kleine **Porta dell'Arce**, Überreste eines weiteren römischen Stadttors. Von hier aus genießt man einen einzigartigen Ausblick auf die Spoleto-Ebene und bis nach Assisi und Santa Maria degli Angeli.

Palazzo delle Catene

Pinakothek: Die kommunale Gemäldesammlung an der Piazza Matteotti besteht vorrangig aus Fresken der umbrischen Schule (15. Jh.) sowie sakralen Bildern aus den Kirchen Santa Maria Maggiore und Santa Maria in Paterno. Einige der Gemälde sind restauriert, andere warten noch auf einen Sponsor. Beachtung verdient eine Madonna mit Kind von *Marco Antonio Grecchi* (17. Jh.): Im unteren Teil präsentieren zwei Personen ein Modell der Stadt Spello.

Öffnungszeiten 10.30–13.00 und 15.00–18.30 Uhr, Mo geschlossen. Eintritt 2.60 €.

Spello/Umgebung

Collepino; ca. 6 km von Spello entfernt, am Rand des Regionalparks Monte Subasio. Die Häuser des schmucken mittelalterlichen Kastells sind durchgängig aus demselben hellen Stein wie die von Assisi und Spello gebaut. Auch Collepino wurde vom Erdbeben 1997 kräftig geschüttelt, ist aber inzwischen wieder vollständig restauriert. Der Ortsspaziergang führt irgendwann unweigerlich zur "Piazetta", wo dann der Cappuccino fällig ist.

Collepino ist ein idealer Ausgangspunkt für Wanderungen im Subasio-Park. Die Wege, u. a. zum von Almwiesen umgebenen Gipfel des Monte Subasio (1290 m) und zum Eremo delle Carceri (siehe Assisi/Umgebung), sind gut ausgeschildert.

Foligno (ca. 54.000 Einwohner)

Neben Nocera Umbra ist Foligno das zweite große Opfer der Erdbebenkatastrophe von 1997. Noch im Jahr 2000 war der Kern des Centro storico um die Kathedrale, deren Turm auf die Piazza della Repubblica hinuntergedonnert war, eine einzige Baustelle. Inzwischen sind die meisten Häuser von ihrem Stützkorsett befreit.

Das moderne Foligno hat die mittelalterliche Ummauerung längst gesprengt – nach allen Seiten breitet sich die blühende Kleinstadt in die Ebene aus.

In Foligno ist richtig, wer nach den großen Touristenorten und den schmucken Mittelalterstädtchen Umbriens einfach mal wieder in den stinknormalen italienischen Alltag eintauchen will: Shopping ohne Souvenir-Schnickschnack, Abgasgestank, lärmende Schülergruppen ... Sehenswertes gibt es – mit Ausnahme vom *Palazzo Trinci* und seinem hervorragenden Museum (siehe unten) – wenig. Vielleicht macht man an der zentralen Piazza della Repubblica einen

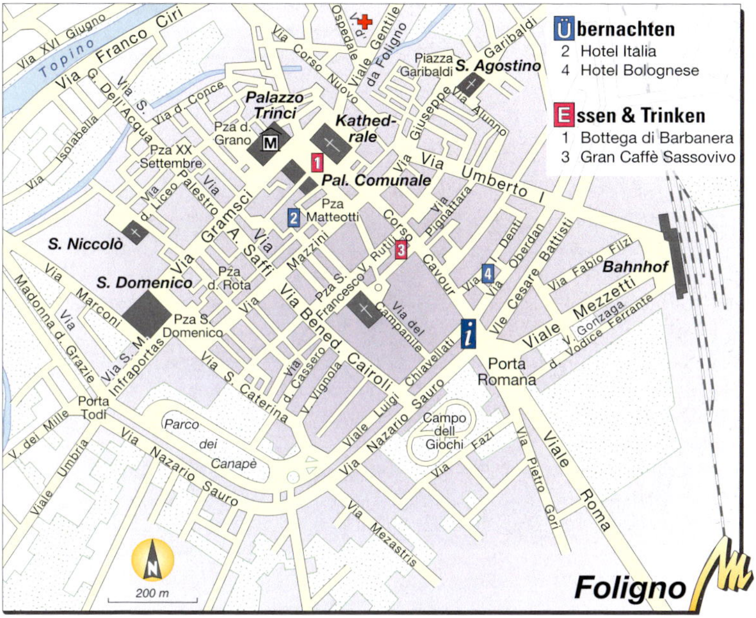

Halt, lässt den Blick über die eigenartige Fassade der *Kathedrale San Feliciano* wandern oder stört sich am *Palazzo Comunale* aus dem 15. Jahrhundert, den die Architekten nicht in Ruhe ließen, bis er im 19. Jahrhundert seine klassizistische Gestalt bekam. Hie und da entdeckt man beim Streifzug durch das Centro storico bröckelnde Fassaden von Palazzi, die bessere Zeiten gesehen haben.

Von Folignos Hektik kann man sich in den *Parco dei Canapè* zurückziehen – eine Grünanlage mit Bäumen und Bänken innerhalb der Stadtmauer im Südwesten. Zwar ist auch hier noch den Straßenlärm zu hören, aber immerhin riskiert man nicht, überfahren zu werden. Die "Kanapees", die dem Park den Namen gaben, stammen aus dem 18. Jahrhundert und sind nicht sehr komfortabel: in Stein gehauene Sitze, mit römischen Ziffern durchnumeriert.

- *Telefonvorwahl* 0742
- *Postleitzahl* 06034
- *Information* **A.P.T.-Büro** bei der Porta Romana (Südeingang zum Centro storico). Geöffnet Mo–Sa 8.00–13.30 und 16.00–19.00 Uhr, So 9.00–12.30 Uhr. Freundliches und kompetentes Personal. ✆ 354459.
- *Verbindung* **Bahn**, Foligno liegt an der Strecke Rom–Ascona, problemlos ist auch die Verbindung nach Perugia.
- *Markt* Dienstag und Samstag an der Via N. Sauro (beim Abzweig nach Montefalco).
- *Übernachten* *** **Hotel Italia (2)**, hinter dem Palazzo Comunale. Zentral gelegen und doch ruhig. Komplett renovierte Komfortzimmer unterschiedlicher Größe. Restaurant angeschlossen. DZ 78–90 €. Piazza Matteotti 12. ✆ 350412, Fax 352258, e-mail: hotel.italia@libero.it.

* **Hotel Bolognese (4)**, Nähe Porta Romana, in einer Nebengasse des zentralen Corso Cavour. Ruhige Lage. DZ mit Bad 55–57 €. Via Istituto Denti 12. ✆ 351614, Fax 352350, e-mail: hotelbolognese@freemail.it.

- *Snacks & Süßes* **Bottega di Barbanera (1)**, schräg gegenüber dem Palazzo Comunale. Mit einer Tradition, die bis 1762 zurückreicht, ist Barbanera in Foligno schon fast eine Institution. Dolce aller Arten und Farben, Marmeladen, Honig, lokale Weine und Liköre gehen über den Ladentisch. Man kann aber auch einfach einen Caffè bestellen, ein Dolce dazu aussuchen und sich an eines der Tischchen setzen und süchtig werden. Sehr angenehmes Ambiente. Piazza della Repubblica 34.

• *Café* **Gran Caffè Sassovivo (3)**, Corso Cavour. Großräumiges und lebhaftes Café an Folignos Hauptgeschäftsstraße.

Sehenswertes

Museo della Città: Das im renovierten *Palazzo Trinci* an der Kopfseite der Piazza della Repubblica 2000 neu eröffnete Museum ist unbedingt einen Besuch wert. Die über zahlreiche Räume auf drei Stockwerke verteilte Sammlung umfasst drei Abteilungen: die Pinakothek, zu der auch die Fresken des Palazzo gehören, das Archäologische Museum sowie eine Ausstellung der Geschichte des Hauses und der Trinci-Familie.

Pinakothek: Von den zahlreichen an Kirchen in Foligno und der Umgebung abgenommenen Fresken und den Altarbildern sind die bedeutendsten *Bartolomeo di Tommasos* "Martyrium der heiligen Barbara" (die Heilige wird kräftig an den Haaren gezogen) sowie ein "verkündender Engel", der *Benozzo Gozzoli* zugeschrieben wird. Spektakulärer in der Darstellung sind die Fresken der Loggia, die von der Gründung Roms und der Geburt der Zwillinge Romulus und Remus erzählen, teilweise sind nur noch die Sinopien (siehe "Wissenwertes A–Z") erhalten, aber dies tut den Szenen keinen Abbruch.
Von der Loggia führt ein Treppchen zur *Trinci-Kapelle*, die mit ihrem reichen Freskenschmuck die Bibelkenntnis des Besuchers auf die Probe stellt. Gleich neben der Loggia schließt der von einem anonymen Meister ausgestaltete *Saal der freien Künste und Planeten* an. Im linken Teil verliert sich der Blick in den allegorischen Darstellungen der Grammatik, der Dialektik (sie strickt mit Schlangen!), der Musik und Geometrie, der Philosophie, Astronomie, Arithmetik und der Rhetorik. Ein Informationsblatt in italienischer Sprache hilft dem Betrachter, sich zurechtzufinden. Den weitaus größeren Teil des Saals beanspruchen die gewaltigen Fresken, die den Planeten gewidmet sind: Der Mondwagen wird von zwei weißen, der Sonnenwagen gegenüber von vier roten Pferden gezogen, neben Mars steht mit geflügelten Stiefeln Merkur; Jupiter, Venus und Saturn sind nur noch teilweise oder gar nicht mehr erhalten.

Archäologisches Museum: Die Sammlung von Epigraphen, Grabstelen und Büsten gehört zu den ältesten Italiens und befindet sich größtenteils bereits seit dem 16. Jahrhundert im Palazzo Trinci. Zu den Schmuckstücken gehört ein Relief mit einer ausdrucksstarken Darstellung eines Wagenrennens im Circus Maximus von Rom: Die Wagenlenker versuchen sich gegenseitig ab- und zum vordersten Platz durchzudrängeln, auf der Tribüne feuern die Zuschauer an; das Relief ist Teil eines Sarkophags aus dem 3. Jahrhundert n. Chr. Weitere Illustrationen des römischen Zirkuslebens findet man auf dem Sarkophag daneben.

Geschichte der Familie Trinci: Sie ist in den unteren Geschossen des Palazzo dokumentiert. Zahlreiche Manuskripte belegen die Macht der Familie Trinci, die in Foligno von 1305 bis zum Sieg der Päpstlichen 1439 das Sagen hatte. Ein Inventar listet die Schätze minutiös auf, die dem Vatikan 1439 in die Hände fielen. Fortan diente der Trinci-Palast dem apostolischen Statthalter als Regie-

Damals noch im Korsett – Foligno nach dem Beben von 1997

rungssitz, bis 1860 die Einigung Italiens dem Kirchenstaat ein Ende bereitete. Eine Sonderposition im "Museo della Città" nimmt die *Sala Giuseppe Piermarini* ein. Sie ist dem aus Foligno stammenden Mathematiker Giuseppe Piermarini (1734–1808) gewidmet, der als königlicher Architekt in Milano Karriere machte. Seine Gipsbüste im Saal bewacht ein Holzmodell seines berühmtesten Werks: die Mailänder Scala. Ein weiteres Modell zeigt das Innere des renommierten Opernhauses – spiegelblankes Parkett und sechsstöckige Logen.
Öffnungszeiten Di–So 10–19 Uhr. Eintritt 5 €.

Foligno/Umgebung

Abtei von Sassovivo: ca. 5 km von Foligno entfernt. Die vermutlich von Benediktinern im 11. Jahrhundert gegründete Abtei steht abgeschieden auf einer Anhöhe in einer grünen, hügeligen Landschaft. Das Erdbeben von 1997 hat auch hier seine Spuren hinterlassen, noch 2002 war der Zugang wegen Bauarbeiten verboten. Wer das Verbot missachtete, konnte in den wunderschönen Kreuzgang aus dem 13. Jahrhundert gelangen (wir hoffen, dass er bald wieder auf legale Weise zugänglich ist), der das Schmuckstück der Abtei ist: doppelte Säulenreihen, und inmitten des gepflasterten Innenhofs eine Zisterne.
Seit 1979 sind in der Abtei die "Kleineren Brüder der Gemeinschaft Jesus Caritas" zuhause, ein auf dem Gedankengut von *Charles de Foucauld* basierender Orden. De Foucauld war als Eremit (und wohl auch als Missionar) in der algerischen Sahara zugange und verfasste nebenbei ein Wörterbuch der Tuareg-Sprache. Er predigte ein bescheidenes Leben, in dem Stille und Gebet einen zentralen Platz einnehmen. Die von ihm angestrebte Ordensgründung erlebte er nicht mehr, er wurde 1916 von Aufständischen erschossen. Wenn

Sie einige Tage bei den "Kleineren Brüdern" verbringen möchten, ist Ihnen ihre Gastfreundschaft sicher – vorausgesetzt, Sie passen sich den Ordensregeln an: Stille, Gebet, Suche nach Gott.

Anfahrt Von Foligno aus erst in Richtung Macerata, dann ab der Kreuzung mit der Perugia-Rom-Straße der Beschilderung folgen.

Die Quelle von Sassovivo *(Sorgente di Sassovivo)*, deren mineralhaltiges Wasser gelegentlich in umbrischen Restaurants auf den Tisch kommt, befindet sich weit unterhalb der Abtei am Ende einer Schlucht. Man erreicht sie über eine Straße, die ca. 2 km vor der Abtei rechts abzweigt (kein Schild), genauer gesagt, erreicht man die Mineralwasserfabrik, die den einzigen Zugang zur Schlucht gesperrt hat.

Eremo Santa Maria Giacobbe: ca. 8 km von Foligno entfernt. Die Einsiedelei aus dem 13. Jahrhundert, ein klitzekleiner Komplex mit Glockenturm, liegt in den Felsen über dem Ort Pale versteckt. Man erreicht sie vom unteren Ortsausgang von Pale aus: auf einem Pfad am Abhang entlang, dann nach einigen Minuten bei der Weggabelung rechts, von dort über einen atemraubenden Treppen- und Felsenweg hoch. Bei guter Kondition ist man in zwanzig Minuten oben. Elektrischer Anschluss ist vorhanden, aus dem Hahn fließt frisches Wasser, ein WC und auch ein verrosteter Grill stehen zur Verfügung – einzig das mit Fresken ausgestattete Eremo zeigt sich in der Regel verschlossen.

Anfahrt Von Foligno aus ca. 8 km in Richtung Macerata, dann findet man links der Straße Pale, einen vom Erdbeben 1997 stark mitgenommenen Ort, von dem aus das Eremo in den Felsen sichtbar ist.

Bevagna (ca. 4.600 Einwohner)

Das mittelalterliche Kleinstädtchen inmitten der weichen Hügellandschaft nimmt den Besucher auf Anhieb für sich ein. Die Piazza Filippo Silvestri ist nach der Piazza del Popolo von Todi vielleicht der harmonischste mittelalterliche Platz Umbriens. Um den Platz mit dem oktogonalen Brunnen gruppieren sich die drei Kirchen San Domenico, San Michele und San Silvestro sowie der Palazzo dei Consoli mit seiner fotogenen Freitreppe.

Auf Betreiben reicher Bürger wurde in den mittelalterlichen Palazzo, in dem einst das städtische Amtsgericht seinen Geschäften nachging, 1886 das **Teatro Torti** eingebaut, das noch heute bespielt wird: samtbezogene Sitze im Parkett, Logen auf drei Etagen, eine kleine Bühne mit einer Darstellung der Quelle von Clitunno auf dem Vorhang – ein Theater wie aus dem Bilderbuch.

Ursprünglich eine frühe umbrische Siedlung, erfuhr Bevagna im 1. Jahrhundert v. Chr. unter den Römern, die den Ort *Mevania* nannten, eine Aufwertung. Aus dieser Zeit sind noch die Mauern des **Teatro Romano** sowie das großartige Mosaik in den **Thermen** zu sehen: Darstellungen von Seetieren, unter anderem Tintenfische und ein großer Hummer. Den Schlüssel für den Zugang zu den Thermen erhält man im Nachbarhaus (Nr. 2). Die Mauern des römischen Theaters sind heute vollkommen ins Stadtbild integriert, allein die halbrunde Form verrät noch die antike Herkunft.

Wer im Mai in der Stadt ist, sollte nicht versäumen, hier vorbeizuschauen: Hinter den Mauereingängen tun sich große Ateliers auf, in denen mittelalterliche Papierpressen (aus Fabriano), Glasbläseröfen und anderes altes Gerät gewartet und getestet wird – die Vorbereitungen auf den **Mercato delle Gaite** laufen auf vollen Touren. In der zweiten Junihälfte ist es dann soweit. Eine Woche lang lebt in ganz Bevagna das Mittelalter wieder auf. Wer etwas auf sich hält, zeigt sich im nach historischen Vorlagen selbst geschneiderten Kostüm auf dem Marktplatz, wo zwischen mittelalterlichen Handwerksbuden einmal nicht Gemüse, Wurst, Käse und importierte Textilien feilgeboten werden, sondern geflochtene Körbe, getöpferte Weinkrüge und frisch geschöpftes Büttenpapier.

Kleines Juwel – Teatro Torti

In jüngster Zeit hat sich in Bevagna etwas verändert. Amerikaner, Deutsche und betuchte Römer haben den stillen Ort entdeckt. Die Immobilienpreise steigen, in der zentralen Straße findet man erste schicke Botteghe – eine Entwicklung, die man schon in Todi beobachten konnte. Die Romantik der Italianità, wie Fellini sie uns in seinen frühen Filmen vorgeführt hat, weicht zusehends dem Gesetz des schnöden Mammons.

• *Übernachten* *** **Hotel Palazzo Brunamonti**, an der Hauptstraße im Centro storico. Der in den 1990er Jahren renovierte Palazzo ist Bevagnas einzige Herberge. Hoher Komfort unter Deckenmalereien und zwischen Stilmöbeln. DZ 57–110 €. Corso G. Matteotti 79. ✆ 0742/361932, 📠 0742/361948, e-mail: hotel@brunamonti.com.

Montefalco (ca. 5.500 Einwohner)

Auch wenn der "Falkenberg" kein Adlerhorst ist: Vom Hochplateau Montefalcos (473 m) hat man einen großartigen Blick auf die Ebene zwischen Foligno und Spoleto – der Stadtslogan vom "Balkon Umbriens" ist durchaus zutreffend.

Seit der totalen Zerstörung der Stadt unter *Friedrich II.* im 13. Jahrhundert und dem darauf folgenden Wiederaufbau hat Montefalco viele Herren kennen gelernt, erst die weltlichen von Spoleto und Foligno, ab dem 15. Jahrhundert bis zur nationalen Einigung Italiens dann die kirchlichen.

Im Zentrum des fast vollständig mauerumwehrten Städtchens liegt die kreisrunde Piazza del Comune mit dem Palazzo Comunale aus dem 13. Jahrhundert, der im 15. Jahrhundert mit einem Säulenvorbau versehen und später mehrfach umgebaut wurde. Von hier führt die Hauptgeschäftstraße zur **Porta Sant'Agostino**, dem eindrucksvollsten Stadttor Montefalcos mit wuchtigem, zinnenbewehrtem Wachturm; das Fresko im Torbogen, eine Madonna mit Kind und Heiligen verdient es jedoch, von den schwarzen Spuren der Abgase gereinigt zu werden.

Noch vor dem Tor steht rechts die **Kirche Sant'Agostino,** ein gotischer Bau mit einigen Fresken der umbrisch-sienesischen Schule (14.–16. Jh.). Eine etwas makabre Besonderheit dieser Kirche sind die ausgestellten Toten. An der rechten Kirchenwand ruhen im Glassarg die prunkvoll gewandeten Skelette zweier Damen, die als *Beata Chiarella* und *Beata Illuminata* verehrt werden. Im Sarg daneben findet man in sitzend-schlafender Haltung und in ein einfaches Pilgergewand gekleidet, ein männliches Skelett, der sog. *Beato Pellegrino* (Seliger Pilger). Ein Informationsblatt erklärt auf Italienisch seine wundersame Geschichte. So soll der unbekannte Mann eine lange Wanderung unternommen haben, um den beiden Damen seine fromme Aufwartung zu machen. Vermutlich hat ihn dann im Gebet eine Herzattacke ereilt – keiner weiß es genau. Jedenfalls wurde er am Morgen tot in der Kirche aufgefunden, exakt in der Haltung, in der er heutige ausgestellt ist. Zum Abschluss noch ein Blick auf eine amateurhafte, aber liebevolle Krippe: Die Landschaft um Montefalco wurde ins Gesamtbild integriert. Nach hinten ist das Ganze mit Styropor abgedeckt – wohl damit die leiernde Musik aus der Kassette nicht zu blechern klingt. Bei unserem letzten Besuch 2002 war die Kirche wegen Restaurierung geschlossen, möglicherweise wird dabei auch gleich eine akustische Korrektur vorgenommen.

Hauptattraktion Montefalcos ist die zum Museum erklärte **Kirche San Francesco**. Der Freskenzyklus in der Apsis, Stationen aus dem Leben des Heiligen Franziskus von *Benozzo Gozzoli*, einem Schüler Fra Angelicos, ist das Prunkstück der Kirche: leuchtende Farben, darunter ein Band mit Franziskanerporträts. Auch die anderen Fresken in der Kirche sind durchwegs gut ausgeleuchtet; ein kleines Informationsblatt führt durch die Themen, so dass auch der Laie nicht allzu ratlos dasteht.

Die kleine *archäologische Sammlung* im Kellergeschoss ist wenig interessant, die *kommunale Pinakothek* in der ersten Etage mit ihren sakralen Gemälden (13.–16. Jh.) ist immerhin liebevoll aufbereitet.

Öffnungszeiten Juni/Juli 10.30–13.00 und 15–19 Uhr; August 10.30–13.00 und 15–19.30 Uhr; März–Mai und September/Oktober 10.30–13.00 und 14.00–18.00 Uhr; November–Februar 10.30–13.00 und 14.30–17.00 Uhr. Mo geschlossen. Eintritt 6 €.

An der Umgehungsstraße, im Süden des Orts an der Abzweigung in Richtung Spoleto, steht die **Kirche Santa Chiara**, der Schutzpatronin von Montefalco. Um sie von ihrer berühmten Namensvetterin, Klara von Assisi, zu unterscheiden, wird sie die Heilige "Klara vom Kreuz" genannt. Das Attribut geht auf eine Vision zurück, derzufolge Christus auf der Suche nach einem geeigneten Ort, wo er sein Kreuz errichten könnte, sich dafür ihr Herz auserkor. Ihr Leichnam ruht heute in einem silbernen Schrein im rechten Querschiff.

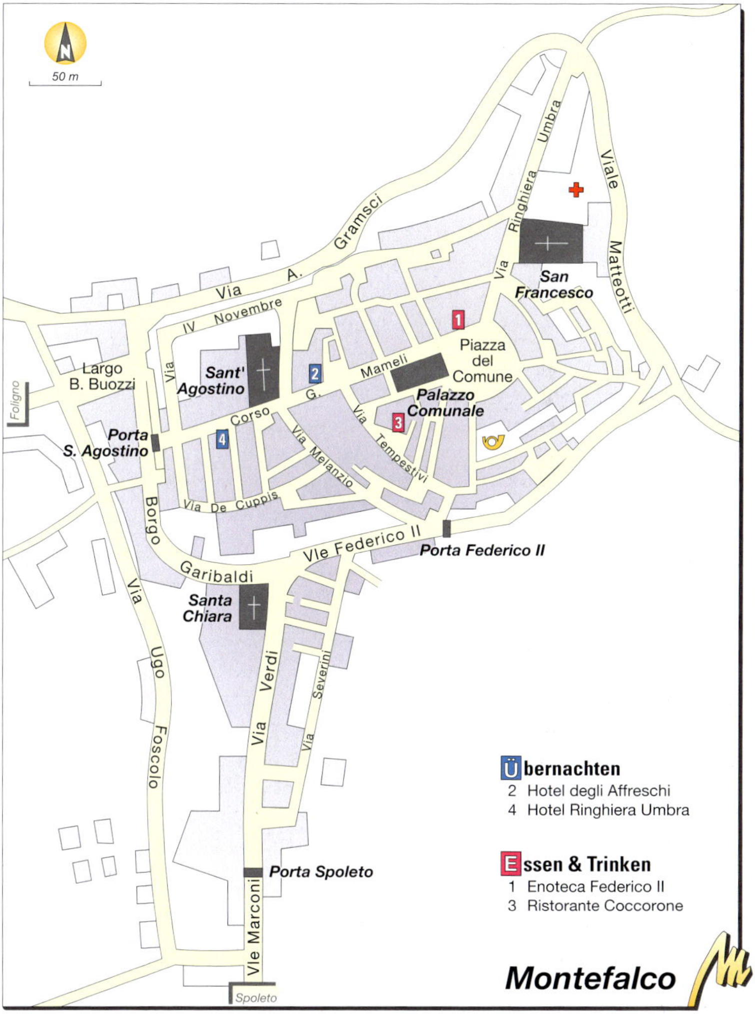

Zwischen Assisi und Spoleto
Karte S. 145

Interessanter als die Kirche aus dem 17. Jahrhundert ist die **Kapelle Santa Croce**, die man vom linken Querschiff aus erreicht. Während der Öffnungszeiten (9.30–11.30 und 15.30–18 Uhr, im Winter bis 17 Uhr) funktioniert der automatische Türöffner: Die Geduld nicht verlieren und schon gar nicht am Glockenstrang daneben ziehen, sondern dreißig Sekunden auf ein leises "Klick" warten und die Türe aufstoßen. Die Apsis der Kapelle – Teil der im Jahr 1303 auf Anregung der Heiligen gebauten Vorgängerkirche von Santa Chiara – ist komplett mit Fresken ausgestattet; ein in den Schlitz geworfener

Porta Sant'Agostino

Euro setzt die notwendige Beleuchtung in Gang. Kunsthistoriker unterscheiden zwei Maler, die sie der Einfachheit halber *Erster Meister von Santa Chiara von Montefalco* und *Zweiter Meister von Santa Chiara von Montefalco* nennen. An der rechten Wand wird die Vita der Heiligen illustriert, u. a. auch ihre Vision von Christus, der sein Kreuz in ihr Herz schlägt.

• *Telefonvorwahl* 0742

• *Postleitzahl* 06036

• *Einkaufen* **Wein**: Montefalco ist ein Zentrum des umbrischen Weinanbaus. Bekannt sind der dunkle Rosso di Montefalco (DOC), der Sagratino di Montefalco und der Grechetto di Montefalco, sie werden in etlichen Läden der Stadt angeboten; seltener findet man den Caprai, dessen 25-jähriger 1999 von Veronellis Önologen zum besten italienischen Wein erkoren wurde. Wer wirklich Auswahl sucht, begibt sich gleich, in die Enoteca Federico II (s. u.) und lässt sich zur Degustation ein Häppchen servieren.

Stoffe: Nicht nur für den Wein, auch für fein gearbeitete Textilien ist Montefalco bekannt. Die "Tessuti di Montefalco" werden in ganz Umbrien vertrieben. In den Souvenirläden werden handgewebte Tischtücher und Servietten feilgeboten – zartes Design und sündhaft teure Preise.

• *Übernachten/Essen* *** **Hotel degli Affreschi (2)**, Nähe Piazza Comunale. Renoviertes Stadthaus, moderne Zimmer mit gekacheltem Bad und Massagedusche – das freundliche Haus ist die Dipendenza des außerhalb der Stadtmauern liegenden, wenig attraktiven Hotels Nuovo Mondo. Der Swimmingpool des Nuovo Mondo kann von Juni–August benutzt werden. DZ 67 €. Corso G. Mameli 45. Reservierung über Hotel Nuovo Mondo, Via Vittoria 7. ✆ 379243, ℻ 379643.

** **Hotel Ringhiera Umbra (4)**, zwischen Kirche S. Agostino und Porta S. Agostino. Für unseren Geschmack hat die "umbrische Aussichtsterrasse" (wie sich der Name des Hotels übersetzen lässt) zu wenig Aussicht, dafür zu viele Madonnen und Kruzifixe in den Zimmern. Im Restaurant kann man billig und gut (Menu turistico) oder teuer und gut (à la carte) speisen. DZ mit Bad 60 €, ohne 45 €. Via G. Mameli 20. ✆/℻ 379166, e-mail: ilverziere@tiscalinet.it.

Ristorante Coccorone (3), Montefalcos vorzüglichstes Speiselokal, in einem ruhigen Altstadtwinkel gelegen. Serviert wird regionale Küche – im großen Speisesaal, im kleinen mit Cheminée oder draußen auf der Terrazza. Mi geschlossen. Largo Tempestivi.

Enoteca Federico II (1). Im selben Besitz wie das Coccorone. Laut Eigenwerbung eine der größten Önotheken Italiens, und dies mag sogar stimmen. Man überzeuge sich durch einen Besuch der Kellersäle. Großes Angebot an umbrischen und toscanischen Weinen, und natürlich fehlt der Rosso di Montefalco nicht. Zum edlen Rebensaft werden auf Wunsch – leicht überteuert – Antipasti und Pasta serviert. Piazza del Comune.

Trevi

(ca. 7.500 Einwohner)

Auf einem steilen Hügel inmitten des weitläufigen Olivenanbaus thront Trevi, von der Straße zwischen Foligno und Spoleto ein beeindruckendes Bild. Wer von mittelalterlicher Romantik noch nicht genug hat, legt hier einen Stopp ein. Aber auch, wer nach all den mittelalterlichen Eindrücken das Bedürfnis nach Moderne verspürt: Das Trevi Flash Art Museum ist einzigartig.

Das ambitionierte Privatmuseum kontrastiert hart mit der alten Stadt, die im Gegensatz zum etwa gleich großen Spello noch wenig auf den Tourismus eingestellt ist. Das wird sich aber wohl bald ändern. Die Gründung eines städtischen Museumskomplexes im ehemaligen Franziskanerkloster sowie ein großer Parkplatz am Eingang zur Stadt sind erste Anzeichen dafür, dass die verantwortlichen Behörden die Zukunft Trevis nicht nur in der Olive sehen.

Der Stadtbesuch beginnt in der Regel bei der *Piazza Garibaldi*, wo man erst einmal das Gefährt abstellt. Über die *Piazza Matteotti*, das soziale Zentrum der Stadt, geht's dann hoch ins praktisch autofreie Mittelalter. Im Centro storico herrscht fast gespenstische Ruhe, noch rahmen keine Souvenirläden die Treppengassen ein. Und irgendwann gelangt der Spaziergänger zwangsläufig auf den höchsten Punkt des Stadthügels, zum *Dom Sant'Emiliano*.

- *Telefonvorwahl* 0742
- *Postleitzahl* 06039
- *Information* **Pro Loco**, Piazza Matteotti 5. Geöffnet 9–13 und 15–19 Uhr. ✆/℻ 781150. e-mail: protrevi@protrevi.com. Homepage: www.protrevi.com.

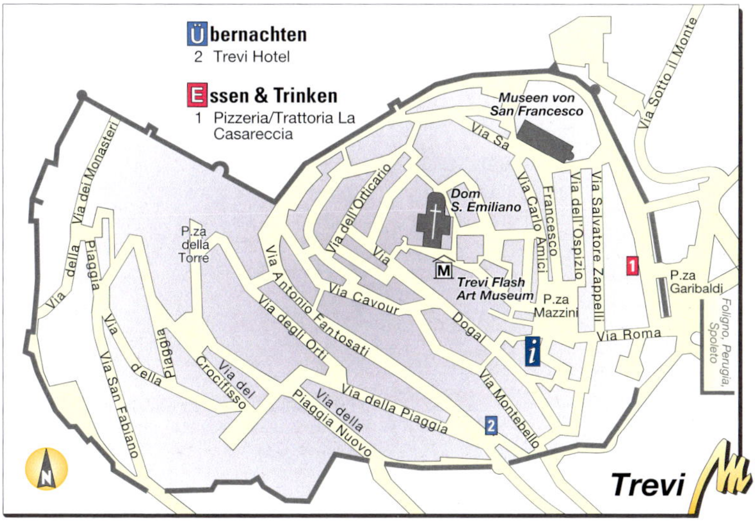

Zwischen Assisi und Spoleto
Karte S. 145

• *Übernachten/Essen* *** **Trevi Hotel (2)**. Trevis einzige Stadtherberge, gediegen. DZ 110–152 €. Via Fantosati 2. ☏ 780922, ✆ 780772, e-mail: trevihotel@tiscalinet.it.

Pizzeria/Trattoria La Casareccia (1) serviert neben Pizze auch umbrische Hausmannskost und hat ein paar Zimmer zu vermieten. DZ ca. 40 €. Via Luccarini. ☏ 780994.

Sehenswertes

Trevi Flash Art Museum (*OfCoNtEmPoRaRy ArT*): Das 1993 gegründete Museum sollte nicht versäumen, wer sich für italienische Gegenwartskunst interessiert. "Flash Art" gehörte zu den zentralen Begriffen der 14. Biennale von Venedig, und so stand diese Kunstrichtung Pate bei der Eröffnung des Museums. Dokumentationen über Flash Art findet man an der Rezeption. Das Ausstellungsprogramm in den strahlend weißen Räumen weist auf eine professionelle Leitung der Institution hin. Das Museum gibt ein eigenes Informationsblatt heraus und zusammen mit internationalen Museen auch Kataloge. Einzigartig in Umbrien!

Öffnungszeiten Mi–Fr 15.30–18.30 Uhr, Sa/So 10.30–12.30 und 15.30–18.30 Uhr, öfter wäre besser. Eintritt 3 €.

Museen von San Francesco: Im ehemaligen Franziskanerkloster hat die Stadt gleich drei Museen untergebracht, die *städtische Kunstsammlung*, ein *Heimatmuseum* (unbedeutend) sowie ein *Olivenöl-Museum* (eröffnet 1999).

Die **Pinakothek** *(Raccolta d'Arte di San Francesco)* versammelt die gesamte Kirchenkunst von Trevi und Umgebung. Die schönsten Werke kommen aus der heute geschlossenen Kirche Santa Croce: ein monumentales Kreuzigungs-Fresko aus dem 14. Jahrhundert, eingerahmt von Madonna mit Kind und einer Verkündigungsdarstellung, sowie ein golden leuchtendes Triptychon mit der Darstellung der Vita Christi (15. Jh.), das angeblich nach einem gescheiterten Kunstraub im 19. Jahrhundert abgenommen und in Sicherheit gebracht wurde. Aus der Kirche San Martino außerhalb der Stadt stammt eine "Krönung Mariens" (16. Jh.) mit einigen interessanten Details: Kinderköpfe lugen mit fast gequältem Blick unter der Wolke hervor, auf der Maria schwebt; über der Krone, die der Gottesmutter aufgesetzt wird, symbolisiert eine von zwei Engeln herbeigetragene Riesenkrone die Bedeutung des Ereignisses. Bestandteil des Museums ist auch die Klosterkirche – sehenswert sind die Freskenreste sowie eine wunderschöne Orgel mit bemaltem Holz, Baujahr 1509.

Das **Museum der Olivenölkultur** *(Museo della Civiltà dell'ulivo)* ist wohl eine Konzession an Trevis Landwirtschaft. Neben einer Ölpresse, einer Ölmühle, einer riesigen Amphore und landwirtschaftlichem Gerät ist wenig zu sehen. Wer zuvor das ambitionierte Lungarotti-Museum in Torgiano (siehe dort) gesehen hat, wird eher enttäuscht sein. Ein Schmankerl immerhin ist die Installation, die zur Degustation einlädt: Je nach Knopfdruck fließt nichtfruchtiges, mittelfruchtiges oder ganz fruchtiges Öl in den Becher. Wir haben das Experiment gemacht und weisen daraufhin, dass der Geschmack auch ranzig sein kann.

Öffnungszeiten April/Mai und September: Di–So 10.30–13.00 und 14.30–18.00 Uhr; Juni/Juli: Di–So 10.30–13.00 und 15.30–19.00 Uhr; August: täglich 10.30–13.00 und 15.00–19.30; Oktober–März: Fr–So 10.30–13.00 und 14.30–17.00 Uhr Uhr. Eintritt 3 €.

Warten auf die Predigt

Dom Sant'Emiliano: Er steht am höchsten Punkt der Stadt und stammt aus dem 12. Jahrhundert; umgebaut wurde er im 15. Jahrhundert und dann wieder im 19. Jahrhundert, wobei jeweils das Hauptschiff mit Altar erst von Osten nach Nordwesten und dann wieder leicht zurück nach Norden "gedreht" wurde. Der Turm musste 1926 ersetzt werden, sein gotischer Vorgänger wurde vom Blitz erschlagen.
Die betende Figur, eingelassen in die rechte Außenmauer, dürfte wohl aus der romanischen Zeit stammen.

Trevi/Umgebung

Monte Brunette: Den Hinweis auf das Gebiet um den Monte Brunette verdanken wir einer freundlichen Leserin, die wir hier gerne zitieren:

"Der Beschilderung zum Wohnmobil-Parkplatz folgen (er befindet sich oberhalb Trevis), die erste Straße Richtung Coste (Casa Vacanze, Mamma Rosa, Riosecco) rechts abbiegen, erst geteert, dann Schotterstraße mit mehreren Serpentinen, nach ca. 5 km in einer Linkskurve Picknick- und Grillplatz. Weitere 3 km bergauf fahren, bis man auf eine Hochebene kommt. Links befindet sich eine kleine Kapelle, Weiterfahrt nur geradeaus zur Casa Vacanze erlaubt. Wenn man links den Weg zur Kapelle geht, erreicht man einen schattigen Picknickplatz mit Grill. Wochentags ist es hier absolut ruhig, viele Blumenwiesen, der Monte Brunette (1425 m), einzelne weit verstreute Gehöfte und gutes Wandergebiet." (Bis dato sind wir diesem Hinweis noch nicht nachgegangen, haben ihn aber für unsere nächste Recherche-Tour vorgemerkt – vielen Dank einstweilen an M. M.)

Tempel von Clitunno: etwa 5 km südlich von Trevi, an der Straße nach Spoleto. Über das antike Tempelchen mit Säulenvorhalle und skulptiertem Tympanon weiß man recht wenig. Möglicherweise stammt die Kultstätte aus dem 4. Jahrhundert n. Chr., vielleicht ist sie aber auch ein paar hundert Jahre jünger. Von späterem christlichen Einfluss zeugen die ziemlich heruntergekommenen Fresken über dem Steinaltar.

Öffnungszeiten April–Oktober: 9–20 Uhr; November–März: 9–14 Uhr. Mo geschlossen. Eintritt frei.

Tempel von Clitunno

Quelle von Clitunno *(Fonti del Clitunno)*: etwa 1 km südlich des Tempelchens, ebenfalls direkt an der Straße. Reisebusse pflegen hier eine Rast einzulegen. In der Antike war die Quelle ein Heiligtum, heute ist ein kleines Biotop um den Teich entstanden. Einzig der unüberhörbare Verkehrslärm verhindert das Aufkommen romantischer Gefühle. Das klare Wasser fließt übrigens weiter in Richtung des Clitunno-Tempels, betreibt dort eine Mühle und ergießt sich später wie alle umbrischen Gewässer in den Tiber.

- *Öffnungszeiten* Erste Märzhälfte und Oktober: 9–13 und 14–18 Uhr; zweite Märzhälfte: 9–13 und 14–18.30 Uhr; erste Aprilhälfte: 9–19.30 Uhr: zweite Aprilhälfte: 9–20 Uhr; Mai–August: 8.30–20 Uhr; erste Septemberhälfte: 8.30–19.30 Uhr; zweite Septemberhälfte: 9–19 Uhr; November–Februar: 10–13 und 14–16.30 Uhr. Eintritt 2 €.
- *Übernachten* *** **Hotel Mirafonti**, in Campello sul Clitunno. Von der Durchgangsstraße weg ausgeschildert, und doch übersieht man den gelben Palazzo leicht. Kaum Gäste und wenig Personal; das für die drei Sterne erstaunlich billige Haus hat schon bessere Zeiten gesehen. Relativ kleine Zimmer. Große Terrasse, auf der auch gespeist wird. DZ 47–78 €. Via Virgilio 16. ✆/℻ 0743/521071.

Spoleto

(ca. 38.500 Einwohner)

Pures Mittelalter zeigt sich hier gepaart mit der Moderne – düstere Winkel im Centro storico, Kunstgalerien und, wo sich ein Platz auftut, gelegentlich Skulpturen. Das Festival dei Due Mondi, Umbriens renommiertestes Kunstereignis, hat Spoletos Stadtbild leise, aber nachhaltig verändert.

Die mittelalterliche Stadt am Rande des breiten Valle Spoletina breitet sich auf einem Hügelrücken aus, obenauf die Burg aus dem 14. Jahrhundert, die später oft als Gefängnis diente, zuletzt in den 1980er Jahren als Hochsicherheitstrakt für Mitglieder der linksradikalen *Brigate Rosse*. Darunter gruppieren sich, aus düsterem schwarzgrauen Stein, die Kirchen und Häuser der Altstadt. Zahlreiche steinerne Bogen überspannen die engen Treppengässchen und stützen das uralte Gemäuer.
Die dunklen Gassen Spoletos, die im Besucher romantische Gefühle wecken, verbergen ein demographisches Desaster: Das Centro storico entvölkert sich. Zählte man 1948 noch 15.000 Altstadtbewohner, so waren es 1999 gerade noch 6.000. Außerhalb der Stadtmauern, unten im Tal, ist der Alltag eben bequemer: Man kann das Auto direkt vor die Haustür fahren, hat keine Heizungsprobleme und beim nächsten Erdbeben ein halbwegs sicheres Dach überm Kopf. Die leer stehenden Altstadtwohnungen werden zur Beute reicher Römer, die sich hier eine Wochenendbleibe einrichten. Auch einige Amerikaner, die jährlich zum *Festival dei Due Mondi* anreisen, haben sich eingekauft.

Spoleto wurde wie Assisi ca. 800 v. Chr. gegründet, 295 v. Chr. schloss die Stadt mit den Römern ein Bündnis. Nachdem 217 die römischen Truppen am Trasimenischen See von *Hannibal* vernichtend geschlagen worden waren (siehe "Lago Trasimeno", Kasten), setzten die Spoletiner dem karthagischen Eindringling erbitterten Widerstand entgegen, der daraufhin versuchte, Rom von Süden her anzugreifen. Im 12. Jahrhundert wurde die Stadt, die stets papstfreundlich war, von *Friedrich Barbarossa* zerstört. Trotzdem hielt sie an ihrer Treue zum Vatikan fest und stand bis zur nationalen Einigung Italiens im 19. Jahrhundert praktisch immer auf Seiten des Kirchenstaates.

Heute treffen sich in Spoleto alljährlich Historiker aus dem ganzen Kontinent, um die europäische Geschichte des Mittelalters zu erforschen. Ohne die Scheuklappen einer lokal oder national beschränkten Geschichtsschreibung wird anhand intensiver Quellenstudien ein umfassendes Geschichtsbild des Mittelalters entwickelt.

Festival dei Due Mondi

Das 1958 vom Komponisten Giancarlo Menotti ins Leben gerufene *Festival dei Due Mondi* (Festival der Zwei Welten), das gleichzeitig in Charleston (South Carolina, USA) stattfindet, lockt Ende Juni bis Mitte Juli Besucher aus aller Herren Länder nach Spoleto.

Das hochkarätige Angebot an Opern- und Theateraufführungen, Musik und Ballett, Film und Ausstellungen ist einzigartig in Italien. Heute zeichnet Francis Menotti, der Sohn des Gründers, für das Programm verantwortlich. Das ganze Jahr über kann man sich im Festival-Büro am Domplatz Nr. 9 anhand der Programmbücher und Plakate vergangener Jahre von der Qualität des renommierten Festivals überzeugen.

Auskunft über das Programm des nächsten Festival dei Due Mondi unter ✆ 800565600 (grüne Nummer) oder www.spoletofestival.net

Information/Diverses

- *Telefonvorwahl* 0743
- *Postleitzahl* 06049
- *Information* **A.P.T.-Büro**, Piazza della Libertà 7. Hier werden auch die künstlerisch wertvollen Festivalposter verkauft. Geöffnet 10–13 und 16–19 Uhr; ✆ 220311, 46241, e-mail: turispo@mail.caribusiness.it.
- *Verbindung* **Bahn**, Spoleto liegt an der häufig befahrenen Strecke Rom–Ancona, auch Züge nach Perugia (ca. 10x tägl.). Ein halbes Dutzend Züge nach Orvieto (umsteigen in Orte).
Busse nach Assisi und Perugia.
- *Parken* In der Altstadt gebührenpflichtig, sofern man überhaupt einen Platz findet. Hotels geben ihren Kunden eine für eine bestimmte Zone gültige Berechtigungskarte.
- *Festival* **Festival dei Due Mondi** (siehe Kasten). Informationen im Festivalbüro an der Piazza del Duomo 9, wo auch Poster verkauft werden, Preisspanne 7–50 €. Programminfos siehe Kasten.
- *Markt* **Fiera di Loreto**, jährlich 8./9. September. Riesiger Markt, der sich von der Piazza Garibaldi an der gesamten westlichen Stadtmauer (intra muros) entlang zieht.

Übernachten/Camping/Agriturismo

**** **Hotel San Luca (4)**. Von Spoletos Nobelherbergen die reizvollste. Ein 1995 restaurierter Gebäudekomplex an der Stadtmauer mit wunderschönem Innenhof und einer Liegewiese auf dem Dach, leider kein Swimmingpool, dafür ein riesiger Rosenbusch. Die Zimmer sind hell und geräumig und überaus geschmackvoll eingerichtet. DZ 110–240 €, inkl. Frühstück. Preise saisonal stark schwankend und Verhandlungssache.

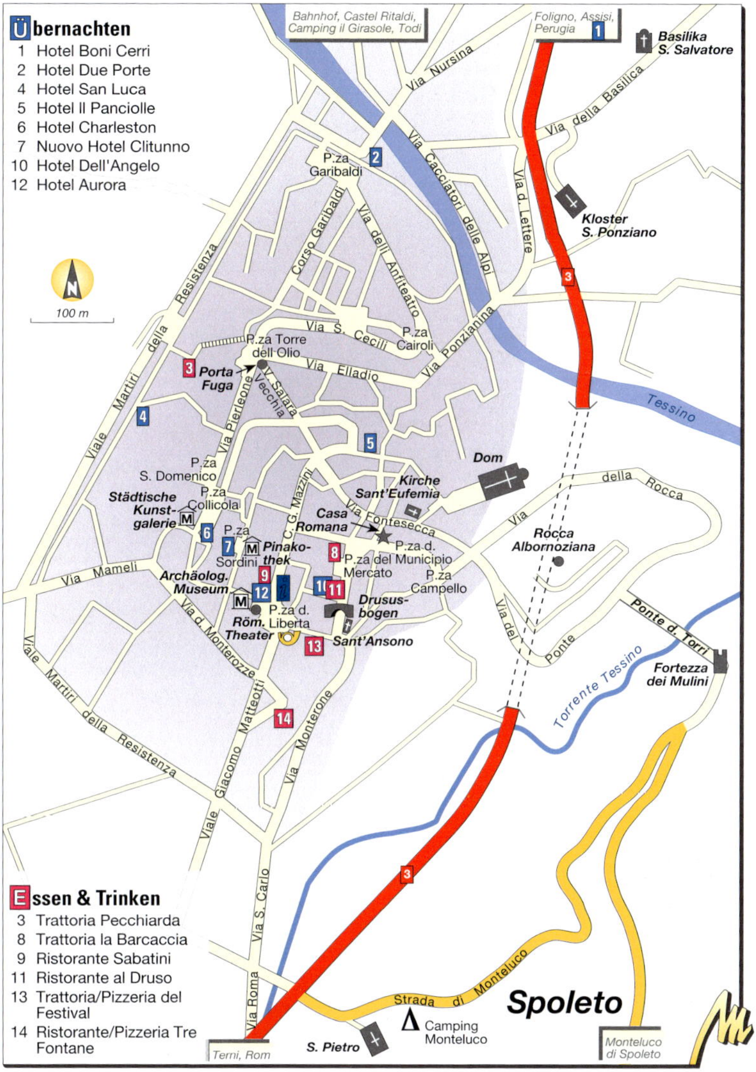

Via Interna delle Mura 21. ✆ 223399, 📠 223800, e-mail: sanluca@hotelsanluca.com.

*** **Nuovo Hotel Clitunno (7)**. Renovierter Bau in sehr zentraler Altstadtlage. Von einigen, im rückwärtigen Teil des Gebäudes gelegenen Zimmern hübscher Ausblick. Zimmer mit Bad 55–110 €,. Piazza Sordini 6. ✆ 223340, 📠 222663, e-mail: hotelclitunno@spoleto1.com.

*** **Hotel Charleston (6)**. Ebenfalls sehr zentrale Lage. Kleine, gepflegte Zimmer mit Mini-Bar und TV. Die Sauna kostet extra und wird auch von hotelfremden Gästen benutzt. Parkmöglichkeit am kleinen Platz davor. DZ 52–105 €. Piazza Collicola 10. ✆ 220052, ✆ 221244, e-mail: info@hotelcharleston.it.

** **Hotel Aurora (12)**, gegenüber dem Touristbüro. Modern eingerichtet, im Flur Dauerausstellung mit Festivalplakaten. Kleiner eigener Parkplatz direkt vor dem Eingang. DZ mit Bad 52–80 €. Via Apollinare 3. ✆ 220315, ✆ 221885, e-mail: info@hotelauroraspoleto.it.

** **Hotel Due Porte (2)**, am Stadtgraben und in ihm und wesentlich ruhiger als sich bei dieser Lage vermuten lässt. Ein lebhafter, junger Neapolitaner führt das Szepter. Kleiner Privatparkplatz. Wenn dieser voll ist, ist Parken in unmittelbarer Umgebung zumindest nachts kein Problem. DZ 31–57 €, die teureren mit letto matrimoniale. Piazza della Vittoria 5. ✆/✆ 223666.

** **Hotel Il Panciolle (5)**. Kleines, 1992 eröffnetes Hotel in ruhiger Altstadtlage. Alle Zimmer renoviert. Vor dem Haus ein kleiner, von Linden beschatteter Platz mit Brunnen. Unser Tipp für die 2-Sterne-Kategorie. DZ mit Bad 45–55 €. Via Duomo 4. ✆/✆ 45677

** **Hotel Dell'Angelo (10)**, in der Nähe des Marktes. DZ mit Bad 37–52 €. Via Arco di Druso 25, ✆ 222385, ✆ 207965.

• *Außerhalb* ** **Hotel Boni Cerri (1)**, in Cortaccione, 5 Autominuten zur Piazza Garibaldi. Für Selbstfahrer eine überlegenswerte grüne Alternative zum Stadthotel. Ein großes Plus sind die Sauna und ein Swimmingpool im Innenhof; letzterer – was rar ist – auch außerhalb der Saison noch in Betrieb. Zum Hotel gehören ein Café und ein Lebensmittelladen. DZ mit Bad 25–52 €, ohne 21–46 €. Loc. Cortaccione 87. ✆ 46205, ✆ 40649, e-mail: bonicerri@libero.it.

** **Camping Monteluco**, gleich hinter der Kirche S. Pietro. Tolle Lage, terrassenförmig am Hang, viel Schatten. Neben dem Platz eine Pizzeria. Nur 35 Stellplätze! Geöffnet April–September. Loc. S. Pietro. ✆/✆ 220358, e-mail: primaver@caribusiness.it.

** **Camping Il Girasole**, ca. 10 km nördlich, bei Petrognano di Spoleto (Richtung Castel Ritaldi). Die Sanitäranlagen entsprechen nicht mehr ganz dem heutigen Standard, und in der Hauptsaison lässt die Warmwasserversorgung zu wünschen übrig. 70 Stellplätze. Geöffnet April–September. ✆/✆ 51335, e-mail: campingilgirasole@libero.it.

• *Agriturismo* **Azienda Bartoli**, in über 1000 m Höhe und völlig abgelegen in der Einsamkeit der umbrischen Bergwelt. Großartiger Ausblick. Die Familie Bartoli bewirtschaftet den ca. 60 ha großen Bergbauernhof extensiv mit Milchschafen zur Käsegewinnung und einigen Kühen. Vermietet werden 6 renovierte Zimmer mit eigenem Bad. DZ 37–47 €. Anfahrt von Spoleto: schmales Serpentinensträßchen Richtung Monteluco di Spoleto (8 km). Von dort etwa weitere 6 km Schotterpiste (ausgeschildert). Loc. Patricio. ✆ 220058, e-mail: patrico@tiscalinet.it.

Essen (siehe Karte S. 163)

Viele Altstadtrestaurants bieten ein Menu turistico an, gelegentlich ein Viertel Wein inklusive, manchmal auch Servizio compreso. Langes Rechnen lohnt nicht, in der Regel kommt man summa summarum auf ca. 17 €. Kaffee und Grappa natürlich extra.

Ristorante Sabatini (9). Für das dicke Portemonnaie. Dezente Atmosphäre, nach hinten traumhaft schöner Garten. Mo geschlossen. Corso Mazzini 56.

Trattoria La Barcaccia (8), hinter der Piazza del Mercato. Preislich etwas über dem Durchschnitt, dafür in wunderbar ruhiger Lage. Geräumiger Speisesaal, dekoriert mit Festival-Plakaten, und eine hübsche, überdachte Terrasse. Spoletinische Spezialitäten à la carte. Di geschlossen. Piazza Fratelli Bandiera.

Trattoria Pecchiarda (3), riesiger, vegetativ überdachter Innenhof, in dem sich preiswert speisen lässt. Ausgezeichnete Antipasti della casa. Für das Secondo ist das Angebot nicht besonders groß, das Restaurant ist trotzdem sehr populär. Unser Tipp für die heißen Sommernächte. Do geschlossen. Vicolo S. Giovanni 1.

Trattoria/Pizzeria del Festival (13), oberhalb der Piazza della Libertà. Menü ca. 20 € oder à la carte, Pizza oder auch nur Pasta. Angenehmes Lokal und freundliches Personal, so dass man hier ohne weiteres einen ganzen Abend verbringen kann. Fr geschlossen. Via Brignone 8.

Ristorante/Pizzeria Tre Fontane (14), breites Angebot an klassischer Küche und Pizze. Wir empfehlen das Lokal für laue Sommerabende: hübscher Garten. Via B. Egio 15.

Ristorante al Druso (11), beim Drususbogen, im Erdgeschoss des Hotel Dell'Angelo. Menüs inkl. ein Viertel Wein für knapp 20 €. Mo geschlossen. Via Arco di Druso 25.

Sehenswertes

Altstadt: Etwas oberhalb der zentralen Piazza della Libertà, in der Via Arco di Druso, präsentieren sich Bauten aus den vergangenen zwei Jahrtausenden: Auf den noch sichtbaren Grundmauern eines heidnischen Tempels (1. Jh.) steht die **Kirche Sant'Ansano** (18. Jh.), in deren Untergeschoss man die kleine **Krypta Sant'Isacco** mit teilweise noch erhaltenen Fresken (12. Jh.) findet – einziges Überbleibsel einer romanischen Vorgängerkirche. Der vom Verkehr geschwärzte, aus mächtigen Travertinquadern gefügte **Drususbogen**, der neben der Kirche die Straße überspannt, misst heute nur noch weniger als die Hälfte seiner ursprünglichen Höhe, so weit ist er in den Boden eingesunken. Er wurde im Jahre 23 zum Gedenken an die beiden römischen Konsuln *Drusus* und *Germanicus* errichtet. Beide waren Söhne des Kaisers *Tiberius* und kämpften siegreich gegen die Germanen am Rhein. Unweit des Triumphbogens liegt – mit einem auffallend schönen Brunnen aus dem 18. Jahrhundert – die **Piazza del Mercato**, das pulsierende Herz des Centro storico. Am Ende des Platzes gelangt man über die Via del Municipio zum **Rathaus**, dessen Fassade gleich mit drei Uhren die Zeit zu bestimmen versucht. Neben einer komplizierten Sonnenuhr, die neben der Tages- auch die astronomische Zeit angibt, findet man eine allgemein verständliche Uhr und eine weitere, die den Tag des Monats anzeigen sollte und noch auf den Uhrmacher wartet. Auch ein Maurertrupp täte dem Rathaus gut, es ist ziemlich heruntergekommen.

Am Ende des Corso Mazzini führt linkerhand ein Sträßchen in den unteren Teil der Stadt, durch die **Porta Fuga** mit dem **Torre dell'Olio** (beide 13. Jh.), letzterer überragt vom **Palazzo dei Vigili** (16. Jh.), zum Corso Garibaldi, der Hauptgeschäftsader Spoletos – ein netter Spaziergang für den Flaneur.

Spoleto
Karte S. 163

Dom *(Santa Maria Assunta):* Der weitläufige Vorplatz war der politische Versammlungsort der Gemeinde. Dass in Umbrien eine "pluralistische" Meinungsbildung bereits im Mittelalter öffentlich gepflegt wurde, zeigen die zu beiden Seiten der Kirchenfassade angeordneten Kanzeln – pro und contra. Auf der einen Seite stand der regierende Podestà (Bürgermeister), auf der anderen Kanzel die Opposition. Und eine Inschrift in einer der Fenstereinfassungen vermeldet bedauernd: "Die ganze Welt ist ein großes Babylon".

Der romanische Kirchenbau wurde im 12. Jahrhundert begonnen. Für die Vorhalle und den Turm wurden zahlreiche römische Steinquader verwendet.

Die heilige Windel Christi

Bekannt ist, dass Turin sich rühmt, im Besitz des Leichentuchs Christi zu sein. Weniger bekannt ist, dass in Spoleto ein anderes Tuch Christi verehrt wird – die Windel. Das im Dom aufbewahrte, 20 mal 25 cm große Stück Stoff wurde im Jahr 1175 für authentisch erklärt. Jährlich am 24. Dezember wird die Reliquie während der Mitternachtsmesse gezeigt, dann verschwindet sie wieder im Silberschrein.

Das Leichentuch Christi datieren die Experten ins 14. Jahrhundert, die heilige Windel wurde bisher noch nicht mit der Radiokarbon-Methode untersucht ...

Dann waren die Geldmittel ausgegangen, erst wesentlich später wurde der obere Teil im gotischen Stil angebaut.

Das Innere "modernisierte" man 1640 in üppigem Barock. Vor allem die beiden Seitenkapellen der Apsis legen davon Zeugnis ab. Aus alter Zeit geblieben ist ein hübscher Mosaikfußboden (vermutlich aus alten römischen Villen gerettet bzw. gestohlen) sowie – heute hinter Sicherheitsglas – ein restauriertes Holzkreuz aus dem 12. Jahrhundert in kräftigen Farbtönen.
Die Fresken der Apsis, Szenen aus dem Leben Mariens, stammen vom berühmten Florentiner *Filippo Lippi* und seinen Schülern, sie sind Lippis letztes Werk, der Meister verstarb 1469, noch vor der Beendigung der Arbeiten. Sein Grabmahl findet sich im rechten Querschiff, die Gebeine allerdings sollen während der zahlreichen Umzüge verloren gegangen sein. Auch *Pinturicchio* hat im Spoletiner Dom ein Kunstwerk hinterlassen, sein Fresko "Maria mit Kind, Johannes der Täufer und Leonhard" ziert die erste Seitenkapelle rechts. An sie schließt sich eine weitere Kapelle an, komplett mit Fresken ausgeschmückt und mit separatem Ausgang zum Portikus.

Kirche San Eufemia: Knapp oberhalb des Doms, der früheren Bischofsresidenz zugehörig, findet sich diese kleine romanische Kirche aus dem 12. Jahrhundert mit einer dreiteiligen Apsis. Interessant ist die seltene zweigeschossige Architektur, der obere Arkadengang war für die Frauen reserviert. Mehrere Säulen aus römischer Zeit sind in den Bau integriert. Die beiden Fresken an den Säulen vorne rechts stammen vermutlich aus dem 15. Jahrhundert.

Nationales Archäologisches Museum und Römisches Theater: Wer buddelt, der findet! Als die Spoletiner 1982 das Becken für ein kommunales Schwimmbad ausheben wollten, stießen sie auf Gräber der Bronzezeit. Das ist aber das Geringste an diesem mit moderner Ausstellungstechnik arbeitenden Museum, das im einstigen Kloster Sant'Agata untergebracht ist. Der Parcours beginnt in der zweiten Etage mit den Grabfunden aus etruskischen Nekropolen im südlichen Umbrien, u. a. ein zierliches, aus Knochen gearbeitetes Bettstattdekor. In den beiden unteren Etagen dominieren die römische Zeit und das Mittelalter. Letzteres ist vor allem durch Funde vertreten, die während der Restaurierung der Rocca Albornoziana (siehe unten) gemacht wurden. Auf dem Hügel San Elia, wo sich heute die mächtige päpstliche Festung erhebt, stand früher ein bescheidenes romanisches Kirchlein – der religiöse Ort wurde zum militärstrategischen, der Kirchenstaat war eine politische Macht geworden.
Von der Galerie des Museums aus hat man einen schönen Blick auf das gut erhaltene römische Theater aus dem 1. Jahrhundert, das – etwas eingezwängt zwischen den mittelalterlichen Bauten – beim Stadtbesuch meist übersehen wird. Es bot einst Platz für 3000 Zuschauer, heute wird es einzig während des Festival dei Due Mondi wiederbelebt.

Öffnungszeiten Mo–Sa 9–19 Uhr, So 9–13 Uhr (mit Vorbehalt). Eintritt 2 € (ohne Vorbehalt).

Städtische Pinakothek: Im Jahr 2001 war die städtische Kunstsammlung noch im Rathaus untergebracht: umbrische Malerei aus dem 15./16. Jahrhundert, Fresken, Kerzenhalter, Monstranzen, im 2. Saal eine wie zufällig auf ein Tischchen abgestellte bemalte Holzstatue – insgesamt eine bemerkenswert lieblose Ausstellung.

2002 war die Pinakothek wegen Umzug geschlossen, 2003 sollte sie im Palazzo Spada (gegenüber dem Nuovo Hotel Clitunno) ein neues Dach über dem Kopf finden. Wir hoffen, dass die Verantwortlichen die Gelegenheit beim museographischen Schopf packen und ihre Schätze in den neuen Räumlichkeiten attraktiver präsentieren. Zumindest *Giovanni di Pietro* (*Lo Spagna* genannt) hätte es verdient. Er ist mit einem hübschen Fresko vertreten ist, das in der Rocca Albornoziana abgenommen wurde: Madonna im blauen Mantel mit Kind und Heiligen. Sonst wäre es besser, das Fresko wieder in die Rocca zurückzubringen. Dort gibt es genügend leere Säle, wo es hervorragend zur Geltung käme.

Öffnungszeiten bei der letzten Recherche noch nicht festgelegt, ebenso wenig der Eintrittspreis.

Casa Romana: Im Westflügel des Rathauses wurde eine römische Villa mit mehreren Räumen ausgegraben. Ob es sich um das einstige Domizil der Vespasia Polla, der Mutter von Kaiser Vespasian handelt, ist umstritten. Wer nicht Altertumsforscher ist, wird dem Ort wenig abgewinnen. Man unternimmt den kurzen Rundgang und bewundert die Mosaikböden mit ihren strengen geometrischen Ornamenten – leider schlecht ausgeleuchtet.

Öffnungszeiten Mitte März–Mitte Oktober: 10–20 Uhr; Mitte Oktober–Mitte März: 10–13 und 15–18 Uhr, Di geschlossen. Eintritt 2 €.

Städtische Kunstgalerie *(Galleria Civica d'Arte Moderna)*: eine durchaus sehenswerte Sammlung moderner, großteils abstrakter Kunst. Von 1956–67 schrieb die Stadt jährlich den *Premio Spoleto* aus, einen anfänglich lokalen, später nationalen Wettbewerb. Eine Jury prämierte drei Werke, die von der Stadt gekauft wurden, die sich so den Grundstock einer modernen Kunstsammlung verschaffte. Aber auch Künstler von internationalem Rang sind vertreten, u. a. *Alberto Burri* und der Konzeptkünstler *Sol Le Witt.*

Einen besonderen Hintergrund hat ein "Teodelapio" genanntes Modell von *Alexander Calder*, dem amerikanischen Bildhauer, Objektkünstler und Erfinder des Mobiles. 1962 erhielt Calder von der Stadt die Einladung, an einer Openair-Ausstellung teilzunehmen. Der weltbekannte Künstler schickte eben jenes Modell einer 18 Meter hohen Skulptur, die auf vier Beinen stehend als Straßenüberbrückung den nördlichen Eingang zur Stadt markieren sollte und versprach, zur endgültigen Installation nach Spoleto zu kommen. Metallfirmen und Schiffbauer besorgten die Ausführung. Der Transport des Objekts verursachte logistische Probleme, aber mit zwei Kränen ließen sich diese lösen. Der "Teodelapio" stand schon auf dem Bahnhofsplatz, als man um die etwas fragile Konstruktion zu fürchten begann. Calder flog eiligst nach Rom, nahm den Zug nach Spoleto, stieg aus und sah sich seinem Werk gegenüber – das aus unerfindlichen Gründen bis heute auf dem Bahnhofplatz steht.

Öffnungszeiten 10.30–13.00 und 15.00–18.30 Uhr (Mitte Oktober–Mitte März am Di geschlossen). Eintritt 2 €.

Kloster San Ponziano: Ponzianus, der Stadtheilige von Spoleto, wurde im Jahr 175 enthauptet; die Gebeine des Märtyrers ruhen heute im holländischen Utrecht, einzig der Schädel wird in Spoleto verwahrt. Jährlich am 14. Januar, dem Festtag des Heiligen, wird die Reliquie von der Klosterkirche zum Dom gebracht und der Öffentlichkeit gezeigt. Das nach Ponzianus benannte Kloster

Spoleto
Karte S. 163

ist ein ziemlich verwitterter Komplex, bestehend aus Kirche (12. Jh.), Augustinerkloster, in dem noch über ein Dutzend Mönche wohnen, und ein paar Häusern. Die Kirche ist – wenn nicht gerade Messe gefeiert wird – meist geschlossen. Es lohnt sich jedoch, im Haus links von ihr nach dem Schlüssel zu fragen oder das Angebot der möglicherweise herbeieilenden Führung anzunehmen.
Interessant ist nicht die barocke Kirchenausstattung, sondern vielmehr die Krypta: ein Gewölbe mit korinthischen Säulen sowie zwei kegelförmig zulaufenden Spitzsäulen aus grünem Marmor und zahlreichen Fresken aus dem 13.–15. Jahrhundert, die allerdings der Restaurierung bedürfen.

Basilika San Salvatore: Eine kurze, schnurgerade Allee mit uralten Steineichen auf der einen Seite, gepflanzt im Jahr 1225, führt am Friedhof entlang zur kleinen Basilika. Die Kunsthistoriker streiten sich um die exakte Datierung, aber zweifellos gehört San Salvatore zu den ältesten Kirchenbauten Umbriens. Nach dem Umbau im 9. Jahrhundert galt die Kirche als architektonisches Vorbild für frühmittelalterliche Gotteshäuser. Möglicherweise ließ im Jahr 313 Kaiser Konstantin hier eine erste Basilika errichten, als Baumaterial wurden die Steinquader römischer Sommerhäuser benutzt. Syrische Mönche, die sich länger in San Salvatore aufhielten, besserten den Bau später aus. In den beiden Dreiecksgiebeln der Fassade kann man das Kreuz erkennen, das als Initiale "C" für Constantin interpretiert wird. Der Bogen des Fensters dazwischen zeigt eine in Europa einmalige Ornamentik – vermutlich ein Beitrag der Syrier.
Das Innere macht einen äußerst kahlen Eindruck. Die Säulen – im ionischen und korinthischen Stil – stammen allesamt aus römischen Villen. Die Fresken in der Apsis datieren aus der Zeit vor dem 14. Jahrhundert.

Kirche S. Pietro: ein einzigartiges Juwel wegen seines phantasiereichen Reliefdekors aus dem 13. Jahrhundert an der Fassade. Man findet die romanische Kirche, die vermutlich Spoletos frühere Kathedrale war, am Fuß des Berges San Giuliano, am Ortsende Richtung Terni. Einige Details der berühmten Fassade: oben links das Jüngste Gericht – Petrus schlägt dem Teufel, der die Seelenwaage zu seinen Gunsten zu manipulieren versucht, den Himmelsschlüssel auf den Kopf. Unten links macht sich ein Löwe daran, einen Soldaten zu verspeisen. In der Mitte rechts stellt sich ein schlauer Fuchs tot und lockt so zwei Raben an. Auf der rechten Hälfte sind einige Szenen aus dem Neuen Testament dargestellt. Die Motive sind oft schwierig zu deuten, nur einige Symbole wie der Löwe (Gott oder das Volk Juda), Drache und Schlange (Symbol der Sünde), Soldat (Elend und Übermacht) geben Anhaltspunkte zur Interpretation. Im Vergleich mit der großartigen Fassade verblasst die größtenteils barocke Innenausstattung ebenso wie die kümmerlichen Freskenreste.

Rocca Albornoziana: Die mittelalterliche Burganlage auf dem höchsten Punkt der Stadt wurde im 14. Jahrhundert als wichtige Bastion der päpstlichen Macht errichtet, hier residierten die Statthalter des mächtig gewordenen Kirchenstaats. Berühmteste Statthalterin von Spoleto war die schlecht beleumdete *Lucrezia Borgia*, die von ihrem Vater, dem Renaissancepapst *Alexander VI.*

San Pietro – Fassadendetail

1499 hier eingesetzt wurde. Der Kirchenstaat war schon längst am Ende, als der Anlage (wohl im 20. Jh.) ein unansehnlicher Gebäudeteil hinzugefügt wurde – die Rocca hatte als Gefängnis eine neue Verwendung gefunden; in den 80er Jahren des 20. Jahrhunderts waren in einem mit vier Türmen versehenen Hochsicherheitstrakt sowohl Mitglieder der Brigate Rosse als auch Mafiosi eingekerkert.

Die Rocca ist nur mit Führung zu besichtigen; man lässt sich im Kleinbus hochfahren und genießt oben erst einmal die herrliche Aussicht auf den mittelalterlichen *Ponte delle Torri* und den dicht bewaldeten Abhang des *Monteluco* dahinter.

Die Burg, die sich von außen so trutzig-militärisch präsentiert, entpuppt sich in ihrem Inneren eher als Palast. Man kann sich ohne weiteres vorstellen, wie in der Renaissance die päpstlichen Höflinge sich hier den weltlichen Freuden hingaben. Der gesamte erste Innenhof ist auf zwei Geschossen von Arkaden eingesäumt. Päpstliche Wappen verzieren den Renaissance-Ziehbrunnen. In den oberen Arkaden sind zwischen den Fresken die Familienwappen der Gouverneure eingemeißelt. Von hier gelangt man zu einer großen Halle, heute Lucrezia-Borgia-Saal genannt. Freskenreste verraten, dass der Raum einst wesentlich weniger kahl war, vermutlich war er ähnlich ausgeschmückt wie der kleine Saal daneben. Dieser zeigt unter dem puttenverzierten Gewölbe einen großartigen Freskenschmuck: Szenen aus dem abenteuerlichen höfischen Leben. Komplett zugeblechte Ritter prügeln aufeinander ein, derweil friedlichere Zeitgenossen den Jungbrunnen austesten.

"Das dritte Werk der Alten"

Öffnungszeiten Mitte März–Mitte Juni und Mitte September–Oktober: Mo–Fr 10–12 und 15–19 Uhr, Sa/So 10–19 Uhr; Mitte Juni–Mitte September: täglich 10–20 Uhr; November–Mitte März: Mo–Fr 14.30–17 Uhr, Sa/So 10–17 Uhr. (letzter Kleinbus jeweils eine Stunde vor Schließung). Eintritt 6 € (Fahrt im Kleinbus inkl.).

Ponte delle Torri und **Fortezza dei Mulini**: Der mächtige Aquädukt, der östlich der Altstadt das üppig-grüne Tessino-Tal überspannt, wurde von Goethe als "das dritte Werk der Alten" gepriesen. Der Bau der 230 m langen und 80 m hohen Brücke wurde im Jahre 1250 begonnen und erst ein Jahrhundert später fertig gestellt.

Zu ihrem Namen kam die "Brücke der Türme" aufgrund der mittleren drei Pfeiler, die nicht massiv gemauert, sondern mit Räumen für die Stadtwache ausgestattet wurden. An der Nordseite des Aquädukts führt ein Fußgängerweg (nachmittags im Schatten) auf die andere Talseite zur **Fortezza dei Mulini** – Verteidigungsturm und Mühle zugleich. Das Wasser brachte mittels zweier mächtiger Rückhaltebecken das Mühlrad in Schwung und wurde anschließend in die Stadt geleitet. Leider verwehren eine schwere eiserne Kette und zwei Fratzen über dem Brunnen am Eingang dem heutigen Besucher den Zutritt zur Fortezza.

Die heiligen Wälder von Monteluco

Der üppig-grüne, dicht mit Steineichen besetzte und trüffelverdächtige Hügel oberhalb der Mühle galt schon in vorchristlicher Zeit als heilig. Hier fand man die *Lex Spoletina*, einen Gesetzesstein mit einer Inschrift aus dem 3. Jahrhundert: Es ist verboten, im heiligen Hain des Jupiter Holz zu schlagen oder zu entwenden, da dieses für die jährlichen Opferfeierlichkeiten bestimmt ist. Wer mit Absicht Schaden anrichtet, muss dem Gott einen Ochsen opfern und dem Rektor der Stadt 300 Sesterzen zahlen. Der Stein ist im Archäologischen Museum von Spoleto zu besichtigen.

Ab dem 4. Jahrhundert wurde die Gegend christianisiert; Eremiten aus Syrien ließen sich in den Wäldern nieder, dann Benediktiner, und schließlich gründete im Jahr 1218 Franz von Assisi eine Eremitage (siehe unten "Monteluco").

Spoleto/Umgebung

Monteluco: Ein windiges Sträßchen führt von der Fortezza dei Mulini in die bewaldete Sommerfrische in luftiger Höhe von über 800 Metern. Wer Bewegung nicht scheut, nimmt von der Fortezza aus den Wanderweg (ca. 1 Stunde). Am Wochenende gehört Monteluco den Spoletinern, unter der Woche ist die Streusiedlung mit drei Hotels, einem Ferienheim und großem Picknickplatz ziemlich leer und die Umgebung ein Paradies für Spaziergänger.

Dass auch die Franziskaner die einsame Natur Montelucos zu schätzen wussten, beweist das **Santuario di San Francesco Monteluco**: eine 1218 von Franz von Assisi gegründete Eremitage mit verschiedenen winzigen Oratorien und noch winzigeren Mönchszellen. Die Gebäude stehen noch heute unter der Verwaltung des Ordens.

• *Übernachten* ** **Hotel Ferretti**. Von Montelucos drei Hotels das preiswerteste und in idyllischer waldiger Lage, ganz in der Nähe des Santuario di San Francesco. Mit Restaurant. DZ mit Bad 42–78 €. Loc. Monteluco 20, 06049 Spoleto. ✆ 0743/49849, ℻ 0743/222344, e-mail: albergoferretti@libero.it.

Was wäre der Eintopf ohne sie – Linsenfelder im Piano Grande

Das Valnerina

Allgemein steht die Bezeichnung "Valnerina" für den gesamten Südostzipfel Umbriens mit Cáscia und Nórcia als einzigen größeren Orten. Im engeren Sinn versteht man darunter das wildromantische Nera-Tal, das man von Spoleto aus entweder auf der kurven- und landschaftlich abwechslungsreichen SS 395 bei Piedipaterno erreicht – oder, bequem, aber weniger schön, durch einen zur Jahrtausendwende fertig gestellten Straßentunnel bei Sant'Anatólia di Narco.

Die Nera entspringt dem gewaltigen Gebirgsmassiv der Sibillinen und hat einige Nebentäler, so dass man mit dem eigenen Fahrzeug das Valnerina, das zu großen Teilen zum Naturpark *Coscerno-Aspra* gehört, auf verschiedenen Routen erforschen kann.

Erst bei Umbriens Industriemetropole *Terni* öffnet sich die Landschaft, von da fließt dann die wesentlich breiter gewordene Nera weiter nach *Narni*, um sich bald darauf an der Grenze zum Latium in den Tiber zu ergießen.

Monteleone di Spoleto (ca. 650 Einwohner)

Auf einem der zahlreichen Hügel, ca. 35 km südöstlich von Spoleto, erhebt sich auf fast 1000 Metern Höhe der "Löwenberg" von Spoleto. Geblieben sind hier nur noch die Alten – die Jungen hält kaum etwas an diesem abgeschiedenen Ort. Arbeitsplätze sind rar, und so sind die meisten abgewandert. Am Wochenende kreuzen sie dann mit römischen Autokennzeichen in ihrem Heimatort auf.

Ein kurzer Spaziergang durch das freundliche, mittelalterliche Städtchen: durch die Porta Spoletina hoch, an zwei Palazzi vorbei zum Torre dell'Orologio e Mercato (14. Jh.) und weiter zur Klosterkirche San Francesco. Letztere

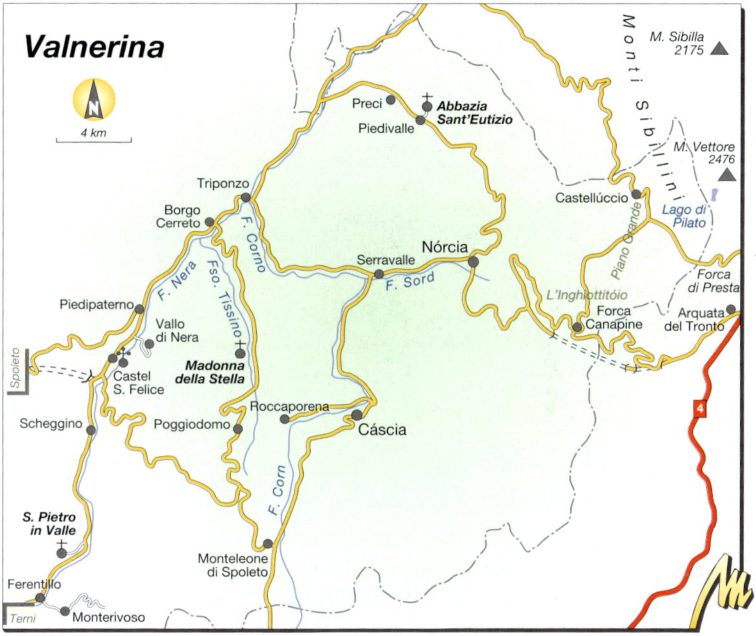

hat ein von zwei Löwen flankiertes, hübsch verziertes gotisches Steinportal. Im Inneren überraschen eine bemalte Holzdecke und einige Fresken aus dem 15. Jahrhundert.

1902 entdeckte ein Bauer beim Umbau seines Hauses unter den Grundmauern einen seltsamen Karren, zu alt für den Einsatz in der Landwirtschaft, aber auch zu schmuck – irgend etwas stimmte da nicht. Er war auf einen antiken zweispännigen Streitwagen gestoßen, eine *Biga*, die heute in das 6. Jahrhundert v. Chr. datiert wird. Ohne zu wissen, welchen Schatz er da gehoben hatte, überließ er das Gefährt zu einem Spottpreis einem florentinischen Antiquitätenhändler. Dieser verstand mehr von der Beziehung zwischen Kunst und Kommerz und verkaufte das Objekt mit viel Gewinn weiter an das New Yorker Metropolitan Museum. Dort steht die Biga von Monteleone noch heute.

Doch brauchen Sie nicht nach Amerika zu fliegen, um die Biga zu sehen – vorausgesetzt, Sie nehmen vorlieb mit einer originalgetreuen Kopie. Sie steht unterhalb von San Francesco, in einem direkt an die Kirche angebauten Gebäudetrakt, und ist so schön anzusehen wie das Original: Nussholz, mit vergoldeten Bronzeplättchen und reich mit Reliefs aus der griechischen Mythologie verziert, die Naben des Zweispänners enden in Löwenköpfen.

Eine kleine Dokumentation über den sensationellen Fund sowie über prähistorische und etruskische Ausgrabungen in der unmittelbaren Umgebung umrahmen die mitten im Kirchenschiff stehende Biga.

• *Öffnungszeiten* Juli/August. In den restlichen 10 Monaten bei Ottavio Carmignani, Piazza Margherita 4 (im Gebäude gegenüber), nach dem Schlüssel fragen.

• *Übernachten* *** **Hotel Brufa**, am unteren Stadttor in Richtung Cáscia. Von außen macht das rosa Haus weniger her als von innen: sehr gepflegte Zimmer, die meisten mit Zugang zum gemeinsamen Balkon. Betischter, ruhiger, kleiner Gartenstreifen hinter dem Haus. DZ 46–72 m. Strada Provinciale 10. ✆ 0743/70646, ℻ 0743/70648, e-mail: hotelbrufa@libero.it.

Madonna della Stella

Mitten im Wald klebt an einem Felsen diese angeblich im Jahr 529 vom heiligen Benedikt gegründete Einsiedelei. Falls die Jahreszahl stimmt, wäre der Bau exakt so alt wie das benediktinische Stammkloster in Montecassino. Später übernahmen Franziskaner das Eremo, sie waren hier noch bis 1953 tätig. Heute ist die Kirche meist geschlossen, der Blick durchs Fenster zeigt ein paar lädierte Fresken aus der Gründerzeit des Benediktinerordens. Über der Kirche sind noch einige Wohnhöhlen der Eremiten zu sehen.

Anfahrt von Monteleone di Spoleto auf einer kleinen Straße nach Norden in Richtung Borgo Cerreto; ca. 6 km nach dem Örtchen Poggiodomo führt links eine Schotterstraße (Schild "Roccatamburo") zur Einsiedelei. Das Fahrzeug am Abzweig parken (es gilt ohnehin Fahrverbot), in 20 Minuten ist die Einsiedelei zu Fuß erreicht – ein wunderschöner Spaziergang!

Cáscia

(ca. 3.700 Einwohner)

Einst römische Befestigung, im Mittelalter selbstständige Republik mit eigener Münzprägung, steht Cáscia heute im Zeichen der heiligen Rita. In punkto Pilgerscharen ist Cáscia nach Assisi die Nummer zwei in Umbrien. Im Unterschied zur Franziskus-Stadt gibt es hier jedoch kein mittelalterliches Stadtbild, das auch nicht religiöse Touristen anzuziehen vermag.

Im Zentrum steht die Basilika zu Ehren der Stadtheiligen, ein Bau aus der Mussolini-Zeit. Nummerierte Großparkplätze, etliche mehrsternige Hotels, Souvenirläden mit unzähligen Miniatur-Ritas – wer nicht der Schutzpatronin der Hausfrauen wegen hierher gekommen ist, fühlt sich rasch fehl am Platz.

• *Telefonvorwahl* 0743

• *Postleitzahl* 06043

• *Information* **A.P.T.-Büro**, Piazza Garibaldi 1, direkt an die Kirche San Francesco angebaut (Ortszentrum, unterhalb der Basilika). Geöffnet Mo–Sa 9–13 und 15.30–18.30 Uhr, So 8.30–12.30 Uhr. ✆ 71147.

• *Verbindung* **Busse** nach Nórcia, Spoleto und Roccaporena.

• *Übernachten* ** **Hotel Cáscia**, direkt bei der Parkanlage unterhalb der zentralen Piazza Garibaldi. Eines der wenigen Hotels, das für die Busladungen von Pilgern zu klein ist. Gepflegte Mittelklasse, Restaurant mit regionaler Küche; die meisten Zimmer haben Zugang zu einem gemeinsamen Balkon. DZ 39–46 €. Viale Cavour 14. ✆ 76961, ℻ 76767.

Sehenswertes

Basilica di Santa Rita: Sehenswert ist der in der Mussolini-Zeit begonnene und 1947 vollendete zweigeschossige Monumentalbau nur für Pilger oder für Menschen, die eine unstillbare Neugier auf eine Mischung aus moderner Kirchenmalerei, Kitsch und Kult haben.

In der in byzantinischer Kreuzform konzipierten **Oberkirche** wird gezeigt, wozu moderne Freskenmalerei imstande ist. Im linken Flügel ruht – für die Pilger auf Distanz gehalten – Santa Rita. In der **Unterkirche** mit ihrer kalten, marmornen Nüchternheit wird ein Eucharistie-Wunder verehrt, wie es in der katholischen Kirchengeschichte häufiger vorkommt. Die Begebenheit soll sich zu Beginn des 14. Jahrhunderts zugetragen haben: Ein Landpfarrer wird an ein Krankenlager gerufen. Er steckt eine Hostie in sein Brevier und zieht los. Beim Kranken angekommen, öffnet er das Brevier – die Hostie ist blutdurchtränkt. Der Landpfarrer überreicht den Corpus Christi einem Augustinermönch, der ihn nach Cáscia bringt. Die blutige Hostie ist ausgestellt, ganz im Geschmack der Örtlichkeit bzw. im geschmacklosen Glanz einer Edelboutique. In einer Vitrine davor sind – effektvoll angestrahlt – die Knochen des Augustinermönchs verwahrt.

Chiesa di Sant'Antonio: im unteren Ortsteil und kunstgeschichtlich bedeutsamer als die moderne Basilika.

Ritas für den Hausaltar

Rita – Schutzpatronin der Hausfrauen

Geboren wurde Rita 1381 im oberhalb von Cáscia gelegenen *Roccaporena*. Mit fünfzehn zwangsverheiratet, machte sie die Hölle auf Erden durch: der Gatte ein Rohling und Alkoholiker, die Söhne verschwendungssüchtige Taugenichtse. Der Mann fiel einem Mord zum Opfer, nachdem er kurz zuvor angeblich seinen Lebenswandel bitter bereut und dem Alkohol abgeschworen hatte. Bald darauf – wohl als Folge einer Blutrache – ereilte die Söhne das gleiche Schicksal.

Die vom Unglück geschlagene Witwe suchte ihren Schmerz im Gebet zu lindern und erreichte die Aufnahme in das Augustinerkloster von Cáscia, in dem sie den Rest ihres Lebens verbrachte. 1442 fiel ihr während des Karfreitagsgebets, so die Legende, ein Dorn aus dem Kranz des Erlösers auf die Stirn – eine etwas ungewöhnliche Form der Stigmatisierung. Schon bald nach ihrem Tod im Jahre 1457 wuchs sich Ritas Ansehen beim Volk zur Verehrung aus. Die päpstlichen Instanzen ließen mit der Seligsprechung bis 1628 auf sich warten, am 24. Mai 1900 erfolgte schließlich – nicht zuletzt auf Druck der pilgernden Öffentlichkeit – die Heiligsprechung.

Jährlich am 21./22. Mai werden Feierlichkeiten zu Ehren der heiligen Rita abgehalten, die ihres ehelichen Martyriums wegen zur Schutzheiligen der Hausfrauen geworden ist.

Architektur aus der Mussolini-Zeit – Basilica di Santa Rita

Im Chor ist ein vollständig restaurierter Freskenzyklus eines umbrischen Meisters aus dem 15. Jahrhundert zu sehen, der die Vita des heiligen Antonius erzählt. In der Apsis dahinter stellt ein weiterer Freskenzyklus aus derselben Zeit – er stammt von *Nicola da Siena* – die Passionsgeschichte dar, in der Christus auffallend weibliche Züge trägt.

Cáscia/Umgebung

Roccaporena: Von Cáscia aus 5,5 km das Corno-Tal aufwärts. Der von Bergen eingerahmte Geburtsort der heiligen Rita gehört in der Regel zum Pflichtprogramm der Pilgerscharen. Der Ort besteht in erster Linie aus dem ausgedehnten Pilgerbezirk mit seinen Souvenirbuden und dem nüchtern-modernen *Santuario di Santa Rita*, davor die in Bronze gegossene Heilige mit verklärtem Blick und auffällig langfingrig. Dahinter schließt sich ein großes Pilgerheim an. An der Dorfstraße findet man das *Lazarett* (15.–17. Jh.), in dem Rita wirkte, und gleich daneben das zur Kapelle umgebaute *Casa maritale*, in dem sie ihre unglücklichen Ehejahre verbrachte. Interessanter ist das *Casa natale*, das Geburtshaus der Heiligen, etwas weiter oben an der Straße. Zumindest hat der Besucher hier Gelegenheit zu einem Einblick in die verschachtelte Architektur eines ganz gewöhnlichen Hauses von Roccaporena.

Der Spaziergang zum *Orto dei Miracoli*, zum Garten der Wunder, bringt dem Ungläubigen nicht viel. Der Aufstieg führt zu einer Gedenkstätte, wo man dann auch eines der Wunder beschrieben bekommt. Zusammenfassung: Die schwerkranke Rita wird von einer Verwandten besucht und wünscht sich eine Rose und zwei Feigen. Die Besucherin zweifelt an Ritas Verstand: Es ist nicht gerade die Jahreszeit für Rosen und Feigen. Nach Hause zurückgekehrt, findet sie aber in ihrem Garten – was? Eine Rose und zwei Feigen natürlich, oder eher übernatürlich ... Mag davon etwas halten, wer will. Zumindest hätte uns eine schöne Aussicht die Mühe des Aufstiegs lohnen können. War aber auch nicht der Fall.

Wer eine schöne Aussicht sucht, ersteigt am besten gleich den *Scoglio di Santa Rita*, den nicht zu übersehenden Hügel über dem Dorf, auf dessen Spitze eine Kapelle thront. Der lange Kreuzweg, eine beiderseits von einem Mäuerchen gesäumte Treppe, in dessen Steinplatten Hunderte von Pilgern ihren Namen eingravieren ließen, ist etwas mühsam (aber das ist ja schließlich der Zweck eines Kreuzwegs), das Panorama oben ist jedoch phantastisch. Den Wallfahrtsort zu Füßen, gleitet der Blick über die Dorfstraße weiter zum Pilgerbezirk und entdeckt dahinter etwas ganz Weltliches: den Fußballplatz von Roccaporena.

Nórcia

(ca. 4.800 Einwohner)

In einer weiten Hochebene im Schutz der Sibillinischen Berge und eingefasst von einer rundum intakten mittelalterlichen Mauer liegt Nórcia. Italiener denken bei dem Namen zuerst an Würste und Linsen, für die die Stadt berühmt ist. Für Wanderer ist Nórcia vor allem eine Basis für ausgedehnte Touren in die Einsamkeit des umbrisch-märkischen Appenin.

In der Bergwelt von Nórcia kursieren noch viele mündlich überlieferte Hexengeschichten, die der Bevölkerung so vertraut sind wie die Vita des heiligen Benedikt. Dieser wurde im Jahr 480 in Nórcia geboren, verbrachte hier seine ersten zwölf Lebensjahre und ging später als Begründer des abendländischen Mönchstums in die Geschichte ein. Jahrhundertelang Schutzpatron von

Das Valnerina
Karte S. 173

Hier wurde der Begründer des abendländischen Mönchstums, der heilige Benedikt, geboren

Nórcia, erfuhr Benedikt 1964 eine bedeutende Ausweitung seines Schirmgebiets, als ihn Papst Paul VI. zum Schutzpatron ganz Europas ausrief. Eine im Jahr 2000 am Eingang zur Basilika in den Boden eingelassene Platte erinnert an das Ereignis.

Nichtsdestotrotz wurde Nórcia immer wieder von Erdbeben heimgesucht. Nach einem besonders heftigen Erdstoß 1859 erließen die kommunalen Behörden ein noch heute gültiges Gesetz, das für die Häuser eine maximale Höhe von 12,5 m festlegt. Seither besteht praktisch die ganze Stadt aus zweistöckigen Bauten, die ihr im Vergleich zu den Mittelalterstädten Umbriens eine hellere, freundlichere Ausstrahlung verleihen. Ein schweres Beben im Jahr 1979 beschädigte jedoch erneut zahlreiche Häuser. Im September 1997 war ein Teil der Stadt wieder aufgebaut – frisch verputzte Häuser neben solchen, die noch auf ihre Renovierung warteten – als Umbrien vom schlimmsten Erdbeben des Jahrhunderts überrascht wurde. Das katastrophenerfahrene, durch Schaden klüger gewordene Nórcia kam vergleichsweise heil davon.

Information/Diverses

- *Telefonvorwahl* 0743
- *Postleitzahl* 06046
- *Information* **Casa del Parco**, Via Solferino (am Castellina links vorbei). Informationen zur Stadt und nützliche Adresse für Wanderer. ✆/℻ 817090, e-mail: cpnorcia@yahoo.it.
- *Verbindung* **Busse** nach Cáscia, Castelluccio, Terni, Rom, Perugia, Spoleto, Foligno, S. Maria degli Angeli (Assisi).
- *Markt* **Mostra mercato del tartufo nero**, letztes Wochenende im Februar. Verkaufsmesse der schwarzen Trüffel und anderer typischer Produkte der Umgebung. Frisch geerntet (Januar/Februar) kosten 100 g schwarze Trüffeln ca. 100 €!
- *Rafting/Kajak*: **Centro Rafting e Kayak**, in Serravalle, 6,5 km in Richtung Spoleto, an der Abzweigung nach Cáscia, direkt bei der Mündung des Sordo in den Corno; letzterer hat stets genug Wasser und genug Schnellen für beide Sportarten. Kajakverleih und Campingmöglichkeit (ohne jede Infrastruktur) gibt's direkt am Fluss. ✆ 3483511798 (Handy).

Übernachten

*** **Hotel Grotta Azzurra (5)**, in der Nähe des Casellina. Zimmer unterschiedlicher Größe in einem Palazzo des 18. Jh. Die Familie Bianconi unterhält unter dem Firmennamen "Bianconi Ospitalità" noch einen Sportkomplex mit Hotel außerhalb der Mauern. Der nächste Coup der Familienfirma wird die Wiedereröffnung (geplant im Sommer 2003) des ehemaligen "La Posta" im riesigen Palazzo Seneca (16. Jh.) sein – eine Luxusherberge mit Stilmöbeln. Preise für das Grotta Azzurra: DZ 42–120 €. Via Alfieri. 12 ✆ 816513, ℻ 817342, e-mail: info-booking@bianconi.com.

*** **Hotel Europa (1)**, außerhalb der Stadtmauer. Wenig attraktive Lage und oft von Reisebussen ausgebucht. Ein großes Plus hingegen ist der Swimmingpool. DZ 31–78 €. Viale Europa 7. ✆ 816322, ℻ 817430, e-mail: heuropa@caribusiness.it.

* **Grotta Azzurra (Dipendenza) (4)**. Die "Bianconi Ospitalità" hält hier 10 Zimmer für Minderbemittelte bereit, 3 davon mit Blick auf die Piazza Vittorio Veneto, wo man dem abendlichen Flanieren zusehen kann. DZ mit Bad 33–69 €. Corso Sertorio 22. Anmeldung beim *** Hotel Grotta Azzurra (s. o.).

* **Hotel Da Benito (6)**, ebenfalls in zentraler Lage. Das Hotel hat einen Stern verloren, vielleicht ist deshalb die Rezeption an der Bar etwas unwirsch. DZ mit Bad 30–55 . Via Marconi 4. ✆ 816670, ℻ 824242, e-mail: ristorante.benito@libero.it.

Essen

Im abgelegenen Nórcia lernt man die traditionelle Küche des Valnerina von ihrer besten Seite kennen. Eines der berühmtesten Gerichte sind die Lenticchie di

Castelluccio. Die kleinen grünen Linsen werden in 1400 m Höhe angebaut; kurze Garzeit, viel Geschmack und frei von chemischen Rückständen, denn auf dem Piano Grande werden die Linsen von keinem Schädling befallen.

Landesweit bekannt sind auch die Würste aus Nórcia. Die kurzen, feisten Norcini werden in einem speziellen Pökel- und Räucherverfahren hergestellt. Norcineria nennen sich heute zahlreiche Wurstwarenläden in ganz Mittelitalien.

Frische Forellen aus dem Sordo-Fluss und schwarze Trüffeln aus den umliegenden Wäldern sind weitere Spezialitäten der lokalen Küche.

Trattoria dal Francese (2), zwischen Palazzo Comunale und Basilica di S. Benedetto hinauf. Feinschmeckerlokal mit Empfehlungen von Veronelli (1994), Pirelli (1994), Ristoranti d'Italia (1997, 1998) sowie vom Autor (1994, 1997, 1999, 2002). Ausgesuchte Trüffelgerichte, ein komplett getrüffeltes Menü kostet ca. 40 €. Tipp für den dünneren Geldbeutel: Würstchen mit Linsen. Via Riguardati 16.

Ristorante Il Granaro del Monte (5), im Hotel Grotta Azzurra (s. o.). Schwein, Lamm, Kalb oder Wildschwein – alles kommt hier auf den Tisch, und natürlich auch die berühmten Castelluccio-Linsen. Oder versuchen Sie den Scamorza-Käse! Großes Angebot zu breit gefächerten Preisen, hervorragend zubereitet.

Taverna Il Focolare dal Boscaiolo (3), nahe der Piazza Veneto. Focolare nennt man den häuslichen Herd, und so ist es: einfache Hausmannskost. Mo geschlossen. Via Bandiera 9.

Das Valnerina
Karte S. 173

Sieben Grasschnitte im Jahr dank der Marcita-Technik

Die Marcita – benediktinische Bewässerungstechnik

Gemäß dem Leitspruch ihres Ordens *Ora et labora* waren die Benediktinermönche die ersten, die geistliches und weltliches Leben verbanden. Ihrer Arbeit ist die Kultivierung des Valnerina zu verdanken. Es waren Benediktiner, die die Bewässerungstechnik der *Marcita* erfanden. Der Boden wird mit Hilfe von unterirdisch verlaufenden Bewässerungsadern das ganze Jahr feucht und fruchtbar gehalten, was bis zu sieben Grasschnitte pro Jahr erlaubt. Im Winter wird die letzte Ernte liegen gelassen, so dass das Heu verfault (*marcire* = verfaulen) und zu Humus wird. Die durch die Marcita fast immer grünen, saftigen Felder findet man nur noch in der Gegend um Nórcia und in der Lombardei.

Sehenswertes

Piazza San Benedetto: Der kreisrunde Platz mit dem Standbild des Stadtheiligen ist das Zentrum Nórcias. Auf der einen Seite steht **La Castellina**, ein schmuckes, quadratisches Kastellchen mit vorspringenden Ecktürmen, dessen Eingang von zwei freundlich blickenden Löwen bewacht wird. Es stammt aus dem 16. Jahrhundert und findet als lokalhistorisches Museum Verwendung.
Nicht minder freundlich gesonnen scheinen die beiden Löwen, die auf der anderen Seite der Piazza auf den **Palazzo Comunale** (13. Jh., mehrfach umgebaut und kürzlich restauriert) mit seiner hübschen Freitreppe aufpassen.
Gleich daneben steht Nórcias touristische Attraktion Nummer eins, die **Basilica di San Benedetto**, an sie anschließend der **Palazzo Vescovile**.

Auch wenn sie nur an der Ecke der Piazza steht und außer einer fast abweisend-steinernen Fassade und einem wuchtigen Glockenturm wenig vorzuweisen hat: die **Kathedrale Santa Maria Argentea** fügt sich harmonisch ins Gesamtbild ein. Das Einzige, was dieser formvollendeten Piazza fehlt, ist eine Bar, von der aus sich das architektonische Ensemble noch besser betrachten ließe.

Basilica di San Benedetto: Die Kirche stammt aus dem 14. Jahrhundert, wurde aber seither mehrere Male umgebaut. Sehenswert ist vor allem die gotische Fassade. Links und rechts über dem Portal in zwei Nischen der heilige Benedikt sowie seine ebenfalls heilig gesprochene Zwillingsschwester *Scholastica*; über dem Portal eine fein gearbeitete Rosette, umrahmt von den Symbolen der vier Evangelisten.

Im Innern lohnt die **Unterkirche** einen Besuch. An dieser Stelle, so wird vermutet, wurden 480 die heiligen Zwillinge geboren, und ihnen zu Ehren errichtete man hier im 6. Jahrhundert – auf römischen Fundamenten aus dem 1. Jahrhundert n. Chr. – eine kleine Kapelle. Im 14. Jahrhundert führte der Bau der Oberkirche zur teilweisen Zerstörung der kleinen Anlage.
Die Reste des römischen Unterbaus sind nach der letzten Restaurierung sowohl von der Unterkirche aus wie auch über das linke Querschiff zugänglich.

Hochebene um Castelluccio

Über eine steile Bergstraße erreicht man dieses wunderschöne, 30 Quadratkilometer große Wiesenplateau, umrahmt von den Sibillinen mit ihren 72 Berggipfeln. Mit über 2500 Metern Höhe ist das Gebirge nach dem Gran Sasso-Maiella das höchste des Apennins.

Der riesige weiße Fleck auf der Landkarte unterteilt sich in den so genannten *Piano Grande* (= Große Ebene, 8 km auf 4 km), den *Piano Piccolo* (= Kleine Ebene) und den *Piano Perduto* (= Verlorene Ebene, weil sie von Nórcia in einem Scharmützel an das märkische Visso verloren wurde) – sie alle bildeten in der letzten Eiszeit einen einzigen See, der später austrocknete.
Im Südosten erstreckt sich quer durch die Hochebene der sumpfige **Fosso di Mergari** – eine Erdspalte von 2,5 km Länge, 30 m Breite und 10 m Tiefe. Hier sammeln sich im Frühjahr die Wassermengen und verschwinden in einem trichterförmigen Abflussloch *(Inghiottitóio)*, etwa auf halber Strecke zwischen Castelluccio und Forca Canapine von der Straße aus sehr gut sichtbar. Speläologen drangen durch den Eingang des Abflusssystems, da sie darunter eine Höhle vermuteten. Erfolglose Suche! Wasserfärbungen ergaben jedoch, dass das verschwundene Wasser bei Nórcia wieder zum Vorschein kommt.
In der Nähe des Fosso di Mergari zeichnen sich in der Vegetation seltsame konzentrische Kreise ab. Dort im Morast wächst eine Pflanze, die erst vor gut 10 Jahren entdeckt wurde: *Carex Buxbaumii* – ein Relikt aus der letzten Eiszeit.

• *Information/Camping* ** **Hotel Canapine**, in Forca Canapine (11 km südlich von Castelluccio). Hier gibt es auch Informationsmaterial und Karten. Mit Restaurant. DZ mit Bad 50–66 €. Loc. Forca Canapine, 06046 Nórcia. ✆ 0743/823005, 📠 0743/823006, e-mail: info@hotelcanapine.it.

* **Hotel Sibilla**, am Dorfplatz von Castelluccio und einziges Hotel im Ort. Mit Restaurant und Bar. DZ mit Bad 44–55 €. Via Pianogrande 2, Loc. Castelluccio, 06046 Nórcia. ✆/📠 0743/821113.

Abseits im Apennin – Castelluccio

Taverna Castelluccio, in Castelluccio, vermietet drei DZ mit Bad für 42 € sowie zwei mit Etagendusche, diese billiger. Mi geschlossen. Via Dietro la Torre 8. ✆ 0743/821158.

Rifugio Perugia, von Castelluccio in Richtung Nórcia, nach dem Piano Grande und noch vor der Abzweigung nach Forca Canapine. 1999 eröffnet und von einer überaus freundlichen jungen Dame geführt. Schön und sauber. Übernachtung mit geliefertem Bettzeug 16 € pro Person, im Schlafsack 13 €, Frühstück extra. Zimmer mit 2, 4, 6 und 12 Betten. Bad auf Etage. Möglichkeit zu Halb- oder Vollpension. Geöffnet Ostern–Oktober. Loc. Forca Canapine, 06046 Nórcia. ✆/℻ 0743/823019, e-mail: rifugioperugia@libero.it.

Rifugio delle Guide, in Forca Canapine, allein stehendes, rotes Haus ein paar hundert Meter hinter dem Hotel Canapine. Der Chef ist Dottore der Soziologie, und wir würden ihm auch noch den Doktorhut für seine Küche verleihen. Übernachtung für ca. 15 € pro Person. Ganzjährig geöffnet! Loc. Forca Canapine, 06046 Nórcia. ✆ 0743/823012.

Rifugio A.N.A., in Forca di Presta, an der Südostseite der Hochebene, bewirtschaftete Berghütte. Übernachtung ca. 15 € pro Person. Geöffnet Mitte Juni–Mitte September. Loc. Forca di Presta, 62043 Arquata del Tronto. ✆ 0736/809278.

Campingmöglichkeit auf dem Piano Grande, bei der Verpflegungsstation. Eingezäuntes Wiesengelände für Zelte und Wohnmobile, daneben Container-WC, Bar, mehr nicht.

Sportliches

Wanderungen und Bergtouren: Wer Lust auf lange Wanderungen hat, findet in der Umgebung von Castelluccio Möglichkeiten zur Genüge. Über die ganze Bergkette verteilt gibt es *Rifugi*, allerdings in unterschiedlich gutem Zustand. Möglichkeiten für Touren von drei bis vier Tagen.

- *Information* **Parco Nazionale dei Monte Sibillini**, Informationspavillon am Dorfplatz von Castelluccio. Kompetent.
Auskünfte auch im **Hotel Canapine** in Forca Canapine und in den oben erwähnten **Rifugi** oder direkt beim **CAI** in Perugia (Kontaktperson: Francesco Porzi, Via della Gabbia 9, 00100 Perugia, ✆ 075/41106).
- *Berg- und Wanderführer* (nur auf Italienisch): Romano Cordella/Paolo Lollini, **Castelluccio di Nórcia**, 1988; alles über diese Gegend.

Aberico Alesi/Maurizio Calibani (CAI). **Sibillini, le più belle escursioni**, 1992: umfangreich und informativ.
Zanetti/Toniello, **Escursioni nel parco dei Monti Sibillini**, 1993: mit kartographischem Material.

• *Wanderkarten* Parco Nazionale dei Sibillini, Carta dei Sentieri 1: 25000. Ed. Società Editrice Ricerche.
Kompass Karte (Nr. 666), Monti Sibillini, Maßstab 1:50.000. Beim Kauf der Karte darauf achten, dass ein Zusatzblatt mit dem aktuellen Stand der Neumarkierungen beigefügt ist! Leser fanden überdies Wege eingezeichnet, die nicht existieren.

Mountainbike: Das Mountainbike hat auch den Nationalpark der Sibillinen erobert. Gutes Kartenmaterial (siehe "Wanderungen und Bergtouren") ist unabdingbar.

• *Mountainbike-Vermietung* **Associazione Pian Grande**, beim Verpflegungspunkt auf dem Piano Grande. ✆ 0743/817279.

• *Mountainbike-Führer* Der passende einschlägige Führer (in italienischer Sprache): Beppe Stortoni, **I Monti Sibillini in bici**, 1990.

Reiten: Über den Piano Grande wie über die Puszta preschen! Oder die weite Welt der Hochebene wie ein Marlboro-Held erleben.

Ausritte zu Pferd **Associazione Pian Grande**, beim Verpflegungspunkt auf dem Piano Grande. ✆ 0743/817279.

Drachenfliegen: Castelluccio ist ein beliebtes Ziel für Gleitschirm- und Drachenflieger. Mehrere Startplätze bieten sich an, Höhenunterschiede bis 1000 m!

• *Information* **Prodelta** in Castelluccio. Die Organisation führt auch Kurse in Paragliding und Drachenfliegen sowie Flüge im Zweisitzer durch. Via delle Frate 3. ✆ 0743/821156, e-mail: prodelta@rdn.it.

Verhexte Gegend

Zahlreiche Sagen von Hexen und Dämoninnen ranken sich um die Sibillinen, den älteren Leuten sind sie bis heute vertraut. Wir wissen nicht, wie lange die mündliche Überlieferung noch funktioniert, noch ob sich jemand die Mühe genommen hat, diese Sagen aufzuschreiben und so vor der Vergessenheit zu bewahren.

So gibt es in der Nähe des "Monte Sibilla" auf 2200 m Höhe eine Grotte, in die die Zauberin Sybilla verbannt wurde, weil sie gotteslästerlich dagegen protestierte, dass sie nicht zur Mutter Gottes ernannt worden war. 1843 inspirierte diese Grotte *Richard Wagner* zu seinem Venusberg im Tannhäuser.

Auch der Lago di Pilato am Monte Vettore (2476 m) hat sein Mysterium. Angeblich wurde im Bergsee der Leichnam von Pontius Pilatus versenkt. Der einstige Statthalter Roms in Judäa (Palästina) – von Kaiser Vespasian zum Tode verurteilt – soll sich diese ungewöhnliche Bestattungsform selbst ausgesucht haben, und so zogen denn zwei Büffel den Leichenwagen von Rom bis hierher, um sich mitsamt ihrer Fracht in den Lago zu stürzen. Prosaischeren Quellen zufolge, die aber ebenso wenig zuverlässig sind wie die der Seebestattung, soll Pontius Pilatus von Caligula zum Selbstmord gezwungen, von Nero hingerichtet worden sein oder in der französischen Verbannung den Freitod gewählt haben.

Castelluccio

Am nördlichsten Punkt des Piano Grande erhebt sich auf einem Berghügel das romantisch-raue Castelluccio. Es ist eines der höchsten und unzugänglichsten Dörfer im ganzen Apennin, mit schier endlos langen Wintern, die von November bis März dauern. Nicht selten werden die Bewohner von Schneestürmen heimgesucht oder durch heftige Schneefälle von der Außenwelt abgeschnitten.

Im Juni jedoch verwandeln die berühmten violetten Linsenblüten an den Berghängen und die blühenden Wiesen die Hochebene in ein Blumenmeer. Aus diesem Grund findet jedes Jahr in Castelluccio am 3. Sonntag im Juni die Fiorita statt, eines der schönsten traditionellen Feste Umbriens. Die Häuser werden geschmückt und die auf den Hausmauern schriftlich festgehaltenen "Untaten" einzelner Dorfbewohner mit Blumen überdeckt.

Im Juni ist auch Zeit für die Hirten und Schafe, ihre Winterquartiere zu verlassen und auf langen Pfaden über die Berge ihre Lagerplätze auf dem Piano Grande und dem Piano Piccolo zu erreichen.

Übernachten **Hotel Sibilla** und **Taverna Castelluccio** siehe oben (Hochebene um Castelluccio).

Das Tal der Nera

Halb verlassene Ortschaften und steile, bewaldete Abhänge über dem rauschenden Fluss: Das raue Nera-Tal ist eine landschaftlich bezaubernde Gegend, in die sich ausländische Besucher nur selten verirren.

Doch gibt es leise Anzeichen einer Änderung sind in den Dörfern des Valnerina. Wo jahrelang der Wind durch offene Fensterrahmen blies, sind heute wieder richtige Fenster zu sehen. Stadtmenschen aus Rom und Terni haben das Tal entdeckt. Man diskutiert in neuester Zeit eine dem Tal angemessene touristische Entwicklung, und einige träumen sogar, dass das Bähnlein dereinst wieder von Spoleto nach Nórcia zuckelt.

Ökologie auf dem Abstellgleis – das Valnerina-Bähnchen

Wer heute ins Valnerina kommt, meist mit dem Auto über die großzügig ausgebaute Straße von Spoleto her, ahnt nicht, dass sich durch dieses enge und abgelegene Tal bis in die 60er Jahre eine Bahnlinie schlängelte, die von Spoleto bis Nórcia führte.

Nur nach genauerem Hinsehen erkennt man hier und da, überwuchert von Efeu und Gestrüpp, einen Tunnel, ein einsames Bahnhofsgebäude, oder steht plötzlich verdutzt vor einem verrosteten Eisenbahnwaggon – und weit und breit keine Geleise.

Diese spärlichen Hinweise lassen nicht vermuten, dass es sich hier einmal um ein kleines technisches Wunderwerk handelte, um die Verwirklichung eines alten Traumes: endlich eine sichere Verbindung von Ost nach West zu schaffen, von Meer zu Meer, von Rom nach Ancona. Vorher hatte es nur die alte Passstraße gegeben, die bei schlechten Wetterverhältnissen unbefahrbar war. Ein Linienbus – der mit Dampf betriebene "Pirobus" – verkehrte nur sporadisch und blieb häufig liegen. Wie all die Jahrhunderte zuvor musste man dann mit Maultieren oder zu Fuß den alten Saumpfaden folgen, um ans Ziel zu kommen.

Hier nun eine Eisenbahnlinie zu bauen, war ein gewagtes Unternehmen. Die Strecke war zwar nur 52 km lang, wies aber extreme Höhenunterschiede auf. Innerhalb von nur zehn Kilometern musste man von 320 m ü. M. bei Forca di Cerro auf 732 m ansteigen, um dann abrupt wieder auf 333 m herunterzukommen. Man fand eine geniale Lösung, indem man zahlreiche Kehrtunnel in die Berge schlug, so wie sie der Reisende heute noch bei der Alpenüberquerung am Lötschberg oder Gotthard erleben kann. Dieser Vergleich liegt nahe, denn der leitende Ingenieur im Nera-Tal war kein anderer als der Schweizer Erwin Thomann, der Erbauer der berühmten Bahnlinie durch den Lötschbergtunnel. Es erwies sich als vorteilhaft, die Neratal-Bahn mit Elektrolokomotiven auszustatten, da diese größere Steigungen überwinden konnten. So ergab sich insgesamt ein Streckenverlauf, der sich ganz unauffällig in die natürlichen Gegebenheiten einfügte. Meist folgten die Bahnschienen dem Flusslauf der Nera, verschwanden hier und da in einem Tunnel, der von außen so einfach gehalten wurde, als sei er der Eingang zu einer natürlichen Grotte, um dann über wenige gemauerte Viadukte unwegsame Klüfte zu überwinden.

Mit dem Bau der Spoleto-Nórcia-Bahn wurde 1909 begonnen. Doch erst 1926 konnte sie unter vielen Mühen fertig gestellt werden. Immer wieder drohte das aufwendige und kostspielige Unternehmen zu erliegen, besonders während der Wirren des Ersten Weltkriegs. Dann endlich, nach 17 Jahren Bautätigkeit, war es soweit: Mehrmals täglich verkehrte ein Zug mit Personen- und Güterwaggons zwischen Spoleto und Nórcia.

1945 zerstörten die Deutschen ein Elektrostellwerk, und der Bahnbetrieb brach zusammen. Erst in den 50er Jahren konnte die Strecke wieder aufgenommen werden, doch die Bahnlinie war dringend modernisierungsbedürftig geworden. Statt jedoch die notwendige Sanierung zu wagen, verkaufte man 1968 die Lokomotiven, demontierte die Schienen und setzte in der Verkehrspolitik voll auf den Ausbau der Autostraße.

Heute, im Zeitalter der bewussten Suche nach Alternativen zum alles beherrschenden Automobil, denkt man wieder daran, die alte Bahnlinie neu zu beleben. Doch scheitern alle Vorschläge daran, dass das nötige Geld fehlt. Das ehemalige technische Kleinod wäre eine Touristenattraktion, mit der man das wilde und eindrucksvolle Tal der Nera auf ganz andere Weise genießen könnte als nur mit einem Blick aus dem Autofenster.

Margarete Berg

Preci: Ein paar Kilometer oberhalb des Nera-Tals, über einem Zufluss zur Nera gelegen. Das charakteristische mittelalterliche Bergborgo bietet sich als Stützpunkt für Ausflüge in die Sibillinen an, zumal es ein äußerst angenehmes

Das Valnerina-Bähnchen a. D.

Hotel hat. Das Erdbeben von 1997 hinterließ auch in Preci Spuren. Bei unserer Recherche 2002 waren die Schäden jedoch weitgehend behoben. Einzig die Ortskirche und ein paar umliegende Häuser zeigten sich noch im Stützkorsett.

Übernachten ** **Hotel Agli Scacchi**, am Rand des Borgos. Empfehlenswerte Bleibe in einem Palazzo aus dem 16. Jh. Swimmingpool mit Terrassenbar darüber. Restaurant. DZ 44–50 €. Quartiere Scacchi 12, 06047 Preci. ✆ 0743/99221, ✆ 0743/937249, e-mail: agliscacchihotel@libero.it.

Abbazia Sant'Eutizio: ungefähr 3 km südlich von Preci, beim Örtchen Piedivalle. Die Benediktinerabtei, berühmt für ihre Schule für Miniaturmalerei, war im 11. und 12. Jahrhundert ein bedeutendes kulturelles und wirtschaftliches Zentrum, dessen Einfluss sich über das ganze Valnerina erstreckte. Im 15. Jahrhundert gründeten die Mönche von Sant'Eutizio eine Schule für Chirurgie in Preci, die unter anderem Augenkrankheiten wie den Grauen Star behandelte und bis ins 18. Jahrhundert fortbestand.

Die *Klosterkirche* zeigt über dem Eingangsportal eine mächtige Rosette mit den Symbolen der vier Evangelisten: Buch (Matthäus), Adler (Johannes), Löwe (Markus) und Stier (Lukas). Die Komposition ist klassisch für romanische Kirchenfassaden, man trifft sie in Umbrien an zahlreichen Orten, u. a. am Dom von Assisi. Das Kircheninnere überrascht durch eine zum Altar hochführende große Treppe. Ob damit die Distanz zwischen Klerus und Plebs unterstrichen werden sollte oder die rund zwei Meter Höhendifferenz der Architektur der darunter liegenden Krypta geschuldet sind, ist nicht auszumachen – vermutlich trifft beides zu.

Hinter der Abtei führt ein Weg hoch zu einem idyllischen *Friedhof*, dessen paar Totenhäuschen mit dem oberen Teil des auf den Felsen gebauten Glockenturms eine einzigartige architektonische Verbindung eingehen.

Vallo di Nera: Der auf einem Hügel über der Nera thronende Ort ist die "Hauptstadt" des Valnerina. Ein kleiner Palazzo a. D. (15.–17. Jh.) und die Stadtmauer aus dem 13. Jahrhundert erinnern daran, dass Vallo di Nera einst mehr war als nur ein Bergdorf. Doch erlitt der Ort das übliche Schicksal: Abwanderung. Beim Spaziergang durch die Treppengassen des Borgo glaubt man sich in einen Geisterort versetzt. Zaghafte Versuche, den Ort wiederzubeleben, sind immerhin auszumachen. Einige Häuser haben neue Bewohner gefunden, Mitte August lädt Vallo di Nera zum *Festivallo* ein, einem mehrtägigen Dorffest, und vielleicht hat dereinst jemand den Mut, das neu erwachende, soziale Leben mit der Einrichtung einer Dorfbar zu unterstützen.

Knapp außerhalb der Stadtmauern, am oberen Ortsende, findet man bei der Kirche San Rocco die alte, offene Waschhalle, sie wird noch immer benutzt. So haben zumindest die Frauen Vallo di Neras ein Kommunikationszentrum ...

• *Übernachten/Essen* ** **Albergo/Locanda Cacio Re** (San Giovanni Battista), direkt außerhalb des Borgos, an ein Landhaus angebaut. 2000 eröffnet. Gepflegte Mittelklasse in sehr schöner Lage. Aussichtsterrasse, Kinderspielplatz, Tenniscourt und – Hängematte. Die Küche legt Wert auf regionale Erzeugnisse und wurde 2000 sowohl von Veronelli wie auch vom Gambero Rosso ausgezeichnet. DZ 55–68 €, inkl. Frühstück. Loc. Casali Vallo di Nera, 06040 Vallo di Nera. ✆ 0743/617003, ℻ 0743/617214, e-mail: caciore@tin.it.

Vallo di Nera – ein stilles, steinernes Bergdorf

Das Valnerina
Karte S. 173

Castel San Felice: ein klitzekleines Bilderbuch-Kastell über der Nera. Drei "Stadt"-Tore geben den Zugang frei zu ein paar sich zusammendrängenden Häusern, der öffentliche Waschbrunnen zur Talseite hin wird kaum mehr genutzt. Saubere Gassen und Blumen zeugen von neuen Bewohnern: Einige bemittelte Römer haben sich das hübsche Kastell als Zweitwohnsitz auserkoren. Gleich unterhalb des Kastells steht die **Abbazia dei Santi Felice e Mauro**, ein Benediktinerbau aus dem 12. Jahrhundert. Die klassische Rosette mit den Symbolen der vier Evangelisten über dem Eingang ist hervorragend erhalten. Darunter ist der heilige Felix gerade mit der Tötung des Drachens beschäftigt, der in dieser Gegend gehaust haben soll. Im einschiffigen Kircheninneren ist wie in Sant'Eutizio bei Preci (s. o.) der Altar auffällig erhöht. An der rechten Wand illustriert ein Fresko noch einmal die heldenhafte Tat des Kirchenpatrons: in ganz lockerer Haltung, scheinbar ohne jede Anstrengung wird hier das Monster erledigt. Im Fresko gleich daneben werden Menschen gewogen – die drastische Darstellung sollte einst fromme Christenmenschen daran erinnern, in ihrem Leben gute Taten statt Sünden zu akkumulieren.

• *Übernachten* Die Jakobsmuschel sowie ein paar Schuhe am Klostereingang unterhalb der Kirche zeigen dem Pilger an, dass er hier ein Bett vorfindet. Doch auch Wanderer, Durchreisende und Feriengäste sind im renovierten Gebäude willkommen. Schöne Zimmer für Singles, für Pärchen, Familien und Gruppen, alle mit Bad. DZ 45 €. Abbazia dei Santi Felice e Mauro, Via della Parocchia, Castel San Felice, 06040 Sant'Anatolia di Narco. ✆ 0743/613427, 📠 0743/613420.

Scheggino: Das Dörfchen klebt linksseitig der Nera am Hang, oben stehen noch die Reste einer mittelalterlichen Burganlage, deren Verteidigungsmauer sich bis ins Tal hinunterzieht. Etwas flussaufwärts liegen die *Fonti di Valcasano*; die Quellen speisen eine alte Fischzuchtanlage mit Forellenbecken. Etwas weiter oben schwimmt der Homo sapiens: großes Becken und Becken für Kinder in idyllischer Lage (seit 2002 wegen Renovierung geschlossen), jedoch in praller Sonne. Schatten findet der Reisende weiter oben: am einladenden Grill- und Picknickplatz.

San Pietro in Valle: Im Mittelalter eines der reichsten Klöster der Umgebung – heute, mit Ausnahme der Kirche, eine Nobelherberge mit Charme.

Die Legende schreibt die Klostergründung dem Langobardenfürsten Faroaldo II. zu, der im 8. Jahrhundert Spoleto regierte. Im Traum soll ihm Petrus erschienen sein und – wenn Heilige sich an Erdenmenschen wenden, denken sie in der Regel auch an sich – einen Kirchenbau befohlen haben. Faroaldo II. gehorchte und ging sogar noch weiter: Er dankte als Herrscher von Spoleto ab, um den Rest seines Lebens als Mönch in dem von ihm gestifteten Kloster zu verbringen. Die machtpolitische Wirklichkeit hinter der beschönigenden Darstellung: Der Sohn Faroaldos II. putschte sich an die Macht und steckte seinen Vater kurzerhand ins Kloster. Den Sarkophag des Klostergründers findet man rechts vor dem Hauptaltar.

Sehenswert sind vor allem die restaurierten Fresken aus dem ausgehenden 12. Jahrhundert: Szenen aus dem Alten Testament an der linken Kirchenwand (besonders beeindruckend die Erschaffung der Eva), Szenen aus dem Neuen Testament an der rechten. Die Fresken an der Rückwand kamen erst im 16.

Jahrhundert hinzu: "Madonna von Loreto" und "Madonna mit dem heiligen Sebastian" (letzterer lebensgefährlich von drei Pfeilen getroffen, ein vierter erweist sich als Streifschuss am Oberschenkel).

Bestimmt schließt Ihnen die Dame, die sich der Besucher annimmt, das Portal zum Kreuzgang auf, um Ihnen Petrus und Paulus zu zeigen. Die beiden Reliefs stammen vermutlich aus dem 9. Jahrhundert, als das Kloster nach der Zerstörung durch die Sarazenen neu aufgebaut wurde.

Öffnungszeiten 10–12.30 und 14–18 Uhr.

Übernachten **Residenza d'Epoca Abbazia San Pietro in Valle**. 19 sehr komfortabel eingerichtete Zimmer in der Abtei. DZ 110-125 €, für 145 € übernachten Sie in der Suite des Abts. Geöffnet März–Oktober. Via Case Sparse di Macenano 4, 05034 Ferentillo (TR). ✆ 0744/780129, ℻ 0744/435522, e-mail: abbazia@sanpietroinvalle.com.

Ferentillo – Basis für Kletterer und Wanderer

Ferentillo: Die zwei mittelalterlichen Burgruinen, die beiderseits der Nera den Ort bewachen, gehörten einst zum Verteidigungsdispositiv des Klosters San Pietro in Valle (s. o). Die Natur half zusätzlich bei der Abwehr allfälliger Eindringlinge. Heute sind die Felsen links der Nera eine Herausforderung für fortgeschrittene Kletterer. Auch die Steilwände der *Castillone-Schlucht*, knapp 10 Kilometer östlich des Orts (an der Brücke in Richtung Monterivoso), sind nichts für Anfänger. Diese üben besser erst im nicht zu übersehenden Pavillon im Dorf mit seinen künstlichen Kletterwänden.

Eine eher makabre Sensation in Ferentillo ist der **Friedhof der Mumien**. Dank der "besonderen chemischen Zusammensetzung der porösen Erde von Ferentillo" wurden die vor über 200 Jahren in der Krypta der Kirche San Stefano beerdigten Toten perfekt mumifiziert. Bei einigen Mumien sind noch die Haare auszumachen, bei anderen stecken noch die Augäpfel in ihren Höhlen. Und, was der Besucher nicht sehen kann, aber die Universität von Perugia bereits im 19. Jahrhundert nachgewiesen hat: die inneren Organe sind noch vorhanden, wenn auch stark geschrumpft. Eine der ausgestellten Gestalten zeigt sich samt ihrer bäuerlichen Kleidung, eine andere, besonders große Mumie wird als Schweizergardist vorgestellt, und dann gibt's auch noch zwei leibhaftige

Chinesen – angeblich auf der Pilgerreise nach Rom in Ferentillo gestorben. Eine etwas unglaubliche Geschichte, aber die fernöstlichen Gesichtszüge der beiden Mumien sind tatsächlich nicht zu leugnen. Empfehlenswert!

Ferentillo

• *Öffnungszeiten* März und Oktober: 9.30–12.30 und 14.30–18.30 Uhr; April–September: 9.00–12.30 und 14.30–19.30 Uhr; November–Februar: 10.00–12.30 und 14.30–17.00 Uhr. Eintritt 2,60 €.

• *Übernachten* *** **Hotel Monterivoso**, schick hergerichtete ehemalige Mühle an der Straße nach Monterivoso, 800 m vom "Friedhof der Mumien". DZ 48–79 €.. Via Case Sparse 5, Loc. Monterivoso, 05034 Ferentillo. ✆ 0744/780772, ℻ 0744/780725, e-mail: info@monterivoso.it.

• *Agriturismo/Camping* **Le Due Querce**, im Ortsteil rechts des Flusses. Kleiner, freundlicher, angenehm eingerichteter Betrieb nahe der Straße (nachts wenig Verkehr). Der Besitzer kennt sich hervorragend in der Gegend aus und hält Tipps für Wander- Kletter- oder Höhlentouren bereit. DZ ohne Dusche 13–39 €, Campingmöglichkeit auf der Wiese des Anwesens. Via del Piano 5, 05034 Ferentillo. ✆ 0744/780441, ℻ 0744/780350.

• *Wohnmobile* finden einen ausgeschilderten Platz in der Nähe des "Friedhofs der Mumien" (was nicht den Schlaf rauben soll).

• *Essen* **Ristorante Monterivoso**, im gleichnamigen Hotel (s. o.). Vom schicken Äußeren soll man sich nicht abschrecken lassen: Leser fanden eine überaus freundliche Bedienung vor, die ein preiswertes Essen oder auch nur eine Pizza serviert, ohne zu schauen, ob der Gast Wanderschuhe trägt oder lackierte Mokassins.

Was haben Sie entdeckt?

Bitte schreiben Sie uns, wenn Sie Kritik, Anregungen, Verbesserungen oder Empfehlungen haben. Wo war Ihre Lieblingstrattoria, in welchem Hotel haben Sie sich wohl gefühlt, welchen Campingplatz würden Sie wieder besuchen?

Michael Müller Verlag
Stichwort Umbrien
Gerberei 19
91054 Erlangen
e-mail: marcus.schmid@michael-mueller-verlag.de

Terni

(ca. 110.000 Einwohner)

Terni ist nach Perugia zwar die zweitgrößte Stadt Umbriens, doch berühmte Sehenswürdigkeiten findet man hier nicht. Ganz gleich, von welcher Seite man sich Terni nähert: Industrieanlagen und Wohnsilos bestimmen das Bild schon bei der Einfahrt.

Bereits im 19. Jahrhundert wurde die Stadt planmäßig industrialisiert. Eisen- und Stahlproduktion sollten in Umbrien Arbeitsplätze schaffen. Im 20. Jahrhundert wuchs Terni zu einer der größten Rüstungsschmieden Italiens heran und war deshalb im 2. Weltkrieg eines der vorrangigsten Ziele der alliierten Bombardements. Von August 1943 bis Juni 1944 wurden über 100 Angriffe geflogen – mit dem Resultat, dass nicht nur militärische und zivile Produktionsanlagen zerstört wurden, sondern auch die historische Bausubstanz der Stadt. Die weitgehende Zerstörung der Produktionsanlagen begünstigte in gewisser Weise den wirtschaftlichen Neuanfang, und so findet man anstelle eines italienischen Manchester aus dem 19. Jahrhundert heute eine moderne Industriestadt vor. Einige Industriebauten, die die alliierten Angriffe überstanden haben, sind vielleicht für den von Interesse, der das Zeitalter der industriellen Revolution unter musealen Aspekten zu würdigen weiß. Die zerbombten Palazzi im Zentrum hingegen wurden größtenteils durch Neubauten ersetzt, denen wohl niemand etwas abgewinnen kann.

Stählernes Ungetüm – Ternis Selbstdarstellung

So erstaunt es nicht, dass Terni vom Tourismus, der lieber Natur- als Industrielandschaften aufsucht und mittelalterlichen Städtchen mehr abgewinnen kann als einer modernen Großstadt, gemieden wird. Doch die Behörden packen den Stier nun an den Hörnern. Was in Deutschland schon längst erkannt ist, dass nämlich auch die Industriegeschichte zur Geschichte gehört und ganze Industriezweige längst Geschichte sind, hat sich auch in Italien herumgesprochen. Und welche italienische Stadt böte sich für ein Industriemuseum besser an als Terni? Geplant ist ein großes *Museo Archeologico Industriale* auf dem Gelände der ehemaligen Chemiefabrik Siri. Die Örtlichkeit ist gut gewählt: Vor Siri war dort die päpstliche Gießerei zugange – und mit ihr begann Ternis industrieller Aufstieg.

• *Telefonvorwahl* 0744

• *Postleitzahl* 05100

• *Information* **A.P.T.-Büro**, Viale Cesare Battisti 7 (vom Bahnhof Richtung Zentrum bis zur Piazza Tacito, dann rechts). Geöffnet Mo–Fr 9–13 Uhr, Di und Do zusätzlich 15–18 Uhr. ✆ 423047, ℻ 427259.

• *Verbindung* Hervorragende **Bahn**verbindungen nach Rom, Florenz, Orvieto (umsteigen in Orte), Spoleto und Foligno.

Busse nach Todi und Amélia.

• *Übernachten/Camping* In Terni ist man eher auf Spesenritter als auf Touristen eingestellt. Eine befriedigende Bleibe ist nur schwer zu finden.

*** **Hotel de Paris (1)**, vom Bahnhof Richtung Innenstadt. Auch das angeschlossene Nobelrestaurant gibt sich französisch: "La Lumière". DZ ca. 48–97 €. Viale della Stazione 52. ✆/℻ 58047, e-mail: info@hoteldeparis.it.

* **Albergo Centrale Minerva (3)**, an der Nera. Billigbleibe in lauter Lage. Der Empfang lässt zu wünschen übrig. Einziger Vorteil: die empfehlenswerte Pizzeria "Il Chiodo Fisso" (s. u.) gleich nebenan. DZ 29–34 €, alle Zimmer ohne Bad. Viale L. Campofregoso 50. ✆ 402962.

Camping, siehe Terni/Umgebung, "Cascate delle Marmore" und "Lago di Piediluco".

• *Essen* **Pizzeria Il Chiodo Fisso (2)**, an der Nera. Populäres Lokal mit hervorragenden Pizze aus dem Holzofen, auch Primi Piatti. Den Straßenlärm muss man allerdings in Kauf nehmen. Viale L. Campofregoso 54. Mo geschlossen.

Sehenswertes

Pinakothek: Die städtische Kunstsammlung hat zwei Abteilungen – klassische Kirchenkunst und moderne Kunst. Die erste ist ziemlich klein, und einzig der Saal der Grandi Maestri lohnt hier den Besuch. Von *Benozzo Gozzoli* stammt ein Bild mit dem etwas umständlichen Titel "Die mystische Hochzeit der heiligen Katharina von Alessandria und der Heiligen Bartholomeus, Franziskus und Lucia" – ein Werk mit viel Gold, in dem das Jesuskind Katharina den Ring über den Finger streift, darüber halten die Engel Gabriel und Raffael eine Art Bühnenvorhang (man achte auf den feinen Faltenwurf), die Taube zwischen den Engeln symbolisiert den Heiligen Geist, und über der ganzen Szenerie thront Gottvater. Ein symbolträchtiges Meisterwerk ist die "Madonna mit Kind und Heiligen" von *Piermatteo d'Amelia*: Das Jesuskind trägt eine Korallenkette um den Hals (mit einem Amulett gegen den bösen Blick!), das Verhängnis vorwegnehmend, ist ein Dorn aus der Krone Christi auf den Thronsockel gefallen; die fünfteilige Predella schließt mit dem Auftreten Jesu in der Vorhölle. Ebenfalls zu den Meisterwerken zählt "Der gekreuzigte Christus" von *Niccolò di Liberatore*, genannt *Alunno*, ein bis auf die Heiligenscheine von Franziskus und Bernhard äußerst naturalistisches Gemälde.

In der modernen Abteilung der Pinakothek dominieren zwei einheimische Künstler, die weit über Terni hinaus bekannt wurden: *Aurelio De Felice* (1915–1996) und *Orneore Metelli* (1872–1938). Vom Bildhauer De Felice, der in den 50er Jahren in den Künstlerkreisen um Picasso, Brancusi, Cocteau und Zadkine verkehrte, sind zahlreiche Skulpturen aus Bronze, Holz und Terrakotta ausgestellt, u. a. das Basisrelief "Kampf von Jugendlichen" und "Die Geburt des Tanzes", eine eindrucksvolle Bronzefigur. Dem farbenfrohen Metelli, der als Vater der italienischen Naiven Malerei gilt, ist ebenfalls eine eigene Abteilung gewidmet. Seine Themen fand er oft vor der Haustür, z. B. "Militärparade in

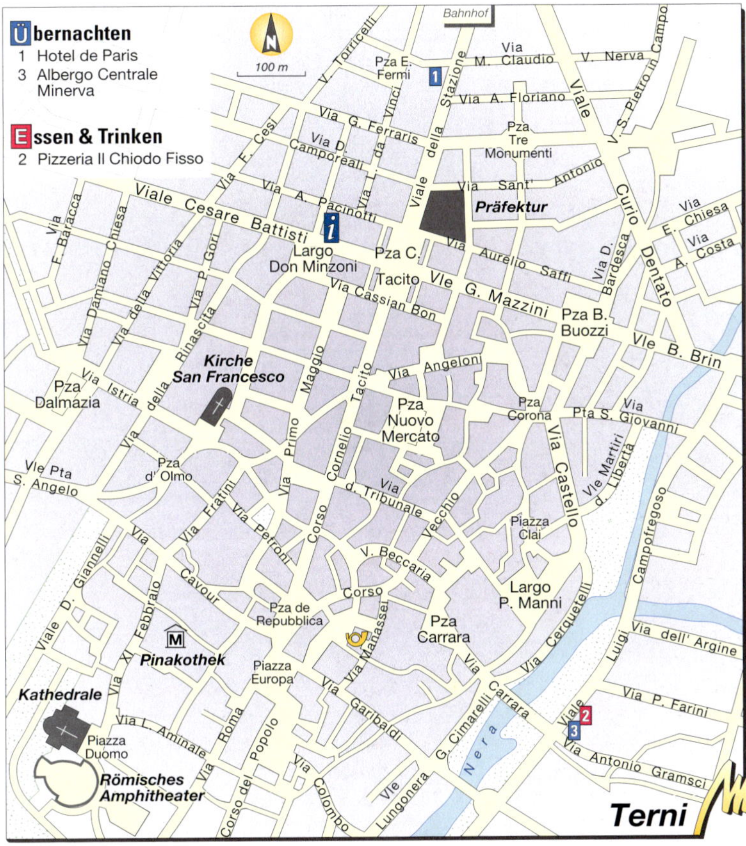

Terni", "Die Stahlwerke von Terni" – oder in seiner eigenen Person: Das Selbstporträt zeigt einen distinguierten Herrn in einer Phantasieuniform, die einem Liftboy gut anstünde.

Eine exquisite Grafothek mit rund zwei Dutzend Werken von Chagall, Picasso, Kandinsky, Mirò, Max Ernst, Cocteau und anderen ergänzt die moderne Abteilung der Pinakothek.

Öffnungszeiten Di–So 10–13 und 16–19 Uhr. Eintritt 4 €.

Kathedrale Santa Maria Assunta: Mit seinem auffällig breiten Portikus macht der Bau aus dem 17. Jahrhundert von außen mehr her als von innen. Links des Hauptportals wurde ein Teil der Grundmauern einer Vorgängerkirche aus dem 12. Jahrhundert freigelegt, ein Glasboden gibt den Blick darauf frei. Die Innere der Kirche bietet nichts Aufregendes. In der Krypta (12. Jh.) hat der heilige Anastasius, der Stadtpatron von Terni, seine letzte Ruhe gefunden.

Südumbrien Karte S. 195

Cascate delle Marmore, ein künstlicher Wasserfall aus dem 3. Jh. v. Chr.

Kirche San Francesco: Der 33 Jahre nach Franziskus' Tod zu seinen Ehren errichtete schlichte Bau war einschiffig, die beiden Seitenschiffe wurden erst im 15. Jahrhundert angefügt, ebenso die Apsis. Im rechten Seitenschiff ist die *Paradisi-Kapelle* eine Besichtigung wert. Sie wurde von *Bartolomeo di Tommaso* mit Fresken rund um das Jüngste Gericht (Hölle, Fegefeuer, Paradies) ausgestattet.

Terni/Umgebung

Cascate delle Marmore: Die Kaskaden, in einer grünen, kühlen Oase gelegen, bieten ein einmaliges Schauspiel: In drei Stufen stürzt das Wasser 165 m tief ins Tal hinab. Im Jahre 271 v. Chr. wurde das eigenwillige Projekt von Menschenhand geschaffen, der Cavo-Curiano-Kanal leitete das Wasser des Velino hierher, um Überschwemmungen zu verhindern.

Vom obersten Aussichtspunkt bietet sich ein schöner Blick auf die *Cascate* und den kleinen See darunter, alles eingebettet in grün wuchernde Vegetation. Unterhalb des Hauptbeckens liegen noch mehrere kleine Wannen, von denen das glasklare, kalte Wasser in die tiefer gelegenen Bassins strömt. Ein kurzer Wanderweg führt den steilen Abhang entlang zum Fuß des Wasserfalls. Überall tropft es von den Felsen, schmale Bäche rauschen ins Tal. Werden die Schleusen geöffnet, verwandeln sich die Rinnsale in tosende, wirbelnde, gischtaufspritzende Wassermassen. Auf halbem Weg ein Tunnel im Fels: Nebelschwaden und angenehm kühle Luft wehen heraus. Der Tunnel endet an einem Balkon direkt unterhalb des Wasserfalls. Wenn die Wassermassen sich voller Kraft ins Tal ergießen, steht man hier inmitten der aufspritzenden Gischt – und wird klitschnass – ein erfrischendes Erlebnis!

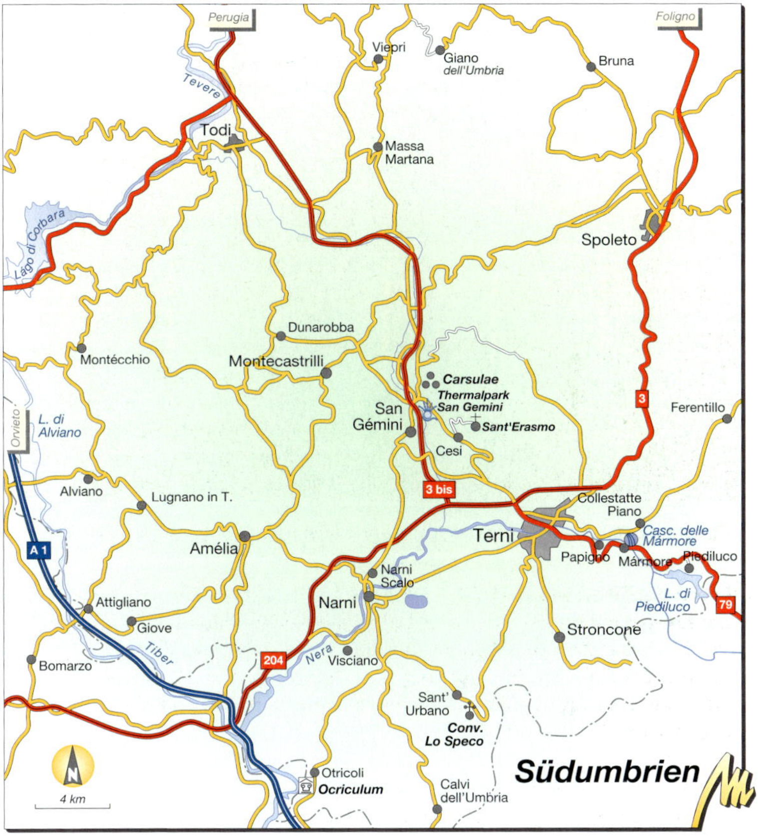

• *Schleusen-Öffnungszeiten* Die Öffnung der Schleusen wird jeweils 15 Min., 10 Min. und 5 Min. vorher von einer nicht zu überhörenden Sirene angekündigt. Spätestens dann sollten Sie sich vom Wasserspiegel entfernen!!! Die Öffnungszeiten über das Jahr hinweg folgen einem sehr ausgeklügelten Stundenplan:

Mitte März–April: Mo–Fr 12–13 und 16–17 Uhr, Sa/So 10–13 und 16–21 Uhr.

Mai: Mo–Fr 12–13 und 16–17 Uhr, Sa 10–13 und 16–22 Uhr, So 10–13 und 15–22 Uhr.

Juni: Mo–Fr 16–17 und 21–22 Uhr, Sa 11–13 und 15–22 Uhr, So 10–13 und 15–22 Uhr.

Juli/August: Mo–Fr 12–13, 17–18 und 21–22 Uhr, Sa 11–13 und 15–22 Uhr, So 10–13 und 15–22 Uhr.

September: Mo–Fr 12–13, 16–17 und 21–22 Uhr, Sa 11–13 und 16–21 Uhr, So 10–13 und 15–21 Uhr.

Oktober: Sa 11–13 und 16–20 Uhr, So 10–13 und 15–20 Uhr.

November–Mitte März: So 15–16 Uhr.

Eintritt 3 €.

• *Anfahrt/Verbindung* Es gibt zwei Zugänge zu den Wasserfällen, einen oberen und einen unteren.

Oberer Zugang: Von Terni führt die Straße in Richtung Rieti erst in ein Tal hinein und dann in Serpentinen den Berg hinauf. Im Tal ein Wasserkraftwerk und der Gestank von Industrie. Mittendrin – sehr malerisch – das Dorf *Papigno* auf einer Hügelkuppe gelegen. Nach wenigen Kilometern erreicht

Südumbrien
Karte S. 195

man den kleinen Ort *Marmore*, in dessen unmittelbarer Nähe das Schauspiel gegeben wird. **Busse** von Terni.

Unterer Zugang: Von Terni aus auf der Straße Nr. 209 ins Valnerina. Nach wenigen Kilometern sieht man rechts die Wasserfälle. Großer Eintrittspavillon direkt an der Straße.

• *Camping* ** **Camping Cascata delle Marmore**, in Marmore, am Ortsausgang Richtung Rieti. Sehr ruhig mitten im Wald. Dahinter ein Grillplatz, der besonders am Wochenende beliebtes Ausflugsziel der Städter aus Terni ist. Ca. 75 Stellplätze. Geöffnet April–Mitte Oktober. Loc. I Campacci, Fraz. Marmore, 05100 Terni. ✆ 0744/389792.

Kleiner Cascate-Spaziergang

Einen empfehlenswerten Tipp für die Gesamtansicht der Kaskaden aus der Ferne verdanken wir einer Leserzuschrift: "In ihrer vollen Größe – und wenn man einen Fußmarsch von 15 Min. hin und 15 Min. zurück nicht scheut – lassen sich die Cascate von zwei Aussichtsplattformen aus am Hang des gegenüber liegenden *Monte Pennarossa* bewundern. Man fährt dazu, von Terni kommend, auf der Straße Nr. 209 ins Valnerina, zunächst an den Wasserfällen vorbei, bis man etwa 2 km weiter das Dörfchen *Collestatte Piano* im Nera-Tal erreicht. Etwa in der Mitte dieses Orts biegt man links ab, dem Schild 'Penna Rossa' folgend. Die Straße schraubt sich langsam den Berg hoch und umrundet das Bergdorf *Collestatte*, bis sie nach weiteren 2 km eine Ansammlung von Gebäuden mit einer alten Kirche erreicht. Hier lässt man den Torbogen mit der Straße nach Terni rechts liegen und fährt nach links, immer noch nach der Beschilderung 'Penna Rossa'. Nochmals 300 m weiter zweigt wieder links eine Schotterstraße ab, die knapp 1,5 km später an einem Parkplatz endet (mehr als fünf Autos werden hier wohl kaum Platz finden).

Der breite Fußweg linker Hand führt, vorbei an einer (offen stehenden) Schranke, zu einer Lichtung, von der man nach rechts, den Hügelkamm entlang, weiter abwärts geht. Kurz darauf beginnt eine gemauerte Steintreppe, auf der man in vielen Zick-Zack-Schwüngen schließlich die obere Aussichtsplattform erreicht. Die Aussicht, die man von hier auf die Wasserfälle hat, entschädigt für den beschwerlichen Anmarsch. Und noch wesentlich eindrucksvoller ist der Ausblick von der etwa 30 m tiefer gelegenen zweiten Plattform, von der aus man auch die unteren Wasserfälle sehr gut sehen kann."

Lago di Piediluco: Die Lage zwischen den teils bewaldeten Hügeln ist idyllisch. Zum Baden aber ist der vielarmige Lago an der Grenze zum Latium zurzeit nicht geeignet. Der Kanal am Nordwest-Ende verunreinigt das Wasser, ein Entschlammungsprogramm schieben die zuständigen Behörden seit Jahren vor sich her. Über das entgangene Badevergnügen mag hinwegtrösten, dass der See auch im Sommer nicht recht warm werden will. Eine Bootsfahrt hingegen kann ganz romantisch sein – auch ohne Mondschein. Fischen ist prinzipiell gestattet, einzig der Königsbarsch genießt jährlich seine zeitlich begrenzte Schonzeit. Doch wollen wir nicht verschweigen, dass im Sommer 2002 einige Fische bauchoben im See trieben.

Der mehrarmige Lago di Piediluco liegt an der Grenze zum Latium

Ein enges Sträßchen (Ausschilderung: *Eco*) führt ein Stück am Südufer des Sees entlang. Es endet in einem hübschen Picknickplatz. Berühmt ist die Stelle vor allem wegen des Echos, das man hier empfängt. Aber machen Sie Ihre Urschrei-Therapie nicht gerade zur Siesta-Zeit!

Einziger Ort am See ist **Piediluco**, ein kleines, lang gestrecktes Nest. Die einschiffige *Kirche San Francesco* (13. Jh.) mit einer breiten Treppe an ihrer Längsseite zur Straße hin zeigt einige Fresken im Chor. Piediluco ist keine kulturhistorische Fundgrube, eher eine logistische Basis für Ausflüge ins Umland.

• *Verbindung* **Busse** ab Terni über Marmore.

• *Bootsverleih* Vermietung von Ruderbooten in Piediluco sowie im Camping Il Lago (s. u.).

• *Übernachten* * **Hotel Lido**, im Zentrum. Aus uns unerfindlichen Gründen ist dem Hotel ein Stern abhanden gekommen. Einige Zimmer mit sehr großem Bad. Restaurant mit Terrasse zum See. 57–60 €.Piazza Bonanni 2, Loc. Piediluco, 05100 Terni. ✆ 0744/368292, ✆ 0744/368354.

Pensione Il Grottino, im Zentrum. Eher ein preiswertes Restaurant mit ein paar Zimmern als ein Hotelbetrieb. Ohne Seeblick. DZ mit Dusche ca. 45 €. Corso Salvati 61, Loc. Piediluco, 05100 Terni. ✆/✆ 0744/368156.

• *Camping* ** **Camping Il Lago**, 1 km östlich von Piediluco, am See. Großes Terrain mit 150 Stellplätzen in schöner Lage. Einige Schattendächer ersetzen die fehlenden Bäume. Ausreichend sanitäre Anlagen, Heißwasserdusche kostet extra. Verleih von Ruderbooten, Motorbooten, Sonnenschirmen und Liegestühlen. Landesteg direkt beim Camping. Ganzjährig geöffnet. Str. di Valle Spoletina 1/d, Loc. Piediluco, 05100 Terni. ✆/✆ 0744/369199.

Cesi: Von Cesi aus, einem mittelalterlichen Borgo an den Abhängen des Monte Torre Maggiore, lässt sich ein lohnenswerter Ausflug zur *Chiesa Sant'Erasmo* auf 790 m Höhe machen. Das schlichte romanische Kirchlein (12. Jh.) ist bestimmt geschlossen, aber das ist weiter nicht schlimm. Was hier

Südumbrien Karte S. 195

Kultbezirk der Umbrer – in den Bergen über Cesi

zählt, ist die idyllische Lage: Die Chiesa steht auf einem ausgedehnten Wiesengelände, das fast komplett von einer Mauer aus mörtellos gefügten polygonalen Steinquadern umfriedet ist. Sie ist zweifellos ein Werk der frühen Umbrer, möglicherweise die Eingrenzung eines heiligen Bezirks. Die schöne Lage lädt zum Faulenzen ein, das Panorama ist einzigartig: Auf einer Seite überblickt man ganz Terni, auf der anderen Seite die Ebene bei San Gemini, durch die sich zu römischen Zeiten die Via Flaminia zog.

Anfahrt Am nordwestlichen Ortsausgang von Cesi führt ein Sträßchen zum Monte Torre Maggiore hoch, nach ca. 3 km erreicht man die Chiesa. Besser noch: Gefährt unterhalb von Cesi parken (die Parkplätze im Centro storico sind sämtlich den Einwohnern reserviert) und sich zu einem knapp dreiviertelstündigen Spaziergang aufmachen.

San Gémini: Ein malerisches Städtchen, auf einem Hügel über der Via Flaminia gelegen. Zentrum des öffentlichen Lebens ist die Piazza San Francesco mit dem Rathaus zur einen der *Kirche San Francesco* zur anderen Seite. Letztere zeigt ein paar Fresken, von denen das in der zweiten Nische rechts (der Gekreuzigte zwischen den Heiligen Girolamo und Leonhard) einen ganz und gar menschlich blickenden Löwen zeigt.
Von der großen Piazza führt die Via Casentino zur wesentlich kleineren Piazza Palazzo Vecchio. Hier liegt ziemlich versteckt der mittelalterliche Regierungssitz der Stadt, der *Palazzo Pretorio* aus dem 12. Jahrhundert mit einer kleinen Freitreppe und ins Gemäuer eingelassenen Herrschaftswappen. Wer die Straße noch etwas weiter geht, findet an der Piazza Garibaldi den *Tempio di San Giovanni Battista,* ein Kirchlein mit einem unregelmäßigen polygonalen Grundriss. Zwei achteckige Pfeiler – der rechte mit Freskenresten – reichen aus, um das Gewölbe abzustützen.

Knapp nördlich des Orts, in unmittelbarer Nähe der römischen Ausgrabungsstätte Carsulae (s. u.) liegt der 1889 geschaffene Kurpark der **Thermen von San Gémini**, eine weitläufige Anlage mit Trimm-dich-Pfad, Tennisplatz, Kinderspielplatz, Mini-Golf und Wildpark – ein beliebtes Ziel für Sonntagsausflügler aus Terni.

Fotos am Eingang zeigen, wie es hier vor hundert Jahren zuging: Elegante Damen in langen Roben und steif gekleidete Herren lustwandelten mit dem Trinkglas in der Hand durch den schattigen Park. Heute bekommt der Besucher am Eingang einen ordinären Plastikbecher in die Hand gedrückt. Zwei Mineralquellen sprudeln im Park, deren verdauungsförderndes Wasser in Flaschen abgefüllt und vertrieben wird. Am modernen Ausschank kann man beide direkt ab Hahn probieren: das etwas fade *Fabia* und das wesentlich kräftigere *Sangemini*.

Öffnungszeiten April–Oktober: 9–19 Uhr (Juli/August bis 19.30 Uhr). Eintritt: 3 €, inkl. Trinkbecher.

• *Information* **Pro Loco**, an der Piazza San Francesco (gegenüber dem Rathaus). Geöffnet täglich 10–12.30 und 16–18.30 Uhr. ✆ 0744/630130.

• *Essen* **Taverna del Torchio**, im hinteren Ortsteil. Kleines, familiär geführtes Lokal mit Hausmanns- bzw. Hausfrauenkost: Mamma grillt am offenen Cheminée, derweil die Tochter sich um die Pasta kümmert. Mi geschlossen. Piazza Garibaldi 2.

Carsulae: Die Ausgrabungen der römischen Stadt an der Via Flaminia haben zwar kein Pompeji zu Tage gefördert, die Gesamtanlage ist aber durchaus beeindruckend. Eine kleine Hinweistafel hilft dem Besucher bei der Orientierung in den Mauerresten: Basilika, Thermen, öffentliche Gebäude, Zisterne, Amphitheater, Theater. Hinter dem romanischen Kirchlein am Straßenrand kann man einen Spaziergang auf der originalen Via Flaminia machen.

• *Anfahrt* Von Terni auf der Schnellstraße Richtung Todi–Perugia. In San Gémini Fonte, beim großen Kurpark mit der Heilquelle rechts abzweigen. Am Park entlang hoch und oben dann links. Spaziergänger folgen der Beschilderung (Abzweigung von der Hauptstraße knapp nach dem Park) und erreichen 10 Min. später die Ausgrabungsstätte.

• *Öffnungszeiten* März und Oktober: 9–17 Uhr; April–September: 9–19 Uhr. Eintritt frei.

Versteinerter Wald bei Dunarobba: eine geologische Besonderheit, die man eher im Südwesten der USA erwartet. In der Nähe von Dunarobba (17 km von San Gémini) wurde erst in jüngster Zeit ein fossiler Wald entdeckt. Rund 50 versteinerte Baumstümpfe hat man bisher freigelegt. Der Besuch des eingezäunten Geländes ist nur im Rahmen einer der (leider seltenen) Führungen möglich. Außerhalb der Öffnungszeiten kann man immerhin einen Blick durch den Zaun auf die fossilen Relikte werfen. Sie sind zum Schutz vor Verwitterung alle mit Spitzdächern versehen, so dass man das Gelände auf den ersten flüchtigen Blick fast für ein Zeltlager halten könnte.

• *Führungen* April–Juni: So 9.30, 11.30, 15.00, 17.00 Uhr; Juli–August: Sa 15.00 und 17.00 Uhr, So 9.30, 11.30, 15.00, 17.00 Uhr; Oktober: So 9.30, 11.30, 14.30 und 16.30 Uhr. Eintritt ca. 4 €.

• *Anfahrt* Von San Gémini in Richtung Montecastrilli, ab Casteltodino ausgeschildert ("foresta fossile"); knapp vor dem Ort Dunarobba führt links eine Naturstraße hinunter zum versteinerten Wald.

Südumbrien
Karte S. 195

2000 Jahre trennen die Augustus-Brücke von den Industrieanlagen Narnis

Narni

(ca. 21.000 Einwohner)

Auf einem Bergrücken über der Nera drängen sich die Kirchen, Palazzi und Häuser der mittelalterlichen Stadt. Zahlreiche Verstrebungen und teils bewohnte Brückenbögen zwischen den Häusern halten die steinerne Architektur zusammen. Am Fluss unten stehen als Zeugnis römischer Brückenarchitektur die imposanten Überreste des Ponte d'Augusto aus dem Jahr 27 v. Chr.

Die einst 128 m lange Brücke aus hellem Travertin hielt den Fluten der Nera über tausend Jahre stand. Eine Hochwasserkatastrophe im Jahr 1053 besiegelte dann ihr Schicksal. Seither zogen die trutzigen Pfeiler und der noch erhaltene Brückenbogen Kupferstecher, Maler und Fotografen in ihren Bann. Heute überspannt auf hohen Pfeilern eine neue Betonbrücke die Nera, über die der Verkehr nach *Narni Scalo* rollt – eine unansehnliche Industriesiedlung mit der *Elettrocarbonium s.p.a.* als größtem Arbeitgeber.

Dass bereits das Mammut durch die Gegend um Narni gestampft ist, bezeugen zahlreiche Funde von Stoßzähnen in der Umgebung. Die menschliche Siedlungsgeschichte ist erst ab den Umbrern nachgewiesen. Ihnen folgten im 3. Jahrhundert v. Chr. die Römer, die hier eine Kolonie für Kriegsveteranen gründeten. Im frühen Mittelalter, als Papst und Kaiser um Macht und Einfluss in Umbrien rangen, galt Narni als sicherer Stützpunkt der Papsttreuen. Eine mittlere Katastrophe vermerkt die Stadtchronik für das Jahr 1527, als eine Truppe desolater Landsknechte an die Gastfreundschaft der Narnesen appellierte. Diese jedoch drohten, die Eindringlinge in die Nera zu werfen, was ihnen offensichtlich nicht gelang. Die Stadt wurde geplündert, viele Bürger ermordet. Eine weitere Dezimierung der Bevölkerung besorgte dann die Pest.

Narni blieb über Jahrhunderte dem Kirchenstaat verbunden, bis auch der Papst den Prozess der nationalen Einigung nicht mehr aufhalten konnte. Mit dem neuen Italien hielt auch die Industrialisierung in Narni Scalo Einzug.

Il centro d'Italia

Die Amerikaner haben es vorgemacht: In einer öden Landschaft des Bundesstaates Kansas – so ermittelten Wissenschaftler – liegt der geographische Mittelpunkt der USA. Man baute eine Straße dorthin, die seither regelmäßig am Wochenende verstopft ist. Tausende von Touristen wollen einmal im Leben im Zentrum Amerikas gewesen sein – obwohl es dort überhaupt nichts zu sehen gibt. Der deutsche Lyriker und Essayist Hans Magnus Enzensberger prägte für solche Attraktionen den Begriff der "synthetischen Sehenswürdigkeit".

Mitte der 1990er Jahre wurde auch in Italien das geographische Zentrum des Landes ermittelt. Es befindet sich unweit von Narni, exakter: 42° 30' 11" nördlicher Breite, 12° 34' 24" östlicher Länge. Unterhalb der Stadt weist eine gelb-rote Markierung den Weg zum *Centro d'Italia*. Jährlich pilgern mehr Touristen zum Koordinatenschnittpunkt, Fotoapparate werden an die Nase gedrückt, Videokameras surren ... Die Narnesen schauen dem Spektakel eher gelassen zu: Wenn schon nicht der Nabel der Welt, dann immerhin der des Stiefels ...

Eines allerdings haben die Italiener den Amerikanern voraus: Die Geschichte hat in ihrem Land überall Spuren hinterlassen. So will es denn das Glück, dass der Besucher direkt neben der unsichtbaren Sehenswürdigkeit eine verwitterte römische Brücke aus der Augusteischen Zeit zu Gesicht bekommt, den *Ponte Cardona*. Damit nicht genug: Zur Brücke führt ein unterirdischer Aquädukt, der teilweise freigelegt wurde. Und als würde auch das nicht reichen, um den Spaziergang zur synthetischen Attraktion zu rechtfertigen, haben die Behörden einige Tafeln am Wegrand aufgestellt. So soll z. B. über einer abschüssigen Stelle ein römischer Adliger einen Eremiten gefoltert und anschließend den Felsen hinuntergestoßen haben, weil dieser ihm das Versteck eines Schatzes nicht preisgeben wollte – eine Legende, die auch ziemlich synthetisch klingt ...

Anfahrt Von Narni aus den Schildern folgen, durch Wohnquartiere gelangt man bis zu einem Parkplatz. Von dort noch ein genau 890 Meter langer Spaziergang (auf Exaktheit legt man hier wert) durch einen romantischen Wald.

- *Telefonvorwahl* 0744
- *Postleitzahl* 05035
- *Information* **Pro Narni** im Palazzo Comunale, Piazza dei Priori 3. ✆/℻ 715362.
- *Verbindung* **Bahn**: Gute Verbindung nach Terni, gelegentlich halten auch die Züge der Strecke Rom–Ancona. Der Bahnhof liegt in Narni Scalo; ab hier **Busse** zum Centro storico (Piazza Garibaldi).
- *Parken* Die Narnesen zeigen sich einsichtig mit den laufmüden Touristen: Gefährt unterhalb der Stadt auf dem gebührenpflichtigen großen Parkplatz abstellen, von da mit dem Lift schräg hoch zur Piazza Garibaldi. Ein weiterer Lift – diesmal senkrecht – führt zu einem zweiten Ausgang oberhalb des Doms.
- *Märkte* **Trödelmarkt** (Mercato del rigattiere), auf der Piazza dei Priori, jeweils am 3. Wochenende des Monats, 9–20 Uhr. **Wochenmarkt**: Samstag auf dem großen Parkplatz unterhalb der Stadt.

• *Feste* **Corsa all'Anello**, 2. Sonntag im Mai. Ein Wettkampf, bei dem jeder der drei Stadtteile einen Reiter stellt. Drei aufgehängte, kleine Ringe müssen von den galoppierenden Reitern mit einem Speer "geangelt" werden. Tempo ist ebenso gefragt wie Geschicklichkeit. Im Stadtteil des Siegers wird anschließend bis tief in die Nacht gefeiert. Dem Festtag geht eine Woche internationaler Folkloreveranstaltungen voran. 1994 war der Fanfarenzug Hockenheim e. V., Germania, mit von der Partie.

• *Übernachten* *** **Hotel dei Priori**, oberhalb des Palazzo Comunale, Eingang Ristorante La Loggia. Ein überaus freundlicher Wirt sorgt für angenehmen Aufenthalt. Narnis beste Adresse, unauffällig in der Altstadt gelegen. DZ 55–75 €. Vicolo del Comune 4. ✆ 726843, 📠 726844.

** **Hotel Ponte d'Augusto**, in Narni Scalo, an der Straße nach Terni. Hat mit der Totalrenovierung zur Jahrtausendwende eindeutig an Qualität gewonnen: angenehme, klimatisierte Komfortzimmer, im Erdgeschoss eine lebendige Bar und ein Restaurant, das preiswerte Hausmannskost serviert. Autofahrer wissen den großen Parkplatz direkt über der Straße zu schätzen. DZ mit Bad 47–57 €, Frühstück incl. Via Tuderte 303, Loc. Narni Scalo. ✆ 750635, 📠 750974.

• *Essen* **Ristorante La Loggia**, im Hotel dei Priori (s. o.), mit schmuckem, kleinem Hinterhof. Ob Fasan, Wildschwein oder Lamm: preiswert und gut. Mo geschlossen.

Ristorante Fina, im gleichnamigen Hotel in Narni Scalo. Man soll sich vom 3-Sterne-Bau nicht abschrecken lassen. Einfache, preiswerte Küche im klimatisierten Restaurant. Arbeiter aus Narni Scalo sitzen hier zu Tisch. Keine Speisekarte. Via Tuderte 419.

Sehenswertes

Dom San Giovenale: Narni hat keinen Platz für große frei stehende Kirchenbauten, und so fällt der Dom mit seinem gedrungenen Turm dem Besucher, der meist von der Piazza Garibaldi kommt, kaum auf. Die Kirche ist vierschiffig, wobei das vierte Schiff – durch Arkaden abgetrennt – erst später hinzugefügt wurde. Im Inneren wirkt sie sehr heterogen. Die nur teilweise erhaltenen Fresken überzeugen nicht.

Rechts findet man die von den Narnesen verehrte *Capella San Cassio*. Die Steinplatte über dem Eingang mit den Flachreliefs zweier Lämmer (die fast wie Pferde aussehen) stammt aus dem 6. Jahrhundert, links in einer Nische thront der heilige Juvenal, der im 4. Jahrhundert Narni christianisierte – die 1991 restaurierte Holzstatue des Stadt- und Kirchenpatrons datiert aus dem 15. Jahrhundert. Über zwei Stufen gelangt man hinunter zu einer kleinen Grotte mit dem heute leeren Sarkophag Juvenals. Hier wurden im Jahr 880 seine Gebeine versteckt. Sie wurden vom Markgrafen der Toscana zurückgegeben, der sie zwei Jahre zuvor geraubt hatte. Nach dem frevelhaften Diebstahl – auch die Überreste des heiligen Cassius, Juvenals Nachfolger als Bischof in Narni, und die seiner Gemahlin packte der adlige Räuber damals mit ein – wollte man erst einmal auf Nummer Sicher gehen. Die versteckte Grotte wurde erst 1642 entdeckt; seither ruhen die Gebeine Juvenals in der Krypta, direkt unter dem Hauptaltar.

Piazza dei Priori: Oberhalb des Doms mündet die Via Garibaldi in eine lang gestreckte Piazza, an deren Ende ein unauffälliger, kleiner bronzener Brunnen aus dem Jahr 1303 steht.

Die Ostseite des Platzes dominiert der *Palazzo dei Priori* mit großer Loggia und einer hübschen, kleinen Steinkanzel. Hier verkündete der städtische Ausrufer im Mittelalter der Bevölkerung die neuesten Nachrichten und Verfügungen (bei unserem letzten Besuch – 2002 – war die Kanzel wegen Restaurierungsarbeiten verhüllt). An den Palazzo, in dessen Erdgeschoss täglich Markt abgehalten wird, schließt sich der *Torre Civica* aus dem 13. Jahrhundert an.

Gegenüber steht der *Palazzo Comunale* mit beachtenswerten Basisreliefs über dem Nebeneingang, u. a. die Darstellung eines Ritterturniers. Im Ratssaal (1. Etage) ist über dem Präsidentensitz *Ghirlandaios* "Krönung Mariens" zu sehen.

Öffnungszeiten des Ratssaals Fr und So 10–13 und 15–19 Uhr. Eintritt frei.

Dom San Giovenale

Kirche San Francesco: oberhalb der Piazza dei Priori, etwas versteckt. Fresken aus dem 15. und 16. Jahrhundert schmückten einst die Rundsäulen im Innern der Kirche. Heute sind nur noch Reste davon zu sehen, doch die sind in ihren kräftigen Farbtönen durchaus beeindruckend.

Kirche Santa Maria Impensole: an der Via Mazzini, direkt hinter der Piazza dei Priori. Die Kirche mit der auffallend niedrigen Säulenvorhalle ist auf einem antiken Bacchus-Tempel errichtet. Sie war einst Teil eines Benediktinerklosters aus dem 12. Jahrhundert. Das von zwei Löwen bewachte Portal zeigt ein schmuckes Steindekor. Im Inneren sind die romanischen Kapitelle beachtenswert: Untiere und Fratzen.

Festung *(Rocca)*: Narnis Burg wurde wie zahlreiche Festungen in Umbrien unter Kardinal Albornoz gebaut; im Mittelalter war sie ein strategischer Stützpunkt der päpstlichen Statthalter zur Überwachung der Via Flaminia. Die jahrelang dauernden Restaurierungsarbeiten wurden erst 1998 abgeschlossen. Die künftige Nutzung der Rocca wird derzeit diskutiert. Möglicherweise wird sie Sitz eines Museums für Gegenwartskunst, aber auch Gerüchte von einem Spielcasino machen die Runde ...

Öffnungszeiten Fr und So 10–19 Uhr. Eintritt frei.

Abtei San Cassiano: Im Vergleich zur ummauerten Benediktinerabtei auf dem Hügel gegenüber Narni wirkt wie ein mittelalterliches Wehrdorf. Sie wird ins 12. Jahrhundert datiert, vermutlich sind einige Gebäude aber noch älter. Andere wiederum sind jünger: an Stelle der heute dreischiffigen Kirche stand noch bis ins 14. Jahrhundert eine einschiffige in Form eines lateinischen Kreuzes.

Die Abtei untersteht bis heute den Benediktinern und kann nur mit Führung besichtigt werden, täglich 10–12 und 16–18 Uhr, im Sommer wird sonntags von 16 bis 17 Uhr die Messe gehalten. Wer ganz sicher gehen will, vergewissert sich vorher telefonisch (0744/722080 oder 347/2239395). Der Besuch lässt sich mit einem wunderschönen Spaziergang verknüpfen: In Narni Scalo der Beschilderung "Abbazia San Cassiano" folgend die Hauptstraße links verlassen. Man wandert ein Stück an der Nera entlang und unterquert die gewaltige

Südumbrien
Karte S. 195

Ruine der Augustusbrücke, die sich von hier aus in aller Ruhe bewundern lässt. Darauf führt der Weg rechts zum Eingang eines Eisenbahntunnels, von da noch eine Viertelstunde bergauf zur Abtei.

• *Anfahrt* Von Narni Scalo ein Stück in Richtung Narni, dann vor der Brücke rechts in Richtung Amélia. 100 m nach dieser Abzweigung weist links ein Schild zur Abtei hoch. Straße erst asphaltiert, dann Schotter. Am besten das Gefährt am Anfang des Schotterwegs abstellen und das letzte Stück in ca. 15 Min. zu Fuß zurücklegen. Das Schottersträßchen ist eng und der Platz zum Wenden bei der Abtei allenfalls für einen Cinquecento problemlos. Eindeutig schöner ist der oben beschriebene Spaziergang von Narni Scalo aus!

Narni/Umgebung

Visciano: ein paar Kilometer südlich von Narni. Vom Dörfchen führt eine Schotterstraße hinunter zur vorromanischen *Kirche Santa Pudenziana* (11. Jh.), die mit ihrer Mischung aus römischer und frühchristlicher Architektur überrascht. Die auf sechs Säulen (inklusive der zugemauerten Ecksäulen) abgestützte Vorhalle erinnert an einen antiken Tempel. Rechts des Fassadenfensterchens fand ein römischer Sarkophag als Baumaterial Verwendung, weitere Sarkophagteile findet man im Mauerwerk der Rückseite. Auch für das Kircheninnere sollen römische Relikte recycelt worden sein. Uns zeigte es sich verschlossen, und über die angegebene Telefonnummer (0744/796589), die uns weiterhelfen sollte, war niemand zu erreichen.

Anfahrt Von Narni in Richtung Otricoli, nach ca. 5 km rechts abzweigen, dann ausgeschildert.

Convento Lo Speco: Eine kleine Einsiedelei in luftiger Höhenlage mitten im Wald, fernab allen weltlichen Treibens. Seit 1993 bewohnen ein paar Fratres, die ihren Alltag streng nach den franziskanischen Ordensregeln leben, den stillen Ort. Zu den angeschlagenen Zeiten werden Führungen gegeben – allerdings nur kurz, um möglichst wenig zu stören.

Anfahrt Von Narni in Richtung Sant'Urbano, dann ausgeschildert.

Calvi dell'Umbria: Das Bergdorf ist der südlichste Ort Umbriens. Rom liegt nah, am Wochenende sieht man viele Großstädter durch die Gassen streifen. Bekannt ist Calvi für seine *Murales*. Um ihrem Dorf etwas Farbe zu geben, lud die Kommune in den 80er und 90er Jahren Künstler aus Rom ein, die zahlreiche Häuser mit Wandgemälden versahen. Die Themen sind unterschiedlich, einige Künstler zeigen sich klassisch-religiös, andere esoterisch inspiriert, und einige überschreiten eindeutig die Grenze zum Kitsch. War anfänglich die Kunstaktion noch Gegenstand heißer Debatten am Bartresen, so steht heute die Dorfbevölkerung der Dauerausstellung eher gelassen gegenüber. Wir empfehlen unsererseits den Ausflug nach Calvi. Wer den Murales nichts abgewinnen kann, genieße wenigstens die frische Bergluft.

Ocriculum: Unterhalb des Orts *Otrícoli*, an der Via Flaminia ausgeschildert, liegt das riesige Ausgrabungsgelände der römischen Stadt Ocriculum. Die weit verstreuten Ruinen – u. a. Thermen, Theater, Turmruine eines öffentlichen Gebäudes – sind derzeit nur aus der Entfernung vom angelegten Spazierweg aus zu besichtigen, eine nicht befriedigende Lösung.

• *Agriturismo* **Heidi und Robert**. Allein stehendes Anwesen mit weitem Blick über das Tibertal. Von den 10 Hektar Land des Guts sind 7 Hektar als Biotop belassen, auf den restlichen 3 Hektar weiden Schafe, werden Obst und Oliven angebaut. Im

Sommer werden auch Kurse angeboten: Heidi Hörnlein gibt Kurse in Stimmerfahrung, Stimmbildung und Stimmtherapie. Andere Kursleiter u. a. für Bildhauerei, Gehörtraining nach der Tomatis-Methode, Yoga, Blütentherapie. Dem Stammhaus wurde ein Neubau und eine große Sonnenterrasse mit eigener Küche angefügt. Die Zimmer und Appartements sind dank der großen Fenster alle angenehm hell. Großes Gemeinschaftszimmer, Sauna. 2 DZ für je 250 € pro Woche, 2 Appartements (2–4 Personen) für 290 € pro Woche und 1 Appartement (2–6 Personen) für 340 € pro Woche; außerhalb der Saison (Oktober–April) jeweils 50 € billiger, 20% Rabatt ab der 3. Woche. ✆/℻ 0744/719600, e-mail: crvheidi@tiscalinet.it.

• *Anfahrt* Von Otrícoli knapp 2 km in Richtung Terni, dann links ab (Schild "Villa Regina Margherita"), nach 500 m (direkt vor der genannten Villa, die ein Altersheim ist) links der Beschilderung "Heidi und Robert" folgen.

Amélia

(ca. 11.500 Einwohner)

Das Städtchen ist umbrischen Ursprungs, doch mehr Spuren hinterließen die Etrusker und Römer. Amélia ist von einer mächtigen, "nachgedoppelten" Stadtmauer eingefasst: Auf den etruskischen Wall aus riesigen, mörtellos aneinander gefügten Steinblöcken (7. Jh. v. Chr.) bauten die Römer ihre Mauer, die im Mittelalter noch einmal verstärkt wurde.

Besonders fotogene Abschnitte dieser gedoppelten Stadtbefestigung findet man links und rechts der *Porta Romana*, des Hauptzugangs zum Centro storico. Das im oberen Ziegelwerk der Porta Romana eingelassene Madonnenbild ist übrigens der Dank der Stadt an die Barmherzigkeit der Muttergottes, die dafür sorgte, dass Amélia beim Erdbeben von 1703 verschont blieb – so jedenfalls erklärte man sich hier das unbegreifliche Glück, mit dem Schrecken davongekommen zu sein.

Rechts hinter der Porta Romana steht die *Kirche San Francesco*, deren graue, fast abweisende Fassade aus dem 13. Jahrhundert eine hübsche Rosette zeigt. In einer größeren Seitenkapelle liegen mehrere Mitglieder der Familie Geraldini begraben. Die lokale Nobilität stellte mit *Alessandro Geraldini* um 1600

Die Porta Romana ist heute das Haupteingangstor zur Stadt

Südumbrien
Karte S. 195

den ersten Bischof, der jenseits des Atlantiks in der frisch bekehrten Neuen Welt residierte – in Santo Domingo. Vom Kreuzgang neben Kirche gelangt man ins *Archäologische Museum* (siehe Sehenswertes).
Auf dem höchsten Punkt der Stadt steht der *Dom*, im 17. Jahrhundert nach einem Brand neu aufgebaut und bis ins 19. Jahrhundert mehrmals architektonisch verändert. Interessanter ist der *Torre civica* daneben. Der zwölfeckige Bürgerturm mit Sonnenuhr, der wie ein Campanile des Doms wirkt, stammt aus dem Jahr 1050, als Amélia eine freie Kommune war. Vom einstigen Dekor des Turmes ist wenig übrig geblieben, am beeindruckendsten ist ein Flachrelief mit drei menschlichen Gestalten.

• *Telefonvorwahl* 0744
• *Postleitzahl* 05022
• *Information* **A.P.T.-Büro**, Via Orvieto 1 (schräg gegenüber der Porta Romana), in der 1. Etage. Geöffnet 9–13 Uhr; So geschlossen.
• *Übernachten/Essen* *** **Albergo Anita**, rechts der Porta Romana, an der Straße nach Narni. Nicht mehr ganz modernes Haus im Stil der 60er Jahre und mit dementsprechendem Charme. DZ 50–60 €. Via Roma 31. ✆ 982146, ℻ 983079.

** **Hotel Le Colonne**, außerhalb der Stadt, an der Straße nach Narni, am Abzweig nach Aquasparta. Seinen Namen verdankt das Haus den beiden antiken Säulen, die als "Eingangsportal" die Auffahrt zu einer stattlichen Landvilla (privat) markieren. Ältlicher, familiär geführter Betrieb, im Restaurant sehr preiswerte Hausmannskost. DZ mit Bad 47 €. Via Roma 191–193, Loc. Le Colonne. ✆ 983529, ℻ 975763.

Sehenswertes

Archäologisches Museum: neben der Kirche San Francesco. Angeblich wurde Amélia um 1134 v. Chr. gegründet und ist somit vermutlich die älteste städtische Siedlung Umbriens. In und um die Stadt wurde viel gegraben, und zahlreiche Funde wanderten ins Umbrische Archäologische Nationalmuseum von Perugia, ins Nationale Etruskische Museum von Rom und ins Ausland. Doch blieb dem kleinen Amélia genug, und nicht nur Zweitklassiges. Der unumstrittene Star des Museums heißt *Nero Claudius Drusus Germanicus* und präsentiert sich leicht überlebensgroß in Generalsmontur, im Harnisch das Relief einer Kampfszene. Die Bronzestatue wurde 1963 gefunden, nicht so, wie sie heute zu sehen ist, sondern in unzähligen Bruchstücken. Diese wurden erst einen Monat lang im Rathaus ausgestellt, dann beschloss man höheren Orts, die Fragmente wissenschaftlich zu untersuchen und die Statue wieder zu rekonstruieren. Amélia hatte seinen sensationellen Fund schon so ins Herz geschlossen, dass der Abtransport nach Rom von den Carabinieri abgesichert werden musste. Doch die Stadt bekam ihren "Germanico" wieder zurück – und obendrein fachgerecht zusammengesetzt. Germanicus (15 v. Chr.–19 n. Chr.) war übrigens ein beim Volk überaus beliebter Mann, im Gegensatz zu seinem Sohn Caligula, der als unberechenbarer Despot in die römische Kaisergeschichte einging.
Die ausgestellten Grabstelen, Kapitelle, Büsten, Amphoren und Urnen in den oberen beiden Etagen geben einen guten Überblick über das alte Amélia, zumal wenn sich der Besucher anhand der ausführlichen Texttafeln (auf Italienisch) über die gesellschaftlichen, politischen und wirtschaftlichen Zusammenhänge informiert, was zugegebenermaßen etwas mühsam ist.

Öffnungszeiten Januar–März und Oktober–Dezember: Fr–So 10.30–13.00 und 15.30–18.00 Uhr; April–Juni und September: Di–So 10.30–13.00 und 16.00–19.00 Uhr; Juli/August: Di–So 10.30–13.00 und 16.30–19.30 Uhr. Eintritt 4 €.

Amélia/Umgebung

Kloster Sant'Annunziata: 5 km außerhalb des Orts in Richtung Giove. Das noch von Franziskanern bewohnte Kloster, ein Ableger von Santa Maria degli Angeli bei Assisi, zeigt eine Dauerausstellung, für die der Name "Presepe" (Krippe) etwas irreführend ist. In einem großen und vierzehn kleinen Dioramen mit Figuren von 8 bis 30 Zentimeter Höhe sind Szenen aus dem Leben Jesu (u. a. die ersten Gehversuch des Knäbleins) dargestellt. Besonderen Wert legte der spanische Meister auch auf die Darstellung von Landschaften und Städten – ein durchaus beachtliches Werk aus den 1980er Jahren. Zweite Attraktion des Klosters ist ein in einem Gartengebäude eingerichtetes Planetarium: unter der Kuppel mit 6 m Durchmesser haben 50 Zuschauer Platz.
Die Klosterkirche hingegen birgt nichts Aufregendes, das Altargemälde grenzt an Kitsch: Auf einer rosenübersäten Treppe erfährt die mädchenhaft junge Maria von einem blau gewandeten Engel, dass sie mit Jesus schwanger geht, darüber symbolisiert im Strahlenkranz eine Taube den Heiligen Geist.

Lugnano in Teverina: Der auf einem Hügel gelegene ruhige Ort wird vor allem der *Stiftskirche Santa Maria Assunta* (12. Jh.) wegen von Fremden aufgesucht. Der Fassade ist ein Portikus vorgebaut, dessen mittlere beiden Säulen gedrechselt sind. Darüber sind die Symbole der vier Evangelisten zu sehen, und unter dem Dach starrt eine ganze Reihe von Tierfratzen und menschlichen Masken den Besucher an. Wenige farbige Mosaikenreste am Gesims geben eine Ahnung von der früheren Pracht. Die Fassade selbst zeigt die klassische Rosette, eingerahmt von zwei zweibogigen Fenstern und einem Adler auf dem Giebel.
Im dreischiffigen Inneren sind fein gearbeitete Kapitelle zu sehen, das schönste mit einer Darstellung des Sündenfalls, auf der sich die Schlange mit Adam und Eva und sich selbst verknotet. Dem Altarbereich wurde ein zweiter Chorbereich mit zwei Kanzeln vorgebaut, an dessen Schranke noch einige bunte Mosaiksteinchen die Zeiten überdauert haben. Hinter dem überdachten Altar zeigt ein Fresko Mariens Himmelfahrt, daneben die Heiligen Franziskus und Sebastian (mit Pfeilen im Körper), in der rechten Seitenkapelle wird Johannes der Täufer gerade enthauptet, die schöne Salome hält mit starrem Blick den Silberteller bereit.
Öffnungszeiten Sie sind aus Sicherheitsgründen limitiert, 8.30–13 und 16.30–19 Uhr.

Von der Kirche sind es nur ein paar Schritte bis zur *Piazza della Rocca*, von der aus man einen wunderschönen Ausblick auf das Tibertal und Alviano (erkennbar an der mächtigen Burg) genießt.

Alviano: Ein kleiner Ort um eine große Burg. Letztere stammt aus dem 15. Jahrhundert und beherbergt neben dem Lokalmuseum auch eine kleine Dokumentation über das nahe gelegene Naturschutzgebiet des *Parco Fluviale del Tevere*, zu dem auch der Lago di Alviano gehört.
Auf dem Platz vor der Burg predigte einst Franz von Assisi einer zahlreich zusammengeströmten Menge, allerdings musste er sich vorab gegen das permanente Schwalbengezwitscher durchsetzen. Also wandte er sich erst an die Vögel: "Meine lieben Schwestern Schwalben, jetzt heißt es, mich reden zu lassen!" Die so Ermahnten gehorchten dem Heiligen und verhielten sich

Südumbrien Karte S. 195

während der folgenden Predigt mucksschwälbchenstill. Das Ereignis ist auf einem Fresko in der Burgkapelle festgehalten: Die geschwätzigen Schwalben haben sich ins Gemäuer verzogen.

- *Öffnungszeiten der Burg* Sa 11–19 Uhr, So 10–12 und 16–19 Uhr. Eintritt 2,50 €.
- *Essen* **Belvedere da Marcello**, 2,5 km außerhalb des Orts. Auf die Amerina (Narni–Orvieto) hochfahren, dann links und gleich wieder rechts (ausgeschildert). Ein Ausflugslokal, das seinen Namen zu Recht trägt: Aussicht über die Ebene mit Alviano und dem dahinter liegenden See. Geräumiges Lokal mit einem kleinen Springbrunnen. Preiswerte umbrische und italienische Küche, großes Salatangebot, abends auch Pizze. Im Sommer Mo, im Winter Mo/Di geschlossen.

Lago di Alviano: Rund 20 km westlich von Amélia wurde der Tiber zum *Lago di Alviano* aufgestaut und ein größeres Naturschutzgebiet eingerichtet, die unter dem Patronat der WWF stehenden *Oasi del Lago di Alviano*. Vor allem Ornithologen kommen hier auf ihre Kosten. Den Zugang findet man am Nordost-Ende des Sees (ausgeschildert). Zwei Rundgänge sind möglich: der erste (1,5 km, 1 Beobachtungsturm) führt am See entlang, der zweite (3,5 km, 2 Beobachtungstürme) auch durch Wälder.

Öffnungszeiten September–Mai So 10–17 Uhr. Eintritt 3,10 € (das Geld wird vollständig zum Unterhalt des Naturschutzgebiets verwendet).

Bomarzo: Knapp 25 km westlich von Amélia (Straße Richtung Attigliano) findet man den bereits in Latium gelegenen berühmten "Park der Monster". Mehr darüber siehe Lago di Bolsena/Umgebung.

Todi

(ca. 17.000 Einwohner)

Die Piazza del Popolo von Todi wird mit Recht zu den schönsten mittelalterlichen Plätzen Italiens gezählt – die Kulisse ist filmreif. Regisseur Joseph L. Mankiewicz hatte dies erkannt, als er 1963 Elizabeth Taylor als Kleopatra die breite Freitreppe des Platzes hinabschreiten ließ.

Die Geschichte hat in der uralten umbrischen Stadt, die von ihrem pyramidenförmigen Hügel ins Tibertal hinabschaut, Spuren aus vielen Epochen hinterlassen. Wer durch die *Porta Romana* (mittelalterlich) die Via Matteotti hinaufgeht, stößt auf die *Porta Catena* (römisch), dann auf die *Porta Marzia* (etruskisch) und hat somit – wenn auch gegen die Chronologie – einen kompakten geschichtlichen Parcours hinter sich gebracht. Oben, an der berühmten Piazza del Popolo, legt man am besten eine Verschnauf- oder Kaffeepause ein, bevor man die weiteren Sehenswürdigkeiten aufsucht.

Todi dürfte etwa 3000 Jahre alt sein. Die Römer gestanden der Stadt – offensichtlich ihrer Treue wegen – ein eigenes Münzrecht zu. Im 12. und 13. Jahrhundert war Todi eine eigenständige Kommune. Wie in den meisten umbrischen Städten kämpften auch hier Guelfen und Ghibellinen um die Macht. Rom war nah, und so gelangte die Stadt mehr und mehr unter päpstlichen Einfluss und wurde schließlich ganz dem Kirchenstaat einverleibt. Im Kampf um die nationale Einigung aber wechselte Todi dann mit wehenden Fahnen die Front – Garibaldi fand hier glühende Anhänger.

1992 schrieb ein amerikanischer Journalist eine enthusiastische Reportage, in der er Todi als die lebenswerteste Stadt ganz Italiens pries. Die Nachricht

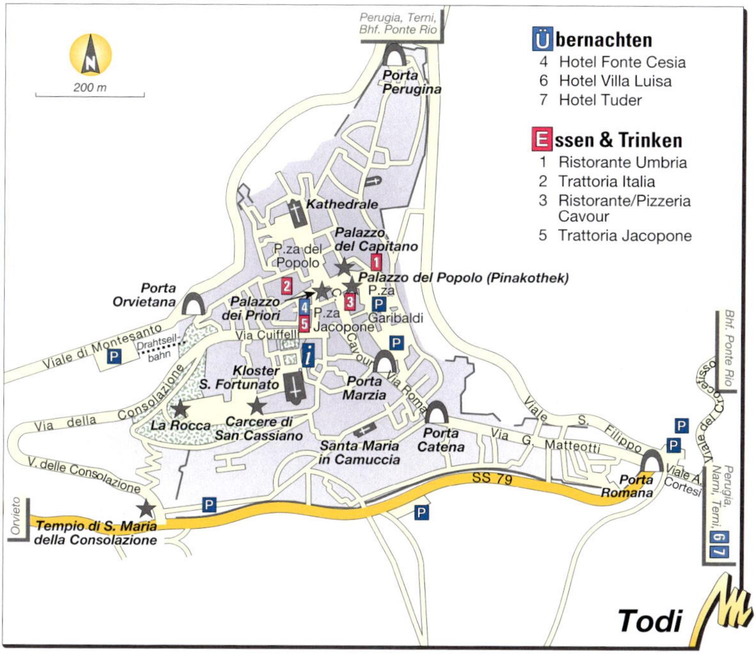

drang offenbar bis in die Stadtverwaltung, die sich in den Folgejahren daran machte, dem unverhofften Lob gerecht werden. Zahlreiche Gassen wurden neu gepflastert, Häuserfassaden gereinigt oder neu verputzt, die Immobilienpreise stiegen – und ganz nebenbei förderten die Arbeiter an der Via dei Condotti ein römisches Mosaik zu Tage.

Noch hält sich der Tourismus aber in Grenzen. Es sind meist Reisebusse, die von Perugia aus Todi für einen Tagesausflug ansteuern. Der führt in der Regel auf die berühmte Piazza und – wegen des bequemen Parkens – zum *Tempio di Santa Maria della Consolazione*. Wer sich nicht gerade an diesen Orten aufhält, kann also ungestört in Todis mittelalterliche Romantik eintauchen.

Südumbrien Karte S. 195

Information/Diverses

- *Telefonvorwahl* 075
- *Postleitzahl* 06059
- *Information* **Ufficio Turistico**, Piazza Umberto I 6 (beim Kloster S. Fortunato). Kompetentes Personal und viel Material über Todi und Umgebung. Geöffnet: Mo–Sa 9.30–13.00 und 15.30–19 Uhr, So 9.30–13.00 Uhr. ✆ 8943395, 📠 8942406, e-mail: info@iat.todo.pg.it.
- *Verbindung* Die **Bahn** (Linie Perugia–Terni) fährt nicht auf den Hügel, hält aber an dessen Fuß. Von den beiden Stationen wählt man besser *Ponte Rio*, da von hier aus oft Busse in die Innenstadt (Piazza Jacopone) fahren.

Etwas näher ins Zentrum fahren **Busse** von Perugia und Orvieto aus. Haltestelle ist der Parkplatz beim Tempio di S. Maria della Consolazione.
- *Parken* Gebührenfreies Parken vor der Porta Romana, mehr Platz findet man beim Tempio di S. Maria della Consolazione, und

ganz problemlos ist das Parken bei der Porta Orvietana: Man besorgt sich einen Green Chip und fährt mit der Drahtseilbahn hoch.

• *Sprachkurse* **La Lingua La Vita**, Via Mazzini 18. Noch wenig bekannte, 1987 gegründete Sprachschule. Der Unterricht findet Mo–Fr 9–13 Uhr statt, die Methode ist stark kommunikativ ausgerichtet, Konversation im Alltag ist das hauptsächliche Ziel. Kurse von 1 Woche bis 24 Wochen auf 5 Niveaus, intensiver Unterricht in kleinen Gruppen von max. 6 Personen. Die Schule vermittelt auch Unterkünfte, je nach Wunsch bei einer Familie in der Stadt oder in der ländlichen Umgebung, alleine oder zu mehreren. Preise: 2 Wochen Sprachunterricht inkl. Unterkunft in Familie: VP ca. 870 €, HP ca. 800 €. Tel. 8948364, Fax 8949049, e-mail: info@wellanguage.com, www.wellanguage.com.

• *Feste/Veranstaltungen* **Todi Festival**, jährlich Ende August/Anfang September. Relativ junges, aber ziemlich ambitioniertes Festival (Theater, Film, Ballett, klassische Musik, Jazz, Literatur, Ausstellungen). Exakte Auskünfte im Festival-Büro im Teatro comunale (linker Eingang) an der Piazza Jacopone, wo auch die beliebten Plakate früherer Festivals verkauft werden.

Übernachten/Camping/Agriturismo (siehe Karte S. 209)

Für den dünnen Geldbeutel sieht's zappenduster aus: Drei 4-Sterne-Hotels und zwei 3-Sterne-Hotels sind alles, was Todi dem müden Gast zu bieten hat. Empfehlenswerte Alternativen für Selbstfahrer sind "Il Castello" (15 km entfernt, s. u.) und das "Lamincia" am Lago di Corbara (23 km entfernt, siehe "Orvieto").

• *Übernachten* **** **Hotel Fonte Cesia (4)**, einziges Hotel innerhalb der Stadtmauern. DZ 130–195 € inkl. Frühstück. Via Lorenzo Leoni 3. Tel. 8943737, Fax 8944677, e-mail: fontecesia@fontecesia.it.

*** **Hotel Villa Luisa (6)**, vor der Porta Romana. Größerer Bau mit Parkanlage, oft von Gruppen ausgebucht. "Hotel sauber und gut, Essen ausgezeichnet", urteilt kurz und bündig eine Leserin. DZ 70–104 €. Viale Angelo Cortesi 147. Tel. 8948571, Fax 8948472, e-mail: villaluisa@villaluisa.it.

*** **Hotel Tuder (7)**, vor der Porta Romana, in der Nähe des vorgenannten. Obere Mittelklasse. DZ 75–95 €. Via Maestà dei Lombardi 13. Tel. 8942184, Fax 8943952, e-mail: hoteltuder@libero.it.

Außerhalb * **Hotel Il Castello di Monteschignano**, über dem Dörfchen Viepri, 15 km östlich von Todi. Gepflegte, allerdings kleine Zimmer. An das ehemalige Kastell erinnert allenfalls noch die Wendeltreppe, ansonsten hat man eher den Eindruck eines Landhauses. Auf einem Hügel inmitten eines bewaldeten Parks gelegen, Panoramablick, u. a. bis Todi. DZ mit Bad 37–44 €. Via Monteschignano, Loc. Viepri, 06056 Massa Martana. Tel. 075/8947409, Fax 0742/99143.

• *Agriturismo* **Poggio della Volara**, siehe Orvieto.

• *Camping* In Stadtnähe kein Campingplatz. Wir empfehlen "Scacco Matto" am Lago di Corbara (siehe Orvieto).

Essen (siehe Karte S. 209)

Ristorante Umbria (1), beliebt und populär. Regionale Küche. Großartige, teilweise vegetativ überdachte Speiseterrasse mit Ausblick auf die Ebene. Preise leicht über dem Durchschnitt. Di geschlossen. Via S. Bonaventura.

Ristorante/Pizzeria Cavour (3). Bei Einheimischen und Touristen gleichermaßen beliebtes Restaurant. Sowohl Pizze als auch à la carte zu vernünftigen Preisen. Nicht nur das Bier wird hier vom Fass gezapft, sondern – eine Seltenheit – auch der leicht perlende, frische Prosecco! Mittags preiswertes Menu turistico. Corso Cavour 23.

Trattoria Jacopone (5). Kleines, sehr gemütliches Lokal mit einigen regionalen Spezialitäten. Wenig teurer als das Cavour. Mo geschlossen. Piazza Jacopone 3.

Trattoria Italia (2), ganz in der Nähe der berühmten Piazza und vom Tourismus kaum berührt (vielleicht liegt's an der fehlenden Außenbestuhlung). Ein älteres Paar serviert einfache Hausmannskost und dies zu erstaunlich niedrigen Preisen. Wenn "Agnello" auf der Karte steht, fragen Sie nicht, welcher Teil vom Lamm wie zubereitet wird, sonst bekommen Sie einen ganzen Vortrag zu hören. Via del Monte 27.

Sehenswertes

Piazza del Popolo: Am schönsten ist das Erlebnis, wenn man den längeren Aufstieg von der *Porta Romana* her wählt. Einfach immer der Hauptgasse entlang. Erst heißt sie *Via Matteotti*, dann *Via Romana*, dann *Corso Cavour*. Oben tut sich unvermittelt die spektakuläre Piazza auf: am Kopfende die **Kathedrale** mit einer breiten Treppe, ihr gegenüber der **Palazzo dei Priori** (größtenteils 13./14. Jh.), heute Verwaltungsgebäude, und ums Eck der **Palazzo del Popolo** mit der eingangs erwähnten filmreifen Freitreppe zur Piazza. Er stammt ebenso wie der angebaute **Palazzo del Capitano** aus dem 13. Jahrhundert. Vor allem das Gesamtbild dieser drei Paläste ist es, das der wunderschönen Piazza den Stempel aufdrückt: Keiner der drei stellt den anderen in den Schatten (und man bekommt sie sogar zusammen vors Objektiv). Und von der *Piazza Garibaldi*, die sich an den Palazzo del Popolo anschließt, hat man eine überraschend schöne Aussicht auf das Umland im Nordosten.

Unter der Piazza, und noch größer als diese, lag einst das römische Forum (derzeit noch nicht zugänglich).

Pinakothek: im Palazzo del Popolo. Die Gemäldesammlung ist eher enttäuschend: Ausgestellt sind vor allem Fresken des 15. Jahrhunderts sowie großformatige Gemälde lokaler Provenienz aus dem 16./17. Jahrhundert.

Angeschlossen an die Pinakothek ist ein kleines **Museo civico**, nicht von großer Bedeutung, aber mit besucherfreundlicher Ausstellungstechnik. In der numismatischen Abteilung kann man die Münzen durch verschiebbare Lupen (zum Teil bereits geklaut) betrachten. Schmuckstücke zur Stadtgeschichte sind ein Holzmodell des Consolazione-Tempels, angefertigt im 16. Jahrhundert, sowie eine hübsche Sanduhr aus dem 13. Jahrhundert. Keramik und Kostüme ergänzen den Museumsbestand.

Öffnungszeiten März und September: 10.30–13 und 14–17 Uhr; April–August: 10.30–13.00 und 14.30–18.30 Uhr; Oktober–Februar: 10.30–13.00 und 14.00–16.30 Uhr. Mo geschlossen (ausgenommen im April). Eintritt 3,10 €.

Kathedrale: Ihr Gründungsdatum ist ungewiss. Vermutlich stammt sie aus dem 11. Jahrhundert, einige Quellen deuten aber auch auf einen früheren Bau aus dem 9. Jahrhundert hin. Im Jahr 1190 wurden große Teile durch einen Brand zerstört, der Wiederaufbau erfolgte im lombardischen Stil. Erneute Änderungen, vor allem an der Fassade, fallen ins 16. Jahrhundert. Bevor man die Kathedrale durch die Holztür mit ihren geschnitzten Bischofsdarstellungen

betritt, lohnt ein Blick zurück: Vom oberen Ende der Treppe aus präsentiert sich die Piazza del Popolo in ihrer ganzen Pracht.
Zu den Schmuckstücken im Innern gehört zweifellos das fein gearbeitete *Chorgestühl* (1530) mit seinen Intarsien – teils Trompe-l'œil-Technik – ein schier unbegrenzter Bilderreichtum. Leider ist das Gestühl nicht aus der Nähe zu betrachten; wer keinen Operngucker mit sich führt, muss sich an die Postkarten halten. Bevor der Besucher die Kathedrale verlässt, wird er noch aufgerufen, seinen Lebenswandel zu überdenken: Im *Jüngsten Gericht*, einem Fresko aus dem 16. Jahrhundert an der Rückwand der Kirche, entschwinden die Geretteten nach oben – unten ächzen die Verdammten.In der *Krypta* (Eintritt 0,80 €), einer kompletten Unterkirche, ist eine etwas chaotisch präsentierte Sammlung archäologischer Funde untergebracht.

Kloster San Fortunato: Eine großzügig breit angelegte Treppe führt zum Kloster hinauf, das sich an Todis höchster Stelle erhebt. Am unteren Ende der Treppe begrüßt links ein in Bronze gegossener Jacopone da Todi (s. u.) aus dem Jahr 1930 den Besucher, am oberen Ende warten zwei aus einer romanischen Vorgängerkirche gerettete steinerne Löwen auf ihn.
An der Fassade besticht einzig das reich verzierte gotische Portal, der obere Teil kam wesentlich später dazu und wirkt noch heute provisorisch. Im Innern überrascht die Helligkeit. Das Spiel mit dem Lichteinfall – die gotischen Architekten entwickelten darin eine Meisterschaft – wird hier exemplarisch vorgeführt.
In der Krypta ruht der um 1230 in Todi geborene Jacobus de Benedictis, *Jacopone da Todi* genannt. Jacopone war ein begüterter und sinnenfroher Rechtsanwalt, bevor er seinen Besitz an die Armen verteilte und Franziskaner wurde. Als solcher soll er dann das Leben eines Büßers geführt und körperliche Selbstkasteiung in extremis betrieben haben. Papst *Bonifaz VIII.* mit seinen Ambitionen auf weltliche Herrschaft war in den Augen Jacopones der personifizierte Antichrist, und so verwundert es nicht, dass der Franziskanerbruder bald im Kerker landete. 1303 wurde der Papst seinerseits von den Franzosen gefangen genommen und starb kurz danach, und noch im selben Jahr veranlasste der neue Papst die Freilassung Jacopones. Berühmt geworden ist Jacopone da Todi vor allem als Verfasser von Satiren und geistlicher Poesie. Er gilt als einer der frühesten Vertreter der italienischsprachigen Literatur, die sich zu dieser Zeit neben der üblichen lateinischsprachigen zu entwickeln begann.

Wer rechts der Kirche an der Klostermauer entlanggeht, sieht im Garten einen eigentümlichen kleinen Steinbau, auf dessen Dach längst Gras gewachsen ist. Es handelt sich um eine römische Zisterne, die später in ein Kirchlein umgebaut wurde. Im Volksmund heißt der Bau **Carcere di San Cassiano**. Die Legende erzählt, dass zu Beginn des 4. Jahrhunderts *Cassiano*, der Bischof von Todi, hier eingekerkert und dann von seinen eigenen Schülern umgebracht wurde.

La Rocca: Weiter an der Klostermauer entlang, gelangt man zur Südwestecke des Stadthügels – ein idealer Platz für Militärarchitekten. Eine erste Burg wurde 1373 errichtet, aber bereits neun Jahre später vom Volk gestürmt und zerstört. Eine zweite hatte immerhin ungefähr hundert Jahre Bestand. Heute ist davon praktisch nichts mehr zu sehen. Die Grünfläche dient den Jugend-

lichen als Fußballfeld, im Wäldchen dahinter lässt sich's wunderbar picknicken, und der Kinderspielplatz ist wohl der einzige von ganz Todi.
Vom hintersten Teil des Parks schlängelt sich ein Fußweg hinunter zum *Consolazione-Tempel.*

Santa Maria della Consolazione – das Renaissance-Juwel von Todi

Tempio di Santa Maria della Consolazione: ein großes Bauwerk um ein kleines Madonnenfresko. Die Legende will, dass im Jahr 1508 ein auf einem Auge erblindeter Bauarbeiter im Schutt einer verfallenen Kirche das kleine Fresko entdeckte. Er zückte sein Taschentuch und säuberte es von Staub und Spinnweben. Dass er mit demselben Taschentuch danach den Schweiß von seiner Stirn wischte, war sein Glück. Fortan sah er die Welt wieder mit zwei Augen. Das Wunder sprach sich schnell herum, Pilger strömten herbei, um das Fresko zu sehen, und ein Jahr später hatten sich genug Spenden angehäuft, um mit dem Bau einer Kirche zu beginnen.
Die byzantinisch inspirierte Kirche ist zweifellos eines der faszinierendsten Bauwerke der italienischen Renaissance. Der außerhalb der Stadtmauer im Freien stehende "Tempel" zeigt vier kurze Apsiden, drei polygonal, die vierte halbrund, und über dem Mittelbau eine wuchtige Kuppel. Hundert Jahre lang (1509–1607) wurde an der gedrungenen Kirche gearbeitet. Ob der berühmte Renaissance-Architekt *Bramante* am Bau beteiligt war oder zumindest die Pläne vorgab, ist in Fachkreisen umstritten.
In drei der Apsiden wurden jeweils vier Apostelstatuen gestellt. Sie stammen aus dem Ende des 17. Jahrhunderts und wirken etwas zu mächtig. In den Altar aus polychromem Marmor ist das wundertätige Fresko eingelassen. Wie in den meisten klassischen Renaissancebauten findet der Betrachter auch hier den idealen Stand-Punkt, der ihn – dem Weltbild der Renaissance entsprechend – in den Mittelpunkt des Geschehens versetzt: Wer sich exakt in der Mitte der Kirche befindet, sieht über sich in der Kuppel eine Taube und vor sich das Madonnenfresko im Altar – in einer Linie mit den Gekreuzigten.

Kirche Santa Maria in Camuccia: Die romanische Kirche aus dem 13. Jahrhundert war einst Teil einer dominikanischen Klosteranlage. Heute ist ihre einzige Sehenswürdigkeit die sog. *Sedes Sapientiae*, eine überaus fein geschnitzte Holzstatue, die Maria mit Kind darstellt.
Den Wert des Kunstwerkes wussten offensichtlich auch einige zwielichtige Gestalten zu schätzen: 1988 wurde die Statue geraubt. Die Polizei von Perugia,

Südumbrien
Karte S. 195

die den Fall bearbeitete, wurde 1991 fündig – in einer Garage. Nach Restaurierungsarbeiten in Rom wurde die Sedes Sapientiae – versehen mit einer Antidiebstahl-Sicherung – wieder an ihren angestammten Ort zurückgebracht.

"Römische Nischen": an der Piazza del Mercato Vecchio. Müsste der "alte Marktplatz" nicht auch noch als Parkplatz dienen, könnte hier durchaus romantische Stimmung aufkommen. Die vier großen Nischen aus Travertin mit einem steinernen Dekorband darüber werden den Römern zugeschrieben. Je nach Quelle werden sie ins 1. Jahrhundert v. Chr. oder ins 1. Jahrhundert n. Chr. datiert. Noch weniger geklärt ist, wie die Nischen überhaupt zu interpretieren seien. Die einen wollen darin Relikte eines Marstempels sehen, andere den Eingang zu einer früheren Basilika oder zum Forum Romanum, und wieder andere meinen, es handle sich einfach um eine architektonisch elegante Abstützung der darüberliegenden Häuser. Solange ihr ursprünglicher Zweck nicht geklärt ist, werden sie wohl weiterhin *Nicchioni Romani*, große römische Nischen, heißen.

Todi/Umgebung

Montecastello di Vibio: Das Bilderbuchkastell über dem Tiber gehörte im Mittelalter zum Verteidigungssystem von Todi. In friedlicheren Zeiten besann man sich auf die Kultur: Montecastello war militärisch schon längst dienstuntauglich, als Anfang des 19. Jahrhundert unter dem friedlichen Namen *Teatro della Concordia* ein Theater gegründet wurde. Das "Theater der Eintracht" schloss seine Türen 1951, der Bau wurde von der Gemeinde aufgekauft und stand für Jahrzehnte leer. Einige Bürger besannen sich jedoch auf die lange Theatertradition und gründeten die "Società del Teatro della Concordia", die schließlich eine Restaurierung des Gebäudes durchsetzte. Seit 1994 wird das "kleinste Theater der Welt" wieder bespielt.
Das Juwel kann besichtigt werden: eine Minibühne, ein Bühnenvorhang mit Montecastello als Bildmotiv, 37 samtene Sessel im Parkett und 62 weitere in den zweistöckigen Logen, Künstlergarderoben und, last but not least, im Souterrain ein Theatercafé. Zwei dicke Ordner dokumentieren die einzigartige Geschichte des Teatro.

• *Öffnungszeiten* Juni–September: Sa/So 10.00–12.30 und 15.30–18.30 Uhr; Oktober–Mai: Sa/So 10.00–12.30 und 16.30–19.30 Uhr. Außerhalb dieser Zeiten kann man in der Apotheke neben dem Theater nach dem Schlüssel fragen – oder gleich eine Vorstellung besuchen!

• *Essen* Ristorante Lo Scudiero. Nobelrestaurant mit umbrischer Küche; speisen im mittelalterlichen Gemäuer oder – angenehmer – auf der Terrasse mit traumhaftem Ausblick auf das Tibertal. Piazza Guglielmo Marconi 5.

• *Anfahrt* von Todi auf die Schnellstraße nach Perugia, nach 2 km Abzweigung in Richtung Fratta Todina, noch vor diesem Ort führt links ein Sträßchen zum Kastell hoch (ausgeschildert).

Collevalenza: Von weitem glaubt man erst, einen Industriekomplex vor sich zu haben. Weit gefehlt – bei den Betonbauten handelt es sich um Umbriens jüngsten Wallfahrtsort. Zum Pilgerbezirk der "Amore Misericordioso" gehören nebst der Basilika aus dem Jahr 1965 ein Kreuzweg, ein Bad, ein Informationszentrum und vor allem ein riesiger Parkplatz.
Als Architekt der hypermodernen Basilika zeichnet der Spanier *Giulio Lafuente*. Aus Spanien stammt auch *Madre Speranza di Gesù Alhama Valera*,

die sich 1951 mit einer von ihr gegründeten religiösen Gemeinschaft in Collevalenza niederließ. Madre Speranza selbst rührte kräftig die Trommel für den Wallfahrtsort, in dessen Zentrum sie heute steht. 1960 bestimmte sie, wo göttlicher Eingebung zufolge ein Brunnen gebohrt werden sollte. Um den 122 m tiefen Schacht wurden nachher die Bäder (zur Reinigung von Körper und Seele, Geschlechtertrennung selbstverständlich) gebaut. 1965, im Jahr der Einweihung der Kirche, notierte sie: "Ich habe gehört, der Stellvertreter Christi wolle kommen, um diese Wallfahrtskirche zu besuchen. Ich möchte, dass er dies sofort tut." Papst Johannes Paul II. ließ sie allerdings bis 1981 warten. Zwei Jahre später starb die 90-jährige Madre und wurde in der Krypta bestattet. Das Verfahren zur Heiligsprechung ist eingeleitet, und beim inflationären Gebrauch, den Papst Wojtyla mit Heiligsprechungen treibt, stehen die Chancen für Madre Speranza nicht schlecht ...
Jenseits der Gretchenfrage, wie man es mit der Religion hält, sei der Besuch von Basilika und Krypta uneingeschränkt allen empfohlen, die sich für moderne Kirchenarchitektur interessieren.

Anfahrt von Todi auf der Landstraße in Richtung Aquasparta, nach ca. 7 km links abzweigen (ausgeschildert).

Villa San Faustino: Knapp unterhalb des an der Via Flaminia gelegenen Kastells steht mitten im Grünen die *Abtei San Faustino*. Die romanische Kirche aus dem 12. Jahrhundert kannte eine benediktinische Vorgängerkirche mit dem Grab des Heiligen, die ihrerseits auf einem römischen Unterbau ruhte. Links vom dreibogigen Fenster sind an der Fassade noch Reste eines Dekors auszumachen. Später wurde die Fassade mit einem Portikus versehen bzw. entstellt, wie Kunsthistoriker urteilen. Im einschiffigen Inneren wurde die Krypta zerstört, die gefundenen Sarkophage sind im abgesenkten Boden hinter dem Altar ausgestellt. Den Schlüssel zur Kirche verwahrt eine betagte Dame, die in der Wohnung neben dem Glockenturm zuhause ist.

Unten in der Ebene, wo der Naia-Fluss, die Eisenbahnlinie und die Schnellstraße nebeneinander verlaufen, liegen die *Terme Sanfaustino*. Das gleich-namige Mineralwasser gehört seiner ausgewogenen Zusammensetzung wegen zu den italienischen Spitzenreitern der Branche. Doch Tradition kann Marketing nicht ersetzen: Heute findet man das Wasser nur noch selten im Supermarkt. Der angeschlossene Kurbetrieb wird vor allem Leber- und Nierenleidenden empfohlen, er ist von Mai bis Oktober geöffnet.

Ein paar hundert Meter flussaufwärts führt hinter der Autobahn ein Sträßchen hoch zu den *Katakomben von Villa San Faustino*. Die frühchristliche Nekropole (3.–4. Jh.) umfasst an die tausend Grabstätten; leider ist sie nur nach Vereinbarung mit der Tourist-Information von Aquasparta (Tel. 0744/930798) oder Massa Martana (Tel. 075/889371) zu besichtigen. Wenn dort niemand abhebt, mag Sie der *Ponte Fonnaia* in der unmittelbaren Nähe (ausgeschildert) über das Missgeschick hinwegtrösten. Die fotogene römische Brücke in einer Waldlichtung datiert aus dem 3. Jahrhundert v. Chr. und wurde unter Kaiser Augustus restauriert. Sie gehört zur alten Via Flaminia und überspannt heute nur noch ein Rinnsal.

Die Stadt auf dem Tuffsteinberg ist weltberühmt für ihren strohgelben Wein

Orvieto

(ca. 22.000 Einwohner)

Auf der Autostrada del Sole sieht man schon von weitem die plastisch aus der Landschaft ragende Stadt auf dem hohen Tuffsteinblock. Im Frühsommer und im Herbst, wenn das Paglia-Tal noch von dickem Nebel bedeckt ist, scheint oben in Orvieto oft die Sonne. Mit ihren Türmen, Kirchen und dem Dom präsentiert sich die Stadt dann wie ein mächtiges Schiff, das lautlos auf schäumenden Wogen dahingleitet – ein zauberhafter Anblick!

Die mittelalterliche Altstadt mit ihren gewundenen, schmalen Gassen ist gut erhalten. Hinter Mauern und geschlossenen Portalen verbergen sich oft schöne Gärten und Innenhöfe. Die Auslagen der kleinen Lebensmittelläden präsentieren die Spezialitäten aus der Umgebung: geräucherte Schinken, kleine Salamis, Käse *(caciotta* und *scamorza)*, Olivenöl, getrocknete Waldpilze ... Von den Weinbergen rechts und links des Paglia-Flusses stammt (unbedingt probieren!) der vorzügliche *Orvieto classico*, ein strohgelber Weißwein, der in den Tuffkellern unter der Stadt reift.
Diese seit der Etruskerzeit gegrabenen Vorratsgrotten bereiten den Orvietanern immer wieder Sorgen: In Schlechtwetterperioden verwandeln sich die Stollen in unterirdische Wasserläufe, die bereits gefährliche Erdrutsche am Sockel des Tuffklotzes und oben an den Plateaurändern ausgelöst haben.

Geschichte

Zahlreiche Ausgrabungsstätten belegen die vorchristlichen Ursprünge Orvietos, auch wenn diese im Detail umstritten sind. Die neuere Forschung vertritt die These, dass auf dem Tuffblock die alte etruskische Stadt *Volsinii* lag, deren

Orvietos Drahtseilbahn: Wie die Wasserkraft dem Fortschritt zum Opfer fiel

Oberhalb vom Pozzo di San Patrizio (siehe Sehenswertes) stand noch bis in die 1980er Jahre das verlassene Gebäude der Bergstation der 1970 stillgelegten wasserbetriebenen (!) Drahtseilbahn. Über mehr als acht Jahrzehnte hinweg hatten die zwei Gondeln die Besucher von der Talstation hinauf in die Stadt und von der Stadt hinunter zum Bahnhof transportiert. Jede Gondel besaß einen im Boden eingelassenen großen Wasserbehälter, der – je nach Anzahl der zu befördernden Personen (maximal 20) – mit Wasser aus der höher gelegenen Tione-Quelle, die auch Orvieto versorgte, gefüllt wurde. Immer so viel, dass die etwas schwerere, talfahrende Gondel die bergfahrende Gondel hochzog. Vor jeder Fahrt informierte sich das Bahnpersonal telefonisch über die Anzahl der Personen, worauf oben die entsprechende Wassermenge zugeführt und nach der Ankunft unten im Tal wieder in den Bach abgelassen wurde – genial!

Die Kommune hatte das umweltfreundliche Beförderungssystem irgendwann an eine Privatperson verkauft, die später Bankrott ging. Heute denkt man eher ökonomisch als ökologisch, man spart Personal: Eine vollautomatische Drahtseilbahn gleitet seit 1992 zwischen Tal- und Bergstation hin und her. Dass das hochmoderne Transportmittel keinen Führerstand und auch keinen Führer hat, beunruhigt Sie vielleicht: schließlich könnte das Bähnchen mitten auf dem Weg stehen bleiben. Keine Sorge, der Kontakt mit der Außenwelt wird aufrechterhalten. Wie das geschieht, erfahren Sie aus den

"BENEHMENSANWEISUNGEN DER REISENDEN":

1) Im fall von unterbrechung: Warten auf von personal gegebene Anweisungen durch den lautsprecher im wagen.
2) Wenn man mit dem personal sprechen will (im fall von not) kann man die folgenden verbindungssysteme benutzen:
3) Microphon-Monitor bezeichnet vom schild: "COMUNICAZIONI DI EMERGENZA" (um zu sprechen den knoff mitten zu drûcken):
4) Sprechhorer in der stromaufseite des wagens. (Man kann mit der hilfe der anweisungen neben dem apparat mittelein). DIR DIREKTION

Bewohner von den Römern vertrieben wurden und in Bolsena eine neue Stadt gründeten. Aus dem neuen *Volsinii* leitet sich der Name *Bolsena* ab, während *Orvieto* auf die lateinische *urbs vetus* (= alte Stadt) zurückführt. Nach dem Untergang Westroms fielen die Goten in Orvieto ein, ließen sich die Stadt von den Byzantinern abnehmen, eroberten sie zurück, um sie dann 596 endgültig an die Langobarden zu verlieren. Im Mittelalter wurde Orvieto zur selbstständigen Kommune, aber die Auseinandersetzung zwischen den kaisertreuen Ghibellinen und den Rom verbundenen Guelfen tobte auch hier. Die Päpstlichen siegten, im 14. Jahrhundert wurde Orvieto von Rom regiert, konnte aber seine kommunale Selbstständigkeit zunächst weitgehend erhalten. Die

Orvieto Karte S. 218/219

endgültige Einverleibung in den Kirchenstaat erfolgte erst 1450. Im 19. Jahrhundert machte *Napoleon* dem Kirchenstaat ein Ende, der Wiener Kongress stellte ihn wieder her, und Orvieto wurde erst dem nahen Viterbo zugeschlagen, dann unabhängig – bis es schließlich 1860 in den jungen italienischen Nationalstaat integriert wurde.

Information/Diverses

- *Telefonvorwahl* 0763
- *Postleitzahl* 05018
- *Information* **A.P.T.-Büro**, Piazza del Duomo 24. Professionell geführt. Geöffnet Mo–Fr 8.30–15.30 und 16–19 Uhr, Sa 10–19 Uhr, So 10–18 Uhr. ✆ 341772, 📠 344433, e-mail: info@iat.orvieto.tr.it.
- *Verbindung* **Bahn**: direkte Anschlüsse nach Rom, Bologna, Mailand, Florenz, indirekte nach Perugia und Assisi (umsteigen in Terόntola), nach Terni und Spoleto (umsteigen in Orte), nach Siena (umsteigen in Chiusi).
  Der Bahnhof liegt unten im Tal, in der Neustadt Orvieto Scalo. Er ist durch eine moderne, recht rasante **Drahtseilbahn** mit der Altstadt auf dem Tuffblock verbunden. Abbzw. Auffahrt alle 15 Minuten, Fahrtdauer 116 Sekunden, Preis 0,80 € (0,90 € mit anschließendem Busticket bis zum Dom). Letzte Talfahrt: 20.30 Uhr!
  Busse: Nach Bolsena 2x tägl., um 13.10 und 18 Uhr, seltsamerweise fährt jedoch nach 16 Uhr von Bolsena kein Bus mehr zurück. Nach Todi 1x tägl. um 13.30 Uhr; Rückfahrt von Todi aus erst am nächsten Morgen um 6 Uhr . Wer sich das nicht antun möchte, verlässt sich aufs Trampen.
- *Parken* Es gibt einige kleinere gebührenpflichtige Parkplätze in Orvieto. Doch ist es sinnvoller – vor allem in der Saison – den Großparkplatz (gratis) am Bahnhof zu benutzen und mit der Drahtseilbahn hochzufahren.
- *Markt* Do und Sa vormittags auf der Piazza del Popolo.

- *Festivals* **Umbria Jazz Winter**, seit 1993 jährlich vor Silvester bis in die erste Januarwoche hinein. Jazzkonzerte von morgens bis abends an verschiedenen Orten der Stadt, u. a. auch im Teatro Mancinelli, einem klassischen Theaterbau aus dem 19. Jh. Das Festival ist das winterliche Pendant zu "Umbria Jazz" in Perugia (siehe dort) und von denselben Organisatoren veranstaltet.

Übernachten/Agriturismo/Camping

Wer ein *Privatzimmer, Bed & Breakfast*, ein *Appartement* oder eine *Übernachtung in religiöser Obhut* sucht, orientiert sich am besten im Informationsbüro (s. o.), die dortigen Anschläge listen zahlreiche Möglichkeiten in Orvieto und Umgebung auf.

*** **Hotel Duomo (11)**. Zentrale Lage und doch ruhig. Hat nach einer Totalrenovierung 2001 zu Recht einen Stern dazugewonnen. Alle Zimmer geschmackvoll eingerichtet. Professioneller und freundlicher Empfang im großen Foyer. Unsere Empfehlung für die 3-Sterne-Klasse. DZ mit Dusche 80–100 €. Vicolo di Maurizio 7. ✆ 341887, 📠 394973, e-mail: hotelduomo@tiscalinet.it.

*** **Grand Hotel Reale (5)**. Eines der ältesten Hotels der Stadt: Es befindet sich im Palast des Conte Bracci, genau gegenüber vom Palazzo del Capitano del Popolo. Der Vater des Besitzers, Prosperini, kaufte kurz nach Ende des 2. Weltkriegs das leer stehende Palastgebäude des verarmten Grafen Bracci und verwandelte es in ein Grandhotel mit Prunksälen, vergoldeten Stuckdecken und Marmortreppen. In ganz Italien versuchte der Kunstliebhaber Prosperini die Originalmöbel wieder aufzutreiben – dabei fand er auch viele andere kostbare Kunstobjekte! In der Suite im ersten Stock schlief in seinen jungen Jahren König Umbert I. (Italiens "Mai-König", mit einer Regierungszeit von nur einem Monat, denn am 18. 6. 1946 war's endgültig vorbei mit der Monarchie), im Badezimmer eine aus einem einzigen Marmorblock gehauene Wanne, venezianische Möbel im Speisesaal. Die

Orvieto Karte S. 218/219

kleine Kapelle im Haus wird von der Familie Prosperini heute noch genutzt, Hotelgäste dürfen sie aber besichtigen. Das "Reale" birgt das lebendige Flair vergangener Tage, hat viel zu erzählen an Familien-, Zeit- und Kunstgeschichte; der alte Glanz müsste jedoch neu aufpoliert und das Gebäude gründlich renoviert werden, um mit den modernen Luxushotels Schritt halten zu können. DZ mit Dusche 68–88 €, ohne 55 €, teurer sind die Appartements im Hotel. Piazza del Popolo 27. ✆/℻ 341247.

*** **Hotel Virgilio (15)**. Kleines Luxushotel mit kleinen Zimmern. Deutschsprachige Rezeption. DZ 52–85 €. Piazza del Duomo 5. ✆ 341882, ℻ 343797, e-mail: info@hotelvirgilio.com.

*** **Albergo Corso (3)**, wenige Zimmer und dunkel, aber alle mit Dusche. DZ 62–80 €. Corso Cavour 343. ✆/℻ 342020, e-mail: hotelcorso@libero.it.

** **Hotel Posta (9)**. Der kleine Stadtpalast aus dem 14. Jh. mit seiner hübschen Lobby war einst Orvietos Postkutschenstation. In viele Zimmer wurde nachträglich ein Bad eingebaut. Für Autofahrer wegen der Einbahnstraßen schwierig zu finden. DZ mit Dusche 51–56 €, ohne 40–44 €. Via Luca Signorelli 18. ✆/℻ 341909.

* **Hotel Virgilio Dipendenza (14)**. Die Dependance des Virgilio ist praktisch beim Mutterhaus ums Eck, Eingang von der Treppe. Das einzige 1-Sterne-Etablissement im Centro storico schien uns doch recht teuer. DZ mit Dusche 39–57 €. Rezeption beim 3-Sterne-Hotel Virgilio. Via delle Scalette 2. ✆ 341882, ℻ 343797.

Außerhalb des Centro storico: **** **Hotel La Badia (17)**, in ländlicher Ruhe unterhalb der Stadt, von der südlichen Umgehungsstraße her einfach zu finden (nachts angestrahlt). Die luxuriösen Hotelzimmer waren einst karge Zellen der Benediktinermönche; Blick auf weite Olivenhaine oder auf die zum Greifen nahe Altstadt Orvietos. DZ 150–190 €, ab 230 €/Tag hat man sein eigenes Appartement. Loc. La Badia 8. ✆ 301959, ℻ 305396, e-mail: labadia.hotel@tiscalinet.it.

*** **Hotel Lamincia,** 16 km Richtung Todi, am Lago di Corbara, einem Stausee. Eine sehr angenehmes, vom Campingbesitzer des "Scacco Matto" im Jahr 2000 eröffnetes Hotel. Komfortzimmer. Nach hinten Speiseterrasse und großer Garten. Preiswertes Restaurant. Da der See wegen des vom Tiber angeschwemmten Drecks zum Baden nicht zu empfehlen ist, plant der Besitzer im Garten einen Swimmingpool. DZ 67–75 m. Voc. Schiavi 89, Loc. Civitella del Lago, 05023 Baschi. ✆ 0744/950163, ℻ 0744/950373, e-mail: scaccomatto64@hotmail.com.

** **Hotel Picchio (1)**, in Orvieto Scalo. Sehr preiswertes, familiär geführtes Hotel, abseits vom Straßenlärm und 5 Fußminuten von der Drahtseilbahn entfernt. Eigene Garage. Unser Tipp. DZ mit Dusche 25–48 €. Via G. Salvatori 17. ✆/℻ 301144, e-mail: dan_test@libero.it.

• *Agriturismo* **Poggio della Volara**, 20 km von Orvieto entfernt. Anfahrt: Richtung Todi, nach den Campingplätzen am Lago di Corbara rechts hoch in Richtung Montecchio, dann ausgeschildert. Der Agriturismo mit Weingut von Marco Tordi wurde uns von einer Leserin empfohlen: "Von den Zimmern aus hat man einen wunderbaren Blick über die Täler und Berge von Umbrien. Marco hat uns sehr schöne Besichtigungstouren rund um Orvieto zusammengestellt, und für das Abendessen sorgt seine Mutter, eine echte italienische 'Mamma'. Kurzum, wir haben uns dort sehr wohl gefühlt." Swimmingpool vorhanden. DZ mit Bad für 60–70 €, HP 50–60 € pro Person. Via San Savino 32, Loc. Volara, 05020 Montecchio. ✆/℻ 0744/951820, e-mail: marco.tordi@libero.it.

• *Camping* * **Camping Scacco Matto**, 16 km in Richtung Todi, am Lago di Corbara, einem Stausee. Sehr kleines Gelände mit 12 Stellplätzen im Mischwald, Terrassen bis zum See hinunter, der zum Baden aber nicht geeignet ist, da der Tiber zuviel Dreck anschwemmt. In punkto sanitäre Anlagen eher bescheiden. Ristorante/Pizzeria mit Terrasse und preiswerter, guter Küche, z. B. Coregone und Forellen aus dem See. Ganzjährig geöffnet! S.S. 448, Loc. Lago di Corbara, 05023 Baschi. ✆ 0744/950163, ℻ 0744/950373.

Essen (siehe Karte S. 218/219)

Ristorante/Enoteca I Sette Consoli (6). Das Label "Jeunes Restaurateurs d'Europe" verspricht in der Regel innovative Küche zu hohen Preisen. Die sieben Konsuln empfehlen Fasanenbrust an Zwiebelsauce mit Kartoffelkroketten. Unser Tipp für Bemittelte, die sich auch gleich den passenden Wein zur extravaganten Küche leisten können. Seit 2003 wird auch im Gärtchen hinter dem Haus serviert. Mi geschlossen, von Sep-

Warten auf bessere Zeiten. Oder auf den Bus?

tember bis Juni auch Sonntagabend geschlossen. Piazza S. Angelo 1/A.

Ristorante Antico Bucchero (7). Klein und edel, aufmerksame und freundliche Belegschaft mit Fliege. Als Pasta empfehlen wir hausgemachte Lombrichelle (Regenwürmchen, was der Form nach die Sache trifft), zur Pilzzeit gibt's ein ausgezeichnetes Agnello ai funghi. Mi geschlossen. Via de Cartari 4.

Trattoria La Buca di Bacco (4). Ausgezeichnete Küche in gepflegtem Ambiente. Gemütliches Gärtchen nach hinten. Degustationsmenü mit Bocconcini di Bacco als Hauptgang (Bocconcini = Leckerbissen) ca. 30 €, Menu Turistico ca. 15 €. Vom Restaurant aus führt eine Treppe tief hinunter in den Tuffkeller, wo die gelagerten Weine degustiert werden können. Di geschlossen. Corso Cavour 299-301.

Trattoria La Palomba (10). Kleines, schlicht möbliertes Lokal mit holzgetäfelten Wänden. Spezialität: verschiedene Braten, geschmort in Marsala, Weißwein oder Kräutern. Freundliche Bedienung, angemessene Preise. Mi geschlossen. Via Cipriano Manente 16.

Trattoria del Cocco (8). Gleich neben der "Palomba" und von gleich guter Qualität. Spezialität ist das "Bistecca Cocco", ein kräftiges Stück Fleisch in Pilzsoße. Fr geschlossen. Via Garibaldi 6.

Trattoria La Grotta (13). "Preise angemessen, angeboten werden Spezialitäten des Hauses, Wildschwein, Trüffel (zur Saison) und gute Weine zu erschwinglichen Preisen. Die Schau ist der Chef, der fast mit jedem ein Schwätzchen hält." (Lesertipp). Di geschlossen. Via Luca Signorelli 5.

Trattoria Etrusca (16). "Essensqualität ausgezeichnet, herzliche Bedienung, Preis-Leistung stimmt, der 'Camariere' trägt das Seine dazu bei", meint knapp und bündig ein Leser. Mo geschlossen. Via Lorenzo Maitani 10.

Trattoria Pane e Cipolla (2). Serviert nicht nur Brot und Zwiebeln, sondern klassische Küche zu Durchschnittspreisen. Die Zwiebel findet man – im Ofen gratiniert – als Contorno auf der Karte. Kleine überdachte Terrasse zur Piazza (leider Autoparkplatz). Wegen der etwas abseitigen Lage selten überfüllt. Mi geschlossen. Piazza Angelo da Orvieto 7.

Gelateria Pasqualetti (12). Giuseppe Pasqualetti gewann 1994 bei einem landesweiten Eiskonditorwettbewerb in Venedig den 2. Preis. Besonders gut die diversen Fruchteissorten und das Schokoladeneis. Piazza del Duomo.

• *Außerhalb* **Ristorante La Badia (17)**, im gleichnamigen Hotel (s. o.). Spitzenrestaurant in sehr stimmungsvoller Klosteranlage

Orvieto
Karte S. 218/219

(8. Jh.). Hier pflegt man nicht zu essen, sondern zu speisen (und das vorzüglich!), wobei Geld keine Rolle spielen darf. Eigene Hausmarke: "Orvieto Classico Badia". Mi geschlossen. Loc. La Badia 8.

Trattoria/Pizzeria della Corte, im Ortszentrum von Baschi, ca. 8 km von Orvieto entfernt, Abzweigung von der Straße nach Todi. Umbrische Spezialitäten zu vernünftigen Preisen und Pizze. Traumhaft schöner Speisebalkon direkt über der Piazza del Comune. Mit viel Genuss überprüfter Lesertipp. Di geschlossen. Via Roma 11, Baschi.

Sehenswertes

Dom: Der Dom von Orvieto mit seinen aus schwarzem Basalt und grau-gelbem Kalkstein gestreiften Außenmauern und der reich verzierten Front in Form eines dreiteiligen Altarbildes gilt zu Recht als einer der schönsten in ganz Italien. Gotischer Baustil, jedoch mit außergewöhnlichen "Stilbrüchen", denn zahllose Umgestaltungen wurden während seines Baus (13.–17. Jh.) vorgenommen: weniger mystisch-fromm, sondern bunt und glänzend. *La nuvola d'oro* – die Wolke aus Gold – heißt dieses Prunkstück somit auch im Volksmund. Der über drei Jahrhunderte dauernde Bau soll 33 Architekten, 90 Mosaikkünstler, 152 Bildhauer und 68 Maler beschäftigt haben.

In den Flachreliefs an der Fassade verliert sich der Blick des eiligen Besuchers schnell. Man muss sich Zeit nehmen für diese plastische Bilderbibel von der Schöpfungsgeschichte (Eva wird förmlich aus der Rippe Adams hervorgezaubert) bis zum Jüngsten Gericht, wo die ewig Verdammten mit Schlangen und Drachen zu kämpfen haben. Auch der nicht Bibelfeste wird von der Vielfalt der Darstellungen fasziniert sein. Die Türen der Fassade sind aus Bronze und ersetzen seit 1970 die alten Holztüren. Sie stammen von *Emilio Greco*, einem sizilianischen Künstler, dem es gelungen ist, sein Werk in die gotische Fassade zu integrieren, ohne dass es stören würde. Die Reliefs am Hauptportal stellen die Werke der Barmherzigkeit dar.

Die große Überraschung im Inneren ist die **Brizio-Kapelle** (rechts vorn). Der Freskenzyklus von *Luca Signorelli* über das Ende der Welt ist ein Meisterwerk. "Die Taten des Antichrist" an der linken Wand zeigen den Verderbten als Prediger, dem der Teufel die Worte einflüstert; wer sich verführen lässt, wird umgebracht. An der Wand gegenüber wird die "Auferstehung des Fleisches" ist in aller Fleischlichkeit dargestellt, aus einer monoton grauen Fläche steigen die zu neuem Leben erweckten Leiber hervor. Im "Inferno der Verdammten" an der Stirnwand saust ein beflügelter Teufel mit einer Sünderin durch die Lüfte, eine andere Verdammte wird mit einem Fuß auf dem Kopf zu Boden gedrückt, während ihr die Zehen ausgerissen werden. Die drastischen Darstellungen sind zweifellos eine Hommage an Dante, der wie Vergil, Homer und weitere Klassiker der Antike als Porträt im Werk Signorellis einen Platz gefunden hat.

• *Öffnungszeiten* (Brizio-Kapelle): Januar/Februar und November/Dezember: Mo–Sa 10–12.45 und 14.30–17.15 Uhr, So 14.30–17.45 Uhr; März und Oktober: Mo–Sa 10–12.45 und 14.30–18.15 Uhr, So 14.30–17.45 Uhr; April–September: Mo–Sa 10–12.45 und 14.30–19.15 Uhr, So 14.30–17.45 Uhr (Juli–September bis 18.45 Uhr). Maximal 25 Personen dürfen sich in der Kapelle aufhalten und zwar möglichst nicht länger als 15 Min. Eintritt 4,50 €. Die Tickets bekommt man – schließlich werden in Kirchen keine Geschäfte getätigt – bei der Informationsstelle gegenüber dem Dom.

Die Rosette des weltbekannten gotischen Doms

Gegenüber der Brizio-Kapelle befindet sich die **Kapelle des Korporale**. Hier wird das vom "Wunder von Bolsena" blutbefleckte Messtuch aufbewahrt, das – wenn es nicht nur katholische Legende ist – zum Bau des Doms von Orvieto führte (siehe "Bolsena", Kasten). Zweimal jährlich – am Osternachmittag und an Fronleichnam – wird der kostbare Reliquienschrein für die Augen der Gläubigen geöffnet.

Bevor man den Dom verlässt, werfe man noch einen Blick auf den *Taufbrunnen* mit einem Becken aus rotem Marmor und, draufgesetzt, einem zierlichen Tempelchen aus weißem Marmor – acht Löwen tragen das Schmuckstück aus dem 14./15. Jahrhundert.

Piazza della Repubblica: An der Südseite der rechteckigen Piazza erstreckt sich der *Palazzo Comunale* (16. Jh.) mit seinen Arkaden und einem Durchfahrtsbogen (man dachte wohl bereits an kommende Verkehrsströme). Östlich schließt sich – in architektonischer Disharmonie zum Palazzo – der zwölfeckige, zinnenbewehrte Campanile der *Kirche Sant'Andrea* an. Hier nimmt der Corso Cavour seinen Anfang, die Hauptgeschäftsstraße der Stadt; vom gegenüber liegenden Ende der Piazza gelangt man in südwestlicher Richtung in das geschäftsfreie, mittelalterliche Gassengewirr Orvietos.

Torre del Moro: Von der Piazza della Repubblica nur ein paar Schritte in den Corso Cavour, und schon sieht man linker Hand den 42 m hohen Geschlechterturm aus dem 14. Jahrhundert. Seinen Namen hat er einem Sarazenenkopf zu verdanken, der früher in seine Mauern eingelassen war. Das Feindbild diente bei mittelalterlichen Reiterspielen den Lanzenwerfern als Zielscheibe.

Orvieto
Karte S. 218/219

Wenn's nicht gerade regnet, sei der Aufstieg empfohlen: großartige Aussicht über die Stadt und das Umland.

Öffnungszeiten März/April und September/Oktober 10–19 Uhr; Mai–August 10–20 Uhr; November–Februar 10.30–13 und 14.30–17 Uhr. Eintritt 2,60 €.

Palazzo del Capitano del Popolo: An der *Piazza del Popolo*, dem größten Platz der Stadt, ragt dieser frei stehende Palast mit Arkaden im Erdgeschoss und einer seitlichen Freitreppe in den Himmel. Eine Bildstörung verursachen einzig die Autofahrer, die hier meist vergeblich einen Parkplatz suchen. Erbaut Mitte des 12. Jahrhunderts als Residenz des päpstlichen Vertreters in Orvieto, stellte die Kirche das Gebäude später dem *Capitano* (Stadthauptmann) zur Verfügung. Die Zinnen, die dem Palazzo einen wehrhaften Charakter verleihen, sind eine umstrittene Zugabe des 20. Jahrhunderts.

Nationales Archäologisches Museum: Es befindet sich in einem an den Dom angebauten Flügel des *Palazzo dei Papi*. Neben Grabbeigaben der umliegenden Nekropolen *Porano, Settecamini* und *Crocifisso del Tufo* (Spiegel, Schmuck, Gefäße aus Bronze, Eisen und Ton) sind zwei Rekonstruktionen der Nekropole *Settecamini* in ihrer natürlichen Größe zu sehen. Wandmalereien zeigen charakteristische Kulturereignisse der etruskischen Zeit: ein Festbankett und eine Beerdigungszeremonie. Auf Farbfotos sind die verschiedenen Etappen der Ausgrabungsarbeiten festgehalten, u. a. der Fund des ersten menschlichen Skeletts in diesem Ausgrabungsfeld 1985.

Öffnungszeiten täglich 8.30–19 Uhr. Eintritt 2 € (Sammelticket Nationales Archäologisches Museum + Nekropole Crocifisso del Tufo: 3 €).

Museo dell'Opera del Duomo: im 1. Stock des Vorderflügels des *Palazzo dei Papi*, Zugang über die breite Freitreppe. Hier ist in ziemlich willkürlicher Anordnung eine Sammlung früher mittelalterlicher Kunst aufbewahrt. Zu den Kostbarkeiten gehören die Teile eines Flügelaltars (Polyptychon) von *Simone Martini* (1280–1344) und ein von *Signorelli* mit einem Selbstbildnis bemalter Ziegel – ein Geschenk an seinen damaligen Geldgeber.

Hinweis Das Museum ist seit einigen Jahren – so war es auch noch 2003 – wegen Restaurierung geschlossen.

Museo Claudio Faina: gegenüber vom Dom. Kern des Museums ist die in den beiden Obergeschossen untergebrachte archäologische Sammlung, die im 19. Jahrhundert von Graf *Mauro Faina* aus Perugia angelegt und nach seinem Tod von der gräflichen Familie durch Funde aus den Totenstätten rund um Orvieto erweitert wurde. 1954 vermachte *Claudio Faina* die Sammlung der Stadt Orvieto, die Betreuung liegt aber weiterhin in den Händen der Stiftung Faina. Schmuck, Münzen, Trinkgefäße, versilberte Vasen, Skulpturen aus gebranntem Ton – alles sehr besucherfreundlich ausgestellt. Eine Besonderheit sind die etruskischen *Buccheri*: metallen wirkende Gefäße aus schwarzer Keramik mit Flachreliefs. In den letzten Räumen wartet das Museum mit einer umfangreichen Amphorensammlung auf. Aus der etruskischen Zeit stammen die hübschen Exemplare aus der sog. *Vanth-Gruppe*: eines der Gefäße zeigt als Henkel zwei männliche "Nixen" mit einem Fisch in jeder Hand. Die attischen Amphoren mit ihren Darstellungen aus der griechischen Mythologie sind Zeugnisse des lebhaften Handels zwischen Etruskern und Hellenen. Im Erdgeschoss hat die Stadt ihre eigene kleine archäologische Sammlung untergebracht, die unserer Ansicht nach besser im Nationalen Archäologischen Museum (s. o.) aufgehoben wäre. Prunkstück der etruskischen Funde ist der aus Tuffstein gehauene "Kopf des Kriegers"; er stammt aus Orvietos berühmtester Nekropole, dem "Crocifisso del Tufo" (s. u.).

Öffnungszeiten April–September: täglich 9.30–18 Uhr; Oktober–März: Di–So 10–17 Uhr. Eintritt 4,20 €.

Museo Emilio Greco: im Erdgeschoss des Palazzo dei Papi. Skulpturen und Grafiken von *Emilio Greco* (geb. 1913), dem Orvieto das Domportal verdankt. Klein und fein!

Öffnungszeiten April–September: 10.30–13 und 14–18.30 Uhr; Oktober–März: 10.30–13 und 14–17.30 Uhr. Eintritt 2,50 € (Sammelticket Museo Emilio Greco + Brunnen des heiligen Patrick: 4,50 €).

Brunnen des heiligen Patrick *(Pozzo di San Patrizio)*: eine genial durchdachte Brunnenkonstruktion! Papst Clemens VII., der während der Plünderung Roms 1527 in Orvieto Zuflucht suchte, ließ einen Quellbrunnen graben, um im Falle einer Belagerung der Stadt die Festung Albornoz mit ausreichend Trinkwasser versorgen zu können. Als Architekt und Baumeister beauftragte er Antonio Sangallo. Zehn Jahre dauerte es, bis die Bürger Orvietos den tiefen Schacht ausgehoben und mit Lehm und Ziegelsteinen sowie Tuffsteinblöcken hochgemauert hatten. Der Papst segnete 1534, noch vor der Fertigstellung, das Zeitliche, der Brunnen wurde in seiner eigentlichen Funktion nie genutzt. Fast 62 m tief und 13,4 m im Durchmesser ist der Patricksbrunnen. Von den beiden Eingängen führen zwei übereinander liegende Spiralen mit jeweils 248 abgeflachten Stufen hinab zur Quelle. Die Treppengänge sind so angelegt, dass sie sich nicht berühren. Nur durch einen kleinen Steg am Grund des Brunnenschachts, knapp über dem Wasserspiegel, sind sie miteinander verbunden – die zum Wasserholen vorgesehenen Esel (heute sind's die Touristen) sollten einander beim Ab- und Aufstieg nicht in die Quere kommen. Seinen Namen erhielt der Brunnen vom heiligen Patrick, der in einer dem Brunnenschacht vergleich-

Raffinierte Brunnenarchitektur

bar tiefen Höhle auf einer Insel bei Irland gelebt haben soll. An der Außenmauer ist zweimal die lateinische Inschrift angebracht: *QUOD NATURA MUNIMENTO INVIDERAT INDUSTRIA ADIECIT* (Was die Natur dem Ort nicht zugestand, fügte ihm menschlicher Fleiß hinzu).

Öffnungszeiten April–September: 10–18.45 Uhr; Oktober–März: 10–17.45 Uhr. Eintritt 3,50 €. (Sammelticket Brunnen des heiligen Patrick + Museo Emilio Greco 4,50 €.)

Nekropole Crocifisso del Tufo: die am besten erhaltene etruskische Totenstadt ganz Umbriens. Sie wurde 1830 bei Straßenbauarbeiten entdeckt. Die in mehreren Reihen gradlinig ausgerichteten, rechteckigen Kammergräber sind aus Tuffsteinblöcken gehauen. Über den meisten Eingängen ist noch der eingemeißelte Name des Bestatteten zu lesen – in der von rechts nach links laufenden etruskischen Schrift. Die Grabfunde sind im Nationalen Archäologischen Museum und im Museo Claudio Faina (beide s. o.) ausgestellt.

• *Öffnungszeiten* April–September: 8.30–19 Uhr; Oktober–März: 8.30–17.30 Uhr. Eintritt 2 €. (Sammelticket Nekropole Crocifisso del Tufo + Nationales Archäologisches Museum 3 €.)

• *Anfahrt* Die Nekropole liegt auf halber Höhe an der Straße zwischen der Stadt und dem Bahnhof. Gut beschilderter Weg – mit Auto oder Bus leicht zu erreichen (Buslinie Nr. 1 ab Dom).

Orvieto Underground: Der Tufffelsen, auf dem Orvieto sich erhebt, ist durchlöchert wie ein guter Emmentaler Käse, ungefähr 1200 Keller wurden bisher geortet. Die Etrusker bauten Zisternen und Stollen, im Mittelalter wurde gar ein Aquädukt gelegt, heute dienen die kühlen Räume vor allem der Weinlagerung. Seit den 70er Jahren erkundet der lokale Speläologenverband Orvietos Untergrund, in jüngster Zeit verstärkt durch ein archäologisches Team. Die Bemühungen mündeten im Projekt *Orvieto Underground,* das zumindest Teile der Unterwelt öffentlich zugänglich machte.

Die Führung zeigt einen riesigen Kellerraum, von den Wissenschaftlern nüchtern als *Cavità Nr. 536* bezeichnet, in dem noch bis ins 19. Jahrhundert Esel im Kreis trotteten, um eine Ölmühle in Schwung zu halten, daneben eine Feuerstelle, ein Backofen, mehrere Weinkeller und ein Brunnenschacht aus etruskischer Zeit. In anderen Kellern wird das mittelalterliche Wasserversorgungssystem erläutert. Die Räume zum Abgrund des Felsens hin sind mit Tausenden von Taubenschlägen versehen. Die Taubenzucht sorgte einerseits für guten Dünger in den Weinbergen, andererseits für frisches Geflügel auf dem Mittagstisch. Doch hatten die kleinen Einfluglöcher im Tuff auch Nachteile: So befahl Papst Urban VIII. den Orvietanern unter Androhung der Todesstrafe, die Taubenschläge zuzumauern, weil sie Feinden ermöglichten, den Felsen mühelos zu erklimmen.

Während des Zweiten Weltkriegs wussten die Partisanen aus der Umgebung Orvietos Untergrund zu schätzen. Über versteckte Zugänge fanden sie hier einen sicheren Unterschlupf. In friedlicheren Zeiten wie heute dienen die kühlen Tuffkeller vor allem der Lagerung des strohgelben *Orvieto classico.*

Führungen täglich 11.00, 12.15, 16.00, 17.15 Uhr. Für Gruppen Führungen in deutscher Sprache auf Anfrage; Einzelbesucher können sich anschließen. Eintritt 5,50 €, Tickets beim Informations-Büro, das auch Ausgangspunkt für den Trip in Orvietos Unterwelt ist.

Lago di Bolsena

(Region Latium)

Noch ist der in einen Hügelkranz eingebettete Vulkansee ein Kleinod im Gesamtbild der verschmutzten italienischen Binnengewässer. Das Wasser ist glasklar, und mit 114 Quadratkilometern ist der See beinahe so groß wie der Lago Trasimeno, doch vom Tourismus weit weniger berührt.

Die Inseln *Bisentina* und *Martana* sind beide in Privatbesitz. Die Ufer des fast kreisrunden Lago gehen flach ins Wasser, erst nach 20 Metern fällt der Grund steil ab – bis auf 151 Meter Tiefe. Streifen von schmalen, dunklen Sandstränden wechseln mit wildwuchernder Wasserflora. Hinzu kommt ein (noch) ungestörtes biologisches Gleichgewicht mit einem ungewöhnlichen Fischreichtum, für den der See bereits im Mittelalter bekannt war. So berichtet die Chronik im Jahr 1285, dass Papst *Martin IV.*, der sich hier der Völlerei hingab, seinen hemmungslosen Verzehr von Aalen mit dem Leben bezahlen musste. Vielleicht hätte er seine letzte Mahlzeit etwas abwechslungsreicher gestalten sollen; neben Aalen tummeln sich schließlich auch Hechte, Schleien, Forellen, Barsche, Karpfen und Felchen im See.

Für die Anwohner des Lago di Bolsena ist der Fischfang bis heute ein wichtiger Erwerbszweig. Es gibt keine durchgehende Asphaltstraße, die in Ufernähe rings um den See führt, jedoch zwischen den Ortschaften zahlreiche zum See abzweigende Holperwege, die von den Gemüsebauern mit ihren Fahrzeugen genutzt werden.

Über die Jahre gab es immer wieder Pressemeldungen, wonach der Bolsena-See bereits am "Umkippen" sei. Staatlich angeordnete Wasserproben gaben bisher jedoch keinen Anlass zu gesundheitlichen Bedenken, geschweige denn

Karte S. 229

zu einem Badeverbot. Eine in den 1990er Jahren in Betrieb genommene Ringkanalisation um den See sorgt dafür, dass Abwässer weitgehend außen vor bleiben.

Geschichte: Auf Zeugnisse einer frühen Präsenz des Homo sapiens im Bolsena-Gebiet stieß man erst im 20. Jahrhundert: Es waren Siedlungsspuren aus der Jüngeren Steinzeit (5000–3000 v. Chr.) auf dem *Capriola* genannten Hügel im *Turona-Park* (siehe Bolsena/Umgebung). Ins 8. Jahrhundert v. Chr. datiert werden die Pfahlbauten, die im See, fünf Meter unter dem Wasserspiegel, entdeckt wurden; vermutlich wurden sie durch einen Ausbruch der Vulkane zerstört. Ab dem 7. Jahrhundert v. Chr. entstanden etruskische Siedlungen, von denen *Bisenzio* in der Nähe des heutigen Capodimonte wohl die größte war. Außer einigen Gräberresten ist von ihr jedoch nichts erhalten. Etliche andere Funde lassen auf eine relativ zivilisierte und auch friedliche Kultur der Etrusker am Bolsena-See schließen. Eine ihrer besonderen Errungenschaften waren Schuhe, die sogar ins alte Griechenland exportiert wurden.

See vulkanischen Ursprungs

Vor Hunderttausenden von Jahren waren im Bolsena-Gebiet vier Vulkane mit beinahe hundert über das gesamte Gebiet verstreuten kleinen Kratern aktiv. Die spuckten soviel Schlacke und Lava aus, dass ein unterirdischer Hohlraum entstand, der die oben abgelagerten Massen nicht mehr tragen konnte. Die ganze Konstellation implodierte und erlosch nach Jahrtausenden. Langsam füllte sich das entstandene Loch mit Wasser, bis der See entstand. Spuren dieser längst vergangenen Zeit findet man noch in der Nähe von Bolsena in Form der "geschleuderten Steine" – Prismen, die wie Pfeile in den Boden geschossen sind. Auch der rote *Lapillo*, der hier abgebaut wird (Tennisplatzbelag), weist auf die vulkanische Vergangenheit hin.

Um 280 v. Chr. kamen die Römer und zerstörten die Zivilisation der Etrusker. Im 6. Jahrhundert n. Chr. gaben die Römer – vermutlich im Gefolge der Völkerwanderung – Bolsena auf, knapp zwei Jahrhunderte später wurde das Gebiet lombardisch. Die mittelalterliche Geschichte der Region ist eng mit dem Kirchenstaat verbunden.

Bolsena

(ca. 4.000 Einwohner)

In der Monaldeschi-Burg aus dem 15. Jahrhundert, die mit ihren Türmen den Ort überragt, tafelten einst Päpste und Kardinäle – der fischreiche See war römisches Naherholungsgebiet für Adel und Klerus. Heute ist die Burg Sitz eines bescheidenen archäologischen Museums. Unterhalb drängt sich der mittelalterliche Kern der Stadt mit engen Gassen, steilen Treppen und schönen Torbögen.

Zum See hin breitet sich "Neu-Bolsena" aus. Den Lago selbst erreicht man von Bolsenas Hauptplatz, der Piazza Matteotti, über eine schnurgerade Allee – am Ende ein platanenbestandener Platz mit Zierbrunnen. An der Uferpromenade mit dem kleinen Hafen reihen sich Cafés, Bars, Hotels und Pensionen.

Information/Diverses

- *Telefonvorwahl* 0761
- *Postleitzahl* 01023
- *Information* **Ufficio Informazioni Turistiche**, Piazza Matteotti 12. Geöffnet im Sommer 9.30–12.30 und 17–20 Uhr. Der Internet-Anschluss ist so ziemlich alles, was dem Kunden geboten wird (gebührenpflichtig). Tel. 799923, ℡ 796056, e-mail: comunebolsena@hotmail.com.
- *Verbindung* Nächste größere **Bahnstation** ist Orvieto (Linie Rom–Florenz). **Busse**: 2x täglich ein Bus nach Orvieto und zurück, Gute Verbindung nach Montefiascone, Grádoli, Marta, ebenso nach Viterbo. Überfahrt zur Isola Bisentina: siehe Capodimonte.
- *Seerundfahrt* **Navigazione Alto Lazio** bietet eine Rundfahrt auf dem See an. Sie führt an den Inseln Bisentina und Martana vorbei, die sich in Privatbesitz befinden. Stopps in Capodimonte und Marta. Abfahrt in Bolsena 2x täglich, Sonntag 4x (Minimum 10 Passagiere). Preis 8 €. Corso della Repubblica 60 oder an der Uferpromenade, ✆ 798033.
- *Fahrräder/Mofas* **Carlo Casciani**, Via Gramsci 43.
- *Markt* Jeden Dienstagmorgen bis ca. 13 Uhr auf der Piazza Matteotti.
- *Feste* **Infiorata**, an Fronleichnam, also am zweiten Donnerstag nach Pfingsten (siehe Sehenswertes, Kasten).

Fest der Santa Cristina am 23./24. Juli. Mehr dazu siehe Sehenswertes, Kirche Santa Cristina.

- *Sprachkurse* Die **Scuola Italiana Senzaparole** führt in Bolsena ein- bis mehrwöchige Sprachkurse durch, die in Deutschland

Lago di Bolsena
Karte S. 229

offiziell als Bildungsurlaub anerkannt sind – an Ostern, Pfingsten und in den Sommermonaten. Differenziertes Angebot, basierend auf 6 verschiedenen Kenntnisstufen, ausschließlich Kleingruppen- und Einzelunterricht. Die von Senzaparole erarbeiteten Lehrmittel erscheinen im Rowohlt-Verlag. Die Gäste werden in der Regel im Convento S. Maria del Giglio untergebracht, wo auch der Unterricht stattfindet. Auf Wunsch auch Vermittlung von Hotels, Ferienwohnungen oder Campingplätzen. Gegen ein Entgelt besteht die Möglichkeit, während des Unterrichts die Kinder betreuen zu lassen. Adresse in Deutschland: Scuola Italiana Senzaparole, Lange Reihe 117, 20099 Hamburg, ✆ 040/243739, 📠 040/243122, e-mail: senzaparol@aol.com

• *Wäscherei* Bolsenas einzige Wäscherei hat dichtgemacht. Bis auf weiteres bleibt also dem Besucher nur der **öffentliche Waschbrunnen**, wo noch viele Frauen ihren Waschtag abhalten. Knapp vor dem Ortsausgang Richtung Grádoli links, gleich unterhalb der Straße.

Übernachten

*** **Hotel Le Naiadi (10)**, am See, am Ende des Viale Colesanti links noch ca. 1 km am Ufer entlang gehen. Modern eingerichtete, relativ kleine Zimmer, leider ohne Balkons. Dafür sehr ruhige Lage, kleiner Garten, kleiner Swimmingpool und direkter Strandzugang. DZ 57–89 €, die teureren mit Seeblick. Viale Cadorna 95. ✆ 799017, 📠 798538, e-mail: naiadi@bolsenahotels.it.

*** **Hotel Lido (4)**, am See, 1,5 km in Richtung Grádoli. Moderner Bau mit komfortablen Zimmern. Eigener Strand. DZ 62–88 €, die teureren Zimmer mit Seeblick. Via Cassia. ✆ 799026, 📠 798479, e-mail: info@atihotels.it.

*** **Hotel Columbus (8)**. Gleicher Besitzer wie das Lido. Riesige, vollklimatisierte Zimmer mit Balkon nach hinten, kleinere (zum gleichen Preis) zur Allee hin. Das beste Zimmer ist die Nr. 220 – das einzige mit Seeblick. DZ 55–86 €. Viale Colesanti 27. ✆ 799009, 📠 798172, e-mail: info@atihotels.it.

*** **Park Hotel Loriana (9)**, an der Uferpromenade, am Ende des Viale Colesanti links. Im selben Besitz wie das Naiadi und nicht ganz so modern wie dieses. Backsteinbau mit geräumigen Zimmern, z. T. mit Dachterrasse oder Balkon. Seit der Garten hinter dem Hotel zu einem einladenden Park mit Swimmingpool umgestaltet wurde, nennt sich das Haus nun nobel "Park Hotel". DZ 57–83 €. Viale Cadorna 33. ✆ 799273, 📠 799272, e-mail: loriana@bolsenahotels.it.

** **Hotel Nazionale (6)**, direkt an der zentralen Straßenkreuzung von Bolsena gelegen. Das Haus erfuhr 2002 eine Totalrenovierung: Parkettböden in den komfortablen Zimmern und Klima-Anlage. Aufenthaltsterrasse in der 1. Etage. DZ 68 €. Via Gramsci 50. ✆ 799006, 📠 799378.

** **Hotel Eden (5)**, am See, 1 km in Richtung Grádoli. Wenig idyllischer, zweistöckiger Kasten mit Restaurant zum See. DZ mit Bad 57 €. Via Cassia. ✆ 799015, 📠 796343, e-mail: info@hoteledenbolsena.com.

• *Camping* **Pineta**, der stadtnächste Platz (mit Restaurant) liegt am nördlichen Ende der Seepromenade, im Sommer allerdings schnell ausgebucht. Viale Diaz 48. ✆ 799801.

Internazionale Il Lago, ebenfalls an der Seepromenade. Klein, aber schattig und mit Heißwasserduschen ausgestattet. Lebensmittelladen. Via Cadorna 6. ✆ 799191.

Mehrere Plätze entlang der Asphaltstraße Richtung Grádoli – alle am Seeufer, darunter:

Massimo, ein einladender Platz mit vielen schattenspendenden Bäumen, eigenem schmalen Strand und Liegewiese vor dem See. 50 Stellplätze. Seit 1995 in deutscher Hand und ebenso freundlich wie professionell geführt. Wenn Sie sich den Plan schicken oder faxen lassen, können Sie sich sogar Ihr Wunschplätzchen aussuchen (falls Ihnen nicht jemand zuvorgekommen ist). Leser loben die sauberen sanitären Anlagen. Für das leibliche Wohl sorgen eine Bar und eine Trattoria mit täglich wechselnden Tagesgerichten. Auch Vermietung von Appartements. Für Wassersportler: Katamaran-Verleih. Geöffnet Mai–September, in der Hochsaison Reservierung dringend empfohlen. ✆/📠 798738, e-mail: massimo.bolsena@libero.it.

Mario, ca. 2 km hinter dem "Massimo", knapp vor der Straßengabelung Grádoli/Lorenzo Nuovo Abzweigung links. Baumbestandenes Wiesengelände, direkt am See. Ausreichend Elektro-Anschlüsse, Trattoria. ✆ 77485.

Essen/Trinken

Trattoria La Sirenetta (11), an der Seepromenade, zwischen den Hotels Loriana und Le Naiadi. Unter den Gartenrestaurants am See das empfehlenswerteste. Mo geschlossen. Viale Cadorna 8.

Trattoria da Picchietto (2). Beliebtes Restaurant mit einer schönen, weinüberwucherten Gartenlaube. Man isst leckere Spezialitäten: Pizzaiola, ein Fischgericht mit Tomatensoße, Coregone in einer süßlichen, würzigen Soße oder Aal. Unsere Empfehlung. Mo geschlossen. Via Porta Fiorentina 15.

Antica Trattoria/Pizzeria del Corso (7). Preiswerte Trattoria, die Coregone aus dem See serviert. Pizze aus dem Holzkohlenofen. Mo geschlossen. Corso della Repubblica 41.

Ristorante/Pizzeria/Birreria Tanaquilla (1). Auf zwei Etagen werden noch bis spät in die Nacht Primi, Antipasti und Pizze serviert, im Sommer Betischung im Innenhof. Jugendliches Publikum, das sich hier auch nur zum Bier (teuer!) oder zum Schachspiel trifft. 19–2h geöffnet, samstags proppenvoll. Mo geschlossen. Via Marconi 100.

• *Außerhalb* **Trattoria da Angela e Piero (3)**, am Ortsausgang Richtung Grádoli rechts hochfahren. In ruhiger Lage mit Landluft. Betischung im großen Garten mit Seeblick. Früher hatten Angela und Piero eine billige und einfache Trattoria in der Stadt, der Landgasthof ist vielleicht nicht mehr ganz so billig, aber das Ambiente eindeutig schöner. Di geschlossen. Via della Rena, Loc. La Lucciola.

Das Wunder von Bolsena

Die Geschichte soll sich im Jahr 1264 zugetragen haben. Ein böhmischer Priester, geplagt von heftigen Zweifeln über die sog. *Transsubstantiation* (die Verwandlung der flachen Hostie in den fleischlichen Körper Christi), pilgerte nach Rom in der Hoffnung, dass ihm hier eine Festigung seines Glaubens widerfahren würde. Er war schon wieder auf dem Rückweg, als er in Bolsena Zwischenstation machte, um in der Krypta der Santa Cristina eine Messe zu lesen.

Da geschah das Wunder, das der katholischen Kirche einen neuen Feiertag bescheren sollte: Es tropfte plötzlich Blut aus der Hostie auf das Korporale, das Messtuch, auf das Kelch und Hostiengefäß gestellt werden. Papst *Urban IV.*, der sich zu dieser Zeit in Orvieto aufhielt, veranlasste die sofortige Überführung des Beweisstücks, zeigte sich überzeugt und ließ darauf in Orvieto einen Dom bauen, der das heilige Korporale in einem kostbaren Reliquiar verschlossen hält. Zweimal im Jahr wird der Schrein geöffnet, um das Korporale des böhmischen Priesters der Öffentlichkeit zu zeigen: am Osternachmittag und an Fronleichnam – jenem Feiertag, der von Urban IV. wegen des Wunders von Bolsena eingeführt wurde.

Raffael nahm die Geschichte zum Thema für eines seiner reifsten Werke: Das Fresko *Die Messe von Bolsena* aus dem Jahr 1512 ist in den Vatikanischen Stanzen zu sehen.

Sehenswertes

Kirche Santa Cristina *(Chiesa dei Miracoli):* Der Schutzpatronin Bolsenas zu Ehren wurde dieser ungewöhnliche Kirchenkomplex errichtet. Drei verschiedene Epochen spiegeln sich darin: Romanik, Renaissance und Barock. Hier wurde im Jahr 304 die erst 12-jährige Märtyrerin von ihren Glaubensgenossen bestattet. Die Tochter des heidnischen Stadtpräfekten Urbanus war zum Christentum übergetreten und sollte deshalb mit einem schweren Stein am Hals im See ertränkt werden. Der Mord misslang, da der Stein, wie die Legende erzählt, auf wundersame Weise auf dem Wasser schwamm. Also stieg Cristina auf den Stein und paddelte unversehrt ans Ufer zurück. Nach langer Folterung durch heißes Wasser starb sie schließlich an einem mitten durchs Herz geschossenen Pfeil.

Vorne links im Kirchenschiff findet man die farbig bemalte, gold-blau gewandete Holzstatue der Heiligen. Die *Wunderkapelle mit der Grotte* – sie schließt sich links an – ist der älteste Teil des Kirchenbaus; früher war sie in das unterirdische Gewirr der Katakomben integriert, später trennte man diesen Bereich ab. In der Mitte der "Altar des Wunders", auf dessen Frontseite eine Steinplatte mit den angeblichen Fußabdrücken der Heiligen eingelassen ist.

Als Station zwischen Kirche und Wunderkapelle ist – zur Erinnerung an das berühmte Eucharistie-Wunder von Bolsena (siehe Kasten) – eine moderne Kapelle eingerichtet worden.

Am 23./24. Juli ist ganz Bolsena auf den Beinen, wenn das jährliche **Santa-Cristina-Fest** stattfindet, bei dem in mehreren Schaubildern die Vita der Stadtheiligen vorgeführt wird. Am 23. Juli, um 22 Uhr, tragen acht Männer die Cristina-Statue aus der Kirche, gleichzeitig öffnet sich auf dem Platz davor der Vorhang und gibt das erste Bild frei: die Taufe der Heiligen. Dann bewegt sich die Prozession der Zuschauer durch die Altstadt, legt an verschiedenen Stationen einen Halt ein, um sich spektakulär inszenierte Folterszenen zu Gemüte zu führen. Nach einer nächtlichen Pause beginnt um 10 Uhr früh in der Nähe der Monaldeschi-Burg der zweite Akt des stummen Schauspiels mit weiteren Schreckensszenen. Schließlich versammeln sich die Schaulustigen wieder vor der Kirche, um vor einem letzten Bild den Einzug der Stadtheiligen ins Paradies zu feiern – Vorhang, und die Statue wird wieder in die Kirche zurückgebracht.

Archäologisches Museum *(Museo Territoriale del Lago di Bolsena)*. Das kleine Museum befindet sich in der Monaldeschi-Burg. Didaktische Schautafeln geben geologische Auskunft über die Entstehung des Sees, Funde aus der Bronzezeit, aus der etruskischen und römischen Epoche sind ausgestellt, die völkerkundliche Abteilung widmet sich der Tradition des Fischfangs – von allem also ein bisschen. Im Eintritt inbegriffen ist der Weg hoch zur Turmterrasse, von der man dasselbe großartige Panorama genießt wie einst die Päpste, die hier zu Gast waren.

Öffnungszeiten Di–So 10–13 und 16–20 Uhr. Eintritt 3 €.

Etruskisch-römisches Ausgrabungsgelände: Direkt oberhalb der Burg (Straße nach Todi, Hinweisschild *Volsinii Scavi*) haben französische Archäologen beeindruckende Überreste einer Siedlung ans Tageslicht gebracht. Entdeckt wurden eine ca. 4 km lange Einfriedungsmauer, eine Basilika, Thermen und das Forum, ferner Freskenreste und Mosaikfußböden aus Wohnhäusern – Zeugnisse des römischen Bolsena. Aber auch Reste der noch älteren *Volsinii Novi*, die hier nach der Zerstörung der *Volsinii veteres* (Orvieto) von den überlebenden Etruskern errichtet wurden, hat man gefunden.

Öffnungszeiten Di–So 9–13.30 Uhr. Eintritt frei, am Eingang liegt ein brauchbarer Lageplan sowie ein deutschsprachiges Begleitblatt auf.

Ein weiteres Zeugnis des etruskischen-römischen Mix findet man eingezäunt, knapp unterhalb der Burg links der Hauptstraße: Teile der etruskischen Stadtmauer mit etruskischen Schriftzeichen und zwei römische Grabmäler.

Infiorata

Die schöne Tradition, einmal im Jahr die Straßen und Gassen mit farbigen Blumenteppichen zu schmücken, ist aus vielen mittelitalienischen Städten bekannt. Weniger bekannt ist der Ursprung der sog. Infiorata; er ist in Bolsena zu suchen und hängt eng mit dem Wunder von Bolsena zusammen (siehe Kasten weiter oben).

Nachdem auf päpstlichen Befehl 1264 das blutdurchtränkte Messtuch nach Orvieto geschafft worden war, blieb den Bolsenesen als Andenken an das Ereignis nur der Marmorboden der Krypta, der ein paar Blutspritzer abbekommen hatte. Als Napoleons Armee 1811 die Stadt besetzte, machte sie sich wie üblich daran, die Priester zu vertreiben und die Kirchen zu zerstören. Doch hatten die Franzosen nicht mit dem Widerstand der tiefgläubigen Bolsenesen gerechnet: Die Bürger beschlossen, eine Marmorplatte aus dem Boden der Grotte zu lösen und sie demonstrativ in einer Prozession durch die Stadt zu tragen. Um den argwöhnischen Franzosen die Feierlichkeit des Ereignisses zu verdeutlichen, belegte man ganz Bolsena mit Blumenteppichen. Napoleons Generäle ließen sich beeindrucken, die Kirche Santa Cristina blieb verschont.

In Erinnerung an dieses Ereignis feiert die Bevölkerung Bolsenas jährlich an Fronleichnam die *Infiorata*. Schon Tage vorher werden die Motive – meist geometrische Muster, aber auch figürliche Darstellungen – auf dem Straßenpflaster entworfen. Mit gefärbtem Sägemehl oder einfach mit Kaffeesatz werden die Umrisse festgehalten und oft erst in letzter Minute vor der abendlichen Prozession mit Blumen ausgefüllt. Auch das dauernde Benetzen des entstehenden Blumenteppichs dient dazu, die Blüten vor der sommer-lichen Hitze zu schützen. Lange Arbeit, kurze Dauer: Ist die Fronleichnamsprozession einmal über das zarte Blumenmeer hinweggeschritten, zeigt sich ein Bild der Verwüstung ...

Archäologischer Naturpark von Turona: Rund 5 km südlich von Bolsena, an der Straße nach Montefiascone links ausgeschildert, befindet sich der *Parco di Turona*, auf dessen beiden bewaldeten Hügeln etruskische Siedlungen ausgegraben wurden. Viel davon ist allerdings nicht zu sehen. Die Funde wurden

ins Museum von Bolsena geschafft, und die Natur hat die teils freigelegten Mauern überwuchert.
Mag der Archäologe enttäuscht sein, so kommt wenigstens der Naturliebhaber auf seine Kosten. Die angelegten Spazierwege führen durch eine artenreiche Flora: Krokusse und Veilchen im Frühling, Kornblumen und Klatschmohn im Herbst. Nach den spätsommerlichen Regengüssen schießen Pilze – für deren Genießbarkeit wir uns hier nicht verbürgen – in rauen Mengen aus dem waldigen Boden. Picknick-Bänke vorhanden.

Grotte di Castro

Vielleicht ist es der wachsende Bolsena-Tourismus, der die Behörden von Grotte di Castro aus ihrem Schlummer gerissen hat. Jedenfalls betreibt das auf einen Felssporn gebaute Mittelalterstädtchen seit einiger Zeit intensive PR-Arbeit: Angeboten werden dem Besucher ein "itinerario medievale", ein "percorso rinascimentale" sowie ein "percorso panoramico". Wir empfehlen für einen Stadtrundgang den ersten der drei Vorschläge. Er führt durch eine romantische mittelalterliche Gasse zur barock überladenen *Basilika San Giovanni* (17. Jh.). Zu hoch darf man allerdings die Erwartungen nicht stecken, Grotte ist nicht gerade ein Juwel des Mittelalters.
Im Laufe seiner Geschichte wurde Grotte di Castro des Öfteren in Schutt und Asche gelegt: Die ursprünglich etruskische Siedlung wurde von den Römern zerstört, die Langobarden brannten nieder, was sie von den Römern vorfanden, und schließlich zeigten sich auch die Sarazenen nicht zimperlich. Die Bevölkerung musste sich immer wieder in die Höhlen oder gar in die etruskischen Gräber am Fuß der Ortschaft flüchten.

Grotte di Castro

Lago di Bolsena
Karte S. 229

Ca. 1 km nach dem Ortsausgang steht an der Straße nach Bolsena ein hübscher, überdachter Brunnen aus römischer Zeit. Das Wasser (nicht trinkbar!) fließt in rechteckig angelegte Becken, wo es sich im Spiel von Licht und Schatten auf dem Mauerwerk widerspiegelt. Heute ist die Örtlichkeit ein Kommunikationszentrum fleißiger Waschfrauen.
Der Tufffelsen dahinter gehört zur etruskischen **Nekropole von Pianezze**, der Eingang in die Totenstadt liegt rund 2 km unterhalb des Brunnens. Ein Rundgang von ca. 7 km Länge führt an den Ausgrabungen vorbei.

Öffnungszeiten Nekropole von Pianezze: März/April: Fr 10–13 Uhr, Sa 15–18 Uhr, So 10–13 Uhr; Mai–September: Di–Fr 16–19 Uhr, Sa/So 10–12.30 und 16–19.30 Uhr; Oktober–Februar: Sa/So 10.30–16 Uhr. Eintritt 2 €.

Grádoli

Ein Hochzeitsgeschenk dominiert das auf einen Felsvorsprung gebaute, etwas schläfrige Weinbauernnest: Der majestätische, dreigeschossige **Farnese-Palast** wurde von Kardinal Alessandro Farnese, dem späteren Papst *Paul III.*, anlässlich der Vermählung seines Sohnes mit einer *Orsini* (Päpste gebärender römischer Hochadel) in Auftrag gegeben. Der Entwurf stammt von *Antonio da Sangallo dem Jüngeren*. In den Sälen des Palasts dokumentieren Schlachtengemälde den blutigen Kampf um die päpstliche Vorherrschaft.
Tempi passati – die Farnese sind im 18. Jahrhundert ausgestorben, die Orsini gibt es zwar noch immer, aber sie haben schon lange keinen Papst mehr gestellt. Heute haben sich im Palazzo die kommunale Regierung, eine Bibliothek, ein Forschungszentrum zur Geschichte der Farnese-Familie und – für die Öffentlichkeit zugänglich – das *Museo del Costume Farnesiano* eingerichtet, das in erster Linie Kostüme aus der Renaissance zeigt.

Öffnungszeiten Museum Juni–September: Mi 17–19 Uhr, Do 11–13 und 17–20 Uhr, Sa/So 9–13 und 17–19 Uhr; Oktober–Mai: Di–Fr 10–13 Uhr, Sa 10–13 und 15–18 Uhr, So 10–13 Uhr. Eintritt 2,60 €.

Wer mit der ganzen Papstgeschichte nichts am Hut hat, ist trotzdem nicht vergebens nach Grádoli gekommen. Das Städtchen ist bekannt für seine Weine, den lieblichen *Grechetto* und den roten, fruchtigen *Aleatico* (Dessertwein, Vorsicht: 18%!). Auch das lokale Olivenöl genießt einen guten Ruf.

• *Camping* **Camping La Grata**, am See. Zufahrt: Richtung Capodimonte, von dieser Straße dann links abbiegen (ausgeschildert), am See noch 600 m Naturstraße am Ufer entlang. Gepflegtes Wiesengelände mit etwas Baumbestand in absolut einsamer Lage. Restaurant/Pizzeria. Via Lungolago 9, Loc. La Frata, 01010 Grádoli. ✆ 0761/456552.

Von Grádoli führt eine Straße an der **Westseite des Sees** entlang nach *Capodimonte* – bis auf ein kurzes Stück um die Ausgrabungen des etruskischen *Bisentium* herum asphaltiert. Bis zum Camping Tre Gradini verläuft parallel zur Autostraße der *Sentiero dei Briganti*, ein Schottersträßchen, direkt am Seeufer entlang. Der "Räuberweg" führt teils durch hohes Schilf, und ab und zu finden sich dahinter – fernab von allem Tourismus – einige idyllische Badeplätze

• *Agriturismo* **La Montagnola**, an der Straße Richtung Valentano, nach der Cantiniera di Latera. 1 Mini-Appartement und 2 Zimmer in ruhiger Lage. Vom Garten aus genießt man einen traumhaften Blick auf den Bolsena-See. Reichhaltiges Abendessen in familiärer At-

Un bicchiere di rosso? Subito.

mosphäre. Hausgemachte Teigwaren, dazu aus dem Garten stets frisches Gemüse. Wein und Olivenöl aus eigenem Anbau. Reitstunden und -ausflüge. Die Tochter des Hauses spricht Englisch. DZ mit Frühstück ca. 50 €, Halbpension ca. 40 € pro Person. Loc. La Montagnola, 01010 Grádoli. ✆ 0761/459307.

• *Camping* **Camping Tre Gradini**, an der Seestraße, ungefähr auf halbem Weg zwischen Grádoli und Capodimonte. Auf drei Terrassen im Olivenhain angelegtes Gelände. Schön und schattig, am See kleine Wiese mit Liegestuhlvermietung. Geöffnet Ostern–September. Loc: S. Magno, 01010 Grádoli. ✆ 0761/456005.

• *Essen* **Ristorante/Pizzeria Il Purgatorio**, an der Seestraße, nördlich des oben genannten Campingplatzes, bei der Kirche San Magno. Schmuckes Restaurant mit kleiner Terrasse zum See, von einer Kooperative geführt. Geöffnet 12.30–14.30 und 19.30–22.30 Uhr.

Trattoria da Massimo, an der Seestraße, knapp südlich des Campingplatzes Tre Gradini. Bescheidenes, aber vorzügliches Restaurant. Auch Außenbetischung. Spezialität sind Fische, v. a. Blaufelchen, aus dem See. Unsere Empfehlung.

Isola Bisentina

Für die naturliebenden Franziskaner war das zauberhafte Eiland ein idealer Ort, um sich von allem weltlichen Leben zu verabschieden. Sie gründeten im 15. Jahrhundert ein kleines Kloster, später folgten ihnen die Kamaldulenser. Kardinal *Albornoz,* der gefürchtete päpstliche Statthalter in Umbrien und im Latium, entdeckte seinerseits die Vorteile der Insel: Er ließ den berüchtigten "Malta-Kerker" bauen, einen Brunnenschacht, in dem mancher Häretiker vielleicht doch noch zum rechten Glauben zurückfand. Und die papsttreue Farnese-Familie hinterließ mit ihrem Aussterben einen kleinen Palazzo. Wie viele von den acht Kirchen der Insel auf ihren Auftrag zurückzuführen sind, ist ungewiss; vermutlich aber zählt das oktogonale Kirchlein auf der Spitze des Tuffhügels

Lago di Bolsena
Karte S. 229

dazu. Als Architekt zeichnete *Sangallo der Jüngere*, die Fresken werden der Schule von *Benozzo Gozzoli* zugeschrieben.

Noch bis Ende des 19. Jahrhunderts kirchliches Eigentum, ist die Isola Bisentina heute im Besitz von Prinz *Giovanni del Drago*, mütterlicherseits Amerikaner, väterlicherseits blaues italienisches Blut. Architekt und vor Jahren umweltbewusster Bürgermeister von Bolsena. Der rührige Prinz kümmert sich nicht nur um die Restaurierung seines Sommersitzes, sondern auch um die Kirchen und den englischen Garten. Sein größtes Verdienst ist es, die Insel – wenn auch beschränkt – 1999 wieder der Öffentlichkeit zugänglich gemacht zu haben. In seiner ersten Saison organisierte Giovanni del Drago im Hochsommer klassische Konzerte mit anschließendem Abendessen für die Besucher, langfristig denkt er über die Einrichtung einer Musikakademie auf Bisentina nach.

Bootsausflug mit Führung **Navigazione Alto Lazio** in Bolsena hat unter dem Namen "Farnese-Tour" den Inselbesuch im Programm. Abfahrt in Bolsena: Mai–September 10.30 und 16.30 Uhr. Der Trip dauert 2 Stunden und kostet 12 €, Führung inklusive.

Capodimonte

Der Ort drängt sich auf einem in den See hinausragenden Felsen, oben thront eine gewaltige Burg aus dem 15. Jahrhundert, ein Sommersitz der ausgestorbenen, papsttreuen Adelsfamilie *Farnese* aus Orvieto, heute in Privatbesitz.

Am westlichen Ortsrand zieht sich eine schöne Allee den See entlang, die in einen breiten Sandstrand übergeht. Angesichts der hübschen Lage bleibt erstaunlich, dass Capodimonte keinen nennenswerten Tourismus kennt.

- *Telefonvorwahl* 0761
- *Postleitzahl* 01010
- *Übernachten* ** **Riva Blu**, am Ende der oben genannten Baumallee. Kein eigentliches Hotel. Vielmehr vermietet das gleichnamige Restaurant Zimmer in einem nahe gelegenen Haus. Die Zimmer sind korrekt, wenn auch von eindimensionalem Geschmack geprägt: Das Blümchenmuster an der Decke ist identisch mit dem der Vorhänge und setzt sich an der Wand und sogar am Kleiderschrank fort. Mit etwas Glück finden Sie sogar ein Teddybärchen auf dem Kopfkissen vor. Donnerstag ist das Restaurant (große Pizze, Fisch und als Weißer ein EST! EST EST!) geschlossen und damit auch die Zimmervermittlung. DZ mit Dusche/WC ca. 50 €. Via Regina Margherita 7. ✆/℻ 870255.
- *Camping* **Camping Tre Gradini**, am Westufer des Sees (siehe "Grádoli").
- *Wohnwagen* Ausgewiesener Stellplatz ca. 5 km westlich des Orts, direkt am See. Via Regina Margherita.

Marta

Die breite, schnurgerade Hauptstraße verläuft parallel zum Ufer, die Häuser zeigen schmucke, schmiedeeiserne Balkone. Am westlichen Dorfstrand dümpelt eine bunte Armada von 50 Fischerbooten. Hier sitzen im Schatten der Bäume die Fischer, flicken Netze und bessern Reusen aus. Weinbau und Fischerei sind noch immer der Haupterwerbszweig der Einwohner – der Fremdenverkehr beschränkt sich in der Hauptsache auf die Wochenenden. Dann kommt etwas Leben an den östlichen Dorfstrand, wo die Segelboote ankern, und die Wirte der Seerestaurants haben gut zu tun. Dahinter schließt sich eine schmucke Grünanlage an – für uns ist Marta das Schönste am Bolsena-See.

Amalasuntha und Theodahad – wer tötet schneller?

Die menschenleere **Isola Martana** ist heute in Privatbesitz und der Allgemeinheit verschlossen. Dem war nicht immer so. Noch bis ins Mittelalter war die Insel bewohnt und hatte den Status einer eigenen Kommune.

Im 6. Jahrhundert war die Isola Martana Schauplatz eines politischen Verbrechens. *Amalasuntha,* Tochter des *Theoderich* und in dessen Nachfolge Regentin des Ostgotenreichs, heiratete im Herbst 534 ihren Vetter *Theodahad* – eine folgenschwere Entscheidung. Die Flitterwochen waren kaum ausgeklungen, als der Gatte die Gattin im Frühjahr 535 auf die Insel im Bolsena-See verbannte und dort erdrosseln ließ. Angeblich fand Amalasuntha gerade noch Zeit, eine Schatztruhe zu vergraben – die bis heute nicht gefunden wurde. Mord war damals ein probates Mittel, wenn es um die politische Karriere ging. Amalasuntha ihrerseits hatte zuvor bereits durch gedungene Mörder die potentielle Konkurrenz ausgeschaltet, um die Regentschaft zu übernehmen. Auch Theodahads Tage waren gezählt. Ein Jahr später wurde er von einem seiner Heerführer umgebracht.

- *Markt* Täglich Fischmarkt in der Halle kurz hinter der Brücke, am Ortsausgang Richtung Montefiascone.
- *Essen* Am See hat man die Wahl zwischen **Ernesto** (Spezialität: "gemischte" Fischsuppe, zubereitet aus Fischen aus dem Meer und aus dem Lago), **Otello** (Spezialität: Fischspieße), **Gino** und dem luxuriöseren **Jolanda**. Preiswerte und reichhaltige Cucina casareccia (Hausmannskost) gibt's in der **Trattoria S. Egidio**, etwas versteckt im oberen Ortsteil: kahler Speisesaal mit blendend weißen, gestärkten Tischdecken. Mo geschlossen. Via Garibaldi 80.

Montefiascone

(ca. 12.800 Einwohner)

Oben vom Kraterrand aus bietet das Städtchen einen überwältigenden Blick auf den See. Bei schönem Wetter ist vom Aussichtspunkt Belvedere sogar das Tyrrhenische Meer zu sehen. Markante Punkte im Stadtbild sind die riesige Kuppel der St.-Margarethen-Kathedrale und der verfallene Papstpalast am höchsten Punkt Montefiascones.

Historische Bedeutung hatte die Stadt an der römischen *Via Cassia* nur im Mittelalter. Papst *Innozenz II.* leitete im 12. Jahrhundert mit dem Neubau einer päpstlichen Burg die große Zeit Montefiascones ein. Als im 14. und 15. Jahrhundert die Päpste ins Exil von Avignon gingen, war Montefiascone zeitweilig sogar Hauptstadt des Kirchenstaats. Von Avignon aus gingen die Befehle, wie die alte Macht wiederherzustellen sei, direkt auf die *Rocca dei Papi*. Im 17. Jahrhundert fühlte sich Rom wieder stark genug, die Militärarchitektur war überflüssig geworden, das Mauerwerk wurde zum Bau eines Priesterseminars verwendet und diente so weiter dem päpstlichen Machterhalt. Heute breitet sich an der Stelle der einstigen Rocca größtenteils eine gepflegte Grünanlage aus. Man erreicht sie von der zentralen Piazza Vittorio Emanuele über eine Treppe.

Lago di Bolsena
Karte S. 229

EST! EST! EST!

Über einen gewissen *Johannes Fugger*, der in der Flavianskirche von Montefiascone seine letzte Ruhe fand, erzählt man sich ein besonderes Histörchen. Der gute Mann war als deutscher Prälat im Gefolge *Heinrich V.* in Sachen Investiturstreit nach Rom unterwegs. Doch offenbar galt sein Interesse weniger den Staatsgeschäften als dem Wein, den er über alles liebte. Zu diesem Zweck hatte er eigens einen Diener abgestellt, der ihm vorausreiste und überall dort, wo er einen guten Tropfen fand, "Est!" an die Türe schrieb. In Montefiascone jedoch war an der Pforte eines Hauses gleich ein emphatisches "Est! Est! Est!" notiert. Johannes Fugger blieb und trank. Und trank ... und blieb liegen. Die Chronik berichtet, dass er im Jahr 1114 eines nicht ganz natürlichen Todes starb. Seitdem trägt der vorzügliche Tropfen von Montefiascone den stolzen Namen *EST! EST! EST!*

• *Telefonvorwahl* 0761

• *Postleitzahl* 01027

• *Information* **Ufficio Turistico**, am Piazzale Roma (am unteren Rand der Altstadt). Nur selten geöffnet. ✆ 86040.

• *Übernachten/Camping* *** **Hotel Urban V**, an der Verbindungsstraße zwischen den beiden Dorfplätzen. Der gelbe Stadtpalast ist nur sehr dezent als Hotel gekennzeichnet. Dezent ist auch das Innere, in dem ein Brunnen aus dem 14. Jh. freigelegt wurde. Sehr komfortable Zimmer mit Airconditioning. DZ 108–118 €. Corso Cavour 107. ✆ 831094, ℻ 834152, e-mail: info@hotelurbano-v.it.

*** **Italia & Lombardi**, am Rand der Altstadt gelegen. Das frühere **Albergo Antico Caffè Italia wurde 2000 renoviert und mit einem zusätzlichen Stern unter neuem Namen eröffnet. Großer Speisesaal, in dem neben Fleisch- und Fisch auch vegetarische Menüs serviert werden. DZ 68 €. Piazzale Roma 9–11. ✆ 826058, ℻ 831091, e-mail: hotel_italia@inwind.it.

Camping Amalasunta, am See, ca. 5 km von Montefiascone entfernt. Gepflegtes Wiesengelände mit Baumbestand. Lebensmittelladen, Bar. Man braucht nur die Straße zu überqueren, schon ist man am Strand. Schmale Grünanlage zum See. In der Hauptsaison geht's hier recht lebendig zu, in den paar Kneipen am Lungolago treffen sich Badende, Sonnenbadende und Fischer. Geöffnet Juni–September. Via Lago 77. ✆ 825294, ℻ 799258.

• *Essen* **Ristorante Dante**, bei der Piazza Vittorio Emanuele (oberer Platz, mit Brunnen) ums Eck. Ruhiges Stübchen in der ersten Etage. Eines der wenigen Lokale, die den "Est! Est! Est!" aus eigener Produktion und obendrein preiswert verkaufen. Es gibt selbstgemachte Nudeln, der Fisch kommt aus dem See. Deutschsprachige Speisekarte. Via Nazionale 6.

Sehenswertes

Cattedrale di Santa Margherita: Die monumentale Kuppel der Kathedrale ist nach der des Petersdoms und des Florentiner Doms die drittgrößte Italiens. Falls Sie mutterseelenallein in der Kirche sind, können Sie es wagen, das großartige Echo zu testen, das sie wiedergibt. Aus Platzmangel ist der Grundriss des Kirchenschiffs fast identisch mit dem der Kuppel. Einzig der Altarbereich mit den Mosaiken im Chor bildet eine kleine Apsis.

Ebenfalls riesig ist die Krypta aus dem Jahr 1483 mit den Bischofsgräbern an den Wänden. Sie wird *Bramante*, dem großen Baumeister der Renaissance, zugeschrieben. Die hier ausgestellten modernen Terracotta-Figuren wirken eher deplatziert.

Filigrane romanische Kapitelle in S. Flaviano

Basilica di San Flaviano: Man findet sie im unteren Teil des Dorfes an der Straße nach Bolsena (oder von der zentralen Piazza Vittorio Emanuele aus die Geschäftsstraße hinunter und durch den Torbogen). Die Kirche besteht aus zwei Teilen, einer Unterkirche aus dem 11. Jahrhundert, die größtenteils nach oben offen ist und dadurch die neuere Oberkirche wie eine Galerie erscheinen lässt, was fälschlicherweise gelegentlich als Matronäum (Empore für Frauen) interpretiert wird.
In der Regel ist nur die interessantere Unterkirche geöffnet. Im 14.–16. Jahrhundert wurde sie komplett mit Fresken ausgestattet, von denen einige noch erhalten sind und recht martialische Darstellungen zeigen: links des Eingangs Folterszenen, an der rechten Wand eine Waage mit zwei Kindern, ein Teufelchen macht sich gerade an eines heran, wird aber noch rechtzeitig in den Rachen gestochen. Beachtenswert sind auch die romanischen Kapitelle: das an der zweiten Säule links zeigt zwei Bestien, die einen Menschen verspeisen.
Und wenn Sie noch *Johannes Fugger*, dem berühmtesten Säufer Montefiascones (siehe Kasten "Est! Est! Est!"), einen Besuch abstatten möchten: Sein Grab befindet sich in einer Kapelle des linken Kirchenschiffs.

Cività di Bagnorégio

Ein unvergesslicher Anblick: Auf dem rötlich-gelben Tuffsteinplateau ragt Cività wie ein Adlerhorst aus einer von der Erosion zerklüfteten Vulkanlandschaft empor – eine in den Himmel verlagerte Insel.
Wie vor Jahrhunderten lässt sich der winzige Ort auch heute nur zu Fuß über eine steile, auf hohen Pfeilern laufende Brücke von **Bagnorégio** aus erreichen

Cività di Bagnorégio – Geisterstadt mit kaum zwei Dutzend Einwohnern

– die alte Brücke wurde im Zweiten Weltkrieg von den Deutschen zerstört. An den Rändern des verwinkelten Ortskerns öffnet sich ein ungeahnt bizarrer Blick über die Vulkanlandschaft bis hin zum Apennin.

Visitate Cività di Bagnorégio, il paese che muore (Besuchen Sie das sterbende Cività di Bagnorégio) – die Stadt macht mit ihrem Untergang Reklame. Cività steht buchstäblich auf tönernen Füßen. Der stark tonhaltige, von Wasseradern durchzogene Felsen hält der Erosion nicht stand. Im Mittelalter war der Ort ein bedeutendes administratives und religiöses Zentrum. Doch nach einer großen Erdbebenkatastrophe 1695 flüchteten Stadtverwaltung und große Teile der Bevölkerung ins heutige Bagnorégio, womit der Untergang Civitàs eingeleitet war. Heute ist viel von Rettungsprojekten die Rede, die einen schlagen vor, der Erosion mit Zementeinspritzungen zu begegnen, andere wollen den Felssockel in Beton eingießen. Alle sind sich einig, dass etwas getan werden muss und warten auf das große Geld.

In den wenigen Gässchen sind die meisten Häuser unbewohnt, verriegelt. Die Statistik für Cività verzeichnet knapp ein Dutzend Einwohner, die im Sommer von den Touristen beschäftigt werden: Ein betagter Signore betreibt einen Ansichtskarten- und Souvenirladen, ein anderer schenkt in der Osteria Wein aus. In der Basilika beeilt sich eine Signora mit aufgehaltener Hand, die Namen der Heiligen, die es hier zu sehen gibt, herunterzuleiern, eine andere führt uns durch das *Piccolo Museo* im linken Nebengebäude der Kirche. Museum? Eher ein Kuriositäten-Kabinett, eine wild zusammengewürfelte, bescheidene Sammlung: Tonscherben, abgebrochene Henkel, verstaubte Haushaltsgegenstände, aber auch ein auf Pergament geschriebenes Liederblatt mit gregorianischen Gesängen aus dem 12. Jahrhundert sowie ein gut erhaltenes Fresko der Madonna di San Pantoleone (16. Jh.) aus der peruginischen Schule.

Wer hinter der Kirche rechts hinuntergeht, stößt auf eine alte Ölmühle nebst Presse und anderen Gerätschaften. Die Mühle stammt aus dem 16. Jahrhundert und war noch bis 1960 in Betrieb, das Mühlrad ist aus dem Tuff der Umgebung gehauen. Das freundliche Museum ist gratis.

Visitate Cività di Bagnorégio, il paese che muore – die Werbung zeitigt Erfolg. Immer mehr Besucher spazieren durch die Gassen des Geisterstädtchens. An etlichen ruinösen Gebäuden sind inzwischen neue Fenster eingesetzt, an anderen hängt ein *Vendesi*-Schild (zu verkaufen), einige Römer haben sich in jüngster Zeit eine Wochenendbleibe restauriert. War bis vor kurzem noch die Bar auf der zentralen Piazza die einzige Verköstigungsquelle, so bewirten jetzt zwei neue Trattorie die Besucher, in einem Kellerlokal bietet ein freundlicher Wirt Wein und Bruschette an – die Werbung mit dem Tod hat Cività offensichtlich neues Leben eingehaucht. Vielleicht wird man dereinst einige Geisterbauten für die Touristen stehen lassen müssen ... aber noch ist es nicht soweit.

Lago di Bolsena/Umgebung

Monte Rufeno (743 m)

Im oberen *Paglia-Tal*, ca. 15 km nördlich des Bolsena-Sees, erstreckt sich das *Naturreservat des Monte Rufeno*. Das ca. 3000 Hektar große Gebiet mit Pinien-, Eichen- und Kastanienwäldern bietet optimale Wandermöglichkeiten. Zur Flora zählen mehrere Orchideenarten, zum Geflügel Raubvögel, Specht und Wasseramsel, bodenverhaftet sind Dachs und Marder, das Wild- und das Stachelschwein. Aber auch der in der Regel scheue Wolf wurde im Reservat schon gesichtet.

Wandern: Fünf markierte Routen stehen im Naturreservat zur Wahl:
Il Felceto: 1,6 km, 2 Std., leicht, orange Markierung.
Sasseto: 2 km, 2 Std., leicht, nur mit Führer begehbar, da in Privatbesitz.
Monte Rufeno: 3,5 km, 6 Std., mittelschwer, gelbe Markierung.
Acquachiara: 9,5 km, 8 Std., schwer, rote Markierung, mit Schluchten und einigen Kletterparts, jedoch nicht riskant.

> Eine freundliche Leserin gab uns den Hinweis, dass eine "absolut kriminelle, weil völlig ausgewaschene Schotterpiste" nicht auf den Monte führt, sondern nach einigen Kilometern vor ein verschlossenes Tor.

• *Information* Die beste Adresse ist die **Cooperativa Elce**, die das Naturreservat sowie die nachgenannten Übernachtungsmöglichkeiten verwaltet. Im Sommer unterhält die Kooperative an der Via Cassia (am Ortsausgang von Acquapendente) ein Informationsbüro, ansonsten wendet man sich an die Hauptstelle: Loc. Campomorino Zona Industriale, 01021 Acquapendente. ✆/℻ 0763/733620, e-mail: info@coopelce.it.

• *Organisierte Wanderungen/Reiten* Die **Cooperativa Elce** führt Gruppenwanderungen und Mountainbike-Touren durch. Im Frühsommer stehen auch Reitkurse und Ausritte im Angebot.

• *Übernachten* Im Naturreservat gibt es drei "Casale", Anmeldung bei der Cooperativa Elce (s. o.):
Casale Monaldesca (✆ 0763/717078) und **Casale Tigna**: Zimmer mit 1–4 Betten,

Lago di Bolsena Karte S. 229

Übernachtung ca. 20 € pro Person, Halbpension ca. 35 € pro Person. Geöffnet April–September, vor und nachher nur an Wochenenden.

Casale Sambuceto: Hütte für Selbstverpfleger mit Küche und Duschen.

• *Camping* Campingplätze mit Infrastruktur innerhalb des Naturreservats gibt es nicht. Campen ist aber möglich beim **Casale Sambuceto** sowie auf der **Area Sosta Felceto**.

Orsini-Park von Bomarzo

Unübersehbare Schilder weisen in Bomarzo auf den *Parco dei Mostri* (Park der Ungeheuer) hin. Der sensationsheischende Name, Souvenirbuden, Spielautomaten und ein Mini-Zoo sollen den Umsatz fördern. *Pier Francesco Orsini,* Spross des in ganz Mittelitalien bekannten römischen Adelsgeschlechts, der 1552 den berühmten Park anlegen ließ, würde sich im Grab umdrehen angesichts der Vermarktungsstrategien der heutigen Privatbesitzer.

Der berühmte Park war verwahrlost, als in der Nachkriegszeit eine gewisse Tina Severi Bettini, Hausfrau mit Orsini-Verwandtschaft, den Park beim Müßiggang entdeckte und ihrem Gemahl Giovanni zur silbernen Hochzeit schenkte – eine rührende Geschichte, von den Beteiligten selbst in Umlauf gebracht und leider unwahr. Der Orsini-Park wurde schon vor dem Zweiten Weltkrieg von vielen besucht, unter anderem von Salvador Dali. Der großzügig beschenkte, inzwischen verstorbene Giovanni lebt weiter als Verfasser einer Bomarzo-Broschüre, in der er viel von den Verdiensten seiner Gemahlin und noch mehr von seinen eigenen erzählt.

Über die Bedeutung der eigenartigen Skulpturen aus dem 16. Jahrhundert wird bis heute gerätselt: Eine riesige Schildkröte trägt auf ihrem Panzer die Statue einer Göttin, ein Elefant mit einem Turm auf dem Rücken hält mit seinem Rüssel einen Krieger fest, ein Furcht erregender Drache wird von wilden Tieren angegriffen. Über eine steinerne Treppe gelangt der Besucher in den Rachen eines Ungeheuers und kann sich dort auf einer Steinbank zu Steintisch setzen. Hat hier ein psychisch Kranker seine Alpträume in Stein meißeln lassen? Friedlicher sind die Göttinnen, die das Wäldchen bevölkern, und geradezu verspielt ist das schiefe Haus, mit dem Orsini seine Besucher aus dem Gleichgewicht zu bringen suchte. Am Rand einer Lichtung steht das Heiligtum des Parks: ein Tempel, den der Exzentriker für seine Gattin Giulia errichten ließ. Orsini soll sie abgöttisch geliebt haben, und möglicherweise hat ihr früher Tod beim Witwer eine tiefe Depression ausgelöst, die er mit der Schöpfung dieses wunderbar wunderlichen Parks zu bekämpfen suchte.

Öffnungszeiten 8 Uhr bis Sonnenuntergang. Eintritt ca. 10 €.

Mysteriöse Gottheit im Orsini-Park

Etwas Italienisch

Aussprache

Einige Abweichungen von der deutschen Aussprache:

c: vor e und i immer *"tsch"* wie in *rutschen*, z. B. *centro* (Zentrum) = *"tschentro"*. Sonst wie *"k"*, z. B. *cannelloni* = *"kannelloni"*.

cc: gleiche Ausspracheregeln wie beim einfachen **c**, nur betonter: *faccio* (ich mache) = *"fatscho"; boccone* (Imbiss) = *"bokkone"*.

ch: wie *"k"*, *chiuso* (geschlossen) = *"kiuso"*.

cch: immer wie ein hartes *"k"*, *spicchio* (Scheibe) = *"spikkio"*.

g: vor e und i *"dsch"* wie in *Django*, vor a, o , u als *"g"* wie in *gehen;* wenn es trotz eines nachfolgenden dunklen Vokals als *"dsch"* gesprochen werden soll, wird ein i eingefügt, das nicht mitgesprochen wird, z. B. in *Giacomo* = *"Dschakomo"*.

gh: immer als *"g"* gesprochen.

gi: wie in *giorno* (Tag) = *"dschorno"*, immer weich gesprochen.

gl: wird zu einem Laut, der wie *"lj"* klingt, z. B. in *moglie* (Ehefrau) = *"mollje"*.

gn: ein Laut, der hinten in der Kehle produziert wird, z. B. in *bagno* (Bad) = *"bannjo"*.

h: wird am Wortanfang nicht mitgesprochen, z. B. *hanno* (sie haben) = *"anno"*. Sonst nur als Hilfszeichen verwendet, um c und g vor den Konsonanten i und e hart auszusprechen.

qu: im Gegensatz zum Deutschen ist das u mitzusprechen, z. B. *acqua* (Wasser) = *"akua"* oder *quando* (wann) = *"kuando"*.

r: wird kräftig gerollt!

rr: wird noch kräftiger gerollt!

sp und **st**: gut norddeutsch zu sprechen, z. B. *specchio* (Spiegel) = *"s-pekkio"* (nicht *schpekkio), stella* (Stern) = *"s-tella"* (nicht *"schtella")*.

v: wie *"w"*.

z: immer weich sprechen wie in *Sahne*, z. B. *zucchero* (Zucker) = *"sukkero"*.

Die Betonung liegt meistens auf der vorletzten Silbe eines Wortes. Im Schriftbild wird sie bei der großen Mehrzahl der Wörter nicht markiert. Es gibt allerdings Fälle, bei denen die italienischen Rechtschreibregeln Akzente als Betonungszeichen vorsehen, z. B. bei mehrsilbigen Wörtern mit Endbetonung wie *perché* (= weil, warum).

Elementares

Frau ...	*Signora*
Herr ...	*Signor(e)*
Guten Tag, Morgen	*Buon giorno*
Guten Abend (ab nachmittags!)	*Buona sera*
Guten Abend/ gute Nacht (ab Einbruch der Dunkelheit)	*Buona notte*
Auf Wiedersehen	*Arrivederci*
Hallo/Tschüss	*Ciao*
Wie geht es Ihnen?	*Come sta?/ Come va?*
Wie geht es dir?	*Come stai?*
Danke, gut.	*Molto bene, grazie/ Benissimo, grazie*
Danke!	*Grazie/Mille grazie/ Grazie tanto*
Entschuldigen Sie	*(Mi) scusi*
Entschuldige	*Scusami/Scusa*
Entschuldigung, können Sie mir sagen...?	*Scusi, sa dirmi...?*
Entschuldigung, könnten Sie mich durchlassen/ mir erlauben...	*Permesso...*
ja	*si*
nein	*no*
Ich bedaure, tut mir leid	*Mi dispiace*
Macht nichts	*Non fa niente*
Bitte! (im Sinne von *gern geschehen*)	*Prego!*

Bitte (als Einleitung zu einer Frage oder Bestellung)	*Per favore...*
Sprechen Sie Englisch/Deutsch/ Französisch?	*Parla inglese/ tedescso/ francese?*
Ich spreche kein Italienisch	*Non parlo italiano*
Ich verstehe nichts	*Non capisco niente*
Könnten Sie etwas langsamer sprechen?	*Puo parlare un po` più lentamente?*
Ich suche nach...	*Cerco...*
Okay, geht in Ordnung	*va bene*
Ich möchte/Ich hätte gern	*Vorrei*
Warte/ Warten Sie!	*Aspetta/ Aspetti!*
groß/klein	*grande/piccolo*
Es ist heiß	*Fa caldo*
Es ist kalt	*Fa freddo*
Geld	*i soldi*
Ich brauche ...	*Ho bisogno ...*
Ich muss ...	*Devo ...*
in Ordnung	*d'accordo*
Ist es möglich, dass ...	*È possibile ...*
mit/ohne	*con/senza*
offen/geschlossen	*aperto/chiuso*
Toilette	*gabinetto*
verboten	*vietato*
Was bedeutet das?	*Che cosa significa?*
Wie heißt das?	*Come si chiama?*
zahlen	*pagare*

Fragen/Smalltalk/Orientierung

Gibt es/Haben Sie...?	*C'è ...?*
Was kostet das?	*Quanto costa?*
Gibt es (mehrere)	*Ci sono?*
Wann?	*Quando?*
Wo? Wo ist?	*Dove?/ Dov'è?*
Wie?/Wie bitte?	*Come?*
Wieviel?	*Quanto?*
Warum?	*Perché?*
Ich heiße ...	*Mi chiamo ...*
Wie heißt du?	*Come ti chiami?*
Wie alt bist du?	*Quanti anni hai?*
Das ist aber schön hier	*Meraviglioso!/Che bello!/Bellissimo!*
Von woher kommst du?	*Di dove sei tu?*
Ich bin aus Mün-chen/Hamburg	*Sono di Monaco/ di Amburgo*
Bis später	*A più tardi!*
Wo ist bitte...?	*Per favore, dov'è..?*
... die Bushaltestelle	*...la fermata*
... der Bahnhof	*...la stazione*
Stadtplan	*la pianta della città*
rechts	*a destra*
links	*a sinistra*
immer geradeaus	*sempre diritto*
Können Sie mir den Weg nach ... zeigen?	*Sa indicarmi la direzione per...?*
Ist es weit?	*È lontano?*
Nein, es ist nah	*No, è vicino*

Bus/Zug/Fähre

Fahrkarte	*biglietto*
Stadtbus	*bus*
Überlandbus	*pullman*
Zug	*treno*
hin und zurück	*andata e ritorno*
Ein Ticket von X nach Y	*un biglietto da X a Y*
Wann fährt der nächste?	*Quando parte il prossimo?*
... der letzte?	*...l'ultimo?*
Abfahrt	*partenza*
Ankunft	*arrivo*
Gleis	*binario*
Verspätung	*ritardo*
aussteigen	*scendere*
Ausgang	*uscita*
Eingang	*entrata*
Wochentag	*giorno feriale*
Feiertag	*giorno festivo*

Auto/Motorrad

Auto	*macchina*
Motorrad	*moto*
Tankstelle	*distributore*
Volltanken!	*Il pieno, per favore!*
Bleifrei	*benzina senza piombo*
Diesel	*gasolio*
Panne	*guasto*
Unfall	*incidente*
Bremsen	*freni*
Reifen	*gomme*
Kupplung	*frizione*
Lichtmaschine	*dinamo*
Zündung	*accensione*
Vergaser	*carburatore*
Mechaniker	*meccanico*
Werkstatt	*officina*
funktioniert nicht	*non funziona*

Baden

See	*lago*
Strand	*spiaggia*
Stein	*pietra*
Kies	*ghiaia*
schmutzig	*sporco*
sauber	*pulito/netto*
tief	*profondo*
Ich gehe schwimmen	*Faccio il bagno*
braungebrannt	*abbronzata (f)/ abbronzato (m)*

Bank/Post/Telefon

Geldwechsel	*cambio*
Wo ist eine Bank?	*Dove c' è una banca*
Ich möchte wechseln	*Vorrei cambiare*
Ich möchte Reiseschecks einlösen	*Vorrei cambiare dei traveller cheques*
Postamt	*ufficio postale*
ein Telegramm aufgeben	*spedire un telegramma*
Postkarte	*cartolina*
Brief	*lettera*
Briefpapier	*carta da lettere*
Briefkasten	*buca (delle lettere)*
Briefmarke(n)	*francobollo/francobolli*
Wo ist das Telefon?	*Dov' è il telefono?*
Ferngespräch	*communicazione interurbana*

Camping/Hotel

Haben Sie ein Einzel-/ Doppelzimmer?	*C'è una camera singola/doppia?*
Können Sie mir ein Zimmer zeigen?	*Può mostrarmi una camera?*
Ich nehme es/wir nehmen es	*La prendo/ la prendiamo*
Zelt	*tenda*
kleines Zelt	*canadese*
Schatten	*ombra*
Schlafsack	*sacco a pelo*
warme Duschen	*docce calde*
Gibt es warmes Wasser?	*C'è l'acqua calda?*
mit Dusche/Bad	*con doccia/ bagno*
ein ruhiges Zimmer	*una camera tranquilla*
Wir haben reserviert	*Abbiamo prenotato*
Schlüssel	*la chiave*
Vollpension	*pensione (completa)*
Halbpension	*mezza pensione*
Frühstück	*prima colazione*
Hochsaison	*alta stagione*
Nebensaison	*bassa stagione*
Haben Sie nichts Billigeres?	*Non ha niente che costa di meno?*

Zahlen

der erste	*il primo*	halb	*mezzo*
zweite	*il secondo*	ein Viertel	*un quarto di*
dritte	*il terzo*	ein Paar	*un paio di*
einmal	*una volta*	einige	*alcuni*
zweimal	*due volte*		

0	*zero*	12	*dodici*	40	*quaranta*
1	*uno*	13	*tredici*	50	*cinquanta*
2	*due*	14	*quattordici*	60	*sessanta*
3	*tre*	15	*quindici*	70	*settanta*
4	*quattro*	16	*sedici*	80	*ottanta*
5	*cinque*	17	*diciassette*	90	*novanta*
6	*sei*	18	*diciotto*	100	*cento*
7	*sette*	19	*diciannove*	101	*centuno*
8	*otto*	20	*venti*	102	*cento e due*
9	*nove*	21	*ventuno*	200	*duecento*
10	*dieci*	22	*ventidue*	1.000	*mille*
11	*undici*	30	*trenta*		

Uhr & Kalender

Uhrzeit

Wie spät ist es?	*Che ore sono?*
mittags	*mezzogiorno* (für 12 Uhr gebräuchlich)
Mitternacht	*mezzanotte*
Viertel nach	*... e un quarto*
Viertel vor	*... meno un quarto*
halbe Stunde	*mezz'ora*

Tage/Monate/Jahreszeit

Tag	*giorno*
Woche	*settimana*
Monat	*mese*
Jahr	*anno*
halbes Jahr	*mezz'anno*
Frühling	*primavera*
Sommer	*estate*
Herbst	*autunno*
Winter	*inverno*

Wochentage

Montag	*lunedì*
Dienstag	*martedì*
Mittwoch	*mercoledì*
Donnerstag	*giovedì*
Freitag	*venerdì*
Samstag	*sabato*
Sonntag	*domenica*

Monate

Januar	*gennaio*
Februar	*febbraio*
März	*marzo*
April	*aprile*
Mai	*maggio*
Juni	*giugno*
Juli	*luglio*
August	*agosto*
September	*settembre*
Oktober	*ottobre*
November	*novembre*
Dezember	*dicembre*

Gestern, heute, morgen

heute	*oggi*
morgen	*domani*

übermorgen	*dopodomani*
gestern	*ieri*
vorgestern	*l'altro ieri*
sofort	*subito*
später	*più tardi*
jetzt	*adesso*
der Morgen	*la mattina*
der Nachmittag	*il pomeriggio*
der Abend	*la sera*
die Nacht	*la notte*

Maße & Gewichte

ein Liter	*un litro*
ein halber Liter	*un mezzo litro*
ein Viertelliter	*un quarto di un litro*
ein Gramm	*un grammo*
100 Gramm	*un etto*
200 Gramm	*due etti*
Kilo	*un chilo, due chili*

Einkaufen

Haben Sie	*Ha...?*
Ich hätte gern...	*Vorrei...*
etwas davon	*un poco di questo*
dieses hier	*questo qua*
dieses da, dort	*questo là*
Was kostet das?	*Quanto costa questo?*

Geschäfte

Apotheke	*farmacia*
Bäckerei	*panetteria*
Buchhandlung	*libreria*
Fischhandlung	*pescheria*
Laden, Geschäft	*negozio*
Metzgerei	*macelleria*
Reinigung (chemische)	*lavanderia/ lavasecco*
Reisebüro	*agenzia viaggi*
Touristen-information	*informazioni turistiche*
Schreibwarenladen	*cartoleria*
Supermarkt	*alimentari, supermercato*

Drogerie/Apotheke

Seife	*sapone*
Tampons	*tamponi, o.b.*
Binden	*assorbenti*
Waschmittel	*detersivo*
Shampoo	*shampoo*
Toilettenpapier	*carta igienica*
Zahnpasta	*pasta dentifricia*
Schmerztabletten	*qualcosa contro il dolore*
Kopfschmerzen	*mal di testa*
Abführmittel	*lassativo*
Sonnenmilch	*crema solare*
Pflaster	*cerotto*

Arzt/Krankenhaus

Ich brauche einen Arzt	*Ho bisogno di un medico*
Hilfe!	*Aiuto!*
Erste Hilfe	*pronto soccorso*
Krankenhaus	*ospedale*
Schmerzen	*dolori*
Ich bin krank	*sono malato*
Biss/Stich	*puntura*
Fieber	*febbre*
Durchfall	*diarrea*
Erkältung	*raffreddore*
Halsschmerzen	*mal di gola*
Magenschmerzen	*mal di stomaco*
Zahnweh	*mal di denti*
Zahnarzt	*dentista*
verstaucht	*lussato*

Im Restaurant

Haben Sie einen Tisch für x Personen?	*C'è uno tavolo per x persone?*
Die Speisekarte, bitte	*Il menu/la lista, per favore*
Was kostet das Tagesmenü?	*Quanto costa il piatto del giorno?*
Ich möchte gern zahlen	*Il conto, per favore*
Gabel	*forchetta*
Messer	*coltello*
Löffel	*cucchiaio*
Aschenbecher	*portacenere*
Mittagessen	*pranzo*
Abendessen	*cena*
Eine Quittung, bitte	*Vorrei la ricevuta, per favore*
Es war sehr gut	*Era buonissimo*

Speisekarte

Extra-Zahlung für Gedeck, Service und Brot	*coperto/pane e servizio*
Vorspeise	*antipasto*
erster Gang	*primo piatto*
zweiter Gang	*secondo piatto*
Beilagen zum zweiten Gang	*contorni*
Nachspeise (Süßes)	*dolci*
Obst	*frutta*
Käse	*formaggio*

Getränke

Wasser	*acqua*
Mineralwasser	*acqua minerale*
mit Kohlensäure	*con gas (frizzante)*
ohne Kohlensäure	*senza gas*
Wein	*vino*
weiß	*bianco*
rosé	*rosato*
rot	*rosso*
Bier	*birra*
hell/dunkel	*chiara/scura*
vom Fass	*alla spina*
Saft	*succo di...*
Milch	*latte*
heiß	*caldo*
kalt	*freddo*
(einen) Kaffee (das bedeutet Espresso)	*un caffè*
(einen) Cappuccino (mit aufgeschäumter Milch, niemals mit Sahne!)	*un cappuccino*
(einen) Kaffee mit wenig Milch	*un latte macchiato*
(einen) Eiskaffee	*un caffè freddo*
(einen) Tee	*un tè*
mit Zitrone	*con limone*
Cola	*coca*
Milkshake	*frappè*
(ein) Glas	*un bicchiere di...*
(eine) Flasche	*una bottiglia*

Alimentari/Diversi – Lebensmittel, Verschiedenes

aceto	*Essig*
brodo	*Brühe*
burro	*Butter*
marmellata	*Marmelade*
minestra/zuppa	*Suppe*
minestrone	*Gemüsesuppe*
olio	*Öl*
olive	*Oliven*
pane	*Brot*
panino	*Brötchen*
saccarina	*Süßstoff*
salame	*Salami*
salsiccia	*Frischwurst*
l'uovo/le uova	*Ei/Eier*
zabaione	*Wein-Eier-Creme*
zucchero	*Zucker*

Erbe – Gewürze

aglio	*Knoblauch*
alloro	*Lorbeer*
basilico	*Basilikum*
capperi	*Kapern*
origano	*Oregano*
pepe	*Pfeffer*
peperoni	*Paprika*
prezzemolo	*Petersilie*
rosmarino	*Rosmarin*
sale	*Salz*
salvia	*Salbei*
senape	*Senf*
timo	*Thymian*

Preparazione – Zubereitung

affumicato	*geräuchert*
ai ferri	*gegrillt*
al forno	*überbacken*
alla griglia	*ü. Holzkohlefeuer*
con panna	*mit Sahne*
alla pizzaiola	*Tomaten/Knobl.*
allo spiedo	*am Spieß*
al pomodoro	*mit Tomatensauce*
arrosto	*gebraten/geröstet*
bollito	*gekocht/gedünstet*
alla casalinga	*hausgemacht*
frutta cotta	*Kompott*
cotto	*gekocht*
duro	*hart/zäh*
fresco	*frisch*
fritto	*frittiert*
grasso	*fett*
in umido	*im Saft geschmort*
lesso	*gekocht/gedünstet*
morbido	*weich*
piccante	*scharf*
tenero	*zart*

Contorni – Beilagen

asparago	*Spargel*
broccoletti	*wilder Blumenkohl*
carciofo	*Artischocke*
carote	*Karotten*
cavolfiore	*Blumenkohl*
cavolo	*Kohl*
cetriolo	*Gurke*
cicoria	*Chicoree*
cipolla	*Zwiebel*
fagiolini	*grüne Bohnen*
fagioli	*Bohnen*
funghi	*Pilze*
finocchio	*Fenchel*
insalata	*allg. Salat*
lattuga	*Kopfsalat*
lenticchie	*Linsen*
melanzane	*Auberginen*
patate	*Kartoffeln*
piselli	*Erbsen*
polenta	*Maisbrei*
pomodori	*Tomaten*
riso	*Reis*
spinaci	*Spinat*
zucchini	*Zucchini*

Pasta – Nudeln

cannelloni	*gefüllte Teigrollen*
farfalle	*Schleifchen*
fettuccine	*Bandnudeln*
fiselli	*kleine Nudeln*

lasagne	*Schicht-Nudeln*	tortellini	*gefüllte Teigtaschen*
maccheroni	*Makkaroni*	tortelloni	*große Tortellini*
pasta	*allg. Nudeln*	vermicelli	*Fadennudeln*
penne	*Röhrennudeln*	gnocchi	*(Kartoffel-) Klößchen*
tagliatelle	*Bandnudeln*		

Pesce e frutti di mare – Fisch & Meeresgetier

aragosta	*Languste*	polpo	*Krake*
aringhe	*Heringe*	razza	*Rochen*
baccalà	*Stockfisch*	salmone	*Lachs*
calamari	*Tintenfische*	sardine	*Sardinen*
cozze	*Miesmuscheln*	seppia/totano	*großer Tintenfisch*
gamberi	*Garnelen*	sgombro	*Makrele*
merluzzo	*Schellfisch*	sogliola	*Seezunge*
muggine	*Meeräsche*	tonno	*Thunfisch*
nasello	*Seehecht*	triglia	*Barbe*
orata	*Goldbrasse*	trota	*Forelle*
pesce spada	*Schwertfisch*	vongole	*Muscheln*

Carne – Fleisch

agnello	*Lamm*	lingua	*Zunge*
anatra	*Ente*	lombatina	*Lendenstück*
bistecca	*Beafsteak*	maiale	*Schwein*
capretto	*Zicklein*	maialetto	*Ferkel*
cinghiale	*Wildschwein*	manzo	*Rind*
coniglio	*Kaninchen*	pollo	*Huhn*
fagiano	*Fasan*	polpette	*Fleischklöße*
fegato	*Leber*	trippa	*Kutteln*
lepre	*Hase*	vitello	*Kalb*

Frutta – Obst

albicocca	*Aprikose*	lamponi	*Himbeeren*
ananas	*Ananas*	limone	*Zitrone*
arancia	*Orange*	mandarino	*Mandarine*
banana	*Banane*	mela	*Apfel*
ciliegia	*Kirsche*	melone	*Honigmelone*
cocomero	*Wassermelone*	pera	*Birne*
dattero	*Dattel*	pesca	*Pfirsich*
fichi	*Feigen*	pompelmo	*Grapefruit*
fragole	*Erdbeeren*	uva	*Weintrauben*

Sach- und Personenregister

Geographisches Register

Was haben Sie entdeckt?

Bitte schreiben Sie uns, wenn Sie Kritik, Anregungen, Verbesserungen oder Empfehlungen haben. Wo war Ihre Lieblingstrattoria, in welchem Hotel haben Sie sich wohl gefühlt, welchen Campingplatz würden Sie wieder besuchen?

Verlag Michael Müller
Stichwort Umbrien
Gerberei 19
91054 Erlangen
e-mail: marcus.schmid@michael-mueller-verlag.de